最高人民法院环境资源审判指导丛书

最高人民法院
生态环境损害赔偿案件司法解释
理解与适用

最高人民法院环境资源审判庭　编著

人民法院出版社

PEOPLE'S COURT PRESS

图书在版编目（ＣＩＰ）数据

最高人民法院生态环境损害赔偿案件司法解释理解与
适用 / 最高人民法院环境资源审判庭编著. -- 北京 ：
人民法院出版社，2023.2
　　（最高人民法院环境资源审判指导丛书）
　　ISBN 978-7-5109-3663-0

　　Ⅰ．①最… Ⅱ．①最… Ⅲ．①生态环境－环境污染－
赔偿－法律解释－中国②生态环境－环境污染－赔偿－法
律适用－中国 Ⅳ．①D922.683

　　中国版本图书馆CIP数据核字(2022)第246375号

最高人民法院生态环境损害赔偿案件司法解释理解与适用
最高人民法院环境资源审判庭　编著

策划编辑　兰丽专　**责任编辑**　路建华　**执行编辑**　杨晓燕
封面设计　尹苗苗
出版发行　人民法院出版社
地　　址　北京市东城区东交民巷 27 号（100745）
电　　话　（010）67550660（责任编辑）　67550558（发行部查询）
　　　　　　65223677（读者服务部）
客服 **QQ** 2092078039
网　　址　http://www.courtbook.com.cn
E - mail courtpress@sohu.com
印　　刷　天津嘉恒印务有限公司
经　　销　新华书店

开　　本　787 毫米×1092 毫米　1/16
字　　数　420 千字
印　　张　25.5
版　　次　2023 年 2 月第 1 版　2024 年 6 月第 2 次印刷
书　　号　ISBN 978-7-5109-3663-0
定　　价　99.00 元

前　　言

生态环境损害赔偿制度是生态文明制度体系的重要组成部分。2013 年 11 月，党的十八届三中全会审议通过《中共中央关于全面深化改革若干重大问题的决定》，明确提出"对造成生态环境损害的责任者严格实行赔偿制度"。2015 年 3 月，中共中央政治局会议审议通过《关于加快推进生态文明建设的意见》，将"损害赔偿"作为"生态文明重大制度"纳入生态文明制度体系，并提出要"加快形成生态损害者赔偿、受益者付费、保护者得到合理补偿的运行机制"。2015 年 9 月，中共中央审议通过《生态文明体制改革总体方案》，作为生态文明体制改革的顶层设计，再次明确提出要严格实行生态环境损害赔偿制度，强化生产者环境保护法律责任，大幅度提高违法成本，对违反环保法律法规的，依法严惩重罚；对造成生态环境损害的，以损害程度等因素依法确定赔偿额度。2015 年 11 月，中共中央办公厅、国务院办公厅印发《生态环境损害赔偿制度改革试点方案》，对生态环境损害赔偿制度改革作了全面安排部署，提出通过试点逐步明确生态环境损害赔偿范围、责任主体、索赔主体和损害赔偿解决途径，形成相应的鉴定评估管理与技术体系、资金保障及运行机制，探索建立生态环境损害的修复和赔偿制度。2017 年 12 月，中共中央办公厅、国务院办公厅印发《生态环境损害赔偿制度改革方案》，决定自 2018 年 1 月 1 日起在全国试行生态环境损害赔偿制度。

作为我国生态文明体制改革过程中的新生事物，生态环境损害赔偿诉讼是生态环境损害赔偿制度的重要内容。人民法院坚持"环境有价，损害担责"的工作原则，遵循司法规律并满足生态环境系统治理的需要，准确把握依法推进与探索创新、遵循特别规定与依照一般规定的关系，妥善处理磋商与诉讼、修复责任与赔偿责任，以及生态环境损害赔偿诉讼与人身财产损害赔偿诉讼、环境民事公益诉讼、自然资源损害赔偿诉讼的关系，结合具体案件的审理积极探索诉讼规则，总结审判经验，审结了一批有示范效应的生态环境损害赔偿案件，为构建具有中国特色的生态环境损害赔偿制度提供了司法实践经验和样本。为加强审判工作指导，最高人民法院在总结各地法院实践经验的基础上，于 2019 年 6 月发布《最高人民法院关于审理生态环境损害赔偿案件的若干规定（试行）》（以下简称《若干规定》），并于 2020 年 12 月进行了修正，为审理生态环境损害赔偿诉讼案件提供了规范依据。

《若干规定》的出台体现了人民法院深入践行习近平生态文明思想和习近平法治思想，积极落实中央决策部署，保证党中央关于生态文明建设决策部署落地生根见效，以司法力量保护生态环境的坚强决心。《若干规定》扩展了环境资源案件类型，形成以环境资源刑事、民事、行政三大基本案件类型及环境公益诉讼、生态环境损害赔偿诉讼两大新案件类型为架构的环境资源案件范围，丰富了环境资源司法内涵，完善了人民法院环境资源司法体系，为生态环境损害赔偿制度的建立完善提供了有力司法支持。

为使司法人员和社会各界更好地了解《若干规定》出台的背景、意义，准确适用具体规则，我们组织部分从事生态环境损害赔偿诉讼司法实务和参与生态环境损害赔偿制度改革，参与司法解释制定的同志共同编写本书，并就文稿进行了反复研究和多次修改，尽可能对审判实践的突出问题予以回应。本书的写作遵循了理论与实践相结合、时效性与针对性相结合、开放性和前瞻性相结合的原则，系统阐释了《若干规定》的具体规定和适用要点，并对近年来司法实践中相关问题进行了详细的梳理和阐述。希望本书的出版能够为准确理解、正确适用《若干规定》提供参考，对社会各界共同推进生态环境损害赔偿制度改革与更好地保护国家利益和社会公共利益有所助益。

本书代表了目前我们对生态环境损害赔偿制度的理解与认识，疏漏之处在所难免。欢迎广大读者批评指正、提出宝贵意见，共同促进我国生态环境损害赔偿制度不断发展完善。

最高人民法院环境资源审判庭

2023 年 1 月 8 日

凡　例

在本书"条文精义"部分，相关文件名称使用简称。

一、法律法规名称中的"中华人民共和国"省略，如《中华人民共和国民法典》简称《民法典》。必要时在名称前标明其制定或修改年份，如 2007 年《民事诉讼法》、2012 年《民事诉讼法》、2017 年《民事诉讼法》。

二、以下文件使用简称：

（1）《最高人民法院关于审理生态环境损害赔偿案件的若干规定（试行）》，简称《若干规定》；

（2）《最高人民法院关于适用〈中华人民共和国民事诉讼法〉的解释》，简称《民事诉讼法司法解释》；

（3）《最高人民法院关于审理环境民事公益诉讼案件适用法律若干问题的解释》，简称《环境民事公益诉讼司法解释》；

（4）《最高人民法院关于审理环境侵权责任纠纷案件适用法律若干问题的解释》，简称《环境侵权案件司法解释》；

（5）《最高人民法院、最高人民检察院关于检察公益诉讼案件适用法律若干问题的解释》，简称《检察公益诉讼司法解释》；

（6）《最高人民法院关于民事诉讼证据的若干规定》，简称《民事诉讼证据规定》；

（7）《最高人民法院、最高人民检察院关于办理环境污染刑事案件适用法律若干问题的解释》，简称《环境污染刑事司法解释》；

（8）《最高人民法院关于审理海洋自然资源与生态环境损害赔偿纠纷案件若干问题的规定》，简称《海洋自然资源与生态环境损害赔偿规定》；

（9）中共中央办公厅、国务院办公厅《生态环境损害赔偿制度改革试点方案》，简称《试点方案》；

（10）中共中央办公厅、国务院办公厅《生态环境损害赔偿制度改革方案》，简称《改革方案》。

目　录

第一部分　条文全本

第二部分　条文精义

第四部分　附录

第一部分　条文全本

最高人民法院
关于审理生态环境损害赔偿案件的
若干规定（试行）

(2019 年 5 月 20 日最高人民法院审判委员会第 1769 次会议通过
根据 2020 年 12 月 23 日最高人民法院审判委员会第 1823 次会议
通过的《最高人民法院关于修改〈最高人民法院关于在民事
审判工作中适用《中华人民共和国工会法》若干问题的解释〉
等二十七件民事类司法解释的决定》修正)

为正确审理生态环境损害赔偿案件，严格保护生态环境，依法追究损害生态环境责任者的赔偿责任，依据《中华人民共和国民法典》《中华人民共和国环境保护法》《中华人民共和国民事诉讼法》等法律的规定，结合审判工作实际，制定本规定。

第一条 具有下列情形之一，省级、市地级人民政府及其指定的相关部门、机构，或者受国务院委托行使全民所有自然资源资产所有权的部门，因与造成生态环境损害的自然人、法人或者其他组织经磋商未达成一致或者无法进行磋商的，可以作为原告提起生态环境损害赔偿诉讼：

（一）发生较大、重大、特别重大突发环境事件的；

（二）在国家和省级主体功能区规划中划定的重点生态功能区、禁止开发区发生环境污染、生态破坏事件的；

（三）发生其他严重影响生态环境后果的。

前款规定的市地级人民政府包括设区的市，自治州、盟、地区，不设区的地级市，直辖市的区、县人民政府。

第二条 下列情形不适用本规定：

（一）因污染环境、破坏生态造成人身损害、个人和集体财产损失要求赔偿的；

（二）因海洋生态环境损害要求赔偿的。

第三条 第一审生态环境损害赔偿诉讼案件由生态环境损害行为实施地、损害结果发生地或者被告住所地的中级以上人民法院管辖。

经最高人民法院批准，高级人民法院可以在辖区内确定部分中级人民法院集中管辖第一审生态环境损害赔偿诉讼案件。

中级人民法院认为确有必要的，可以在报请高级人民法院批准后，裁定将本院管辖的第一审生态环境损害赔偿诉讼案件交由具备审理条件的基层人民法院审理。

生态环境损害赔偿诉讼案件由人民法院环境资源审判庭或者指定的专门法庭审理。

第四条 人民法院审理第一审生态环境损害赔偿诉讼案件，应当由法官和人民陪审员组成合议庭进行。

第五条 原告提起生态环境损害赔偿诉讼，符合民事诉讼法和本规定并提交下列材料的，人民法院应当登记立案：

（一）证明具备提起生态环境损害赔偿诉讼原告资格的材料；

（二）符合本规定第一条规定情形之一的证明材料；

（三）与被告进行磋商但未达成一致或者因客观原因无法与被告进行磋商的说明；

（四）符合法律规定的起诉状，并按照被告人数提出副本。

第六条 原告主张被告承担生态环境损害赔偿责任的，应当就以下事实承担举证责任：

（一）被告实施了污染环境、破坏生态的行为或者具有其他应当依法承担责任的情形；

（二）生态环境受到损害，以及所需修复费用、损害赔偿等具体数额；

（三）被告污染环境、破坏生态的行为与生态环境损害之间具有关联性。

第七条 被告反驳原告主张的，应当提供证据加以证明。被告主张具有法律规定的不承担责任或者减轻责任情形的，应当承担举证责任。

第八条 已为发生法律效力的刑事裁判所确认的事实，当事人在生态环境损害赔偿诉讼案件中无须举证证明，但有相反证据足以推翻的除外。

对刑事裁判未予确认的事实，当事人提供的证据达到民事诉讼证明标准的，人民法院应当予以认定。

第九条 负有相关环境资源保护监督管理职责的部门或者其委托的机构在行政执法过程中形成的事件调查报告、检验报告、检测报告、评估报告、监测数据等，经当事人质证并符合证据标准的，可以作为认定案件事实的根据。

第十条 当事人在诉前委托具备环境司法鉴定资质的鉴定机构出具的鉴定意见，以及委托国务院环境资源保护监督管理相关主管部门推荐的机构出具的检验报告、检测报告、评估报告、监测数据等，经当事人质证并符合证据标准的，可以作为认定案件事实的根据。

第十一条 被告违反国家规定造成生态环境损害的，人民法院应当根据原告的诉讼请求以及具体案情，合理判决被告承担修复生态环境、赔偿损失、停止侵害、排除妨碍、消除危险、赔礼道歉等民事责任。

第十二条 受损生态环境能够修复的，人民法院应当依法判决被告承担修复责任，并同时确定被告不履行修复义务时应承担的生态环境修复费用。

生态环境修复费用包括制定、实施修复方案的费用，修复期间的监测、监管费用，以及修复完成后的验收费用、修复效果后评估费用等。

原告请求被告赔偿生态环境受到损害至修复完成期间服务功能损失的，人民法院根据具体案情予以判决。

第十三条 受损生态环境无法修复或者无法完全修复，原告请求被告赔偿生态环境功能永久性损害造成的损失的，人民法院根据具体案情予以判决。

第十四条 原告请求被告承担下列费用的，人民法院根据具体案情予以判决：

（一）实施应急方案、清除污染以及为防止损害的发生和扩大所支出的合理费用；

（二）为生态环境损害赔偿磋商和诉讼支出的调查、检验、鉴定、评估等费用；

（三）合理的律师费以及其他为诉讼支出的合理费用。

第十五条 人民法院判决被告承担的生态环境服务功能损失赔偿资金、生态环境功能永久性损害造成的损失赔偿资金，以及被告不履行生态环境修复义务时所应承担的修复费用，应当依照法律、法规、规章予以缴纳、管理和使用。

第十六条 在生态环境损害赔偿诉讼案件审理过程中，同一损害生态环境行为又被提起民事公益诉讼，符合起诉条件的，应当由受理生态环境损害赔偿诉讼案件的人民法院受理并由同一审判组织审理。

第十七条 人民法院受理因同一损害生态环境行为提起的生态环境损害赔偿诉讼案件和民事公益诉讼案件，应先中止民事公益诉讼案件的审理，待生态环境损害赔偿诉讼案件审理完毕后，就民事公益诉讼案件未被涵盖的诉讼请求依法作出裁判。

第十八条 生态环境损害赔偿诉讼案件的裁判生效后，有权提起民事公益诉讼的国家规定的机关或者法律规定的组织就同一损害生态环境行为有证据证明存在前案审理时未发现的损害，并提起民事公益诉讼的，人民法院应予受理。

民事公益诉讼案件的裁判生效后，有权提起生态环境损害赔偿诉讼的主体就同一损害生态环境行为有证据证明存在前案审理时未发现的损害，并提起生态环境损害赔偿诉讼的，人民法院应予受理。

第十九条 实际支出应急处置费用的机关提起诉讼主张该费用的，人民法院应予受理，但人民法院已经受理就同一损害生态环境行为提起的生态环境损害赔偿诉讼案件且该案原告已经主张应急处置费用的除外。

生态环境损害赔偿诉讼案件原告未主张应急处置费用，因同一损害生态环境行为实际支出应急处置费用的机关提起诉讼主张该费用的，由受理生态环境损害赔偿诉讼案件的人民法院受理并由同一审判组织审理。

第二十条 经磋商达成生态环境损害赔偿协议的，当事人可以向人民法院申请司法确认。

人民法院受理申请后，应当公告协议内容，公告期间不少于三十日。公告期满后，人民法院经审查认为协议的内容不违反法律法规强制性规定且不损害国家利益、社会公共利益的，裁定确认协议有效。裁定书应当写明案件的基本事实和协议内容，并向社会公开。

第二十一条 一方当事人在期限内未履行或者未全部履行发生法律效力的生态环境损害赔偿诉讼案件裁判或者经司法确认的生态环境损害赔偿协议的，对方当事人可以向人民法院申请强制执行。需要修复生态环境的，依法由省级、市地级人民政府及其指定的相关部门、机构组织实施。

第二十二条 人民法院审理生态环境损害赔偿案件，本规定没有规定的，参照适用《最高人民法院关于审理环境民事公益诉讼案件适用法律若干问题的解释》《最高人民法院关于审理环境侵权责任纠纷案件适用法律若干问题的解释》等相关司法解释的规定。

第二十三条 本规定自 2019 年 6 月 5 日起施行。

第二部分　条文精义

为正确审理生态环境损害赔偿案件，严格保护生态环境，依法追究损害生态环境责任者的赔偿责任，依据《中华人民共和国民法典》《中华人民共和国环境保护法》《中华人民共和国民事诉讼法》等法律的规定，结合审判工作实际，制定本规定。

【条文主旨】

本部分是关于《若干规定》制定目的和依据的规定。

【条文理解】

一、生态环境损害和生态环境损害赔偿诉讼的基本内涵

根据环境法学教科书和部分环境法专家的观点，生态环境是指"以整个生物界为中心，可以直接或间接影响人类生活和发展的自然因素和人工因素的环境系统。它由包括各种自然物质、能量和外部空间等生物生存条件组合成的自然环境和经过人类活动改造过的人工环境共同构成"[1]。生态环境损害则指"因污染环境、破坏生态造成大气、水、土壤、海洋等环境要素和植物、动物、微生物等生物要素的不利改变，及上述要素构成的生态系统功能的退化"[2]。由此定义可知，生态环境损害以生态环境的组成部分及其任何多个部分相互作用而构成的整体为直接侵犯对象，特指环境本身的损害。从生态环境与人的关系来看，生态环境损害行为所引起的客观损害结果包括对人身、财产权利的损害和环境本身的损害。前者即因损害生态环境造成的人体健康损害、公私财产损失等，侵害的对象是人身和财

---

[1] 周珂：《生态环境法论》，法律出版社 2001 年版，第 14 页。

[2] 竺效所著《生态损害综合预防和救济法律机制研究》将"生态环境损害"称为"生态损害"，并将之定义为"人为的活动已经造成或者可能造成人类生存和发展所必须依赖的生态（环境）的任何组成部分或者其任何多个部分相互作用而构成的整体的物理、化学、生物性能的任何重大退化"。

产；后者是对生态环境本身造成的损害，即生态环境损害。

需说明的是，生态环境损害有程度之分，是否对任何程度的生态环境损害都应予以救济，存在不同观点。有观点认为，中国工业企业数量众多，当前环境形势依然严峻，如果对启动生态环境损害赔偿的民事救济设定较高门槛，会使一大批生态环境损害案件得不到处理，与"用最严格的制度、最严密的法治保护生态环境"的精神不符，所以，应坚持原则上只要造成生态环境损害都应予以救济，不论其程度。还有观点认为，对于轻微的、能在短期内自然恢复的生态环境损害无须启动救济程序，只有生态环境损害达到一定的严重程度时才有必要进行救济。是否达到严重程度主要根据可测量的数据，评估损害发生时环境质量的退化情况、栖息地或物种的保育状况、其提供的服务功能和自然再生能力，对比损害发生前的基线状态进行判断。

实践中，广义的生态环境损害赔偿案件大致有四种表现形式：一是根据《民事诉讼法》第五十八条第一款和《环境保护法》第五十八条的规定，由依法在设区的市级以上人民政府民政部门登记、专门从事环境保护公益活动连续五年以上且无违法记录的社会组织提起的环境民事公益诉讼。二是根据《民事诉讼法》第五十八条第二款的规定，由人民检察院提起的环境民事公益诉讼。三是根据《海洋环境保护法》第八十九条第二款的规定，针对破坏海洋生态、海洋水产资源、海洋保护区，给国家造成重大损失的，由行使海洋环境监督管理权的部门代表国家对责任者提起的损害赔偿诉讼。四是根据《改革方案》，由省级、市地级人民政府及其指定的部门或机构，或者由受国务院委托行使全民所有自然资源资产所有权的部门提起的生态环境损害赔偿诉讼。

狭义的生态环境损害赔偿案件则仅指上述第四种诉讼案件以及经磋商达成损害赔偿协议情况下的司法确认案件，亦即《若干规定》所称的生态环境损害赔偿案件。本书以下如无特殊说明，所述生态环境损害赔偿案件均指狭义的生态环境损害赔偿案件。需要首先明确的是，生态环境损害赔偿案件从制度设计看，与自然人、法人和其他组织依据《民事诉讼法》第一百二十二条提起的环境侵权诉讼案件不同，亦与法律规定的机关、社会组织或者人民检察院提起的环境民事公益诉讼案件有一定区别。这是《若干规定》对生态环境损害赔偿案件进行制度设计和程序规定的前提和基础。据统计，生态环境损害赔偿制度试点期间，7个试点省份产生磋商及诉讼案例共计27件，涉及金额4亿余元。其中，经前期磋商达成生态环境损害赔偿协议10件。试行开始至2020年12月底，人民法院共受理生态环境损害赔偿案件147件，审结119件。其中，受理诉讼案件64件，审结43件；受理司法确认案件83件，审结76件。

二、《若干规定》制定的目的和依据

生态环境损害赔偿制度是落实党中央关于加快生态文明制度建设，建立最严格的源头保护制度、损害赔偿制度、责任追究制度要求的重要内容，是建立完善生态环境保护国家治理体系的重要组成部分。生态环境损害赔偿制度的建立有助于落实损害担责原则，有效破解"企业污染、公众受害、政府买单"的困局，及时修复受到损害的生态环境，极大保护和改善人民群众的生产生活环境。制定出台《若干规定》是为了充分发挥人民法院的审判职能作用，正确审理好生态环境损害赔偿案件，严格保护生态环境，依法追究损害生态环境责任者的赔偿责任，确保党中央关于建立生态环境损害赔偿制度的决策部署落地生根见效。

生态环境损害赔偿制度是生态文明体制改革过程中的新生事物。2016年，最高人民法院发布《关于充分发挥审判职能作用为推进生态文明建设与绿色发展提供司法服务和保障的意见》，提出要积极探索省级政府提起生态环境损害赔偿诉讼案件的审理规则。改革试点和全面试行期间，地方各级人民法院在现有法律框架范围内，积极探索实践，认真总结审判经验，山东、贵州、云南、江苏等九省市先后出台审理生态环境损害赔偿案件的实操性规范文件，为健全完善生态环境损害赔偿审判规则积累了一些有益经验。《若干规定》起草过程中，我们认为审理好生态环境损害赔偿案件，首先需要明确其实体法依据。鉴于《环境保护法》对地方各级人民政府的环境保护职责以及损害担责的原则作出明确规定，《若干规定》将之作为审理生态环境损害赔偿案件的基本实体法依据。至于生态环境损害赔偿案件可以适用的诉讼程序，根据《改革方案》关于"对经磋商达成的赔偿协议，可以依照民事诉讼法向人民法院申请司法确认。经司法确认的赔偿协议，赔偿义务人不履行或不完全履行的，赔偿权利人及其指定的部门或机构可向人民法院申请强制执行。磋商未达成一致的，赔偿权利人及其指定的部门或者机构应当及时提起生态环境损害赔偿民事诉讼"等要求，生态环境损害赔偿案件作为民事案件适用《民事诉讼法》进行审理（审查）最为恰当。

2020年5月28日，第十三届全国人民代表大会第三次会议通过了《民法典》，从实体法角度将生态环境损害赔偿制度纳入了法治化道路。《民法典》第一千二百三十四条与第一千二百三十五条明确国家规定的机关和法律规定的组织可以请求行为人承担生态环境损害责任。这是自生态环境损害赔偿制度试行以来首次以法律规定的方式对该制度予以明确，也开启了生态环境损害赔偿制度的法治化发展进程。为了进一步配合《民法典》的规定，最高人民法院在2020年12月底通过修正司法解释的方式，对2019年《若干规定》进行了修改，主要是为了与《民法典》的规定保持一致，并未进行实质性修改。

三、生态环境损害赔偿诉讼应当处理的几种关系

（一）依法推进与探索创新的关系

按照《改革方案》确立的工作原则，生态环境损害赔偿制度改革要依法推进，鼓励创新。《若干规定》也从人民法院审判工作角度在具体规则中充分体现了这一思想。实践中，各级人民法院既遵循现有法律制度的基本原则和规则，又解放思想、开拓创新，不断探索完善生态环境损害赔偿诉讼制度。

遵循法律法规是开展生态环境损害赔偿的基础。按照《改革方案》的规定，生态环境损害赔偿诉讼为民事诉讼，这一定位不仅体现在整个制度的设计方面，还在一些具体内容上有明确的表述，比如"对经磋商达成的赔偿协议，可以依照民事诉讼法向人民法院申请司法确认"；"磋商未达成一致的，赔偿权利人及其指定的部门或机构应当及时提起生态环境损害赔偿民事诉讼"。由此，民事实体法和民事诉讼法的相关规定应当作为生态环境损害赔偿诉讼的首要遵循。鉴于《环境保护法》对地方各级人民政府

的环境保护职责以及损害担责原则等作出了明确规定，《环境保护法》应当成为审理生态环境损害赔偿案件的基本实体法依据。《若干规定》指出："为正确审理生态环境损害赔偿案件，严格保护生态环境，依法追究损害生态环境责任者的赔偿责任，依据《中华人民共和国民法典》《中华人民共和国环境保护法》《中华人民共和国民事诉讼法》等法律的规定，结合审判工作实际，制定本规定。"从司法解释的制定目的和依据角度，明确了需要适用的基本法律。

值得注意的是，《民法典》第一千二百三十四条、第一千二百三十五条确立了环境公益侵权责任的基本规则，明确把生态环境公共利益纳入我国侵权责任法的保护对象，规定了环境公益侵权责任的特殊要件、修复和赔偿责任的承担以及环境公益损害之民事救济的请求权主体，为环境民事公益诉讼奠定了实体法基础，具有里程碑意义。

固化实践经验是开展生态环境损害赔偿的关键。在全面试行生态环境损害赔偿制度之前，根据《试点方案》的规定，吉林、江苏、山东、湖南、重庆、贵州、云南等七个省市先行开展了近两年的试点工作。改革试点和全面试行期间，各级人民法院在现有法律框架范围内，积极开展实践探索，为健全完善生态环境损害赔偿审判规则积累了有益经验，很多好的经验做法已经被《若干规定》所采纳。与此同时，对于各地进行的探索实践，《若干规定》亦体现了支持态度。比如，依据《改革方案》确定的生态环境损害赔偿适用范围，《若干规定》明确了可以提起生态环境损害赔偿诉讼的三种具体情形，除发生较大、重大、特别重大突发环境事件的情形，以及在国家和省级主体功能区规划中划定的重点生态功能区、禁止开发区发生环境污染、生态破坏事件的情形以外，还明确包括"发生其他严重影响生态环境后果的"情形，该情形即包含各地依据《改革方案》的授权在实施方案中确定的相关具体情形。比如，《江西省生态环境损害赔偿制度改革实施方案》即将"被依法追究刑事责任的生态环境资源类案件中，存在生态环境损害的"情形纳入了适用范围；《内蒙古自治区生态环境损害赔偿制度改革实施方案》则规定，"因非法排放、倾倒、处置有放射性的废物、含传染病病原体的废物、有毒物质（包括危险废物、持久性有机污染物、含重金属的污染物和其他具有毒性、可能污染环境的物质），造成生态环境损害的；在自然保护区核心区、森林公园、地质公园、湿地公园、风景名胜区、世界文化与自然遗产保护区等禁止开发区发生环境污染、生态破坏事件的"情形，可以启动生态环境损害赔偿。上述情形下，相关赔偿权利人都可以提起生态环境损害赔偿诉讼。

持续创新探索是完善生态环境损害赔偿制度的路径。《若干规定》在总结改革试点及全面试行情况基础上，适应相关法律制度有待完善、审判实践经验尚不够丰富的实际情况，以"试行"的方式，对于司法实践中亟待明确的生态环境损害赔偿诉讼基础问题、基本程序进行了回应，规定了受理条件、证据规则、责任范围、诉讼衔接、赔偿协议司法确认、强制执行等问题。与此同时，对于《改革方案》要求探索的相关内容，如环境健康损害赔偿、扩大生态环境损害赔偿义务人范围、根据赔偿义务人主观过错和经营状况等因素试行分期赔付、探索多样化责任承担方式等暂未予涉及，对一些争议较大的问题亦未作规定，以保持一定的开放性和前瞻性，为司法实践留有余地，为探索创新提供空间，通过鼓励实践探索创新推动构建责任明确、途径畅通、技术规范、保障有力、赔偿到位、修复有效的生态环境损害赔偿制度。

（二）遵循特别规定与依照一般规定的关系

生态环境损害赔偿案件虽系环境污染、生态破坏引起的损害赔偿诉讼，但并非自然人、法人和其他组织依据《民事诉讼法》第一百二十二条提起的普通环境侵权诉讼案件；其虽系维护生态环境公共利益的民事诉讼，但因其正在试行且尚无专门法律规定，故目前亦不能归入依据《民事诉讼法》第五十八条由法律规定的机关、社会组织或者人民检察院提起的环境民事公益诉讼案件。就人民法院审判实践而言，试行中的生态环境损害赔偿诉讼是一种需要不断探索、总结的新型诉讼，这也是《若干规定》对生态环境损害赔偿诉讼进行特别设计、确立特别规则的基本出发点。

《若干规定》专门规定原告范围及其可以提起生态环境损害赔偿诉讼的具体情形，明确磋商是提起诉讼的前置程序，同时就相关审理程序和证据规则作出了专门规定。比如，结合原告掌握行政执法阶段证据、举证能力较强的特点，明确其应当就被告实施了污染环境、破坏生态行为或者具有其他应当依法承担责任的情形，生态环境受到损害以及所需修复费用、损害赔偿等具体数额，以及被告行为与生态环境损害之间具有关联性等承担相应举证责任；根据案涉各类证据的特点，分别就生效刑事裁判涉及的相关事实、行政执法过程中形成的事故调查报告、当事人诉前委托作出的鉴定评估报告等证据的审查判断规则作出明确规定，为准确查明损害生态环境相关事实提供了规范依据。这些规则都属于针对生态环境损害赔偿诉讼所作的特别规定。

通常认为，特别规定是根据某种特殊情况和需要确立的调整某种特殊关系的法律规范，一般规定是为调整某类社会关系而制定的法律规范。在法律适用上，"特别法优于一般法"是与"上位法优于下位法""后法优于前法"相并列的一项基本规则。就生态环境损害赔偿诉讼而言，亦须处理好特别规定和一般规定的关系。属于特别规定之列的《若干规定》即应首先作为此类案件受理和审判执行的依据。除此之外，由于其系维护生态环境公共利益的民事损害赔偿诉讼，与环境民事公益诉讼在很多方面具有高度的同质性，大多数为公益诉讼制定的程序规则，比如管辖、起诉条件、禁止反诉、法院释明、和解与调解等都可直接适用于生态环境损害赔偿案件。可以说，《若干规定》之外，与生态环境损害赔偿诉讼本质不相冲突的相关民事实体法和程序法都可予以适用。

除了《若干规定》明确作为制定依据的《民法典》《环境保护法》《民事诉讼法》，对于司法解释的适用，《若干规定》第二十二条也予以了指引，规定："人民法院审理生态环境损害赔偿案件，本规定没有规定的，参照适用《最高人民法院关于审理环境民事公益诉讼案件适用法律若干问题的解释》《最高人民法院关于审理环境侵权责任纠纷案件适用法律若干问题的解释》等相关司法解释的规定。"

（三）磋商与诉讼的关系

磋商与诉讼均是实现生态环境损害赔偿的重要手段，结合个案实现两种手段的相互协调配合，是生态环境损害赔偿改革的重要制度安排，也是人民法院审理生态环境损害赔偿案件时应当把握好的一个重要关系。依照《改革方案》和《若干规定》，开展磋商是主张生态环境损害赔偿的首位方式，是提起诉讼的前置程序。同时，磋商阶段的工作亦构成诉讼阶段的工作基础，磋商工作的成效与结果决定着诉讼进程及诉讼的成效；而诉讼是开展磋商的支持和保障，无论是磋商协议司法确认之诉还是生态环境损害赔偿之诉，抑或是裁判生效后的强制执行，就生态环境损害赔偿的实现而言，都可以说是在磋商工作基础上的继续。

磋商作为一种柔性执法行为，是在社会管理方式上对传统行政强制手段的突破和改进，具有非强制性、灵活性、选择接受性等特征，是以"交往"为前提、以"话语"为核心的过程。采取磋商前置主义，由赔偿权利人与赔偿义务人先行磋商并达成赔偿协议，是我国生态环境损害赔偿制度的一项重要设计。2015 年《试点方案》采取的是磋商相对前置主义，其规定"磋商未达成一致的，赔偿权利人应当及时提起生态环境损害赔偿民事诉讼。赔偿权利人也可以直接提起诉讼"。而 2017 年《改革方案》则采取的是磋商绝对前置主义，其规定"磋商未达成一致的，赔偿权利人及其指定的部门或机构应当及时提起生态环境损害赔偿民事诉讼"，取消了"赔偿权利人也可以直接提起诉讼"的内容。

将磋商设定为提起生态环境损害赔偿诉讼的前置程序，出发点在于赔偿权利人拥有行政管理的权力和职责，可以通过行政执法手段来实现责令和指导环境污染者或者生态破坏者承担生态环境损害预防和修复义务的目标。按照《改革方案》，生态环境损害发生后，经组织开展调查发现生态环境损害需要修复或赔偿的，赔偿权利人根据生态环境损害鉴定评估报告，就损害事实和程度、修复启动时间和期限、赔偿责任承担方式和期限等具体问题与赔偿义务人进行磋商，统筹考虑修复方案技术可行性、成本效益最优化、赔偿义务人赔偿能力、第三方治理可行性等情况，达成赔偿协议。这有利于赔偿权利人依据行政执法过程中掌握的数据资料同赔偿义务人进行磋商，尽可能避免索赔工作因鉴定技术规范的缺失和冲突、鉴定费用不合理、鉴定周期长而陷入久拖不决的泥沼，同时为生态环境损害赔偿诉讼积累有效的证据材料，奠定良好的工作基础。

为落实这项改革措施，《若干规定》第一条明确将磋商确定为提起诉讼的前置程序，规定赔偿权利人在与赔偿义务人"经磋商未达成一致或者无法进行磋商的"情况下，可以提起生态环境损害赔偿诉讼，为充分发挥磋商在生态环境损害索赔工作中的积极作用提供了制度依据。磋商作为前置程序系诉前必经程序，也就是说，只有在经磋商无法达成一致的情况下，赔偿权利人方可提起生态环境损害赔偿诉讼。但实践中，时有环境污染者或者生态破坏者在造成生态环境损害后下落不明或者故意躲避导致无法进行磋商的情况发生。因此，除了经磋商无法达成一致的情况外，对客观上缺少开展磋商条件的情况亦需予以考虑。《若干规定》第一条就赔偿权利人在"无法进行磋商的"情况下亦可提起生态环境损害赔偿诉讼进行了明确。此外，人民法院在立案阶段，只需要审查原告是否提交了与被告进行磋商但未达成一致或者因客观原因无法与被告进行磋商的说明材料。诉讼过程中，如果被告提出抗辩并提交证据证明原告的说明系虚构，原告未主动在具备条件的情形下开展磋商，则可认定原告尚不具备提起生态环境损害赔偿诉讼的条件。

从广义上讲，生态环境损害赔偿诉讼还包括磋商协议的司法确认及执行。为巩固磋商成果、充分发挥磋商作用，《改革方案》提出了探索磋商协议司法确认制度的要求，"对经磋商达成的赔偿协议，可以依照民事诉讼法向人民法院申请司法确认。经司法确认的赔偿协议，赔偿义务人不履行或不完全履行的，赔偿权利人及其指定的部门或机构可向人民法院申请强制执行。"《若干规定》第二十条及时回应审判实践需要，规定了磋商协议司法确认的基本程序规则。一是明确磋商协议司法确认的公告制度。人民法院受理司法确认申请后，应当公告协议内容，公告期间不少于三十日。二是明确了人民法院的审查义务。人民法院在受理磋商协议司法确认案件且公告期满后，依法就协议的内容是否违反法律法规强制性规定，是否损害国家利益、社会公共利益进行审查并作出裁定。三是规范裁定书的体例和制作要求。为加大生态环境案件的公众参与，监督磋商协议的落实情况，要求确认磋商协议效力的裁定书应当写明案件的基本事实和协议内容，并向社会公开。四是明确人民法院通过司法确认赋予磋商协议以强制执行的效力。拒绝履行、未全部履行经司法确认的磋商协议的，当事人可以向人民法院申请强制执行，以保障磋商协议的有效履行和生态环境修复工作的切实开展。此外，磋商是意思自治原则在生态环境保护领域的具体体现，故磋商协议属于民事协议。但磋商协议司法确认与《民事诉讼法》

规定之人民调解协议的司法确认不同。实践中，磋商协议司法确认在参照《民事诉讼法》相关规定情况下，还需要探索并细化合适的程序规则。

（四）修复生态环境责任与赔偿责任的关系

《改革方案》在总体要求和目标中强调，要逐步建立生态环境损害的修复和赔偿制度。在工作原则中明确"环境有价，损害担责"，要求体现环境资源生态功能价值，促使赔偿义务人对受损的生态环境进行修复；生态环境损害无法修复的，实施货币赔偿，用于替代修复。在完善赔偿诉讼规则部分，要求人民法院根据赔偿义务人主观过错、经营状况等因素试行分期赔付，探索多样化责任承担方式。可见，全面把握生态环境损害赔偿的内涵，不断探索完善能够适应需要的多样化责任承担方式，突出修复生态环境责任的适用，厘清修复责任与赔偿责任的关系，是构建生态环境损害赔偿制度的重要内容。

生态环境修复责任是以保护生态环境利益为中心、以救济生态环境损害为本位的责任设计。《民法典》及《若干规定》的规定，明确了可以运用于生态环境损害赔偿的责任形式，并在责任名称和责任适用顺位上有所创新。《若干规定》第十一条规定："被告违反国家规定造成生态环境损害的，人民法院应当根据原告的诉讼请求以及具体案情，合理判决被告承担修复生态环境、赔偿损失、停止侵害、排除妨碍、消除危险、赔礼道歉等民事责任。"该条明确列举了六种可以适用于生态环境损害的民事责任方式，有利于引导当事人据此正确提出诉讼请求，同时指引人民法院根据具体案情正确进行法律适用。

生态环境修复责任，可以定义为以救济生态环境损害，包括生态环境公共利益损害为目的之特别环境民事责任体系。基于体系化的考虑，《若干规定》第十一条所规定的六种责任可以分为四类：一是恢复性责任承担方式，即修复生态环境；二是赔偿性责任承担方式，即赔偿损失；三是预防性责任承担方式，包括停止侵害、排除妨碍、消除危险；四是人格补偿性责任承担方式，即赔礼道歉。

从条文表述可以看出，修复生态环境是首选的救济生态环境损害的民事责任承担方式。作为恢复性责任承担方式，"修复生态环境"是从《民法总则》第一百七十九条及《侵权责任法》第十五条规定的"恢复原状"
衍生而来的，也是司法解释首次将"修复生态环境"作为承担生态环境损
害赔偿责任的方式。鉴于生态环境损害赔偿诉讼追求的最终目标是要恢复
生态环境的状态和功能，而赔偿损失无论是赔偿服务功能损失还是永久性
损害造成的损失，也主要是为了修复受损生态环境或者采取其他替代性修
复措施，因此，《若干规定》专门将修复生态环境这一责任方式置于六种
责任承担方式的首位，放在赔偿损失责任方式之前。这不仅突出了修复生
态环境的责任承担方式的适用，也明确了修复责任与赔偿责任的关系。可
以说，《若干规定》在总结司法实践经验基础上，创新并系统构建了我国
的生态环境修复责任体系。

　　赔偿损失是位列第二的责任承担方式，旨在赔偿因生态环境被破坏而
造成的损害，尤其在生态环境损害无法修复的情况下，通过实施货币赔偿
的方式，进行替代修复。《若干规定》第十二条、第十三条分别根据生态
环境是否能够修复，对损害赔偿责任的范围分类作了规定。在受损生态环
境能够修复的情况下，被告应承担修复责任，人民法院可以同时确定被告
不履行修复义务时应承担的生态环境修复费用；原告请求被告赔偿生态环
境受到损害至修复完成期间服务功能损失并有足够事实根据的，人民法院
依法予以支持。在受损生态环境无法修复的情况下，被告应就生态环境功
能永久性损害造成的损失承担赔偿责任。同理，在受损生态环境无法完全
修复，即受损生态环境部分可以修复、部分不能修复的情况下，赔偿义务
人需要同时承担可修复部分的修复义务，以及支付可修复部分在修复期间
的生态环境服务功能损失；不可修复部分，则需支付永久性损害造成的损
失赔偿资金。关于生态环境修复费用，《若干规定》亦作了明确，包括制
定、实施修复方案的费用，修复期间的监测、监管费用，以及修复完成后
的验收费用、修复效果后评估费用等。特别是"修复效果后评估费用"被
首次纳入修复费用范围。上述规定在《民法典》颁布后，可以很好地与
《民法典》第一千二百三十五条的生态环境损害赔偿范围结合。

　　（五）生态环境损害赔偿诉讼与人身财产损害赔偿诉讼的关系

　　同一污染环境、破坏生态行为可能同时造成生态环境损害与人身财产

损害。按照《改革方案》明确的生态环境损害赔偿制度适用范围，《若干规定》于第二条第一项明确不适用本解释的情形包括"因污染环境、破坏生态造成人身损害、个人和集体财产损失要求赔偿的"。适用法律上的不同，虽然体现了生态环境损害和人身财产损害在诉讼目的、责任方式、救济渠道等方面的不同，但不能抹杀因同一行为所带来的诸如审理对象、事实认定等方面存在的紧密联系。如何妥善协调同一环境污染、生态破坏行为引发的生态环境损害赔偿诉讼与人身财产损害赔偿诉讼的关系，是人民法院必须面对的一个重要问题。

对此，《若干规定》并没有直接地回应，但根据其在第二十二条的适用法律指引，人民法院审理生态环境损害赔偿案件，《若干规定》没有规定的，参照适用《环境民事公益诉讼司法解释》等相关司法解释的规定。对于如何处理同一环境污染、生态破坏行为引发的环境民事公益诉讼与人身财产损害赔偿诉讼的关系，《环境民事公益诉讼司法解释》作了较为详尽的规定，《民事诉讼法司法解释》也有相关的规定。生态环境损害赔偿诉讼与人身财产损害赔偿诉讼关系协调方面的基本问题，可以参照适用这些司法解释的规定。

关于生态环境损害赔偿诉讼是否影响提起人身财产损害赔偿诉讼的问题。实践中，同一污染环境、破坏生态行为往往会同时侵害生态环境公共利益以及自然人、法人和其他组织的人身财产权益。此种情形下，虽然损害行为人及构成损害的行为事实相同，但损害的对象不同，特别是生态环境公益诉讼和私益诉讼在制度目的和诉讼功能方面有着实质区别，两者相互之间并不存在冲突。因此，应当允许不同的主体分别提起公益诉讼和私益诉讼。《环境民事公益诉讼司法解释》第二十九条规定："法律规定的机关和社会组织提起环境民事公益诉讼的，不影响因同一污染环境、破坏生态行为受到人身、财产损害的公民、法人和其他组织依据民事诉讼法第一百一十九条①的规定提起诉讼。"《民事诉讼法司法解释》第二百八十六条也有类似的规定，即"人民法院受理公益诉讼案件，不影响同一侵权行为的受害人根据民事诉讼法第一百二十二条规定提起诉讼"。这种两诉并行

---

① 2021 年修正后的《民事诉讼法》第一百二十二条。

的方式，有利于实现保护私益和维护公益的统一。虽然生态环境损害赔偿诉讼不同于环境民事公益诉讼，但鉴于其本质是维护生态环境公共利益的诉讼，实践中对其与同一污染环境、破坏生态行为引发的人身财产损害赔偿之私益诉讼的协调，亦应遵循上述原则和相关规定予以处理。

关于生态环境损害赔偿诉讼生效裁判对于私益诉讼的影响问题。同一污染环境、破坏生态行为同时损害公益和私益的情况下，基于公益和私益相互交织的特点，会导致公益诉讼与私益诉讼在诉讼请求、事实认定、证据证明等方面具有很大的共通性。这一共通性可在避免矛盾裁判、提升诉讼效率、实现攻防平衡等方面发挥重要程序功能。为此，《环境民事公益诉讼司法解释》第三十条第一款规定："已为环境民事公益诉讼生效裁判认定的事实，因同一污染环境、破坏生态行为依据民事诉讼法第一百一十九条①规定提起诉讼的原告、被告均无需举证证明，但原告对该事实有异议并有相反证据足以推翻的除外。"该款明确环境民事公益诉讼生效裁判认定的事实对于私益诉讼的原、被告均具有免予举证的效力或者说预决效力。该条所确立的规则同样可以适用于生态环境损害赔偿诉讼与人身财产损害赔偿诉讼的关系协调上，即生态环境损害赔偿诉讼生效裁判认定的事实对于同一行为引起的私益诉讼具有预决效力。

与此同时，《环境民事公益诉讼司法解释》还于第三十条第二款确立了环境民事公益诉讼生效裁判之既判力的单向扩张规则，明确私益诉讼原告享有"搭便车"的权利。该款规定："对于环境民事公益诉讼生效裁判就被告是否存在法律规定的不承担责任或者减轻责任的情形、行为与损害之间是否存在因果关系、被告承担责任的大小等所作的认定，因同一污染环境、破坏生态行为依据民事诉讼法第一百一十九条②规定提起诉讼的原告主张适用的，人民法院应予支持，但被告有相反证据足以推翻的除外。被告主张直接适用对其有利的认定的，人民法院不予支持，被告仍应举证证明。"参照此款规定，生态环境损害赔偿诉讼生效裁判的既判力亦可具有向同一行为引起之私益诉讼的原告单向扩张的效力。

---

① 2021年修正后的《民事诉讼法》第一百二十二条。
② 2021年修正后的《民事诉讼法》第一百二十二条。

此外，也有学者认为，生态环境损害赔偿诉讼生效裁判对于私益诉讼原、被告都应适用既判力单向扩张规则。还有学者认为，应该明确在先环境私益诉讼生效裁判在预决效力和既判力方面对公益诉讼的影响。这些建议，值得在具体审判实践中予以研究、探索。

（六）生态环境损害赔偿诉讼与环境民事公益诉讼的关系

《改革方案》在"完善赔偿诉讼规则"部分要求最高人民法院商有关部门根据实际情况制定指导意见，以明确"生态环境损害赔偿制度与环境公益诉讼之间衔接等问题"。由于《改革方案》将生态环境损害赔偿诉讼纳入民事诉讼范畴，故实践中首先需要解决的是生态环境损害赔偿诉讼与环境民事公益诉讼的衔接。这一问题，既涉及相关审理规则的完善，更事关生态环境诉讼机制的整体协调。

生态环境受到损害，可以由不同的主体、通过不同的方式主张赔偿。如前所述，实践中广义的生态环境损害赔偿案件大致有四种表现形式：一是根据《民事诉讼法》第五十八条第一款和《环境保护法》第五十八条的规定，由依法在设区的市级以上人民政府民政部门登记、专门从事环境保护公益活动连续五年以上且无违法记录的社会组织提起的环境民事公益诉讼。二是根据《民事诉讼法》第五十八条第二款的规定，由人民检察院提起的环境民事公益诉讼。三是根据《海洋环境保护法》第八十九条第二款的规定，针对破坏海洋生态、海洋水产资源、海洋保护区，给国家造成重大损失的行为，由行使海洋环境监督管理权的部门代表国家对责任者提起的海洋生态环境损害赔偿诉讼。四是根据《改革方案》，由省级、市地级人民政府及其指定的部门或机构，或者由受国务院委托行使全民所有自然资源资产所有权的部门提起的生态环境损害赔偿诉讼。

上述前两种形态是典型的环境民事公益诉讼，对此理论界与实务界均无争议。对于海洋环境监督管理部门代表国家对责任者提起的海洋生态环境损害赔偿诉讼，亦为立法机关和司法解释明确为环境民事公益诉讼。2012年4月24日《全国人民代表大会法律委员会关于〈中华人民共和国民事诉讼法修正案（草案）〉修改情况的汇报》对公益诉讼制度问题所作的说明指出，"目前，有的环境保护领域的法律已规定了提出这类诉讼的机关。比如，海洋环境保护法规定，海洋环境监督管理部门代表国家对破坏海洋环境给国家造成重大损失的责任者提出损害赔偿要求。"可见，立法机关系将该类诉讼明确为《民事诉讼法》第五十八条第一款"法律规定的机关"提起之民事公益诉讼的范畴。与此相衔接，自 2018 年 1 月 15 日起施行的《海洋自然资源与生态环境损害赔偿规定》，在性质上亦将海洋环境监督管理机关提起的海洋生态环境损害赔偿诉讼明确为民事公益诉讼，但只是为了与《海洋环境保护法》第八十九条的表述一致，其标题及具体条款没有采用"海洋环境民事公益诉讼"之类的表述。

可见，讨论生态环境损害赔偿诉讼与环境民事公益诉讼的关系，就是要梳理明确其与社会组织、检察机关以及海洋环境监督管理机关提起的这三类环境民事公益诉讼的关系。由于《改革方案》明确"涉及海洋生态环境损害赔偿的，适用海洋环境保护法等法律和相关规定"，故生态环境损害赔偿诉讼与海洋生态环境损害赔偿诉讼的适用关系及其理论分野是清楚的。鉴于检察机关只有在没有法律规定的机关和社会组织或者法律规定的机关和社会组织不提起诉讼的情况下才可以向人民法院提起环境民事公益诉讼，其处于提起环境民事公益诉讼的第二顺位，一般情况下亦不会出现检察民事公益诉讼与生态环境损害赔偿诉讼的冲突与协调问题。唯需研究确定的是社会组织提起之环境民事公益诉讼与生态环境损害赔偿诉讼的关系及其协调处理。

正在全面试行的生态环境损害赔偿诉讼虽然被定性为旨在保护生态环境公共利益的民事诉讼，但现阶段立法机关还未明确其是否为《民事诉讼法》第五十八条规定的环境民事公益诉讼。这也是《改革方案》要求明确生态环境损害赔偿诉讼与环境民事公益诉讼之间衔接问题的缘由。诚如学者所言，对于生态环境损害赔偿诉讼，既要看到其本质依然是民事公益诉讼，也要看到其与社会组织、检察机关提起的民事公益诉讼存在着差异，唯此，才能全面、客观地说明这类诉讼的性质。从这一立场出发，鉴于生态环境损害赔偿诉讼与《海洋环境保护法》第八十九条规定的海洋生态环境损害赔偿诉讼相仿，可以界定为一种特殊形式的环境民事公益诉讼。由此，我们可以说，广义上的生态环境损害赔偿诉讼，既包括由立法明确规定的环境民事公益诉讼，也包括目前正在试行将来有待立法规定的、狭义上的生态环境损害赔偿诉讼；我们也可以说，广义上的环境民事公益诉讼，既包括狭义的由立法明确规定的环境民事公益诉讼，也包括目前正在试行将来有待立法规定的生态环境损害赔偿诉讼。基于这样的逻辑关系，我们就可以很清晰地理解和把握《若干规定》第十六条至第十八条的内容。

关于生态环境损害赔偿诉讼与社会组织提起的环境民事公益诉讼的衔接，《若干规定》明确了以下三个方面的规则：一是诉权平行、同一审判组织审理的规则。先后或同时针对同一损害生态环境行为提起生态环境损害赔偿诉讼与环境民事公益诉讼，符合起诉条件的，均应由同一法院受理并交由同一审判组织审理。二是生态环境损害赔偿案件先行审理的规则。就同一损害生态环境行为提起的两种案件分别立案的，应先中止民事公益诉讼案件的审理，待生态环境损害赔偿诉讼案件审理完毕后，就民事公益诉讼案件未被涵盖的诉讼请求依法作出裁判。三是诉讼请求覆盖规则。除上述先行审理情形外，发现存在前案审理时未发现的损害，原告可以另行提起生态环境损害赔偿诉讼或者环境民事公益诉讼，不构成重复起诉。需要指出的是，《若干规定》并未涉及诉的合并问题，从落实诉讼经济和效率原则考量，如果受案法院经审查认为分别提起的生态环境损害赔偿诉讼和环境民事公益诉讼符合《民事诉讼法》及其司法解释规定的诉的合并条件，自然可以合并审理。此外，实践中还须关注生态环境损害赔偿诉讼与环境民事公益诉讼两类案件生效裁判的既判力、预决效力的双向扩张问题。有学者建议，两类生效裁判相互之间应适用完整的既判力及已决事实的免证效力。对此，需要在司法实践中结合两类诉讼案件的特点，特别是对起诉主体、诉讼目的、诉讼请求、事实认定、证据证明、程序保障等方面的异同予以研究。

（七）生态环境损害赔偿诉讼与自然资源损害赔偿诉讼的关系

自然资源是自然界形成的可供人类利用的一切物质和能量的总称，是人们可以利用的自然因素，主要包括土地、大气（气候）、陆地水、海洋（海域）、矿产、森林、草原、生物、湿地、天然能源资源、旅游资源（风景名胜）等。作为人类生存繁衍、社会经济发展的重要物质基础，自然资源本身又是生态系统的组成部分，是生态系统中不可或缺的、影响最为广泛的要素，其与其他组成部分和整个生态系统之间发生长期的、相对稳定的相互作用或相互联系。污染环境、破坏生态的行为既会减损生态环境价值，也会涉及自然资源的损害，比如森林被砍伐，或者土地被污染不能种植、湖泊被污染不能养殖等，都会减损这些自然资源的经济价值。这就意味着，同一污染环境、破坏生态的行为，既会产生基于环境因素的生态环境损害赔偿责任，也会产生基于经济因素的自然资源损害赔偿责任。经济因素与环境因素互相交织，生态环境损害赔偿责任与自然资源损害赔偿责任相互叠合，需要我们辩证认识并处理好生态环境损害赔偿诉讼与自然资源损害赔偿诉讼间的关系。

损害担责，有损害必有救济。无论是生态环境损害还是自然资源损害，都必须追究污染者、破坏者的损害赔偿责任。对于自然资源经济价值的损害赔偿，依据《民法典》的规定，权利人必要时可以依法提起侵权损害赔偿之诉。根据《民法典》物权编第五章的相关规定，矿藏、水流、海域，法律规定属于国家所有的野生动植物资源、文物等属于国家所有；除法律规定属于集体所有的土地和森林、山岭、草原、荒地、滩涂以外，城市的土地、法律规定属于国家所有的农村和城市郊区的土地，以及森林、山岭、草原、荒地、滩涂等自然资源，属于国家所有。除法律另有规定外，国有财产由国务院代表国家行使所有权。2019 年 4 月中共中央办公厅、国务院办公厅《关于统筹推进自然资源资产产权制度改革的指导意见》明确，国务院授权国务院自然资源主管部门具体代表统一行使全民所有自然资源资产所有者职责，提出要研究建立国务院自然资源主管部门行使全民所有自然资源资产所有权的资源清单和管理体制，探索建立委托省级和市（地）级政府代理行使自然资源资产所有权的资源清单和监督管理制度；同时明确农村集体所有自然资源资产由农村集体经济组织代表集体行使所有权；强调保证自然人、法人和非法人组织等各类市场主体依法平等使用自然资源资产、公开公平公正参与市场竞争，其合法权益受到法律同等保护。

可见，自然资源损害，有可能涉及国家利益、集体利益和依法使用自然资源的自然人、法人或其他组织的利益。虽然《若干规定》第二条明确该司法解释不适用于因污染环境、破坏生态造成的人身损害、个人和集体财产损失的情形，但相关自然人、法人和组织在主张自身利益赔偿时可以一并主张侵权人承担相应的修复生态环境责任。唯独需要特别讨论的是，国家所有的自然资源受到污染环境、破坏生态行为的侵害致使自然资源经济价值减损的，生态环境损害赔偿权利人在提起生态环境损害赔偿诉讼的同时，能否一并提起自然资源损害赔偿之诉。

生态环境损害赔偿制度重在解决生态环境修复与赔偿问题。《改革方案》确立的"生态环境损害"概念，是指环境要素、生物要素的不利改变以及由此构成的生态系统的退化；其确定赔偿的损失，为"清除污染费用、生态环境修复费用、生态环境修复期间服务功能的损失、生态环境功能永久性损害造成的损失以及生态环境损害赔偿调查、鉴定评估等合理费用"，并不包括自然资源价值损失。进行生态环境损害赔偿制度的改革，主要并不在于保护国家所有的自然资源的经济价值，而是要保护这些自然资源所产生的环境价值。因此，《改革方案》《若干规定》明确可以提起诉讼的赔偿权利人，仅仅拥有就自然资源被污染、破坏后的生态环境损害进行索赔的权利，并不当然拥有国有自然资源资产的管理权和损害索赔权。

根据《关于统筹推进自然资源资产产权制度改革的指导意见》，要探索建立委托省级和市（地）级政府代理行使自然资源资产所有权的资源清单和监督管理制度。该委托代理行使自然资源资产所有权的对象与生态环境损害赔偿制度中获得索赔权的权利人一样，都是省级和市（地）级政府。但由于土地和部分自然资源分属国家与集体所有，而融存于这些自然资源的生态环境均属于社会公共利益，虽然两个委托授权的对象相同，但其涉及的自然资源范围是不一样的，代理行使自然资源国家所有权的范围不能延伸到集体所有的自然资源，而生态环境损害赔偿权利人行使索赔权的范围则涵盖了包括国家所有和集体所有在内的全部自然资源的生态价值损害。此外，为强化自然资源的整体保护，《关于统筹推进自然资源资产产权制度改革的指导意见》还规定：对生态功能重要的公益性自然资源资产，加快构建以国家公园为主体的自然保护地体系；国家公园范围内的全民所有自然资源资产所有权由国务院自然资源主管部门行使或委托相关部门、省级政府代理行使；条件成熟时，逐步过渡到国家公园内全民所有自然资源资产所有权由国务院自然资源主管部门直接行使。这都表明同样是基于国务院授权，但生态环境损害赔偿权利人与自然资源损害赔偿权利人的范围往往是不一致的。

因此，生态环境损害赔偿权利人能否就自然资源损害一并提起赔偿诉讼，要看其是否得到代理行使自然资源资产所有权的委托授权，是否拥有对自然资源资产的管理权和索赔权。比如，《改革方案》规定，国务院直接行使全民所有自然资源资产所有权的，由受委托代行该所有权的部门作为赔偿权利人开展生态环境损害赔偿工作。《关于统筹推进自然资源资产产权制度改革的指导意见》明确，国务院授权国务院自然资源主管部门具体代表统一行使全民所有自然资源资产所有者职责。据此，国务院自然资源主管部门同时拥有自然资源损害赔偿权和相应的生态环境损害赔偿权，可以一并提起生态环境损害赔偿诉讼和自然资源损害赔偿诉讼。再比如，根据我国《民法典》的规定，海域属于国家所有。对我国管辖海域内自然资源与生态环境造成污染损害和生态破坏的，依法行使海洋环境监督管理权的部门可以代表国家依据《海洋环境保护法》第八十九条第二款的规定同时就海洋自然资源损害与生态环境损害提起索赔诉讼。

同一环境污染、生态破坏行为引发的生态环境损害赔偿诉讼和自然资源损害赔偿诉讼，在案件事实、争议焦点认定以及法律适用等方面具有很大的共通性和交互性。如果生态环境损害赔偿权利人与自然资源损害赔偿权利人不是同一主体，两个主体自然可以分别基于各自的授权针对同一环境污染或者生态破坏行为提起两个不同的诉讼。其中，符合《民事诉讼法》关于诉的合并条件的，人民法院自可依照相应的程序规则办理。

【审判实践中应注意的问题】

一、关于司法解释的名称问题

根据 2021 年修正的《关于司法解释工作的规定》第六条规定,司法解释的形式分为"解释""规定""规则""批复""决定"五种。对在审判工作中如何具体应用某一法律或者对某一类案件、某一类问题如何应用法律制定的司法解释,采用"解释"的形式。根据立法精神对审判工作中需要制定的规范、意见等司法解释,采用"规定"的形式。对规范人民法院审判执行活动等方面的司法解释可采用"规则"的形式。对高级人民法院、解放军军事法院就审判工作中具体应用法律问题的请示制定的司法解释,采用"批复"的形式。对修改或者废止司法解释,采用"决定"的形式。起草过程中,对于本解释究竟应称为"解释"还是应称为"规定",曾经有过争议和反复。最终,鉴于尚无法律对生态环境损害赔偿制度作出具体规定,《改革方案》也明确是在全国全面试行生态环境损害赔偿制度,因此,本解释以《若干规定》为名且以试行的方式规定相关程序和制度规则。按照改革的精神,各地法院可以在现有法律框架范围内对生态环境损害赔偿协议的司法确认程序、生效判决的执行程序等进行探索和尝试,为相关制度的不断完善积累有益的实践经验。

二、关于损害赔偿与修复生态环境的关系问题

生态环境损害赔偿诉讼虽然从名称文意看侧重于"损害赔偿",但其制度的核心价值在于通过法定方式实现生态环境的修复,保障公众的环境权益。因此,对生态环境造成损害的责任者承担赔偿责任的具体方式,在生态环境可以修复的情况下,首先要做的是修复生态环境并赔偿生态环境受到损害至恢复期间的服务功能损失;在生态环境无法修复的情况下,才是赔偿生态环境功能永久性损害造成的损失。

三、关于审理生态环境损害赔偿诉讼案件可以援引的法律问题

在 2019 年制定司法解释的时候,我们考虑除了《环境保护法》《民事

诉讼法》之外，《民法总则》《物权法》《侵权责任法》也可以作为对生态环境损害赔偿诉讼案件作出裁判的实体法律依据。首先，《民法总则》确定的"绿色原则"，即第九条规定的"民事主体从事民事活动，应当有利于节约资源、保护生态环境"无疑应适用于生态环境损害赔偿诉讼。其次，虽然《侵权责任法》保护的民事权益限于人身、财产权益①，但《侵权责任法》确定的法律责任聚合与民事责任优先原则、归责原则、责任大小的分配原则、因果关系的推定规则、承担责任的方式等，在多数情况下都可以适用于生态环境损害赔偿诉讼。当然，在《民法典》颁布后，2020年12月修正后的《若干规定》公布，增加《民法典》作为法律渊源。

【法条链接】

《民法典》

第九条　民事主体从事民事活动，应当有利于节约资源、保护生态环境。

第一千二百二十九条　因污染环境、破坏生态造成他人损害的，侵权人应当承担侵权责任。

第一千二百三十条　因污染环境、破坏生态发生纠纷，行为人应当就法律规定的不承担责任或者减轻责任的情形及其行为与损害之间不存在因果关系承担举证责任。

第一千二百三十一条　两个以上侵权人污染环境、破坏生态的，承担责任的大小，根据污染物的种类、浓度、排放量，破坏生态的方式、范围、程度，以及行为对损害后果所起的作用等因素确定。

第一千二百三十二条　侵权人违反法律规定故意污染环境、破坏生态造成严重后果的，被侵权人有权请求相应的惩罚性赔偿。

第一千二百三十三条　因第三人的过错污染环境、破坏生态的，被侵权人可以向侵权人请求赔偿，也可以向第三人请求赔偿。侵权人赔偿后，有权向第三人追偿。

---

①　《侵权责任法》第二条第四款规定："本法所称民事权益，包括生命权、健康权、姓名权、名誉权、荣誉权、肖像权、隐私权、婚姻自由权、监护权、所有权、用益物权、担保物权、著作权、专利权、商标专用权、发现权、股权、继承权等人身、财产权益。"

第一千二百三十四条 违反国家规定造成生态环境损害，生态环境能够修复的，国家规定的机关或者法律规定的组织有权请求侵权人在合理期限内承担修复责任。侵权人在期限内未修复的，国家规定的机关或者法律规定的组织可以自行或者委托他人进行修复，所需费用由侵权人负担。

第一千二百三十五条 违反国家规定造成生态环境损害的，国家规定的机关或者法律规定的组织有权请求侵权人赔偿下列损失和费用：

（一）生态环境受到损害至修复完成期间服务功能丧失导致的损失；

（二）生态环境功能永久性损害造成的损失；

（三）生态环境损害调查、鉴定评估等费用；

（四）清除污染、修复生态环境费用；

（五）防止损害的发生和扩大所支出的合理费用。

《环境保护法》

第二条 本法所称环境，是指影响人类生存和发展的各种天然的和经过人工改造的自然因素的总体，包括大气、水、海洋、土地、矿藏、森林、草原、湿地、野生生物、自然遗迹、人文遗迹、自然保护区、风景名胜区、城市和乡村等。

第五条 环境保护坚持保护优先、预防为主、综合治理、公众参与、损害担责的原则。

第六条 一切单位和个人都有保护环境的义务。

地方各级人民政府应当对本行政区域的环境质量负责。

企业事业单位和其他生产经营者应当防止、减少环境污染和生态破坏，对所造成的损害依法承担责任。

公民应当增强环境保护意识，采取低碳、节约的生活方式，自觉履行环境保护义务。

第二十五条 企业事业单位和其他生产经营者违反法律法规规定排放污染物，造成或者可能造成严重污染的，县级以上人民政府环境保护主管部门和其他负有环境保护监督管理职责的部门，可以查封、扣押造成污染物排放的设施、设备。

第二十九条 国家在重点生态功能区、生态环境敏感区和脆弱区等区域划定生态保护红线，实行严格保护。

各级人民政府对具有代表性的各种类型的自然生态系统区域，珍稀、濒危的野生动植物自然分布区域，重要的水源涵养区域，具有重大科学文化价值的地质构造、著名溶洞和化石分布区、冰川、火山、温泉等自然遗迹，以及人文遗迹、古树名木，应当采取措施予以保护，严禁破坏。

第四十五条 国家依照法律规定实行排污许可管理制度。

实行排污许可管理的企业事业单位和其他生产经营者应当按照排污许可证的要求排放污染物；未取得排污许可证的，不得排放污染物。

第四十七条第一款 各级人民政府及其有关部门和企业事业单位，应当依照《中华人民共和国突发事件应对法》的规定，做好突发环境事件的风险控制、应急准备、应急处置和事后恢复等工作。

第五十五条 重点排污单位应当如实向社会公开其主要污染物的名称、排放方式、排放浓度和总量、超标排放情况，以及防治污染设施的建设和运行情况，接受社会监督。

第五十八条 对污染环境、破坏生态，损害社会公共利益的行为，符合下列条件的社会组织可以向人民法院提起诉讼：

（一）依法在设区的市级以上人民政府民政部门登记；

（二）专门从事环境保护公益活动连续五年以上且无违法记录。

符合前款规定的社会组织向人民法院提起诉讼，人民法院应当依法受理。

提起诉讼的社会组织不得通过诉讼牟取经济利益。

第六十四条 因污染环境和破坏生态造成损害的，应当依照《中华人民共和国侵权责任法》的有关规定承担侵权责任。

第六十五条 环境影响评价机构、环境监测机构以及从事环境监测设备和防治污染设施维护、运营的机构，在有关环境服务活动中弄虚作假，对造成的环境污染和生态破坏负有责任的，除依照有关法律法规规定予以处罚外，还应当与造成环境污染和生态破坏的其他责任者承担连带责任。

《海洋环境保护法》

第八十九条 造成海洋环境污染损害的责任者，应当排除危害，并赔偿损失；完全由于第三者的故意或者过失，造成海洋环境污染损害的，由第三者排除危害，并承担赔偿责任。

对破坏海洋生态、海洋水产资源、海洋保护区，给国家造成重大损失的，由依照本法规定行使海洋环境监督管理权的部门代表国家对责任者提出损害赔偿要求。

《民事诉讼法》

第五十八条 对污染环境、侵害众多消费者合法权益等损害社会公共利益的行为，法律规定的机关和有关组织可以向人民法院提起诉讼。

人民检察院在履行职责中发现破坏生态环境和资源保护、食品药品安全领域侵害众多消费者合法权益等损害社会公共利益的行为，在没有前款规定的机关和组织或者前款规定的机关和组织不提起诉讼的情况下，可以向人民法院提起诉讼。前款规定的机关或者组织提起诉讼的，人民检察院可以支持起诉。

第一百二十二条 起诉必须符合下列条件：

（一）原告是与本案有直接利害关系的公民、法人和其他组织；

（二）有明确的被告；

（三）有具体的诉讼请求和事实、理由；

（四）属于人民法院受理民事诉讼的范围和受诉人民法院管辖。

《改革方案》

二、工作原则

——主动磋商，司法保障。生态环境损害发生后，赔偿权利人组织开展生态环境损害调查、鉴定评估、修复方案编制等工作，主动与赔偿义务人磋商。磋商未达成一致，赔偿权利人可依法提起诉讼。

四、工作内容

（三）省级、市地级政府及其指定的部门或机构均有权提起诉讼。……

（四）对经磋商达成的赔偿协议，可以依照民事诉讼法向人民法院申请司法确认。……磋商未达成一致的，赔偿权利人及其指定的部门或机构应当及时提起生态环境损害赔偿民事诉讼。

（五）完善赔偿诉讼规则。各地人民法院要按照有关法律规定、依托现有资源，由环境资源审判庭或指定专门法庭审理生态环境损害赔偿民事案件；根据赔偿义务人主观过错、经营状况等因素试行分期赔付，探索多样化责任承担方式。

各地人民法院要研究符合生态环境损害赔偿需要的诉前证据保全、先予执行、执行监督等制度；可根据试行情况，提出有关生态环境损害赔偿诉讼的立法和制定司法解释建议。鼓励法定的机关和符合条件的社会组织依法开展生态环境损害赔偿诉讼。

生态环境损害赔偿制度与环境公益诉讼之间衔接等问题，由最高人民法院商有关部门根据实际情况制定指导意见予以明确。

第一条　具有下列情形之一，省级、市地级人民政府及其指定的相关部门、机构，或者受国务院委托行使全民所有自然资源资产所有权的部门，因与造成生态环境损害的自然人、法人或者其他组织经磋商未达成一致或者无法进行磋商的，可以作为原告提起生态环境损害赔偿诉讼：

（一）发生较大、重大、特别重大突发环境事件的；

（二）在国家和省级主体功能区规划中划定的重点生态功能区、禁止开发区发生环境污染、生态破坏事件的；

（三）发生其他严重影响生态环境后果的。

前款规定的市地级人民政府包括设区的市，自治州、盟、地区，不设区的地级市，直辖市的区、县人民政府。

【条文主旨】

本条是关于生态环境损害赔偿诉讼案件起诉主体和条件的规定。

【条文理解】

如前文所述，生态环境损害赔偿诉讼是一种特殊的环境诉讼。因此，只有特殊的主体方可针对特定情形下的环境污染、生态破坏事件提起诉讼，且需要在提起诉讼前先履行磋商前置程序。

一、有权提起生态环境损害赔偿诉讼的原告范围

《试点方案》规定，试点地方省级人民政府经国务院授权后，作为本行政区域内生态环境损害赔偿权利人，可指定相关部门或机构负责生态环境损害赔偿具体工作。《试点方案》采取的"授权＋指定"模式使得生态环境损害赔偿制度出现了两类权利主体：赔偿权利人和赔偿权利人指定的负责具体工作的部门或者机构①。通过试点实践发现，将赔偿权利人限制在省级人民政府不利于生态环境损害赔偿具体工作的开展，有必要扩大赔偿权利人范围。《改革方案》将赔偿权利人范围扩大到市地级人民政府，从而由市地级人民政府和省级人民政府共同作为权利人。此授权的依据在于国家作为自然资源所有权人，县级以上人民政府均有资格作为代表人。考虑到生态环境损害赔偿工作的复杂性与专业性，大部分县级人民政府及其职能部门开展生态环境损害索赔能力尚显不足，为保障索赔工作的专业水平，暂不将范围扩大至县级人民政府。

另外，由于行政机关不仅具有结构上的层级性，也具有职能的多元性。实践中，往往由政府某一职能部门负责开展其职能范围内的具体索赔工作。为便于开展索赔工作，《改革方案》规定，省级、地市级人民政府可指定相关部门或机构负责生态环境损害赔偿具体工作，并且规定赔偿权利人及其指定的部门或机构均有权提起诉讼。因此，《若干规定》将上述主体作为生态环境损害赔偿诉讼的原告。《改革方案》同时规定，省级人民政府应明确生态环境、自然资源、住房城乡建设、水利、农业农村、林业草原等相关部门开展索赔工作的职责分工，并建立对生态环境损害索赔的监督机制。

那么，赔偿权利人和赔偿权利人指定的部门或者机构之间是什么关系？被指定的相关部门或者机构在生态环境损害赔偿过程的角色定位是什么？如果磋商未能达成一致意见，被指定的相关部门或者机构是否可以作为原告提起诉讼？从《试点方案》的规定来看，赔偿权利人与被指定负责

① 试点地方大多指定当地环境保护、国土资源、住房城乡建设、水利、农业、林业等相关部门根据职责分工开展索赔工作。临海的山东、江苏两地则增加了海洋渔业部门。

具体工作的相关部门或机构之间应该是委托人和受托人的关系。被指定负责具体工作的相关部门或机构系根据省级人民政府的指定或者授权开展工作，并未取代省级人民政府成为赔偿权利人。实践中，被指定的相关部门或机构以受托人的身份在诉前代表省级人民政府开展相关调查、评估和磋商等工作并不存在法律上的障碍，但一旦磋商未能达成一致需要提起民事诉讼时，则面临是否具备原告主体资格的质疑。另外，如果坚持必须由省级人民政府提起诉讼，又面临办理相关诉讼手续不够方便的困境。试点工作结束前，最高人民法院在工作层面与原环境保护部就以下问题达成了一致：一是为避免出现诉讼主体不适格带来的困扰，赔偿权利人不应局限于省级人民政府，而应包括其所指定的部门或者机构；二是鉴于试点期间起诉到法院的生态环境损害赔偿诉讼案件数量极少，赔偿权利人的范围有必要作进一步的拓展，比如可以将市地级人民政府纳入赔偿权利人的范围。

《改革方案》规定："国务院授权省级、市地级政府（包括直辖市所辖的区县级政府，下同）作为本行政区域内生态环境损害赔偿权利人。……省级、市地级政府及其指定的部门或机构均有权提起诉讼。……在健全国家自然资源资产管理体制试点区，受委托的省级政府可指定统一行使全民所有自然资源资产所有者职责的部门负责生态环境损害赔偿具体工作；国务院直接行使全民所有自然资源资产所有权的，由受委托代行该所有权的部门作为赔偿权利人开展生态环境损害赔偿工作。"据此，《改革方案》明确的有权提起生态环境损害赔偿诉讼的主体有四类：一是省级、市地级人民政府；二是省级、市地级人民政府指定的部门或者机构；三是受省级人民政府指定，在健全国家自然资源资产管理体制试点区统一行使全民所有自然资源资产所有者职责的部门；四是受国务院委托行使全民所有自然资源资产所有权的部门。鉴于健全国家自然资源资产管理体制试点工作已于2018年底结束，上述第三种主体已经不复存在，《若干规定》在本条明确可以提起生态环境损害赔偿诉讼的主体有三类：一是省级、市地级人民政府；二是省级、市地级人民政府指定的部门或者机构；三是受国务院委托行使全民所有自然资源资产所有权的部门。

因市地级人民政府指代范围不甚明确，本条参考《环境民事公益诉讼司法解释》的规定，解释了市地级人民政府的范围，即包括设区的市，自治州、盟、地区，不设区的地级市和直辖市的区、县人民政府。①

二、可以提起生态环境损害赔偿诉讼的具体情形

《试点方案》规定，试点地区省级人民政府可以针对较大及以上的突发环境事件、在国家和省级主体功能区规划中划定的重点生态功能区和禁止开发区发生的环境污染和生态破坏事件以及其他严重影响生态环境事件，依法追究造成生态环境损害的单位或者个人的赔偿责任。《改革方案》延续了《试点方案》的规定，兼顾全国各省域经济生活的差异性和生态环境容量的不同性，根据生态环境损害的定义及其特征，以及尚处于试行积累实践经验阶段等因素，充分考虑对生态环境进行救济的程度要求，列举了三类需要追究生态环境损害赔偿责任的情形：一是发生较大及以上突发环境事件的；二是在国家和省级主体功能区规划中划定的重点生态功能区、禁止开发区发生环境污染、生态破坏事件的；三是发生其他严重影响生态环境后果的。另外，根据《改革方案》规定，跨省域、跨市域案件原则上也属于应追究生态环境损害赔偿责任的情形。本条确认的可以提起生态环境损害赔偿诉讼的三种具体情形与《改革方案》保持一致。

（一）发生较大、重大、特别重大突发环境事件

根据2014年的《国家突发环境事件应急预案》和2015年的《突发环境事件应急管理办法》的规定，突发环境事件是指由于污染物排放或自然灾害、生产安全事故等因素，导致污染物或放射性物质等有毒有害物质进入大气、水体、土壤等环境介质，突然造成或可能造成环境质量下降，危及公众身体健康和财产安全，或造成生态环境破坏，或造成重大社会影响，需要采取紧急措施予以应对的事件，主要包括大气污染、水体污染、土壤污染等突发性环境污染事件和辐射污染事件。突发环境事件按照事件严重程度，分为特别重大、重大、较大和一般四级。根据《试点方案》的规定，只有在发生较大及以上突发环境事件时，赔偿权利人方可提起生态

---

① 需要注意的是，与《环境民事公益诉讼司法解释》第三条相比，《若干规定》第一条第二款增加了直辖市的县人民政府。

环境损害赔偿诉讼。这些级别的突发环境事件一般都对生态环境造成了较为严重的损害，需要开展生态环境损害赔偿。一般级别的突发环境事件对生态环境造成的损害相对较轻，从循序渐进的角度，《改革方案》未将一般突发环境事件列入赔偿范围。《若干规定》本条第一款第一项规定，发生较大、重大、特别重大突发环境事故的，可以提起生态环境损害赔偿诉讼。

（二）在国家和省级主体功能区规划中划定的重点生态功能区、禁止开发区发生环境污染、生态破坏事件

本条第一款第二项将"在国家和省级主体功能区规划中划定的重点生态功能区、禁止开发区发生环境污染、生态破坏事件的"作为第二种明确列举的追责情形，是考虑到在重点生态功能区、禁止开发区发生环境污染、生态破坏事件的，一般会对生态环境造成较为严重的不利影响。需说明的是，这里的环境污染、生态破坏事件并非指突发环境事件。

为了确定国土空间的主体功能定位，明确开发方向，控制开发强度，规范开发秩序，完善开发政策，逐步形成人口、经济、资源环境相协调的空间开发格局，党中央、国务院在"十一五"规划纲要建议中提出功能区的概念，并列入"十一五"规划纲要。2011 年 6 月 8 日，《全国主体功能区规划》正式发布。全国主体功能区规划根据不同区域的资源环境承载能力、现有开发密度和发展潜力，统筹谋划未来人口分布、经济布局、国土利用和城镇化格局，将国土空间划分为优化开发区域、重点开发区域、限制开发区域和禁止开发区域四类。其中，禁止开发区域是指依法设立的各类自然保护区域。

为了优化国土资源空间格局，实施主体功能区制度，推进生态文明制度建设，国家发改委会同有关部委提出根据生态环境特征、生态环境敏感性和生态服务功能在不同地域的差异性和相似性，将区域空间划分为不同生态功能区，并划定了重点生态功能区，进一步提高生态产品供给能力和国家生态安全保障水平。

所谓重点生态功能区，是指生态系统脆弱或生态功能重要，资源环境承载能力较低，不具备大规模高强度工业化城镇化开发的条件，必须把增

加生态产品生产能力作为首要任务，从而应该限制进行大规模高强度工业化城镇化开发的地区。重点生态功能区属于限制开发区域，允许进行一定程度的能源和矿产资源开发。国家重点生态功能区包括大小兴安岭森林生态功能区、长白山森林生态功能区、三江源草原草甸湿地生态功能区、祁连山冰川与水源涵养生态功能区、三峡库区水土保持生态功能区等25个地区，分为水源涵养型、水土保持型、防风固沙型和生物多样性维护型等四种类型。根据2016年9月14日印发的《国务院关于同意新增部分县（市、区、旗）纳入国家重点生态功能区的批复》，纳入国家重点生态功能区的县市区数量为676个，占国土面积53%。

所谓禁止开发区，是指依法设立的各级各类自然文化资源保护区域，以及其他禁止进行工业化城镇化开发、需要特殊保护的重点生态功能区。国家禁止开发区域是指有代表性的自然生态系统、珍稀濒危野生动植物物种的天然集中分布地、有特殊价值的自然遗迹所在地和文化遗址等，需要在国土空间开发中禁止进行工业化城镇化开发的重点生态功能区。具体包括国家级自然保护区、世界文化自然遗产、国家级风景名胜区、国家森林公园和国家地质公园。根据法律法规和有关方面的规定，国家禁止开发区域目前共1443处，总面积约120万平方公里，占全国陆地国土面积的12.5%。省级层面禁止开发区域，包括省级及以下各级各类自然文化资源保护区域、重要水源地以及其他省级人民政府根据需要确定的禁止开发区域。

重点生态功能区和禁止开发区有相互重叠的区域，也有相互独立的区域。为了保护自然保护区、水源涵养区、水土保持区、防风固沙区、生物多样性维护区、生态脆弱区等重要区域的生态环境，《改革方案》及《若干规定》将它们都纳入生态环境损害赔偿范围，规定"在国家和省级主体功能区规划中划定的重点生态功能区、禁止开发区发生环境污染、生态破坏事件的"作为第二种明确列举的追责情形。

所谓环境污染，指被人们利用的物质或者能量直接或者间接地进入环境，导致对自然的有害影响，以致危及人类健康、危害生命资源和生态系统，以及损害或者妨碍舒适和环境的其他合法用途的现象。① 主要是因人类排放污染物导致的不利后果，包括废气、废水、废渣、粉尘、垃圾、放射性物质以及噪声、震动、恶臭等污染。所谓生态破坏，主要是指由于人类开发利用的行为，对自然资源的过度索取造成的不利后果。包括人类活动导致的森林破坏、水土流失、土地荒漠化、过度捕捞、生物灭绝②，比如乱捕滥猎、过度采挖珍稀动植物，乱砍滥伐、过度放牧，毁林造田、过度垦荒、围湖造田，不合理地引进物种，等等。

（三）发生其他严重影响生态环境后果

《改革方案》除明确了以上两种应追究生态环境损害赔偿责任的情形外，还规定了"发生其他严重影响生态环境后果的"情形作为兜底条款。相较《试点方案》，《改革方案》增加规定了由各地区根据实际情况明确"其他严重影响生态环境后果的"具体情形。从各地试行做法来看，有些地方将构成污染环境罪作为"严重影响生态环境后果的"情形；有些地方将一般突发环境事件作为"严重影响生态环境后果的"情形；还有些地方结合生态保护红线划定等相关工作情况，将以下情形纳入适用范围：（1）在生态保护红线范围内发生环境污染、生态破坏事件的（吉林、上海、浙江、福建等）；（2）在自然保护区核心区、世界文化与自然遗产保护区等禁止开发区内发生环境污染、生态破坏事件的（内蒙古）；（3）在长白山生态屏障区域、辽河流域、黑土地区等重要生态环境资源区域内发生环境污染、生态破坏事件的（吉林）；（4）在重点功能区和生态保护红线区以外造成严重生态破坏和环境质量等级下降的（北京、山西、辽宁等）。有些地方的探索凸显了地域特色，比如，贵州省明确将"自然保护区、森林公园、地质公园、湿地公园、风景名胜区、世界文化和自然遗产地受到严重环境污染或生态破坏的""饮用水水源保护区受到环境污染或生态破坏导致水质下降的"等情形纳入可以主张生态环境损害赔偿的范围；云南则在适用范围中增加规定了"因污染或生态破坏致使'中国重要湿地名录'

---

① 参见汪劲：《环境法学》，北京大学出版社 2011 年版，第 155 页。
② 参见曹明德主编：《环境与资源保护法》，中国人民大学出版社 2013 年版，第 187 页。

所列湿地自然状态改变、湿地生态特征及生物多样性明显退化、湿地生态功能严重损害的"情形；江苏的适用范围还包括"重点水功能区和县级以上集中式饮用水水源地受到污染"；等等。

《若干规定》起草过程中，生态环境部及部分高级人民法院建议将"发生其他严重影响生态环境后果的"情形进一步细化。经研究，我们认为，根据《改革方案》要求，各省、自治区、直辖市人民政府均应制定适用于本辖区的具体实施方案。因此，在省级人民政府制定的本行政区域生态环境损害赔偿制度改革实施方案对"发生其他严重影响生态环境后果的"情形作出具体规定的情况下，省级、市地级人民政府及其指定的部门、机构根据相关规定提起诉讼的，人民法院应依法予以受理。鉴于各地的具体实施方案所确定的情形各有本地特点、情况复杂多样，《若干规定》对该条款不再作进一步的细化说明。

三、磋商是提起生态环境损害赔偿诉讼的前置程序

《试点方案》规定，经调查发现生态环境损害需要修复或者赔偿的，赔偿权利人可以与赔偿义务人进行磋商，达成赔偿协议。试点期间，在贵州大鹰田违法倾倒废渣案中，贵州省环境保护厅代表贵州省人民政府与赔偿义务人贵阳开磷化肥有限公司、息烽诚诚劳务有限公司进行磋商并达成生态环境损害赔偿协议，约定赔偿义务人赔偿 1000 万元。湖南省、山东省也各有 1 例磋商成功的案例。例如，在湖南锡业郴州矿业有限公司屋场坪锡矿"11·16"尾矿库水毁灾害案中，湖南省郴州市人民政府成立的事故协调处置工作组与赔偿义务人达成协议，约定赔偿义务人赔偿 1847 万元；在山东省济南市章丘区重大非法倾倒危险废物事件生态环境损害赔偿案中，山东省环境保护厅代表山东省人民政府与 6 名赔偿义务人进行了 4 轮磋商，与其中 3 名赔偿义务人达成赔偿协议，约定赔偿义务人合计赔偿 774.659 万元。但《试点方案》对赔偿权利人如何与赔偿义务人进行磋商、诉前磋商与民事诉讼的关系及衔接等问题均未予明确。

《改革方案》则进一步规定，生态环境损害发生后，经赔偿权利人组织开展调查发现生态环境损害需要修复或赔偿的，赔偿权利人根据生态环境损害鉴定评估报告，就损害事实和程度、修复启动时间和期限、赔偿的

责任承担方式和期限等具体问题与赔偿义务人进行磋商，统筹考虑修复方案技术可行性、成本效益最优化、赔偿义务人赔偿能力、第三方治理可行性等情况，达成赔偿协议。磋商未达成一致的，赔偿权利人及其指定的部门或机构应当及时提起生态环境损害赔偿民事诉讼。

本条根据《改革方案》的上述规定，明确磋商是提起生态环境损害赔偿诉讼的前置程序。在发生较大、重大、特别重大突发环境事件，在国家和省级主体功能区规划中划定的重点生态功能区、禁止开发区发生环境污染、生态破坏事件，或者发生其他严重影响生态环境后果事件的情形下，赔偿权利人经调查后，应主动与赔偿义务人进行磋商。在磋商无法达成一致或者无法进行磋商的情况下，赔偿权利人可以作为原告提起生态环境损害赔偿诉讼。

【审判实践中应注意的问题】

一、生态环境损害赔偿诉讼中"市地级人民政府"与环境民事公益诉讼中"设区的市级人民政府"范围有所不同

《环境民事公益诉讼司法解释》第三条规定："设区的市，自治州、盟、地区，不设区的地级市，直辖市的区以上人民政府民政部门，可以认定为环境保护法第五十八条规定的'设区的市级以上人民政府民政部门'。"对照本条关于"市地级人民政府"的解释，二者的差别在于环境民事公益诉讼没有将"直辖市的县人民政府"纳入"设区的市级人民政府"的范畴。《环境民事公益诉讼司法解释》之所以如此规定，理由在于公益诉讼刚刚起步，原告范围不宜放得过宽，且此前的司法实践中也没有在直辖市县级人民政府民政部门登记的社会组织提起环境民事公益诉讼的案例；此外，严格来说，直辖市的县级人民政府和区级人民政府并不属于同一行政级别，与设区的市级人民政府相比，其职责和功能也存在较为明显的差异。本条将"直辖市的县人民政府"纳入可以提起生态环境损害赔偿诉讼的原告主体范围，则是基于《改革方案》的明确规定。

二、较大、重大、特别重大突发环境事件的标准

根据2014年的《国家突发环境事件应急预案》，按照突发事件严重性和紧急程度，突发环境事件分为特别重大环境事件（Ⅰ级）、重大环境事件（Ⅱ级）、较大环境事件（Ⅲ级）和一般环境事件（Ⅳ级）四级。

第一，符合下列情形之一的，为特别重大突发环境事件：（1）因环境污染直接导致30人以上死亡或100人以上中毒或重伤的；（2）因环境污染疏散、转移人员5万人以上的；（3）因环境污染造成直接经济损失1亿元以上的；（4）因环境污染造成区域生态功能丧失或该区域国家重点保护物种灭绝的；（5）因环境污染造成设区的市级以上城市集中式饮用水水源地取水中断的；（6）Ⅰ、Ⅱ类放射源丢失、被盗、失控并造成大范围严重辐射污染后果的；放射性同位素和射线装置失控导致3人以上急性死亡的；放射性物质泄漏，造成大范围辐射污染后果的；（7）造成重大跨国境影响的境内突发环境事件。

第二，符合下列情形之一的，为重大突发环境事件：（1）因环境污染直接导致10人以上30人以下死亡或50人以上100人以下中毒或重伤的；（2）因环境污染疏散、转移人员1万人以上5万人以下的；（3）因环境污染造成直接经济损失2000万元以上1亿元以下的；（4）因环境污染造成区域生态功能部分丧失或该区域国家重点保护野生动植物种群大批死亡的；（5）因环境污染造成县级城市集中式饮用水水源地取水中断的；（6）Ⅰ、Ⅱ类放射源丢失、被盗的；放射性同位素和射线装置失控导致3人以下急性死亡或者10人以上急性重度放射病、局部器官残疾的；放射性物质泄漏，造成较大范围辐射污染后果的；（7）造成跨省级行政区域影响的突发环境事件。

第三，符合下列情形之一的，为较大突发环境事件：（1）因环境污染直接导致3人以上10人以下死亡或10人以上50人以下中毒或重伤的；（2）因环境污染疏散、转移人员5000人以上1万人以下的；（3）因环境污染造成直接经济损失500万元以上2000万元以下的；（4）因环境污染造成国家重点保护的动植物物种受到破坏的；（5）因环境污染造成乡镇集中式饮用水水源地取水中断的；（6）Ⅲ类放射源丢失、被盗的；放射性同

位素和射线装置失控导致 10 人以下急性重度放射病、局部器官残疾的；放射性物质泄漏，造成小范围辐射污染后果的；（7）造成跨设区的市级行政区域影响的突发环境事件。

第四，符合下列情形之一的，为一般突发环境事件：（1）因环境污染直接导致 3 人以下死亡或 10 人以下中毒或重伤的；（2）因环境污染疏散、转移人员 5000 人以下的；（3）因环境污染造成直接经济损失 500 万元以下的；（4）因环境污染造成跨县级行政区域纠纷，引起一般性群体影响的；（5）Ⅳ、Ⅴ类放射源丢失、被盗的；放射性同位素和射线装置失控导致人员受到超过年剂量限值的照射的；放射性物质泄漏，造成厂区内或设施内局部辐射污染后果的；铀矿冶、伴生矿超标排放，造成环境辐射污染后果的；（6）对环境造成一定影响，尚未达到较大突发环境事件级别的。

上述分级标准有关数量的表述中，"以上"含本数，"以下"不含本数。

三、准确界定环境污染、生态破坏

审判实践中，判断是否造成环境污染、生态破坏，应重点把握以下几点：一是环境污染、生态破坏是伴随人类活动产生的，是以人类的生产、生活活动为前提的。二是按照物质不灭定律，当人类将物质通过设施设备排入环境时，会造成环境发生一定程度的改变。当它们的浓度和总量超过环境容量即环境的自净能力时，就会导致环境质量发生质的变化而产生环境污染或者生态破坏。三是以环境为媒介发生，其结果不仅可以直接造成生态环境和生态系统的破坏，还会由于人类对环境的利用关系而造成人体健康损害或者财产损害。四是出现环境质量下降或者造成国家或者其他主体合法权益受到侵害的结果。司法实践中，常有污染者以环境具备自净能力、其排放行为未必造成实际损害为由提出抗辩，这就需要法官结合大气、水流的流动情况或者环境的自净能力，以及污染物的排放对大气、水体、水生物、河床甚至是河岸土壤等生态环境产生的实际影响，对是否造成环境污染、生态破坏作出正确判断。

四、对磋商前置程序的把握

将磋商设定为提起生态环境损害赔偿诉讼的前置程序，出发点在于赔偿权利人拥有行政管理的权力和职责，可以通过行政执法手段来实现责令和指导环境污染者或者生态破坏者承担生态环境损害预防和修复义务的目标。同时，在生态环境损害发生后，赔偿权利人可以依据行政执法过程中掌握的数据资料同赔偿义务人进行磋商，尽可能避免索赔工作因鉴定技术规范的缺失和冲突，鉴定费用不合理、鉴定周期长而陷入久拖不决的泥沼。

作为前置程序，应将磋商视为诉前必经程序，即只有在经磋商无法达成一致的情况下，赔偿权利人方可提起生态环境损害赔偿诉讼。但实践中，时有污染者或者生态破坏者在造成生态环境损害后下落不明或者故意躲避导致无法进行磋商的情况发生。因此，除经磋商无法达成一致之外，客观上不具备开展磋商条件的，赔偿权利人亦应及时提起生态环境赔偿诉讼。对于人民法院而言，在立案阶段，只需要审查原告是否提交了与被告进行磋商但未达成一致或者因客观原因无法与被告进行磋商的说明即可。诉讼过程中，如果被告提交证据证明原告的说明是虚构的，明明具备磋商的条件而原告未主动开展磋商，则可认定原告尚不具备提起生态环境损害赔偿诉讼的条件。

【法条链接】

《环境民事公益诉讼司法解释》

第三条 设区的市，自治州、盟、地区，不设区的地级市，直辖市的区以上人民政府民政部门，可以认定为环境保护法第五十八条规定的"设区的市级以上人民政府民政部门"。

《改革方案》

国务院授权省级、市地级政府（包括直辖市所辖的区县级政府，下同）作为本行政区域内生态环境损害赔偿权利人。……省级、市地级政府及其指定的部门或机构均有权提起诉讼。

……在健全国家自然资源资产管理体制试点区，受委托的省级政府可指定统一行使全民所有自然资源资产所有者职责的部门负责生态环境损害赔偿具体工作；国务院直接行使全民所有自然资源资产所有权的，由受委托代行该所有权的部门作为赔偿权利人开展生态环境损害赔偿工作。

《国家突发环境事件应急预案》

1.5 事件分级

按照事件严重程度，突发环境事件分为特别重大、重大、较大和一般四级。

《突发环境事件应急管理办法》

第二条 各级环境保护主管部门和企业事业单位组织开展的突发环境事件风险控制、应急准备、应急处置、事后恢复等工作，适用本办法。

本办法所称突发环境事件，是指由于污染物排放或者自然灾害、生产安全事故等因素，导致污染物或者放射性物质等有毒有害物质进入大气、水体、土壤等环境介质，突然造成或者可能造成环境质量下降，危及公众身体健康和财产安全，或者造成生态环境破坏，或者造成重大社会影响，需要采取紧急措施予以应对的事件。

突发环境事件按照事件严重程度，分为特别重大、重大、较大和一般四级。

核设施及有关核活动发生的核与辐射事故造成的辐射污染事件按照核与辐射相关规定执行。重污染天气应对工作按照《大气污染防治行动计划》等有关规定执行。

造成国际环境影响的突发环境事件的涉外应急通报和处置工作，按照国家有关国际合作的相关规定执行。

《国务院关于同意新增部分县（市、区、旗）纳入国家重点生态功能区的批复》

各省、自治区、直辖市人民政府，国务院各部委、各直属机构：国家发展改革委《关于调整国家重点生态功能区范围的请示》（发改规划〔2016〕1381号）收悉。现批复如下：

一、原则同意国家发展改革委会同有关部门提出的新增纳入国家重点生态功能区的县（市、区、旗）名单。

二、地方各级人民政府、各有关部门要牢固树立绿色发展理念，加强生态保护和修复，根据国家重点生态功能区定位，合理调控工业化城镇化开发内容和边界，保持并提高生态产品供给能力。

三、各有关部门要加大对国家重点生态功能区的财政、投资等政策支持力度，进一步增加相关预算规模，充分调动各地建设重点生态功能区的积极性。

四、地方各级人民政府要严格实行重点生态功能区产业准入负面清单制度，新纳入的县（市、区、旗）要尽快制定产业准入负面清单，确保在享受财政转移支付等优惠政策的同时，严格按照主体功能区定位谋划经济社会发展。

五、国家发展改革委要会同有关部门对相关县（市、区、旗）国家重点生态功能区保护和建设情况开展定期监督检查，建立相应激励和惩戒机制；进一步规范国家重点生态功能区范围调整标准和程序，推进国家重点生态功能区范围调整工作制度化和规范化。

第二条 下列情形不适用本规定：

（一）因污染环境、破坏生态造成人身损害、个人和集体财产损失要求赔偿的；

（二）因海洋生态环境损害要求赔偿的。

【条文主旨】

本条是关于人身损害、个人和集体财产损失以及海洋生态环境损害不适用《若干规定》的规定。

【条文理解】

本条的规定来源于《改革方案》第三条。该条就生态环境损害赔偿诉讼的适用范围从三个层面作出了明确。一是明确生态环境损害的概念。明确生态环境损害是指因污染环境、破坏生态造成大气、地表水、地下水、土壤、森林等环境要素和植物、动物、微生物等生物要素的不利改变，以及上述要素构成的生态系统退化。二是限定生态环境损害的类型和规模。

包括发生较大、重大、特别重大突发环境事件，在国家和省级主体功能区划中划定的重点生态功能区、禁止开发区发生环境污染、生态破坏事件的，发生其他严重影响生态环境后果的。三是列举排除适用生态环境损害赔偿诉讼的两种情形。包括涉及人身伤害、个人和集体财产损失要求赔偿的，适用《民法典》侵权责任编等法律规定；涉及海洋生态环境损害赔偿的，适用《海洋环境保护法》等法律及相关规定两种情形。本条即是对《改革方案》所列举的两类排除适用情形的规定。

考察本条的两项规定，对条文规范性质和目的作出如下理解：第一，基于《改革方案》对生态环境损害概念的解读，人身损害、个人和集体财产损失不属于生态环境损害应为不言自明。本条第一项专门规定人身损害、个人和集体财产损失要求赔偿的，不适用《若干规定》，主要是对生态环境损害反面含义的进一步明确和强调。第二，海洋是生态系统的重要组成部分，生态环境理应包括海洋生态环境。因此，本条第二项将海洋生态环境损害排除于生态环境损害赔偿的范畴，则是典型的例外性规定。

一、关于生态环境损害与人身、财产损害的理解

传统民法理论和实践认为，人身、财产损害是生态环境损害的唯一客体。例如，《民法通则》第一百二十四条规定："违反国家保护环境防止污染的规定，污染环境造成他人损害的，应当依法承担民事责任。"这里的"他人"损害应当理解为人身、财产损害，而不包括其他类型的损害。在此之后，我国在保护环境、防治污染方面制定出台了一系列法律，如《环境保护法》《海洋环境保护法》《水污染防治法》《大气污染防治法》《固体废物污染环境防治法》《噪声污染防治法》《放射性污染防治法》等也都规定了环境损害责任，但仍未就生态环境损害与传统人身、财产损害作出二元区分。

随着环境保护理念的不断深入和环境法学理论在我国的不断发展，学界开始逐渐认识并接受生态环境本身所具有的价值功能，并将其确立为污染环境、破坏生态的重要客体。有别于人身、财产权利代表的私人利益，生态环境本身具有的价值属于公共利益而被社会公众普遍享有，环境权益的理念得以确立。理论的确立推动了立法的发展，《环境保护法》《民事诉

讼法》相继增加了环境公益诉讼的内容。"与私益诉讼相比，公益诉讼的目的在于主持社会正义、实现社会公平、维护国家和社会公共利益。"① 由此，污染环境、破坏生态可能同时造成生态环境损害与人身、财产损害两种类型的损害已成为理论和实务界的共识。

在确立污染环境、破坏生态二元损害后果的基础上，需要进一步明确生态环境损害的内涵及其与人身、财产损害之间的差别。原环境保护部发布的《环境损害鉴定评估推荐方法（第 II 版）》（环办〔2014〕90 号）首次对环境损害、生态环境损害以及人身、财产损害的差别进行了阐释。根据该方法第 4.1 条规定，"环境损害"是"因污染环境或破坏生态行为导致人体健康、财产价值或生态环境及其生态系统服务的可观察的或可测量的不利改变"。第 4.5 条规定，"生态环境损害"是"指由于污染环境或破坏生态行为直接或间接地导致生态环境的物理、化学或生物特性的可观察的或可测量的不利改变，以及提供生态系统服务能力的破坏或损伤"。按照上文的表述，生态环境损害专指属于生态环境本身的损害，与人身、财产损害并列；环境损害包括了人身、财产损害和生态环境损害，是两者的上位概念。

有学者指出，法律上的损害等同于"不利益"或"利益的减少和灭失"，即"损害是不利益受害人的客观真实的事实，具有'不利性'"。② 这种不利性在生态环境损害领域和人身、财产损害领域存在显著区别。

首先，从造成不利性的方式来看，生态环境损害以及由环境损害导致的人身、财产损害都是因污染环境、破坏生态行为造成的。长期以来，学界往往将污染环境与破坏生态混用，或是将污染环境与破坏生态作为同义词，或是虽然认为有区别但没有必要作进一步区分，或者将污染环境作为破坏生态的上位概念。但实际上，两者对生态环境损害的方式并不相同。如前文所述，污染环境是指被人们利用的物质或者能量直接或者间接地进入环境，导致对自然的有害影响，以致危及人类健康、危害生命资源和生态系统，以及损害或者妨碍舒适和环境的其他合法用途的现象，③ 主要是

---

① 吕忠梅:《环境民事公益诉讼辨析》，载《法商研究》2008 年第 6 期。

② 张新宝:《侵权责任构成要件研究》，法律出版社 2007 年版，第 121 页。

③ 参见汪劲:《环境法学》，北京大学出版社 2011 年版，第 155 页。

指由于主体排放污染物导致不利后果，包括废气、废水、废渣、粉尘、垃圾、放射性物质以及噪声、震动、恶臭等污染。破坏生态行为主要是指由于开发利用的行为，对自然资源的索取造成的不利后果，包括人类活动导致的森林破坏、水土流失、土地荒漠化、过度捕捞、生物灭绝等。① 简单说，污染环境体现为对生态环境过度排放，而生态破坏则体现为对自然资源的过度索取。

其次，从造成不利性的本质来看，生态环境损害发生于某一环境要素的污染或破坏而带来的生态环境的不利改变或者提供生态系统服务能力的破坏或损害。这里的环境即指《环境保护法》第二条规定的"影响人类生存和发展的各种天然的和经过人工改造的自然因素的总体，包括大气、水、海洋、土地、矿藏、森林、草原、湿地、野生生物、自然遗迹、人文遗迹、自然保护区、风景名胜区、城市和乡村等"。需要特别注意的是，法条关于"自然因素的总体"的表述表明生态环境的损害，不仅仅是对某一单一环境要素的损害，更在于由各环境要素构成的整个生态环境系统功能退化。一般而言，环境要素并非独立存在而是协调运行、相互统一共同构成生态环境系统，所以对单个环境要素的损害往往最终发展为整个生态系统功能退化。但在特殊情况下，如对于室内的景观植物、不与外界联通的水体等相对独立或隔绝的环境要素的损害，并不致使整个生态环境系统受到影响，不属于生态环境损害。相对而言，人身、财产损害所指向的客体就是人的生命、健康以及具有经济价值的有体物或无体物。在因环境损害导致的人身、财产损害中，人与环境体现为"人—环境—人"的互动模式②，环境是造成损害的途径或介质，而不是损害的对象，这与生态环境损害中环境本身就是损害的对象是截然不同的。这也意味着，当生态环境损害指向的环境要素同时具有经济价值时，行为人既要承担生态环境损害赔偿责任，还要就经济价值的损失向受害人承担赔偿责任。

最后，从造成不利性的程度来看，《环境损害鉴定评估推荐方法（第II版）》对生态环境损害制定了较为复杂的计量标准和方法。《环境损害

---

① 参见曹明德主编：《环境与资源保护法》，中国人民大学出版社 2013 年版，第 187 页。

② 参见吕忠梅主编：《环境法学概要》，北京大学出版社 2016 年版，第 102~104 页。

鉴定评估推荐方法（第Ⅱ版）》还认为，如果对环境的不利改变非常微小，或者损害无法以现有的技术进行测量观察，则不构成损害。在此基础上，《试点方案》《改革方案》进一步提高了能够提起生态环境损害赔偿诉讼的程度标准，即必须符合"较大、重大、特别重大"的程度要求。相对于生态环境损害，人身、财产损害赔偿要更加易于计量。例如，对于人身损害可以依据《人体损伤程度鉴定标准》确定，财产损害更是可以直接通过金钱计量。同时，人身财产损害一般没有程度限制，对于较为轻微的损害，受害人仍然可以主张赔偿责任。

二、关于环境侵权与生态环境损害赔偿诉讼的法律适用

本条第一项规定，因污染环境、破坏生态造成的人身、财产损害不适用《若干规定》。因污染环境、破坏生态造成的人身、财产损害属于传统环境侵权的范畴。环境侵权属于特殊侵权，突出特点是无过错归责原则和因果关系推定原则。一方面，构成环境侵权责任不问污染者主观方面是否存在过错。无论污染者在主观上有无过错，只要实施污染行为造成损害，都应当承担赔偿责任。另一方面，只要行为人实施了环境污染或生态破坏行为，受害人因此遭受了损害，行为与结果之间存在基本的关联关系，即推定因果关系存在。

各国或者地区对于环境侵权责任也大都作了明确规定。例如，日本《环境基本法》第2条规定："本法所称'公害'是指伴随企（事）业活动及其他人为活动而发生的相当范围的大气污染、水体污染、土壤污染、噪声、振动、地面沉降和恶臭，并由此而危害人的健康或者生活环境（包括与人的生活有密切关系的财产以及动植物及其繁衍的环境）。"德国《环境赔偿责任法》第3条第1款规定："一项损害系因材料、振动、噪声、压力、射线、气体、蒸汽、热量或者其他现象而引起的，以这些现象是在土地、空气或者水中传播为限，此项损害系因环境侵害而产生。"瑞典《环境损害赔偿法》第3条规定："由下列原因造成的损害或者伤害应当予以赔偿：1. 河流、湖泊或者其他水域的污染；2. 地下水的污染；3. 地下水位的变化；4. 空气污染；5. 土壤污染；6. 噪声；7. 振动；8. 其他类似的侵害。"我国台湾地区"环境基本法"第4条第2款规定："环境污染

者、破坏者应对其所造成之环境危害或环境风险负责。"

在我国，环境侵权责任一般由《民法典》侵权责任编、《环境保护法》以及相关单行法规定。有必要指出的是，《民法典》等相关法律都属于实体规范，《若干规定》则既包括了实体规范又包括了程序规范。这是否表明环境侵权在实体上适用《民法典》侵权责任编等规定，而在诉讼程序上可以适用或部分适用《若干规定》？这样理解显然是不妥的。《若干规定》是围绕生态环境损害赔偿诉讼的程序和实体规则进行的体系化设计。例如，《若干规定》第一条关于诉讼主体资格的规定，第三条关于案件级别管辖的规定，第五条关于前置磋商程序的规定，第九条关于证据规则的规定等，这些都是生态环境损害赔偿诉讼独有的区别于一般民事诉讼的程序规则，不能适用于环境侵权等其他诉讼类型。因此，环境侵权在诉讼程序上亦不适用《若干规定》，而应当按照一般民事诉讼，适用《民事诉讼法》等相关程序法的规定。

具体而言，环境侵权不适用《若干规定》的内容主要包括：第一，环境侵权的原告是人身、财产受到损害的民事主体，区别于《若干规定》明确的政府及其指定的相关机构、部门等。第二，环境侵权适用无过错责任原则，体现了对受害人人身、财产权利的倾斜性保护。而《若干规定》按照《改革方案》规定精神，基于合理开发利用生态环境不应承担生态环境损害责任的理念，通过第十一条的规定确立了生态环境损害赔偿应当适用过错原则。[①] 第三，环境侵权责任体系是以损害填补为核心构建的，区别于《若干规定》以修复环境为核心构建的责任体系。即便两者都可以适用赔偿损失，但其在责任体系中的地位、功能、顺位、范围都存在较大差别。例如，环境侵权受害人可以就侵权造成的直接经济损失径行主张赔偿，而《若干规定》规定生态环境损害赔偿诉讼主体只能主张生态环境服务功能损失或者永久性损害造成的损失，不能主张直接经济价值损失。第四，根据《民事诉讼法》第一百二十二条的规定，环境侵权受害人提起诉讼需要符合有利害关系，有明确的被告，有具体的诉讼请求和事实、理

---

① 《若干规定》第十一条关于"被告违反国家规定造成生态环境损害的"表述，体现了违法性是生态环境损害赔偿诉讼的构成要件。

由，属于受诉人民法院管辖等四项条件。尽管《土壤污染防治法》等相关法律也规定了环境侵权可以适用行政调处，但行政调处并非环境侵权之诉的前置程序，当事人有选择不参与调处的权利。而《若干规定》基于生态环境保护中政府主体地位的考量，强制要求提起诉讼前必须进行磋商。只有磋商未达成一致或无法进行磋商的，才可以提起诉讼。第五，根据《民事诉讼法》第十八条的规定，环境侵权案件一般由基层人民法院管辖。而《若干规定》基于生态环境损害赔偿诉讼案件相对复杂和专业，承办法官必须具有一定的专业素养等因素的考量，明确案件应由中级人民法院管辖。

有观点认为，既然明确了人身、财产损害赔偿应当适用《民法典》侵权责任编等相关法律的规定，那就当然表明生态环境损害赔偿诉讼不适用上述规定。我们认为，按照体系解释，《若干规定》并未排除生态环境损害赔偿诉讼适用《民法典》侵权责任编的规定。这是因为，从总体上来看，生态环境损害赔偿仍然涵盖于环境损害的范围，与人身、财产损害存在一定的共性。《若干规定》是对生态环境损害赔偿特殊规则的制度设计，而对于一般规则没有作出规定，如不适用《民法典》侵权责任编的规定，则可能陷入无法可依的困境。例如，《民法典》侵权责任编关于责任构成和责任方式、不承担责任和减轻责任的情形、因果关系推定原则以及第三人过错造成环境损害的责任承担规则等规定，都应当适用于生态环境损害赔偿诉讼。需要注意的是，对上述列举中的部分规定，尽管生态环境损害赔偿诉讼可以原则上适用《民法典》侵权责任编等相关法律的规定，但在具体"度"的把握上仍然可能存在一定差别。例如，生态环境损害赔偿诉讼虽然与环境侵权同样适用因果关系推定原则，但考虑到生态环境损害赔偿诉讼的原告省级、市地级人民政府及其指定的部门和机构相对普通环境侵权案件受害人具有较强的举证能力，其应当对行为与损害结果之间的关联性承担更大的举证责任。也就是说，在因同一环境污染、生态破坏行为引发的生态环境损害赔偿诉讼和环境侵权诉讼中，有可能出现省级、市地级人民政府及其指定的部门和机构因对行为与损害结果之间具有关联性举证不足而败诉，但受害人却胜诉的情形。当然，这其中的差别可能是细微的，难以通过具体规范来确定，只能在个案中妥当把握。

三、关于海洋生态环境损害的性质和法律适用

《海洋环境保护法》第八十九条规定："造成海洋环境污染损害的责任者，应当排除危害，并赔偿损失；完全由于第三者的故意或者过失，造成海洋环境污染损害的，由第三者排除危害，并承担赔偿责任。对破坏海洋生态、海洋水产资源、海洋保护区，给国家造成重大损失的，由依照本法规定行使海洋环境监督管理权的部门代表国家对责任者提出损害赔偿要求。"有学者认为，因上述规定使用的是"造成海洋环境污染损害"的表述，而《海洋环境保护法》第九十四条又明确海洋环境污染损害"是指直接或者间接地把物质或者能量引入海洋环境，产生损害海洋生物资源、危害人体健康、妨害渔业和海上其他合法活动、损害海水使用素质和减损环境质量等有害影响"，因此海洋环境损害是一种"污染型环境侵害"而不属于"破坏型环境侵害。"[①]

我们认为，《海洋环境保护法》尽管多处使用了"海洋环境污染"而未提及"海洋生态破坏"，但并不能由此推定海洋环境损害仅仅是"污染型环境侵害"。例如，《海洋环境保护法》第二十五条规定的"引进海洋动植物物种，应当进行科学论证，避免对海洋生态系统造成危害"以及第二十六条规定的"开发海岛及周围海域的资源，应当采取严格的生态保护措施，不得造成海岛地形、岸滩、植被以及海岛周围海域生态环境的破坏"就是针对"破坏型环境侵害"的规制。正如《民法典》侵权责任编将《侵权责任法》的"环境污染责任"扩张为"环境污染和生态破坏责任"，《海洋环境保护法》第八十九条的调整范围同样应当包括以破坏生态的方式所造成的海洋环境损害。《海洋自然资源与生态环境损害赔偿规定》第二条规定："海上或者沿海陆域内从事活动，对中华人民共和国管辖海域内海洋自然资源与生态环境造成损害，由此提起的海洋自然资源与生态环境损害赔偿诉讼，由损害行为发生地、损害结果地或者采取预防措施地海事法院管辖。"这明确了海洋生态环境损害既包括"污染型环境侵害"又包括"破坏型环境侵害。"

---

① 参见梅宏：《海洋生态环境损害赔偿的新问题及解释论》，载《法学论坛》2017年第3期。

依照《海洋环境保护法》第八十九条第二款规定，行使海洋环境监督管理权的部门有权就海洋生态环境损害行为提起诉讼。长期以来，关于此类诉讼的性质，理论和实务界主要存在四种观点。第一种观点认为，海洋生态环境损害赔偿诉讼属于特殊类型的环境公益诉讼。其特殊之处体现为行使海洋环境监督管理权的部门是提起诉讼的唯一主体，社会组织、检察机关没有诉权。第二种观点认为，海洋生态环境损害赔偿诉讼属于特殊类型环境公益诉讼。行使海洋环境监督管理权的部门有权提起诉讼，但不排除社会组织、检察机关享有的法定诉权。第三种观点认为，海洋生态环境损害赔偿诉讼是针对"给国家造成重大损害"提起的诉讼，受害人是国家，行使海洋环境监督管理权的部门只是代表国家提起诉讼，符合生态环境损害赔偿诉讼的特征。第四种观点认为，海洋生态环境损害赔偿诉讼属于环境侵权诉讼。海洋生态环境损害赔偿诉讼要求责任者承担"侵权的民事责任"[1]，损害赔偿要求的目标并未指向"对受损的生态环境进行修复"。

在《改革方案》明确排除适用于海洋生态环境损害赔偿的情况下，从司法实践和法律适用角度出发，我们需要探讨的重要问题是：生态环境损害赔偿诉讼是特殊的私益诉讼还是公益诉讼；如果是公益诉讼，其与普通环境公益诉讼的区别在哪里？

2014年国家海洋局印发的《海洋生态损害国家损失索赔办法》明确，海洋生态环境损害赔偿范围包括：（1）为控制、减轻、清除生态损害而产生的处置措施费用，以及由处置措施产生的次生污染损害消除费用；（2）海洋生物资源和海洋环境容量（海域纳污能力）等恢复到原有状态期间的损失费用；（3）为确定海洋生态损害的性质、范围、程度而支出的监测、评估以及专业咨询的合理费用；（4）修复受损海洋生态以及由此产生的调查研究、制订修复技术方案等合理费用；如受损海洋生态无法恢复至原有状态，则计算为重建有关替代生态系统的合理费用；（5）其他必要的合理费用。从这一规定来看，海洋生态环境损害赔偿虽然没有直接规定修复责任，但其仍是以修复受损的海洋生态环境而非赔偿经济损失为目的，与环

---

① 参见张皓若、卞耀武：《中华人民共和国海洋环境保护法释义》，法律出版社2000年版，第135页。

境侵权民事责任存在本质区别。海洋生态环境损害赔偿诉讼不属于环境侵权私益诉讼应无争议。

《海洋自然资源与生态环境损害赔偿规定》第三条规定："海洋环境保护法第五条规定的行使海洋环境监督管理权的机关，根据其职能分工提起海洋自然资源与生态环境损害赔偿诉讼，人民法院应予受理。"司法解释起草者在解读该条时指出："海洋环境生态环境损害赔偿诉讼属于民事公益诉讼。《海洋环境保护法》是环境保护领域的特别法，该法第八十九条第二款规定由依法行使海洋环境监督管理权的部门提出损害赔偿要求，明确将海洋自然资源与生态环境损害索赔的权利专门赋予依法行使海洋环境监督管理权的部门。"有反对者认为，特别法中特别规则的正当性应当来源于调整对象或调整方法的特殊性，即一般法的规定难以满足此种特殊性，致使特别法必须作出特别规定。而海洋环境保护较之一般环境保护并不具有充分特殊性，不足以为特别规定提供必要的正当性。[1] 该观点认为，在《环境保护法》第五十八条第一款专门在《民事诉讼法》第五十八条第一款基础上排除行政机关环境民事诉讼原告资格的情况下，却将《海洋环境保护法》第八十九条第二款理解为行使海洋环境监督管理权的机关是提起海洋生态环境损害赔偿诉讼的唯一主体存在立法上的不协调。还有观点进一步指出，《海洋环境保护法》第八十九条第二款规定提起诉讼应当符合"造成重大损失"的要件。上述争议有待审判实践的进一步检验。

从实践发展看，2018 年，全国法院共受理检察机关提起的环境公益诉讼案件 1737 件，审结 1252 件。与 2017 年相比，受案数量增加 433 件，上升 33.21%；审结数量增加 277 件，上升 28.41%。其中，受理检察机关提起的环境民事公益诉讼案件 113 件，审结 72 件；受理检察机关提起的环境行政公益诉讼案件 376 件，审结 231 件；受理检察机关提起的环境刑事附带民事公益诉讼案件 1248 件，审结 949 件。2019 年，全国法院共受理检察机关提起的环境公益诉讼 2309 件，审结 1895 件，同比分别上升 32.9%、51.4%。其中，环境民事公益诉讼案件 312 件，审结 248 件；环境行政公

---

① 参见孙思琪、金怡雯：《中国海洋环境民事公益诉讼法律依据论辩——以〈海洋环境保护法〉第 89 条第 2 款的解释论为中心》，载《浙江海洋大学学报（人文科学版）》2017 年第 4 期。

益诉讼案件 355 件，审结 277 件；环境刑事附带民事公益诉讼案件 1642 件，审结 1370 件。此外，2020 年 4 月，最高人民检察院召开"守护海洋"检察公益诉讼专项监督活动总结电视电话会议，通报了活动开展情况。一年来，沿海检察机关向法院提起公益诉讼 152 件。其中，民事公益诉讼 34 件，行政公益诉讼 7 件，刑事附带民事公益诉讼 111 件。

据不完全统计，全国法院受理的涉海洋类公益诉讼的起诉主体多元，包括海洋行政监督管理部门、社会组织和人民检察院。我们认为，要从鼓励社会组织依法提起环境民事公益诉讼角度，从合理区分污染物来源、污染物种类、环境损害类型以及损害发生地所在区域等角度判断社会组织是否具有起诉主体资格。社会组织依据《民事诉讼法》第五十八条的规定，对于陆源污染①造成沿海陆域②、通海水域③、海岸带④环境污染、生态破坏，海源污染通过空气、水等环境介质流动，蔓延至陆地，造成沿海陆域环境污染、生态破坏，破坏沿海陆域、通海水域、海岸带生物资源、矿产资源导致生态破坏⑤，以及破坏海岸防护设施、沿海防护林、沿海城镇园林和绿地⑥或者兴建海岸工程建设项目⑦等导致沿海陆域、通海水域、海岸带生态破坏的情形提起环境民事公益诉讼的，主要是为了解决陆源污染或者为了陆地生产建设等人为原因造成的陆地、近海区域环境污染或者生态破坏，以及海源污染对陆地造成的生态环境损害，保护对象与海洋环境民事公益诉讼有所区别，符合法律对社会组织环境民事公益诉讼的规定，人民法院应当依法予以受理。需要说明的是，人民检察院在没有法律规定的

---

① 陆源污染指由陆地污染源排放的污染物。

② 《海洋环境保护法》有"沿海陆域"的表述，是指与海岸相连，或者通过管道、沟渠、设施，直接或者间接向海洋排放污染物及其相关活动的一带区域。沿海陆域与通海水域、海岸带并不完全一致，《海洋环境保护法》在适用范围（第二条）、建设工业生产项目（第四十五条）有"沿海陆域"的表述。

③ 《海商法》表述为"与海相通的可航水域"。

④ 海岸带指海陆之间相互作用的地带，即海岸线向陆海两侧扩展一定宽度的带状区域，包括陆域和近海区域。

⑤ 参见《海洋环境保护法》第二十条，如破坏红树林、滨海湿地、入海河口、沿海重要渔业水域等海洋生态系统，具有重要经济价值的海洋生物生存区域及有重大科学文化价值的海洋自然历史遗迹和自然景观的。

⑥ 参见《海洋环境保护法》第二十七条。

⑦ 参见《海洋环境保护法》第四十二条至第四十六条。

其他主体提起此类诉讼的前提下，向人民法院提起诉讼的，也应当予以受理。

【审判实践中应注意的问题】

根据本条第一项的规定，《若干规定》不适用于因污染环境、破坏生态造成人身损害、个人和集体财产损失要求赔偿的。然而，污染环境、破坏生态的后果并不只是造成个人和集体的财产损失，还可能造成国家的财产损失。依照《宪法》和《民法典》的规定，矿藏、水流、海域专属于国家所有，土地、森林、山岭、草原、荒地、滩涂以及野生动植物也可以归属于国家所有，具有巨大的经济价值。因污染环境、破坏生态行为造成土地、森林、矿藏等国家所有自然资源经济价值减损的，是否可以提起生态环境损害赔偿诉讼？关于这个问题，在司法解释起草过程中，主要形成了两种不同观点。

肯定说认为，生态环境损害赔偿诉讼的本质是政府基于自然资源国家所有权为履行职责而提起的诉讼，是"国益诉讼"。①《改革方案》"是弥补制度缺失的需要。在我国，国家所有的财产即国有财产，由国务院代表国家行使所有权。但是在矿藏、水流、城市土地，国家所有的森林、山岭、草原、荒地、滩涂等自然资源受到损害后，现有制度中缺乏具体索赔主体的规定"②。按照这一学说，《改革方案》未将国家财产损害赔偿予以排除实为有意为之，在国家自然资源经济利益受到污染环境、破坏生态行为损害时，省级、市地级政府可以提起损害赔偿诉讼符合《改革方案》政策制定的本意。

否定说认为，从文义解释，生态环境损害赔偿诉讼的适用范围应当仅适用于对生态环境损害的救济。首先，《改革方案》确立的"生态环境损害"概念是指环境要素、生物要素的不利改变以及由此构成的生态系统的

---

① 关于"国益诉讼"的观点，经吕忠梅、汪劲教授等环境法学者肯定，已经成为关于生态环境损害赔偿诉讼的重要学说。参见吕忠梅教授在"2018 年度中国环境资源法治高端论坛"所作的题为"生态损害赔偿诉讼中的问题与对策"的发言。

② 参见《环保部有关负责人解读〈生态环境损害赔偿制度改革方案〉》，载 http：//www.gov.cn/zhengce/2017-12/17/content_ 5247962. htm。

退化，将其扩大解释为包括财产损害缺乏正当性理由。其次，《改革方案》规定需赔偿的损失为"清除污染费用、生态环境修复费用、生态环境修复期间服务功能的损失、生态环境功能永久性损害造成的损失以及生态环境损害赔偿调查、鉴定评估等合理费用"，并不包括财产损失。还有一个重要理由在于，根据《民法典》第二百四十六条的规定，国有财产由国务院代表国家行使所有权。在法律无明确授权情况下，省级、市地级政府就国有财产损失提起损害赔偿诉讼缺乏权利基础。

我们认为，进行生态环境损害赔偿制度的改革，主要并不在于保护国家所有自然资源的经济价值，而是要保护这些自然资源所产生的生态环境价值。因此，《改革方案》《若干规定》明确可以提起诉讼的赔偿权利人，仅仅拥有就自然资源被污染、破坏后的生态环境损害进行索赔的权利，并不当然拥有国有自然资源资产的管理权和损害索赔权。省级、市地级人民政府及其指定的部门、机构对自然资源经济价值损失提起诉讼的，不属于生态环境损害赔偿诉讼的受案范围。

【法条链接】

《民法典》

第一百一十条第一款 自然人享有生命权、身体权、健康权、姓名权、肖像权、名誉权、荣誉权、隐私权、婚姻自主权等权利。

第一百一十三条 民事主体的财产权利受法律平等保护。

第一千二百二十九条 因污染环境、破坏生态造成他人损害的，侵权人应当承担侵权责任。

第一千二百三十一条 两个以上侵权人污染环境、破坏生态的，承担责任的大小，根据污染物的种类、浓度、排放量，破坏生态的方式、范围、程度，以及行为对损害后果所起的作用等因素确定。

《民事诉讼法》

第五十八条 对污染环境、侵害众多消费者合法权益等损害社会公共利益的行为，法律规定的机关和有关组织可以向人民法院提起诉讼。

人民检察院在履行职责中发现破坏生态环境和资源保护、食品药品安全领域侵害众多消费者合法权益等损害社会公共利益的行为，在没有前款规定的机关和组织或者前款规定的机关和组织不提起诉讼的情况下，可以向人民法院提起诉讼。前款规定的机关或者组织提起诉讼的，人民检察院可以支持起诉。

《环境保护法》

第二条 本法所称环境，是指影响人类生存和发展的各种天然的和经过人工改造的自然因素的总体，包括大气、水、海洋、土地、矿藏、森林、草原、湿地、野生生物、自然遗迹、人文遗迹、自然保护区、风景名胜区、城市和乡村等。

第五十八条 对污染环境、破坏生态，损害社会公共利益的行为，符合下列条件的社会组织可以向人民法院提起诉讼：

（一）依法在设区的市级以上人民政府民政部门登记；

（二）专门从事环境保护公益活动连续五年以上且无违法记录。符合前款规定的社会组织向人民法院提起诉讼，人民法院应当依法受理。

提起诉讼的社会组织不得通过诉讼牟取经济利益。

《海洋环境保护法》

第八十九条 造成海洋环境污染损害的责任者，应当排除危害，并赔偿损失；完全由于第三者的故意或者过失，造成海洋环境污染损害的，由第三者排除危害，并承担赔偿责任。

对破坏海洋生态、海洋水产资源、海洋保护区，给国家造成重大损失的，由依照本法规定行使海洋环境监督管理权的部门代表国家对责任者提出损害赔偿要求。

《海洋自然资源与生态环境损害赔偿规定》

第三条 海洋环境保护法第五条规定的行使海洋环境监督管理权的机关，根据其职能分工提起海洋自然资源与生态环境损害赔偿诉讼，人民法院应予受理。

第三条 第一审生态环境损害赔偿诉讼案件由生态环境损害行为实施地、损害结果发生地或者被告住所地的中级以上人民法院管辖。

经最高人民法院批准，高级人民法院可以在辖区内确定部分中级人民法院集中管辖第一审生态环境损害赔偿诉讼案件。

中级人民法院认为确有必要的，可以在报请高级人民法院批准后，裁定将本院管辖的第一审生态环境损害赔偿诉讼案件交由具备审理条件的基层人民法院审理。

生态环境损害赔偿诉讼案件由人民法院环境资源审判庭或者指定的专门法庭审理。

【条文主旨】

本条是关于生态环境损害赔偿诉讼案件管辖和审理机构的规定。

【条文理解】

诉讼管辖，是在各级人民法院之间以及同级人民法院之间，受理第一审民事、刑事和行政诉讼案件的分工和权限。我国的审判系统是一个多层次系统，由四个层级、数量众多的人民法院构成。当事人之间的纠纷一旦成讼，便面临着到哪一个级别、哪一个地方的法院去寻求救济的问题，或者说哪一个级别、哪一个地方的法院可以依法处理该纠纷，这便是民事诉讼中管辖权所要解决的问题。管辖权制度，按照我国诉讼法学界的通说，是指在人民法院系统内部，确定上下级法院或同级法院之间审理第一审民事案件的分工和权限的法律制度。即确定某一具体的案件应该归哪一个级别的法院，以及同一级别法院中的哪一个法院来行使诉讼法赋予的审判权。对一国的民事诉讼制度而言，管辖权的确立是案件得以公正审理的前提条件，在整个案件的审判过程中起着至关重要的作用。

结合民事诉讼法学理论和长期以来的司法实践，我国民事诉讼管辖权的确立原则主要有以下几点：（1）"两便"原则。也就是便利当事人诉讼和便利法院审判原则。便利当事人诉讼是我国确立民事诉讼管辖的首要原则，也是体现司法为民理念的一条重要原则。根据该原则，民事诉讼管辖要充分考虑到当事人参与民事审判活动的便利性，最大限度减少当事人诉累。便利法院审判是根据法院的具体情况，保证法院合法、平稳、及时地审结案件，并提高审判案件的时效性。（2）保证案件公正审理原则。由于我国地域辽阔，经济文化发展水平不均衡，法官职业倾向与专业分工的不同，目前法院系统还不能完全做到案件的无差别化审理，对于一些专业性较强、地域特征突出的案件，由专门法院集中审理更能够保证案件质效，因而妥善规定管辖权，对案件公正审判的意义重大。（3）均衡分工的原则。在我国，由于不同级别的法院承担的职责范围存在不同，表现在分工上也有巨大的差异，四级法院因为承担的司法责任与管辖范围的大小不同，案件数量必定有差异，妥善解决忙闲不均、能力水平高低不均的问题，就需要确立正确的管辖制度进行调整。（4）维护国家司法主权原则。该原则主要体现于涉外民商事案件管辖权的确定。另外，对于一些特殊的案件，我国《民事诉讼法》规定了人民法院享有专属的、排他的管辖权，其中一个重要的考虑因素便是维护国家司法主权的独立与完整。（5）确定性和灵活性相结合原则。民事纠纷纷繁复杂，客观情况千变万化，在确立相对固定和具体的管辖规则同时，必须在客观原则之外对管辖权的规定作出一定的变通，以增强固有的规则对客观情况的适应性，二者密切联系，互为补充。根据管辖权确立的基本原则，我国《民事诉讼法》对各类民事诉讼案件的管辖作了大量明确而又具体的规定，但整个民事诉讼法律体系尚未对生态环境损害赔偿诉讼案件制定相应的管辖制度，基于环境资源司法发展进程和具体审判实践工作的现状，迫切需要就生态环境损害赔偿诉讼案件的管辖予以规范。

党的十八大以来，习近平总书记围绕生态文明建设提出了一系列新理念、新思想、新战略，形成了习近平生态文明思想。在全党全国深入学习贯彻落实习近平生态文明思想和绿色发展理念，全社会日益密切关注自身环境利益的大背景下，理论界及实务界逐步深入研究并探索如何在司法审判领域更好地实现国家环境资源司法保护问题。首先要解决的就是环境资源司法保护诉讼制度的科学设计。从广义角度看，生态环境损害赔偿诉讼隶属于民事诉讼范畴，其管辖权的确立首先要遵循民事诉讼管辖的客观规律，但生态环境损害赔偿诉讼案件作为新时代的新生事物，具有很多不同于普通民事诉讼的鲜明特点：首先，涉及的利益关系复杂、多元。它既要调整人与自然之间的关系，又要调整人与人之间的关系；既要保障公民个人的合法权益，又要兼顾国家和社会的利益；既要保障地方经济社会发展利益，又要兼顾公民环境权益。多层次、多方位、多角度的利益交错导致其审判理念、裁判思路不同于普通民事诉讼。其次，具有很强的专业性。在案件类型上，不但涉及大气、水、土壤、矿藏、森林等多个领域，而且，在这类案件中，对于侵权行为是否存在、生态环境损害程度如何评定、因果关系如何推定、受损生态环境如何恢复、修复费用如何估算等，都需要很强的专业技术作为支撑。最后，涉及的范围广泛、影响较大。在生态环境损害赔偿诉讼案件中，受损害和破坏的环境、资源要素动辄涉及某一流域、自然保护区、国家公园等，波及的地域范围之广、社会影响之大、群众的关注度之高相较普通案件更为突出。因此，其级别和地域管辖的确定有必要在民事诉讼管辖的原则和基础上进行特殊的界定。在司法解释起草过程中，理论界和司法实务界就如何确定符合中国审判实际的生态环境损害赔偿诉讼管辖制度，提出了很多好的意见和建议，我们在分析梳理的基础上，予以充分借鉴和采纳。

一、关于第一审生态环境损害赔偿诉讼案件的级别管辖

《若干规定》起草过程中，大家普遍认为，根据 2017 年《民事诉讼法》第十八条和《行政诉讼法》第十四条之规定，具有较大影响的、较为复杂的案件应当由中级以上人民法院或者专门法院管辖。就生态环境损害赔偿诉讼案件的特点来看，因为其具有涉及的利益关系复杂、多元，专业性和技术性较强以及涉及范围广泛、影响较大的特点，应当区别于普通民事一审案件由基层人民法院管辖的规定，由中级以上人民法院管辖更为专业，并从司法解释层面彰显国家对生态环境保护的关注和重视。但也有专家认为，一些诉讼标的额不大、影响范围较小的案件，由基层人民法院审理有利于证据的收集和保全，有利于人民法院进行现场勘验和评估，有利于纠正违法行为并及时止损，更加便捷高效。对此问题，在 2019 年"两会"期间，有全国人大代表建议将生态环境损害赔偿诉讼案件管辖权下放至基层法院。我们认为，适当提高生态环境损害赔偿诉讼案件的级别管辖是现阶段加强环境资源司法保护的必然选择。一方面，在目前生态环境保护的技术规范层面，我国还处于摸索实践的初级发展阶段，相应的理论研究和技术支持均没有达到成熟标准，生态环境保护的法律体系也尚未健全。因此，适当提高审级并由专门法院审理，审判人员能力素质和专业水

平较高，有利于案件得到更加专业化的处理。另一方面，生态环境损害赔偿诉讼案件涉及的环境利益往往与地方经济发展联系密切，适当分离案件当事人与法院的地域关系，可以减少或者消除地方保护对案件的影响，有利于案件的公正审理。因此，本条规定第一审生态环境损害赔偿诉讼案件由生态环境损害行为实施地、损害结果发生地或者被告住所地的中级以上人民法院管辖。

二、关于第一审生态环境损害赔偿诉讼案件的地域管辖

《若干规定》起草过程中，我们认为，生态环境损害赔偿诉讼本质上属于侵权之诉，其地域管辖应当在侵权之诉的管辖规范内加以界定。对于侵权案件的管辖法院，2017 年《民事诉讼法》第二十八条、《民事诉讼法司法解释》第二十四条规定因侵权行为提起的诉讼，由侵权行为实施地、侵权结果发生地或者被告住所地人民法院管辖。生态环境损害赔偿诉讼案件这类特殊侵权案件的管辖应当遵循上述规定，由生态环境损害行为实施地、损害结果发生地或者被告住所地的法院管辖。对此，在《若干规定》出台之前，各地法院结合当地实际情况，就生态环境损害赔偿诉讼案件管辖问题制定了一些试行规定。例如，《贵州省高级人民法院关于审理生态环境损害赔偿案件的诉讼规程（试行）》及《江苏省高级人民法院关于生态环境损害赔偿诉讼案件的审理指南（一）》，均对第一审生态环境损害赔偿诉讼案件的管辖进行了规范，规定由生态环境损害行为地、损害结果地或者被告住所地的法院管辖。从司法实践的情况来看，各地对生态环境损害赔偿诉讼案件的地域管辖问题，认识相对集中和统一。

三、关于生态环境损害赔偿诉讼案件审判专门化和集中管辖

随着生态环境保护问题在全球越来越受到重视，以及环境资源案件具有的公益性、专业性、恢复性、复合性、职权性等特点，成立专门的环境法庭（法院）已经成为国际环境司法的一大趋势。例如，瑞典的做法是立法先行，然后在司法系统内部进行审判模式改革并设立环境法庭。其环境法庭产生的直接目的是加强环境执法，统一环境司法。从深度和广度看，瑞典环境法庭主要是整合环境行政执法资源，将大部分因环境保护部门执

法和颁发许可证等引起的纠纷统一交由环境法庭审理。

自20世纪90年代起，审判专业化和保障审判权依法独立行使一直是我国司法改革的重要内容。专业化审判的最初目标集中于法官队伍的专业化、职业化建设。随着司法改革不断深入，审判专业化已由审判人员专业化渐趋过渡到审判组织机构专业化，主要表现为专门法院的设立和法院内设审判部门的专业化分工。根据社会发展实际和人民法院司法改革的具体实践，结合我国环境资源诉讼的特点，迫切地需要建立专门的环境资源审判机构。因为就生态环境纠纷而言，民事、行政、刑事的分野已经不再那么明显，在很多情况下往往是各类纠纷相互联系、相互交叉。而传统民事、行政、刑事审判庭各自有相对独立的审判规则，加上三类法官审判理念的差异，分别审理因同一环境污染、生态破坏产生的刑事、民事、行政环境资源案件，很难保证裁判结果的统一。特别是在由同一事实或者同一侵权行为而引发行政与民事交叉、刑事与民事交叉的情况下，按照目前人民法院的内部分工，有可能出现相互推诿案件、裁判矛盾的情况，不利于生态环境的保护。[①] 为此，我国在稳步推进环境资源审判专门机构建设方面做了大量卓有成效的工作。截至2021年底，全国共有环境资源专门审判机构2149个，其中环境资源审判庭649个（包括最高人民法院、29家高级人民法院、新疆生产建设兵团、158家中级人民法院及460家基层人民法院），合议庭1285个，人民法庭215个。共有27家高级人民法院以及新疆生产建设兵团分院实行环境资源民事、行政、刑事案件"三合一"或"四合一"归口审理模式。2020年3月3日中共中央办公厅、国务院办公厅印发《关于构建现代环境治理体系的指导意见》，明确要求："在高级人民法院和具备条件的中基层人民法院调整设立专门的环境审判机构，统一涉生态环境案件的受案范围、审理程序等。"将环境资源案件交由专门的环境资源审判庭或者环境资源法院审理，是推进我国环境资源司法专门化的重要举措，也为我国生态环境损害赔偿诉讼案件的专门管辖铺平了道路。《改革方案》要求各地法院按照有关法律规定、依托现有资源，由环境资源审判庭或指定专门法庭审理生态环境损害赔偿民事案件，为包括生

---

① 参见白泉民：《生态环境司法的发展趋势》，载《人民司法》2015年第1期。

态环境损害赔偿诉讼案件在内的环境资源案件实行专门化审判提供了政策依据。

基于生态环境损害赔偿诉讼案件在审判理念与裁判标准、诉讼模式与审理机制、证据规则与事实认定、损害评估与责任承担等很多方面都具有特殊性，探索将某一生态环境系统或者地域、流域范围内发生的生态环境损害赔偿诉讼案件统一交由一个法院审理，实行跨行政区域集中管辖，对于统一裁判尺度，提升审判专业化水平，建立符合我国生态环境纠纷特点的专门化审判组织及运行机制具有重大而深远的意义。实践中，我国部分省市根据自身实际情况，已经开展部分中级法院集中管辖环境资源案件的成功试点。《若干规定》专门对生态环境损害赔偿诉讼案件跨行政区域集中管辖作出了规定，明确经最高人民法院批准，高级人民法院可以在辖区内确定部分中级人民法院集中管辖第一审生态环境损害赔偿诉讼案件。有意见认为，在某些偏远地区或生态环境损害赔偿诉讼案件较少的地区，确定部分中级人民法院集中管辖还有利于解决当地缺乏专门审判人员的窘境，也有利于节约司法资源。但也有意见认为，将生态环境损害赔偿诉讼案件集中到一个中级法院管辖，在某些地域辽阔的省份，会导致生态环境损害行为地与案件管辖法院距离较远，不便于当事人诉讼，增加当事人的诉累。我们认为，现实中确实有这样的情况存在，是否实行集中管辖应当根据不同地区的实际情况予以确定，故而本条规定的生态环境损害赔偿诉讼案件的集中管辖，必须履行报请最高人民法院批准的程序。也就是说，只有经过最高人民法院充分调研和审核这一前置程序，被指定的法院才能获得此类案件集中管辖权，以最大限度地避免集中管辖造成的不利因素，实现案件审理质效的统一。

四、关于第一审生态环境损害赔偿诉讼案件指定由基层人民法院管辖的特殊规定

由于生态环境损害赔偿诉讼案件属于新类型的重大生态环境案件，考虑到案件复杂程度、专业技术程度、社会关注度等因素，原则上应由中级人民法院管辖，只有在特殊情况下，才可以将案件依法交由基层人民法院管辖，但要依据《民事诉讼法》第三十九条第一款规定履行报请上级法院批准的法定程序。在《若干规定》研究过程中,多数意见认为应当发挥已经成立的基层人民法院环境资源审判法庭的作用,明确赋予部分具有环境资源案件审理条件的基层人民法院审理此类特殊案件的管辖权,同时避免在某些地域广阔的省份此类案件全部由中级人民法院审理给当事人带来的不便。经研究,《若干规定》根据《民事诉讼法》并参照《环境民事公益诉讼司法解释》的相关规定,允许有条件的基层人民法院审理生态环境损害赔偿诉讼案件。但具体操作中,有管辖权的中级人民法院在报请高级人民法院批准后,方可裁定将原本属于中级人民法院管辖的第一审生态环境损害赔偿诉讼案件交由具备审理条件的基层人民法院审理。也就是说,这类案件,中级人民法院审理是原则,有条件的基层人民法院审理是例外。

概言之,正确理解适用本条规定,需要从以下五个方面进行把握:

一是规定了第一审生态环境损害赔偿诉讼案件的级别管辖,即生态环境损害赔偿诉讼案件原则上由中级以上人民法院管辖。根据《民事诉讼法》第十九条第三项的规定,最高人民法院可以确定由中级人民法院管辖的案件。因为生态环境损害赔偿诉讼案件具有涉及的利益关系复杂、多元,专业性和技术性较强及涉及范围广泛、影响较大的特点,且目前我国对该类案件尚处于探索实践的初始阶段,由中级以上人民法院审理有利于保障案件质效,提升司法公信力。

二是规定了第一审生态环境损害赔偿诉讼案件的地域管辖。因生态环境损害赔偿诉讼本质上属于侵权纠纷,根据《民事诉讼法》第二十九条、《民事诉讼法司法解释》第二十四条规定,《若干规定》进一步明确由生态环境损害行为实施地、损害结果发生地或者被告住所地的人民法院对生态环境损害赔偿诉讼案件行使管辖权。

三是规定了生态环境损害赔偿诉讼案件可以实行跨行政区划的集中管辖。考虑到该类案件统一由部分法院审理,有利于统一裁判尺度,提升审判专业化水平,破除地方法院的"地方化",消除诉讼的"主客场"现象,《若干规定》明确经最高人民法院批准,高级人民法院可以确定部分有条件的中级人民法院,将生态环境损害赔偿诉讼案件整体授权,交由其集中进行审理。

四是规定了生态环境损害赔偿诉讼案件管辖权的转移问题。根据《民事诉讼法》第三十九条第一款并参照《环境民事公益诉讼司法解释》的规定，专门明确了中级人民法院认为确有必要的，可以在报请高级人民法院批准后，裁定将本院管辖的第一审生态环境损害赔偿诉讼案件交由具备审理条件的基层人民法院审理。允许有条件的基层人民法院审理生态环境损害赔偿诉讼案件，有效减少了司法资源的浪费，便利当事人进行诉讼。

五是规定了生态环境损害赔偿诉讼案件由人民法院环境资源审判庭或者指定的专门法院审理。生态环境保护案件由专门法院进行审理是我国环境资源审判发展的必然趋势，结合我国目前环境资源专门审判体系的日渐完备，其现实和历史意义将会逐渐彰显。

【审判实践中应注意的问题】

《改革方案》规定："国务院授权省级、市地级政府（包括直辖市所辖的区县级政府，下同）作为本行政区域内生态环境损害赔偿权利人。""各地人民法院要研究符合生态环境损害赔偿需要的诉前证据保全、先予执行、执行监督等制度；可根据试行情况，提出有关生态环境损害赔偿诉讼的立法和制定司法解释建议。鼓励法定的机关和符合条件的社会组织依法开展生态环境损害赔偿诉讼。"以上规定表明国务院授权省级、市地级政府，鼓励法定的机关和符合条件的社会组织依法提起生态环境损害赔偿诉讼。考虑到生态环境损害行为实施地、损害结果发生地或者被告住所地不在同一法院管辖区域的情形，司法实践中很可能会出现对于同一损害生态环境的行为，数个不同法院都有管辖权的情形。对此，根据《民事诉讼法》第三十六条和第三十八条第二款规定的处理管辖权冲突的规则，明确由最先立案的法院管辖，必要时由共同上级法院指定管辖。这里所说的"必要时"，主要是指各地法院之间对管辖权有争议，经协商未能达成一致意见的，由共同的上级法院指定管辖，而不应包括案件当事人对管辖权提出的异议。如果当事人就上述案件管辖权问题提出异议，法院应当以裁定方式予以处理，如当事人对裁定不服，可以向上一级法院提出上诉。该"必要时"如果包括了当事人对管辖权的异议，因案件审理之前已履行报请上级法院审批的程序，就会使上诉流于形式而失去意义。

在具体审判实践中，还应当注意将生态环境损害赔偿诉讼案件的管辖权交由专门法院集中审理和交由基层人民法院管辖时，管辖权转移的方式问题。高级人民法院经最高人民法院批准，在本辖区内确定部分中级人民法院集中管辖第一审生态环境损害赔偿诉讼案件，该管辖权的转移是采用整体授权方式，也就是有些学者主张的采用概括式授权、一次性授权方式来解决此类问题。一旦高级人民法院所确定的集中管辖的中级人民法院获得了第一审生态环境损害赔偿诉讼案件的整体管辖权，那么自然导致原本具备管辖权的生态环境损害行为实施地、损害结果发生地及被告住所地的中级人民法院失去了对该类案件的管辖权。例如，甘肃省在司法体制改革进程中，将甘肃矿区人民法院整体改制为专司环境资源审判的跨地域集中管辖法院，甘肃矿区人民法院在经过甘肃省高级人民法院指定、最高人民法院批准而获得了环境资源类案件的整体管辖权后，甘肃省各中级人民法院自然丧失了对该类案件的管辖权，这是管辖权的整体转移。然而，将生态环境损害赔偿诉讼案件交由基层人民法院管辖时，本条规定中级人民法院认为确有必要的，可以在报请高级人民法院批准后，裁定将本院管辖的第一审生态环境损害赔偿诉讼案件交由具备审理条件的基层人民法院审理。考虑到生态环境损害赔偿诉讼在一些地区采用跨行政区域集中管辖，这些集中管辖的中级人民法院也是通过高级人民法院的指定而获得的案件管辖权，所以将该类案件交由基层法院管辖不应采用整体性授权的方式，而是实行"一案一授权"的报批程序，针对具体案件，中级人民法院认为确有必要，可在报请高级人民法院批准后，交由符合条件的基层人民法院审理。这是个案授权的管辖权转移，待未来生态环境损害赔偿诉讼发展日渐成熟后，再解决基层人民法院对该类案件的整体管辖权问题。在实践中，一定要注意区别这两种情况下管辖权转移的方式和程序。

对本条的正确理解适用还要注意第三款规定。其一，对"确有必要"的把握。结合审判实际，从最高人民法院的意图来看，对其应进行更为严格的控制。根据现行法律规定，上级法院向下级法院转移管辖权相对比较容易，如果对其不进行严格控制，就会造成上下级法院之间互相推诿管辖权，不利于案件的及时处理。其二，在具体的实践操作程序中，"报请"高级人民法院批准的过程中还隐含着一个"报备"的程序，即在高级人民法院审核批准后，还应当通过高级人民法院统一向最高人民法院进行报备，通过报备，使上级法院及时掌握各地生态环境损害赔偿诉讼案件审判情况，做好此类案件的审判指导。其三，如何正确理解把握"具备审理条件的基层人民法院"。在这里，"具备审理条件的基层人民法院"应当指已经成立了专门环境资源审判庭或者环境资源合议庭的基层人民法院，或者是生态环境损害行为实施地、损害结果发生地、被告住所地便于当事人进行诉讼和方便法院及时调查取证的基层人民法院。相反，如果一些地区已经实行了环境资源案件的集中管辖，按照地域、流域、保护区等各种要素将环境资源类案件统一交由某一基层人民法院集中审理，那么即使在生态环境损害行为实施地、损害结果发生地或者被告住所地的基层人民法院管辖更为便于诉讼，也不宜将案件交由其管辖，而应由集中管辖的基层人民法院审理。

需要说明的是，本条规定并不适用于生态环境损害赔偿协议司法确认案件的管辖。根据《改革方案》规定，对经磋商达成的赔偿协议，可以依照《民事诉讼法》向人民法院申请司法确认。生态环境损害赔偿协议是赔偿权利人通过磋商与赔偿义务人达成的协议，与平等民事主体之间达成的民事和解协议或调解协议有所不同。就司法确认路径而言，2017 年《民事诉讼法》第一百九十四条①将申请司法确认的案件类型明确为依照《人民调解法》达成的调解协议。就管辖法院而言，是人民调解组织所在地基层人民法院。就提起方式而言，是双方当事人共同提起。在实践中，生态环境损害赔偿协议的达成，并无基层人民调解组织的参与，往往由环境保护主管部门或自然资源主管部门代表省级、市地级人民政府进行，赔偿权利人是省级、市地级人民政府，故将生态环境损害赔偿协议司法确认案件规定由基层人民法院管辖似有不妥。鉴于此，在本条条文讨论过程中，有意见提出在案件前加上"诉讼"二字，将案件范围限定在诉讼案件中，我们对此意见予以采纳。因此，本条规定不适用于生态环境损害赔偿协议司法确认案件，也未对生态环境损害赔偿协议司法确认案件的管辖法院作出规定。关于赔偿协议司法确认案件的管辖问题，详见《若干规定》第二十条

---

①　2017 年《民事诉讼法》第一百九十四条规定："申请司法确认调解协议，由双方当事人依照人民调解法等法律，自调解协议生效之日起三十日内，共同向调解组织所在地基层人民法院提出。"

的理解与适用。

【法条链接】

《民事诉讼法》

第十八条 基层人民法院管辖第一审民事案件,但本法另有规定的除外。

第十九条 中级人民法院管辖下列第一审民事案件:

(一)重大涉外案件;

(二)在本辖区有重大影响的案件;

(三)最高人民法院确定由中级人民法院管辖的案件。

第二十条 高级人民法院管辖在本辖区有重大影响的第一审民事案件。

第二十一条 最高人民法院管辖下列第一审民事案件:

(一)在全国有重大影响的案件;

(二)认为应当由本院审理的案件。

第二十二条 对公民提起的民事诉讼,由被告住所地人民法院管辖;被告住所地与经常居住地不一致的,由经常居住地人民法院管辖。

对法人或者其他组织提起的民事诉讼,由被告住所地人民法院管辖。

同一诉讼的几个被告住所地、经常居住地在两个以上人民法院辖区的,各该人民法院都有管辖权。

第二十三条 下列民事诉讼,由原告住所地人民法院管辖;原告住所地与经常居住地不一致的,由原告经常居住地人民法院管辖:

(一)对不在中华人民共和国领域内居住的人提起的有关身份关系的诉讼;

(二)对下落不明或者宣告失踪的人提起的有关身份关系的诉讼;

(三)对被采取强制性教育措施的人提起的诉讼;

(四)对被监禁的人提起的诉讼。

第二十九条 因侵权行为提起的诉讼,由侵权行为地或者被告住所地人民法院管辖。

第三十六条 两个以上人民法院都有管辖权的诉讼,原告可以向其中一个人民法院起诉；原告向两个以上有管辖权的人民法院起诉的，由最先立案的人民法院管辖。

第三十七条 人民法院发现受理的案件不属于本院管辖的，应当移送有管辖权的人民法院，受移送的人民法院应当受理。受移送的人民法院认为受移送的案件依照规定不属于本院管辖的，应当报请上级人民法院指定管辖，不得再自行移送。

第三十八条 有管辖权的人民法院由于特殊原因，不能行使管辖权的，由上级人民法院指定管辖。

人民法院之间因管辖权发生争议，由争议双方协商解决；协商解决不了的，报请它们的共同上级人民法院指定管辖。

第三十九条 上级人民法院有权审理下级人民法院管辖的第一审民事案件；确有必要将本院管辖的第一审民事案件交下级人民法院审理的，应当报请其上级人民法院批准。

下级人民法院对它所管辖的第一审民事案件，认为需要由上级人民法院审理的，可以报请上级人民法院审理。

《行政诉讼法》

第十八条 行政案件由最初作出行政行为的行政机关所在地人民法院管辖。经复议的案件，也可以由复议机关所在地人民法院管辖。

经最高人民法院批准，高级人民法院可以根据审判工作的实际情况，确定若干人民法院跨行政区域管辖行政案件。

《环境保护法》

第五十八条 对污染环境、破坏生态，损害社会公共利益的行为，符合下列条件的社会组织可以向人民法院提起诉讼：

（一）依法在设区的市级以上人民政府民政部门登记；

（二）专门从事环境保护公益活动连续五年以上且无违法记录。

符合前款规定的社会组织向人民法院提起诉讼，人民法院应当依法受理。

提起诉讼的社会组织不得通过诉讼牟取经济利益。

第六十四条 因污染环境和破坏生态造成损害的，应当依照《中华人民共和国侵权责任法》的有关规定承担侵权责任。

《民事诉讼法司法解释》

第二十四条 民事诉讼法第二十九条规定的侵权行为地,包括侵权行为实施地、侵权结果发生地。

第四条 人民法院审理第一审生态环境损害赔偿诉讼案件,应当由法官和人民陪审员组成合议庭进行。

【条文主旨】

本条是关于审理生态环境损害赔偿诉讼案件的审判组织组成人员的规定。

【条文理解】

陪审制度是国家审判机关吸收非职业人员参加审判活动,与法官共同行使审判权的制度。我国的陪审制度与普通法系的陪审团制度不同,实行的是人民陪审员制度。

一、我国人民陪审员制度的概况

人民陪审员制度是我国人民民主的重要形式,是中国特色社会主义司法制度的重要内容,是人民群众参与司法、监督司法的有效形式,是人民当家作主在司法领域的重要体现。我国人民陪审员制度是在革命战争年代确立的。20 世纪 30 年代及 40 年代,中国共产党在革命根据地和抗日民主政权实行人民陪审员制度。1932 年《中华苏维埃共和国裁判部暂行组织及裁判条例》规定:除简单案件外,原则上采取合议制,由三人组成合议庭,以裁判长或裁判员为主审,另有两名陪审员。陪审员由职工会、雇农工会以及其他群众团体选举产生。合议庭决定案件时以多数人意见为准,遇有争执时,应依主审员意见决定判决的内容,如陪审员坚持保留意见时,得将其意见报送上级裁判部决定。抗日战争时期,在陕甘宁边区和其他抗日民主政权实行人民陪审员制度。人民陪审员的产生方式有:由审判机关邀请;由机关、部队、团体选举代表出席。人民法庭由审判员和人民陪审员组成，负责审理初审案件；人民陪审员可以协助收集证据，查明案情，研究判决意见，向案件当事人讲解法律，说明道理，充分发挥人民陪审员的作用。中华人民共和国成立以后，1954年《宪法》明确规定，人民法院审判案件，依照法律实行人民陪审员制度。人民陪审员制度作为人民当家作主、行使民主权利、参与国家管理、参与司法和审判工作、走群众路线的主要方式，客观上也大大缓解了中华人民共和国成立之初审判工作人员不足的压力。当时，为了贯彻落实好人民陪审员制度，司法部、最高人民法院制定了人民陪审员的名额、任期、产生办法、培训等一系列指示、答复文件，人民陪审员制度在全国广泛推行。据1956年7月的统计，当时全国人民陪审员有20多万人，这是人民陪审员制度发展繁荣期。从当时的立法宗旨来看，一方面，人民陪审员参与管理国家事务；另一方面，人民陪审员来自群众，可以和审判员一起查明案情，作出正确的判决和裁定，也增加人民法院办案的力量。同时，通过人民陪审员还可以向人民群众进行法律宣传教育，密切人民法院和群众的关系。当时，国家法律的依据除了一些条例规章还有大量的方针、政策、社会的公序良俗，这些都为社会各界群众参与审判活动提供了条件和可能，人民陪审员制度对司法审判工作发挥了极大的作用。

随着社会经济和民主政治的发展，许多矛盾纠纷，从过去主要依靠行政手段处理，到现在主要通过司法手段处理。许多经济关系从过去主要依靠政策调整，到现今主要依靠司法审判进行调整。人民群众期盼司法公正的愿望不断增强，参与司法过程、监督司法过程的热情日益迫切，需要建立一种全面、公正、高效而又符合中国国情、被群众接受的司法制度，作为体现司法民主的一项重要司法制度——人民陪审员制度的价值和作用再次得到重视。党的十八届三中全会决定指出，要广泛实行人民陪审员制度，拓宽人民群众有序参与司法的渠道，党的十八届四中全会决定进一步提出完善人民陪审员制度，保障公民陪审权利，提高人民陪审员制度公信度。逐步实行人民陪审员不再审理法律适用问题，只参与事实认定问题。在这一指导思想的引领下，2018年4月27日，第十三届全国人民代表大会第二次会议审议通过了《人民陪审员法》。该法全面总结了《全国人民代表大会常务委员会关于完善人民陪审员制度的决定》实行十三年来的实践经验，以单行法律的形式将党的十八届三中、四中全会以来的经验固定下来，对人民陪审员的选任参审、管理等内容作出了进一步完善，标志着我国人民陪审员制度进入一个新的发展阶段。

二、审理生态环境保护案件的审判组织组成人员的确定

依据《人民陪审员法》第十六条第三项的规定，涉及征地拆迁、生态环境保护、食品药品安全，社会影响重大的第一审案件，由人民陪审员和法官组成七人合议庭进行审理。该条对审理涉及生态环境保护案件的合议庭组成人员作出了原则性规定。

在现行法的框架下，损害生态环境的法律责任，既包括民事责任，也包括行政责任和刑事责任，相应的生态环境保护案件既包括环境民事案件，亦包括环境行政案件和环境刑事案件。

环境民事责任一般是指单位和个人违反环境保护法律规定，污染环境、破坏生态，造成他人人身、财产或其他权益的损害而应承担的民事方面的法律后果。民事责任可分为违约民事责任和侵权民事责任两大类。在环境资源法领域，现阶段因合同违约构成的环境民事责任情况尚不多见，以后随着碳排放交易、排污权交易等新型环境交易制度的确立和发展，此类纠纷及可能承担的环境民事责任应会逐步增加。目前，环境民事责任多指环境侵权责任，这也是当前环境司法审判实践最关注的内容。

环境行政责任是指单位、个人违反环境保护法律规定，污染环境、破坏生态或者未履行环境保护监督管理职责而应承担的行政方面的法律后果。环境行政责任既包括环境保护行政机关对行政相对人环境违法行为的行政处罚，也包括有权机关对环境保护行政机关及其责任人员的失职、渎职行为的行政处分。

环境刑事责任是指违法实施严重危害环境行为的单位或个人，因触犯刑事法律承担的应受刑事制裁的法律后果。

"社会影响重大"是《人民陪审员法》第十六条的核心要义。陪审制的运行成本本身非常高，相应地组成七人合议庭的成本就更高。因此，要保证将这部分陪审力量用到与广大人民利益息息相关、有重大社会影响的案件中去。这是为什么要对生态环境保护案件增加限定条件的直接原因。

正确适用该条，核心是"社会影响重大"的判断标准。有观点认为社会影响重大的案件等于重大案件。这种观点有失偏颇。重大案件目前尚没有形成统一的判断标准，但基本包括涉及一定数量公民的利益、社会广泛关注，影响重大。一方面，不是所有的重大案件都是社会影响重大的案件；另一方面，有的案件并不重大，但是因为案件的特殊性，在社会上产生了重大影响。因此，不能简单地将社会影响重大的案件理解为重大案件。"社会影响重大"的判断标准是综合的、全面的，要由人民法院依具体情况判断。也就是说，人民法院对案件是否属于社会影响重大的案件享有一定的自由裁量权。

根据《人民陪审员法》第十六条第三项，人民法院审判涉及生态环境保护，社会影响重大的第一审案件，由人民陪审员和法官组成七人合议庭进行。因此，涉及民事、行政和刑事法律责任的社会影响重大的生态环境保护案件的一审合议庭组成都必须满足法官和人民陪审员共七人的要求。

生态环境保护案件中有一类特殊形式的诉讼案件，即环境公益诉讼案件。公益诉讼是指特定的国家机关、组织根据法律规定，针对侵犯社会公共利益的违法行为，为保护公共利益而以自己的名义向法院提起的民事诉讼。相对于为保护个体权利的私益诉讼而言，公益诉讼的目的是保护社会公共利益。环境公益诉讼可以分为环境民事公益诉讼和环境行政公益诉讼两类。

环境民事公益诉讼是《民事诉讼法》和《环境保护法》规定的一项重要诉讼制度，旨在通过诉讼手段维护环境公共利益，引导公众有序参与环境保护，弥补行政执法手段不足。通过环境民事公益诉讼，可以督促和加强行政执法，确保企业遵守环境资源相关法律，预防生态环境遭受严重损害，使污染者对环境公共利益遭受的损害承担责任。《民事诉讼法》第五十八条规定了法律规定的机关、有关组织和人民检察院提起民事公益诉讼制度，《环境保护法》第五十八条则进一步明确了可以提起环境民事公益诉讼的社会组织资格，这两部法律奠定了环境民事公益诉讼的基础。

环境行政公益诉讼是指当环境行政主管部门的违法或不作为对公众环境权益造成侵害或者有侵害可能时，法院允许无直接利害关系人为维护公众环境权益而提起行政诉讼，要求环境保护主管部门履行法定职责或纠正、停止其侵害行为的制度。《行政诉讼法》第二十五条确立了包括环境行政公益诉讼在内的检察院提起行政公益诉讼制度。

《人民陪审员法》第十六条第二项规定了民事、行政公益诉讼一审案件由人民陪审员和法官组成七人合议庭进行审理。第三项规定了涉及生态环境保护的社会影响重大的一审案件由人民陪审员和法官组成七人合议庭进行审理。因为环境公益诉讼属于生态环境保护案件，所以第十六条第二项和第三项规范的内容有一定交叉。依据第二项的规定，所有的环境公益诉讼案件都必须由人民陪审员和法官组成七人合议庭，而不必考虑是否满足"社会影响重大"条件。换言之，环境公益诉讼是否采用七人合议庭，人民法院并不具有前述普通生态环境保护案件那样的自由裁量权，而是必须采用人民陪审员和法官组成的七人合议庭。

三、审理生态环境损害赔偿诉讼案件的审判组织组成人员的确定

人民陪审员制度是社会主义民主政治的重要内容，是中国特色社会主义司法制度的重要组成部分，也是社会主义民主制度在司法领域的重要体现。生态环境涉及人民群众最切身的利益，与人民群众息息相关，生态环境损害赔偿诉讼的目的是保护国家利益和人民群众环境权益。人民陪审员参与生态环境损害赔偿诉讼案件的审判，一方面，有助于推进司法民主，保证司法公开公正，主动接受人民监督；另一方面，也拓宽了人民群众有序参与司法的渠道，充分保障人民群众参与环境司法的民主权利。人民陪审员与法官享有相同的权利，可以参与生态环境损害赔偿诉讼案件审判的全过程，可以查阅案件的卷宗材料，表达、反映人民群众的意愿，切实保护人民群众的环境权益。

生态环境损害赔偿诉讼是一种特殊的诉讼形态，是由省级、市地级政府及受国务院委托的有关部门，在生态环境受到损害时依据《改革方案》的授权行使相应的诉讼权利，依法追究损害生态环境责任者赔偿责任的诉讼。生态环境损害赔偿责任，以修复生态环境为首要目的，通过追究污染环境、破坏生态行为人的生态环境损害赔偿责任，修复受损自然资源和生态环境、维护国家利益、社会公共利益和人民群众环境权益。

生态环境损害赔偿诉讼案件与环境公益诉讼案件有很大的共通性，但

在现阶段亦有一定区别。生态环境损害赔偿诉讼案件作为生态环境保护案件之一种,适用《人民陪审员法》第十六条第三项的规定。而依据《人民陪审员法》第十六条第三项规定,人民法院审判涉及生态环境保护、社会影响重大的第一审案件,由人民陪审员和法官组成七人合议庭进行。

有观点认为,《人民陪审员法》第十六条已将社会影响重大的生态环境保护案件纳入由人民陪审员和法官组成七人合议庭进行审理的范围,《若干规定》中的生态环境损害赔偿诉讼案件均针对"两区域及后果严重"生态环境损害所提起,无论是造成了严重的生态环境后果,还是发生了较大以上级别的突发环境事件,甚至在自然资源丰富、生态环境保护较为脆弱的重点生态功能区、禁止开发区发生了环境污染、生态破坏事件,都属于后果严重且社会影响重大的案件,符合《人民陪审员法》适用七人合议庭的规定,所以生态环境损害赔偿诉讼一审案件审判组织组成人员均应由法官和人民陪审员共七人组成。我们认为这种观点是不全面的。首先,此种观点的论证前提是所有的生态环境损害赔偿诉讼案件都属于社会影响重大的案件。这一前提就存在很大的问题。前文在分析社会影响重大的判断标准时已经指出:"社会影响重大"的判断标准是综合的、全面的,要由人民法院依具体情况判断。其次,生态环境损害赔偿诉讼案件的范围包括:(1)发生较大、重大、特别重大突发环境事件的;(2)在国家和省级主体功能区规划中划定的重点生态功能区、禁止开发区发生环境污染、生态破坏事件的;(3)发生其他严重影响生态环境后果的。在生态环境损害赔偿诉讼案件中,实现的是政府对于生态环境保护的责任与义务,此种保护并不意味着仅仅在发生严重后果时,相关政府及有关国务院授权部门才行使诉权。《改革方案》关于"违反法律法规,造成生态环境损害的单位或个人,应当承担生态环境损害赔偿责任,做到应赔尽赔"的规定提示我们,只要出现生态环境损害,法律规定的起诉主体就应当按照有关规定行使权利,追究违法者的损害赔偿责任。退而言之,即使造成了严重影响生态环境后果的,也不等于生态环境损害赔偿诉讼案件就一定符合"社会影响重大"的要求。因此,我们认为生态环境损害赔偿诉讼案件的审判组织应当由法官和人民陪审员组成,"社会影响重大"的生态环境损害赔偿诉讼案件的审判组织则应由法官和人民陪审员共七人组成。不满足"社会影响重大"条件的生态环境损害赔偿诉讼案件审判组织组成人员没有七人的强制要求。具体到生态环境损害赔偿诉讼案件个案是否构成"社会影响重大",应当由法院依案件具体情况综合全面地判定,属于法院的自由裁量权。因此,《若干规定》本条规定:"人民法院审理第一审生态环境损害赔偿诉讼案件,应当由法官和人民陪审员组成合议庭进行。"本条为人民群众有序参与此类案件的审理提供了司法解释依据,也有利于人民法院准确认定事实,提高审判质量。

【审判实践中应注意的问题】

本条在实际适用中,要注意准确判断生态环境损害赔偿诉讼案件是否属于社会影响重大的案件。对于不满足该条件的案件,应当由法官和人民陪审员组成三人合议庭审理。对于满足该条件的案件,则应由法官三人和人民陪审员四人组成七人合议庭审理。

【法条链接】

《人民陪审员法》

第十六条　人民法院审判下列第一审案件,由人民陪审员和法官组成七人合议庭进行:

(一)可能判处十年以上有期徒刑、无期徒刑、死刑,社会影响重大的刑事案件;

(二)根据民事诉讼法、行政诉讼法提起的公益诉讼案件;

(三)涉及征地拆迁、生态环境保护、食品药品安全,社会影响重大的案件;

(四)其他社会影响重大的案件。

第五条　原告提起生态环境损害赔偿诉讼,符合民事诉讼法和本规定并提交下列材料的,人民法院应当登记立案:

(一)证明具备提起生态环境损害赔偿诉讼原告资格的材料;

(二)符合本规定第一条规定情形之一的证明材料;

(三)与被告进行磋商但未达成一致或者因客观原因无法与被告进

行磋商的说明；

(四) 符合法律规定的起诉状，并按照被告人数提出副本。

【条文主旨】

本条是关于生态环境损害赔偿诉讼案件起诉条件和立案材料的规定。

【条文理解】

原告提起生态环境损害赔偿诉讼，需符合《民事诉讼法》和《若干规定》所规定的起诉条件并提交相应的起诉材料。《民事诉讼法》第一百二十二条规定："起诉必须符合下列条件：(一) 原告是与本案有直接利害关系的公民、法人和其他组织；(二) 有明确的被告；(三) 有具体的诉讼请求和事实、理由；(四) 属于人民法院受理民事诉讼的范围和受诉人民法院管辖。"该规定是人民法院受理民事诉讼的一般条件。虽然生态环境损害赔偿诉讼是尚处于改革探索中的一种新类型诉讼，但其本质上仍属于民事诉讼，除《若干规定》依据《改革方案》对于提起生态环境损害赔偿诉讼的条件作出特殊规定外，提起生态环境损害赔偿诉讼仍需符合《民事诉讼法》规定的一般起诉条件。《若干规定》依据《改革方案》就生态环境损害赔偿诉讼规定的特别起诉条件，主要体现在原告资格的特殊性、起诉范围的特殊性以及磋商前置程序的特殊性。下面对于提起生态环境损害赔偿诉讼需要具备的一般起诉条件和特别起诉条件予以分别说明。

一、一般起诉条件

(一) 关于原告资格

在民事诉讼中，享有原告资格的主体是非常宽泛的，任何公民、法人和其他组织均可以作为原告。关于公民、法人的界定比较清晰，容易理解。关于"其他组织"的认定，《民事诉讼法司法解释》第五十二条作出了进一步规定："民事诉讼法第五十一条规定的其他组织是指合法成立、有一定的组织机构和财产，但又不具备法人资格的组织，包括：(一) 依法登记领取营业执照的个人独资企业；（二）依法登记领取营业执照的合伙企业；（三）依法登记领取我国营业执照的中外合作经营企业、外资企业；（四）依法成立的社会团体的分支机构、代表机构；（五）依法设立并领取营业执照的法人的分支机构；（六）依法设立并领取营业执照的商业银行、政策性银行和非银行金融机构的分支机构；（七）经依法登记领取营业执照的乡镇企业、街道企业；（八）其他符合本条规定条件的组织。"

对于普通民事诉讼而言，公民、法人或者其他组织提起诉讼，应当符合原告与本案具有"直接利害关系"这一条件。利害关系人是指对于诉讼标的有直接或间接利害关系的人。直接利害关系人有权向法院起诉或可能被提起诉讼。间接利害关系人认为一方当事人的败诉可能使自己遭受不利后果时，可以申请参加到诉讼中辅助一方当事人进行诉讼。作为民事案件的起诉条件，原告与案件具有直接利害关系，应理解为案件事实直接对当事人主张的权益产生影响，当事人可作为争议法律关系的一方主体。如争议事实借助其他事实、行为方与当事人所主张的权益发生实际联系，则不符合上述规定中"直接利害关系"的情形。

鉴于生态环境损害赔偿诉讼是依据《改革方案》进行试行的一种新类型诉讼，省级、市地级政府等是依据《改革方案》授权而享有此类诉讼的原告资格，因此，对于生态环境损害赔偿诉讼原告资格的判断应当依据《改革方案》和《若干规定》的特殊规定。

（二）关于有明确的被告

关于生态环境损害赔偿诉讼是否"有明确的被告"，与其他民事案件判断标准相同。在立案阶段，对"有明确的被告"的判断主要考察被告是否符合可识别的标准。一般而言，"明确的被告"应当包括两个层面的内容：一是形式上有"明确可识别"的被告，要有具体的起诉相对方，其有确切名称、地址住所，通过身份和空间处所两个要素能够把相对方固定成为"明确"的被告。二是形式上有"合适的被告"，即不仅要明确相对方形式上的身份（姓名、性别、年龄等），还要明确相对方与原告之间的法律关系、法律事实及相关证据。

《民事诉讼法司法解释》第二百零九条第一款规定，原告在起诉时，必须提交能够证明被告身份的相关材料，如被告的住所、联系方式、身份证或组织机构代码证等，这既便于送达诉讼文书，也便于在执行阶段建立诚信系统。第二款规定了若原告不能提供被告的详细信息，从而无法识别被告身份的，可视同"被告不明确"，人民法院应当通知原告限期补正，原告在合理期限内未补正的，可以被告不适格为由裁定不予受理。当然，原告因客观原因无法准确提供被告的身份、住所信息的，人民法院可以依职权进行核查。因此，只要原告提供了可以识别的被告信息，即使其不能提供被告的住所，或者提供的被告的住所并非客观、准确的住所，人民法院也应予以受理。在此情况下，当被告的住所并不明确，且法院查证不能的情况下，人民法院应向当事人释明通过公告方式向被告送达。

在立案登记制情况下，对于案件的实体审理属于立案之后的处理，无论原告与被告是否具有实质上的法律关系，即被告是否适格，均不影响人民法院受理案件。

（三）关于有具体的诉讼请求和事实、理由

原告在起诉时要有具体的诉讼请求和事实、理由，一般应在起诉状中予以载明。所谓诉讼请求，是当事人在民事诉讼中提出的要求法院予以确认或保护的民事权益的范围，即一方当事人通过法院向另一方提出的实体上的权利要求。民事诉讼采"不告不理"原则，原告的告诉是启动诉讼程序的前提，人民法院审理案件的范围也是基于原告的诉讼请求，如果原告没有提出诉讼请求或者诉讼请求不具体，人民法院将难以作出应否支持、支持多少的裁判。实践中，存在给付之诉、确认之诉和形成之诉等不同的基本诉讼类型，此外还有未能包含在该分类模式下的其他诉讼类型，诉讼请求的内容也不尽相同。从规范诉讼行为、节约司法资源的角度，原告还应当提供相应的证据材料，对依法享有民事权益以及该项权益受到损害的事实等予以证明，以支持自己主张的合法性和合理性。当然，原告提出的事实和理由能否成立，则需要实体审理之后才能确定，在立案阶段并不进行严格审查。

就生态环境损害赔偿诉讼而言，依据《若干规定》第十一条关于责任承担方式的规定，原告应当依据该条规定的责任承担方式以及相关费用提出具体诉讼请求,并载明所依据的事实、理由。

(四) 关于主管和管辖

《民事诉讼法》第三条规定:"人民法院受理公民之间、法人之间、其他组织之间以及他们相互之间因财产关系和人身关系提起的民事诉讼,适用本法的规定。"对于原告提起的诉讼,首先要确定是否属于人民法院主管,再看是否属于民事诉讼的受案范围。比如,《民事诉讼法》第一百二十七条规定:"……(一)依照行政诉讼法的规定,属于行政诉讼受案范围的,告知原告提起行政诉讼;(二)依照法律规定,双方当事人达成书面仲裁协议申请仲裁,不得向人民法院起诉的,告知原告向仲裁机构申请仲裁;(三)依照法律规定,应当由其他机关处理的争议,告知原告向有关机关申请解决;……"省级、市地级人民政府依据《改革方案》及《若干规定》提起的追究损害生态环境责任者赔偿责任的诉讼,本质上属于民事案件,属于人民法院受理民事案件的范围。

管辖权是人民法院对特定诉讼行使审判权的前提,人民法院的管辖分为专门管辖、级别管辖、地域管辖、专属管辖等。在不违反法律规定的级别管辖、专门管辖、专属管辖的情况下,当事人还可以通过协议约定管辖法院。《若干规定》第三条明确规定了生态环境损害赔偿纠纷案件的地域管辖和级别管辖,即由生态环境损害行为实施地、损害结果发生地或者被告住所地的中级以上人民法院管辖。该条第二款规定了此类案件的集中管辖,即经最高人民法院批准,高级人民法院可以在辖区内确定部分中级人民法院集中管辖生态环境损害赔偿诉讼案件。该条第三款明确了在确有必要的情况下,中级人民法院可以在报请高级人民法院批准后,将案件交由具备条件的基层人民法院审理。在受理阶段,应当依据上述规定审查接收起诉材料的法院是否具有生态环境损害赔偿诉讼案件的管辖权,不具有管辖权的,应当告知原告向有管辖权的法院依法提起诉讼。

二、特殊起诉条件

（一）原告需具备提起生态环境损害赔偿诉讼的主体资格

传统上原告资格的"直接利害关系"认定标准的滞后和与司法实践的不相适应性，使得公益诉讼等新型诉讼的合法性受到质疑。美国法学家罗斯科·庞德将利益分为个人利益、公共利益和社会利益三类，德国法学家普罗斯基提出，应以三分法取代传统的二分法，把法分为私法、公法和社会法，为依法保障环境公共利益和国家权益提供了理论基础。① 按照传统的诉权理论，特定的国家机关、有关组织由于自身的权益并未受到直接的侵害，无从享有诉权，也无法向法院提起诉讼寻求救济。在美国，立法对于原告资格采取开放多元的态度，始终处于不断拓展之中，除了个人、检察官、团体组织可以享有原告资格外，甚至动物、植物及文物等均可以原告身份提起民事诉讼。美国以更宽泛的"不利影响标准"作为衡量原告资格的尺度，即只要民事权益受到侵害或者不利影响，有关主体便享有原告资格，至于起诉人是否与案件有直接利害关系或者说其正在遭受事实上的损害在所不论，只需要证明其权益正在受到侵害或者说有受到侵害的危险即可。在德国，对有关集体或者公共利益的重大影响案件，如重大侵犯消费者权益案件、重大环境污染案件等，检察机关可以参与到案件诉讼过程中。德国以特别经济立法的形式赋予团体原告主体资格，若第三人的权利遭受侵害，团体可以原告身份提起民事诉讼。

我国民事诉讼对原告资格的主体范围也在不断拓宽，特别是在涉及公共利益和国家利益的诉讼中，更多的机关和社会组织被赋予了原告资格。2017 年修正的《海洋环境保护法》第八十九条第二款规定："对破坏海洋生态、海洋水产资源、海洋保护区，给国家造成重大损失的，由依照本法规定行使海洋环境监督管理权的部门代表国家对责任者提出损害赔偿要求。"《环境保护法》第五十八条规定：对污染环境、破坏生态，损害社会

---

① 参见［德］卡尔·拉伦茨：《德国民法通论》，王晓晔等译，法律出版社 2004 年版，第 7 页；［德］梅迪库斯：《德国民法总论》，邵建东译，法律出版社 2004 年版，第 10 页。

公共利益的行为，符合下列条件的社会组织可以向人民法院提起诉讼：
（1）依法在设区的市级以上人民政府民政部门登记；（2）专门从事环境保护公益活动连续五年以上且无违法记录。《民事诉讼法》第五十八条规定："对污染环境、侵害众多消费者合法权益等损害社会公共利益的行为，法律规定的机关和有关组织可以向人民法院提起诉讼。人民检察院在履行职责中发现破坏生态环境和资源保护、食品药品安全领域侵害众多消费者合法权益等损害社会公共利益的行为，在没有前款规定的机关和组织或者前款规定的机关和组织不提起诉讼的情况下，可以向人民法院提起诉讼。前款规定的机关或者组织提起诉讼的，人民检察院可以支持起诉。"《民事诉讼法司法解释》第十三章有关公益诉讼提起、管辖等方面内容的规定，在原告资格的认定上均未要求必须与案件有直接利害关系。《行政诉讼法》第二十五条第四款规定："人民检察院在履行职责中发现生态环境和资源保护、食品药品安全、国有财产保护、国有土地使用权出让等领域负有监督管理职责的行政机关违法行使职权或者不作为，致使国家利益或者社会公共利益受到侵害的，应当向行政机关提出检察建议，督促其依法履行职责。行政机关不依法履行职责的，人民检察院依法向人民法院提起诉讼。"《检察公益诉讼司法解释》在民事公益诉讼和行政公益诉讼的基础上，增加了刑事附带民事公益诉讼这一新的案件类型，明确规定破坏生态环境和资源保护、食品药品安全领域、侵害英雄烈士等的姓名、肖像、名誉、荣誉等的刑事案件中，需要追究被告人侵害社会公共利益的民事责任的，检察机关可以一并提起附带民事公益诉讼，由同一审判组织一并审理。在环境民事公益诉讼中，提起公益诉讼的法律规定的机关和有关组织，通常与环境损害结果之间并没有直接的利害关系，环境污染或者生态破坏的后果并没有对其财产或者组织成员的人身造成损害，如果坚持《民事诉讼法》为普通民事诉讼设定的起诉条件的话，环境民事公益诉讼也就失去了存在的土壤。由此可见，仅依靠利害关系人来解决现代社会所面临的社会公共利益遭受侵害的问题，容易出现保护主体缺位的现象。

生态环境损害赔偿诉讼的原告是特定的，并非普通自然人或者行政机关、社会组织。《改革方案》明确规定："国务院授权省级、市地级政府（包括直辖市所辖的区县级政府，下同）作为本行政区域内生态环境损害赔偿权利人。……省级、市地级政府及其指定的部门或机构均有权提起诉讼。……在健全国家自然资源资产管理体制试点区，受委托的省级政府可指定统一行使全民所有自然资源资产所有者职责的部门负责生态环境损害赔偿具体工作；国务院直接行使全民所有自然资源资产所有权的，由受委托代行该所有权的部门作为赔偿权利人开展生态环境损害赔偿工作。"按照《若干规定》第一条规定，省级、市地级政府及其指定的相关部门、机构或者受国务院委托行使全民所有自然资源资产所有权的部门，可以作为原告提起生态环境损害赔偿诉讼。省级政府包括31个省、市、自治区人民政府；这里的市地级政府包括设区的市，自治州、盟、地区，不设区的地级市，以及直辖市的区、县政府。《若干规定》没有将原告限定在省级、市地级人民政府，而是持一种开放的态度。有权提起生态环境损害赔偿诉讼的通常是机关法人，也可能是其指定的部门和机构，即有关事业单位法人或者社会组织经过授权或者指定，也可以作为原告。上述主体均系依据《改革方案》《若干规定》行使生态环境损害索赔权和诉权的主体。原告提起诉讼时，应当提交证明其具备提起生态环境损害赔偿诉讼原告资格的相关证明材料，包括组织机构代码证、其获得授权的相关文件等。法院应当依据上述规定，对于原告提交的主体资格相关材料进行审查。符合上述规定的，予以认可其原告资格。

（二）原告所提起的生态环境损害赔偿诉讼需符合《若干规定》第一条规定情形之一

省级、市地级政府及其指定的相关部门、机构或者受国务院委托行使全民所有自然资源资产所有权的部门作为原告提起生态环境损害赔偿诉讼，主要目的是维护重大环境公共利益。因此，有必要对所诉事项从突发环境事件影响程度、是否发生在重点区域、造成后果的严重性等方面作出限定。《若干规定》第一条即规定了三种情形：（1）发生较大、重大、特别重大突发环境事件的；（2）在国家和省级主体功能区规划中划定的重点生态功能区、禁止开发区发生环境污染、生态破坏事件的；（3）发生其他严重影响生态环境后果的。只有在符合上述情形之一时，原告方能提起生态环境损害赔偿诉讼。

为便于法院准确判断案件是否属于生态环境损害赔偿诉讼受理范围，原告需提交证明其提起诉讼符合《若干规定》第一条规定情形之一的相应证明材料。《改革方案》赋予了省级、市地级政府开展生态环境损害调查、评估等职能，原告准备起诉前，应通过各种途径，查明损害生态环境行为的基本事实情况，譬如侵权行为人、侵权行为发生地、侵权结果发生地、损害结果的评估等，并应当注意收集相关证据材料。此外，《若干规定》要求原告应当就被告实施了污染环境、破坏生态的行为，损害事实以及所需修复费用和赔偿数额、被告的行为与生态环境损害之间具有关联性进行举证，这也是人民法院在受理案件时帮助判断诉的利益是否重大的一些基础性材料。

（三）原告提起诉讼前需履行磋商前置程序

生态环境损害赔偿制度的核心要义是预防重大环境风险、及时修复受损生态环境，需要地方政府及其相关职能部门发挥主导性和专业性作用，与污染环境、破坏生态行为人第一时间就化解环境风险、防止损害扩大、修复生态环境等事务进行磋商。根据《改革方案》，赔偿磋商是指赔偿权利人和义务人就损害事实和程度、修复启动时间和期限、赔偿的责任承担方式和期限等具体问题进行磋商，统筹考虑修复方案技术可行性、成本效益最大化、赔偿义务人赔偿能力、第三方治理可行性等情况，达成赔偿协议。行政机关既是赔偿磋商程序推进的组织者，也是磋商过程实体性问题的判断者。磋商各方追求正和博弈关系，行政机关通过赔偿追责而免除自身"政府买单"式的兜底性义务，赔偿义务人通过磋商机制争取有利于自己的赔偿方案，以免受后续诉讼程序中的司法制裁。通过磋商特有的利益表达机制，各方主体就生态环境损害程度及其修复和赔偿方案形成共识。因生态环境损害发生地的地方政府利益关联度最高，处理索赔工作积极性也最高，赋予其赔偿权利人身份，可以加快推进调查、协商和执行节奏。《改革方案》将赔偿权利人范围从《试点方案》规定的省级政府扩大到市地级政府及其指定的部门或机构，就是为了提高磋商的工作效率。磋商机制的创立是对我国生态环境管理模式的创新和丰富，对于弥补强制性行政手段和公益诉讼的短板具有重要积极意义。因此，《若干规定》第一条规定了原告诉前应先履行磋商程序，明确磋商是提起诉讼的前置程序。据此，只有当原告与造成生态环境损害的自然人、法人或者其他组织经磋商未达成一致或者无法进行磋商时，方可提起生态环境损害赔偿诉讼。

原告起诉时，应提供其与被告进行磋商但未达成一致或者因客观原因无法与被告进行磋商的说明等材料。人民法院在立案时，应就原告是否履行了磋商前置程序或者因客观原因无法进行磋商进行审查。虽然《若干规定》规定要提交"说明"，但原告最好同时提供曾与被告进行过磋商或者因客观原因无法磋商的基本证据材料。根据不同情况，当与被告进行过磋商但未成功时，原告需要提交进行了磋商的相关证据，例如往来函件、磋商记录、第三方证明等；当存在被告故意逃避责任等客观原因时，原告需要提交无法与被告进行磋商的说明，如原告商请磋商的函件、被告拒绝磋商的函件、被告下落不明的证明等。当然，如果有合理理由确实无法提交相应证明材料，仅提交了说明的，并不影响案件的受理。被告可以在诉讼中以原告未履行磋商前置程序进行抗辩，人民法院查明属实的，可以不符合受理条件为由裁定驳回起诉。

三、原告需提交符合法律规定的起诉状，并按照被告人数提出副本

原告提起生态环境损害赔偿诉讼，除应提交符合一般起诉条件和特殊起诉条件的材料外，还需要提交符合法律规定的起诉状，并按照被告人数提出副本。依据《民事诉讼法》第一百二十四条的规定，生态环境损害赔偿诉讼的起诉状应当记明下列事项："（一）原告的……名称、住所和法定代表人或者主要负责人的姓名、职务、联系方式；（二）被告的姓名、性别、工作单位、住所等信息，法人或者其他组织的名称、住所等信息；（三）诉讼请求和所根据的事实与理由；（四）证据和证据来源，证人姓名和住所。"具体要求如下：（1）提交起诉状并按被告的人数提供副本。起诉状正本和副本均必须提供原件，由法定代表人（或负责人）签名并加盖单位公章。（2）主要证据材料，并按被告的人数提供副本（复印件）。包括下列证据：证明原告具有起诉主体资格的证据；证明原、被告之间存在据以起诉的民事法律关系的证据；证明原告所诉事实、理由存在的证据；其他可支持原告诉讼请求的证据。（3）原、被告的身份证明。包括原告的

组织机构代码证、法定代表人身份证明书等；被告为个人的，提供其户籍证明或暂住证明，被告为单位的，提供其工商登记证明。（4）如委托他人诉讼，另须提交授权明确的授权委托书及受托人身份证明复印件各一份，并同时提供原件供查验。（5）如委托律师诉讼的，则另需提交授权明确的授权委托书及律师事务所接受委托的证明、函件和律师证复印件。

四、人民法院应当对符合起诉条件且具备相应材料的案件登记立案

立案环节是案件进入法院的第一道手续，是否受理直接影响当事人将纠纷交由法院裁判的目的能否实现，进而关涉其主张的权利能否得到支持。《中共中央关于全面推进依法治国若干重大问题的决定》提出的司法改革方案，其中一个突出亮点是："改革法院案件受理制度，变立案审查制为立案登记制；对人民法院依法应该受理的案件，做到有案必立、有诉必理，保障当事人的诉权。"因此，《民事诉讼法》第一百二十六条规定："人民法院应当保障当事人依照法律规定享有的起诉权利。对符合本法第一百二十条的起诉，必须受理。符合起诉条件的，应当在七日内立案，并通知当事人；不符合起诉条件的，应当在七日内作出裁定书，不予受理；原告对裁定不服的，可以提起上诉。"立案登记制的建立，意味着不管诉讼标的额大小，不管当事人的纠纷复杂还是简单，只要符合人民法院主管范围和受理条件，法院就能及时受理，并且加以审理裁判。从微观上讲，立案登记制对于维护当事人的诉权，保证当事人的诉权及时、合理有效地行使具有非常重要的意义。从宏观上讲，立案登记制对于解决各类纠纷和矛盾，特别是经济纠纷具有非常重要的意义。用立案登记制代替立案审查制，既是一种化解社会矛盾的很好的改革举措，也是维护社会和谐稳定、促进经济社会发展的一个重要举措。

虽然提起生态环境损害赔偿诉讼的原告系省级、市地级政府及其指定的相关部门、机构或者受国务院委托行使全民所有自然资源资产所有权的部门，均是行使公权力的特殊主体，一般不会存在滥诉的情形，诉讼能力也无须质疑，人民法院依法受理即可，不应存在障碍，但生态环境损害赔偿纠纷有其特殊性，受诉法院的积极性一般不高。首先，污染环境、破坏生态行为地和结果发生地可能不同，有时候与被告住所地更无关联，有管

辖权的法院经常不止一家，当事人的选择与受诉法院的态度会存在冲突。其次，案件影响较大，社会舆论关注度高，案件审理压力大；对于损害事实和因果关系的认定、司法鉴定意见的采信等方面比一般侵权案件复杂，专业化水平要求高，审理难度大。最后，如由被告住所地法院管辖，可能受到地方保护主义影响，存在受诉法院不愿受理的情况。因此，本条强调登记立案，就是要避免发生推诿管辖的情况，使符合条件的生态环境损害赔偿案件能够得到及时受理和审理。

【审判实践中应注意的问题】

一、关于生态环境损害赔偿诉讼案件的管辖

《若干规定》明确规定第一审生态环境损害赔偿诉讼案件由中级人民法院管辖，极个别案件可以经批准后裁定交由基层人民法院审理。实践中，有的高级人民法院规定环境资源类案件指定由部分中级人民法院管辖，并非省内所有中级人民法院都可以管辖。例如，江苏省环境资源类案件统一由环境资源法庭审理，法庭设在南京市中级人民法院；甘肃省环境资源类案件统一由兰州环境资源法庭受理。另外，在长江干流发生的污染环境、破坏生态的案件，特别是涉及水污染、岸线土壤污染案件，有些交由武汉海事法院和上海海事法院等专门法院管辖。当然，如果案件标的数额根据级别管辖应由高级人民法院一审的，应当向高级人民法院起诉。因此，有时候受诉法院要对原告予以释明，告知其向有管辖权的法院起诉。实务中还存在关联案件的审理问题，如在个人已经提起民事诉讼、社会组织提起了民事公益诉讼或者检察机关提起了刑事附带民事公益诉讼的情况下，生态环境损害赔偿诉讼案件与以上几类案件的协调处理问题，《若干规定》亦有规定，需要依此审查法院是否具有管辖权，在此不作详细阐述。

二、生态环境损害赔偿诉讼案件所依据的损害事实要达到一定的程度

对于侵害个人人身、财产权益的污染环境事件，由个人提起私益诉讼

即可救济；对于侵害公共利益的轻微污染环境、破坏生态的案件，由公益组织提起环境民事公益诉讼亦可达到维护公共利益的目的。各级人民政府及主管部门应聚焦当地经济社会发展大局，在预防上多下功夫，加强日常对环境资源的监管，只有在发生较大环境事件时积极出面组织协调，才能保证其主要职能的发挥。《国家突发环境事件应急预案》按照事件严重程度，将突发环境事件分为特别重大、重大、较大和一般四级。《若干规定》排除了"一般"情形，即环境事件的严重程度要达到一定的等级。同时，如果环境事件发生在国家和省级主体功能区规划中划定的重点生态功能区、禁止开发区的，即使属于一般等级的突发环境事件，也可以提起生态环境损害赔偿诉讼。因此，人民法院对于环境事件严重程度、发生区域的判断，有助于了解提起生态环境损害赔偿诉讼的必要性。

三、生态环境损害赔偿诉讼的提起设有前置程序

原告需要提交与被告进行磋商但未达成一致或者因客观原因无法与被告进行磋商的说明。实践中，有些生态环境损害事件，政府部门与损害责任人经过磋商达成了和解协议，可以申请人民法院司法确认，无须提起生态环境损害赔偿诉讼。如磋商未果，原告提起生态环境损害赔偿诉讼，目的是向不履行环境修复义务的污染环境、破坏生态行为人主张赔偿，利用赔偿资金完成对受损生态环境的恢复治理，在突发环境事件中还要采取应急处理措施，及时制止侵权违法行为，对司法保护的及时性要求很强。《若干规定》规定，对是否经过了磋商程序，原告要作出说明。人民法院对原告出具的说明应当进行审查。原告需要提交与被告主动进行联系、试图磋商、磋商过程的证据材料，如未能联系到被告、磋商未能达成一致，原告出具情况说明即可。《改革方案》对磋商制度的规定，紧扣中国国情，体现了对行政机关"守土有责、守土尽责"的要求，有利于调动各方的积极性，充分发挥中国特色社会主义制度优势，是对我国生态环境管理模式的创新和丰富，可以弥补强制性行政手段和公益诉讼的不足。人民法院对磋商环节的审查，有利于督促行政机关及时认真组织磋商，促使生态环境得到及时有效的修复。

【法条链接】

《民事诉讼法》

第一百二十二条 起诉必须符合下列条件：

（一）原告是与本案有直接利害关系的公民、法人和其他组织；

（二）有明确的被告；

（三）有具体的诉讼请求和事实、理由；

（四）属于人民法院受理民事诉讼的范围和受诉人民法院管辖。

第一百二十四条 起诉状应当记明下列事项：

（一）原告的姓名、性别、年龄、民族、职业、工作单位、住所、联系方式，法人或者其他组织的名称、住所和法定代表人或者主要负责人的姓名、职务、联系方式；

（二）被告的姓名、性别、工作单位、住所等信息，法人或者其他组织的名称、住所等信息；

（三）诉讼请求和所根据的事实与理由；

（四）证据和证据来源，证人姓名和住所。

第六条 原告主张被告承担生态环境损害赔偿责任的，应当就以下事实承担举证责任：

（一）被告实施了污染环境、破坏生态的行为或者具有其他应当依法承担责任的情形；

（二）生态环境受到损害，以及所需修复费用、损害赔偿等具体数额；

（三）被告污染环境、破坏生态的行为与生态环境损害之间具有关联性。

【条文主旨】

本条是关于生态环境损害赔偿诉讼中原告举证责任的规定。

【条文理解】

一、生态环境损害赔偿诉讼中的举证责任分配

生态环境损害赔偿诉讼系由省级、市地级政府及其指定部门作为原告提起的诉讼,相较于环境侵权诉讼、环境民事公益诉讼,其在原告的举证责任构成上更具特殊性。从环境侵权责任纠纷中被侵权人作为原告的举证责任与环境公益诉讼中法律规定的机关和有关组织作为原告的举证责任对比来看,前者相对而言较为严苛。降低环境民事公益诉讼原告举证负担的原因在于,环境民事公益诉讼事关社会公共利益,社会组织作为公益诉讼原告,难以掌握被告违法行为的材料,且缺乏专业能力及资金来源,对其而言,就不法行为及环境损害的存在承担举证责任所要求的专业性过高。即使由检察机关提起公益诉讼,囿于其不掌握有关环境违法调查处理材料,亦无环境监测的专业能力,在举证能力层面与社会组织同样也处于结构性的相对弱势地位。因此,若令公益诉讼原告承担与私益诉讼中被侵权人一致的举证责任,将会极大地削弱和挫伤公益诉讼原告的诉讼能力和动力,难以维护环境公益。生态环境损害赔偿诉讼虽也具有公益性质,但由于生态环境损害赔偿诉讼的原告与环境民事公益诉讼原告的差别,《若干规定》在原告举证责任上采取了与环境民事公益诉讼不同的规范模式。生态环境损害赔偿诉讼中行政机关作为原告,掌握着行政执法阶段的证据,且具有专业优势,举证能力较强,若采取环境民事公益诉讼中原告举证责任的规范模式,将造成原、被告诉讼能力对比过于悬殊的后果。因此,《若干规定》基于过错责任的归责原则,在本条就生态环境损害赔偿诉讼中原告的举证责任确立了行为、损害、关联性的举证责任规范模式。

(一)举证责任之行为要件

本条第一项规定了原告应就被告实施的污染环境、破坏生态行为进行举证。结合《若干规定》第十一条的规定,此处被告实施的相关行为乃是违反法律法规的行为。此外,本条第一项规定原告还可以就被告具有的其他应依法承担责任的情形予以举证。通常情况下,依据文义解释,"被告

实施了污染环境、破坏生态的行为"一般仅指被告直接实施，难以涵盖被告虽未直接实施行为，但共同造成了生态环境的损害后果且依据法律规定应当承担责任的情形。以江苏省人民政府诉海德化工公司生态环境损害赔偿案①为例，该案中海德化工公司营销部经理杨峰将生产过程中产生的废碱液交于无危险废物处置资质的他人处置，后该废碱液被排入长江水系。在该案中，直接实施倾倒废碱液的行为人并非海德化工公司，但其既未依法妥善处置生产经营中产生的废碱液，又将废碱液交于无危险废物处置资质的他人，由此造成的生态环境损害应由海德化工公司承担相应责任。因此，本条第一项增加规定被告具有其他应当依法承担责任的情形，在表述上更为周延。被告具有的其他应依法承担责任的情形通常情况下可以包括：

一是环境服务中介机构弄虚作假行为。根据《环境保护法》第六十五条的规定，环评机构、环境监测机构等环境服务中介机构在有关环境服务活动中弄虚作假的，应与生态环境损害责任人承担连带责任。生态环境损害赔偿诉讼中，环境服务中介机构存在弄虚作假行为的，亦应依照《环境保护法》的上述规定承担责任。对于该行为的认定，可以参照《环境侵权案件司法解释》第十六条的规定，对存在环评机构故意出具严重失实评价文件、环境监测机构等故意隐瞒委托人超标排放污染物事实、防治污染设备设施运维机构故意不运行或者不正常运行相关设备设施等行为的，可以认定为本条第一项所称的"其他应当依法承担责任的情形"。

二是帮助行为及不作为行为。与环境侵权中存在数人侵权的情形类似，生态环境损害中亦存在数人实施损害生态环境行为的情形，也存在生态环境损害的帮助行为和不作为行为。比如，明知他人行为具有污染环境、破坏生态的后果，仍违反法律法规向他人出租或出借经营场所、提供经营资质、签订虚假合同等，或者违反法律法规，向他人提供、出售、委托处置、委托运输危险废物或其他污染物等。对于生态环境损害赔偿诉讼中存在的数人实施损害生态环境行为，特别是帮助行为和不作为行为，应

① 《生态环境保护典型案例》，载最高人民法院网 2019 年 3 月 2 日，https://www.court.gov.cn/zixun-xiangqing-144992.html。

结合《民法典》侵权责任编关于数人侵权的规定，与造成环境污染和生态破坏的其他责任者承担连带责任。因此，实施上述行为的行为人虽未直接实施污染环境、破坏生态的行为，但实施了帮助行为或无意思联络的共同损害生态环境的行为，也应认定为本条第一项所称的"其他应当依法承担责任的情形"。

（二）举证责任之损害要件

在相关司法解释修订前，本条与《环境侵权案件司法解释》第六条第二项和《环境民事公益诉讼司法解释》第八条第二项的规定相比，不仅要求原告举证生态环境受到的损害，而且要同时举证生态环境修复所需费用及损害赔偿等的具体数额。可以说，对于原告举证责任的损害要件，《若干规定》作出了更为细致和具体的规定。

生态环境损害赔偿诉讼的目的在于救济因环境污染、生态破坏行为而遭受损害的生态环境，在于恢复生态系统功能，而非获得金钱赔偿。因此，《若干规定》第十一条规定了被告应承担的第一顺位生态环境损害责任——修复生态环境责任。过往的审判实践表明，在被告拒不履行生效判决确定的生态环境修复义务时，由于缺乏损害赔偿依据，原告往往需要通过再次提起诉讼的方式请求被告支付修复所需的具体费用。自原告另行提起诉讼、获得胜诉判决至执行款项到位所需的时间较为漫长，因原告缺乏资金支持，或出于谨慎考虑拒绝垫资先行修复时，经常导致生态环境由于无法得到及时修复而进一步恶化。[1] 基于此，《若干规定》第十二条第一款规定了法院在判令被告承担修复生态环境责任的同时应确定相应的生态环境修复费用。换言之，在能够修复生态环境损害的情况下，生态环境损害赔偿诉讼案件的判决需在判决主文部分明确生态环境修复费用。此外，在生态环境损害发生之后，《改革方案》要求赔偿权利人要及时组织开展损害调查、鉴定评估等，并根据调查和鉴定评估的结果，就损害事实、责任承担等问题主动与赔偿义务人进行磋商。只有双方在磋商不成的情况下才

---

[1] 参见最高人民法院环境资源审判庭编著：《最高人民法院关于环境民事公益诉讼司法解释理解与适用》，人民法院出版社 2015 年版，第 297 页。

可向法院提起生态环境损害赔偿诉讼。因此，在磋商阶段原告已经掌握了生态环境修复费用或者生态环境功能永久性损害造成的损害赔偿数额等，其在主张生态环境受到损害的同时明确相应费用和损害的数额具有可行性，亦有利于诉讼的顺利进行。

（三）举证责任之关联性要件

较之于传统民事侵权，环境侵权的因果关系更加复杂。一方面，环境民事侵权打破了传统民事侵权"（行为人）行为—（受害人）结果"的直接关联性，而是介入了水、土壤、空气等环境介质。因为这些环境介质的介入，增加了因果关系判断的疑难复杂性，且环境介质的复合、累积作用还会致使损害的潜伏性和持续性，受害人往往难以即刻察觉。[①] 基于此，《民法典》侵权责任编环境侵权部分延续了《侵权责任法》关于举证责任倒置的规定，将因果关系方面的举证责任分配给了污染者。对于原告因果关系的举证责任，《环境侵权案件司法解释》第六条第三项采取了关联性的标准，亦即原告仅需承担因果关系的初步举证责任。本条第三项亦采取了与《环境侵权案件司法解释》第六条第三项相同的规定，由原告举证证明被告生态环境损害行为与生态环境损害之间所具有的关联性。

相对于《民法典》第一千二百三十条的因果关系举证责任倒置，生态环境监督管理机关作为生态环境损害赔偿诉讼原告，控制行政执法阶段形成的各项证据，且就掌握的环境科学方面等专业知识而言较环境民事公益诉讼中的社会组织和检察机关、环境侵权中的受害人更为丰富。因果关系举证责任倒置的目的在于，通过因果关系举证责任的分配对原、被告严重失衡的举证能力进行再平衡。[②] 因此，生态环境损害赔偿诉讼案件中原、被告的举证能力确无通过因果关系举证责任倒置进行再平衡的必要。但是，生态环境损害赔偿案件事实查明难度较大，作为原告的行政机关在特定情形中亦属举证弱势一方。因此，虽然《若干规定》没有在被告的举证责任中适用《民法典》第一千二百三十条的因果关系举证责任倒置的规

---

① 参见吕忠梅：《论环境侵权的二元性》，载《人民法院报》2014 年 10 月 29 日；吕忠梅：《论环境侵权纠纷的复合性》，载《人民法院报》2014 年 11 月 12 日。

② 参见刘英明：《环境侵权证明责任倒置合理性论证》，载《北方法学》2010 年第 2 期。

定，但是沿用了《环境侵权案件司法解释》第六条第三项关联性举证责任的规定。需要注意的是，这种关联性的证明标准乃是低度盖然性标准，亦即原告提交的关联性证据只需证明因果关系存在的可能性，无须证明因果关系确切存在。

二、关于被告具有其他应当承担责任的情形

与环境侵权责任纠纷中被侵权人应当承担的举证责任相比，本条第一项新增了原告应就被告"具有其他应当依法承担责任的情形"承担举证责任的规定。本条起草伊始并无此规定，在征求意见过程中，有意见提出，"被告实施了污染环境、破坏生态的行为"的表述在解释上难以涵盖被告虽未直接实施污染环境、破坏生态的行为，但与污染环境、破坏生态的行为共同造成生态环境损害的后果，根据法律规定应当承担责任的情形。该意见经讨论后得到采纳，基于"被告实施了污染环境、破坏生态的行为"的表述过于具体，从文义上难以涵盖直接致害人以外依法应对生态环境损害结果承担损害赔偿责任者的其他非法行为，为落实对生态环境公共利益的保护，明确以其他非法行为方式造成环境污染、生态破坏的自然人、法人、其他组织应依法承担生态环境损害赔偿责任后果，本条在"被告实施了污染环境、破坏生态的行为"后增加"或者具有其他应当依法承担责任的情形"的规定。

（一）环境服务中介机构弄虚作假行为

根据《环境保护法》第六十五条的规定，环境影响评价机构、环境监测机构以及从事环境监测设备和防治污染设施维护、运营的机构，在有关环境服务活动中弄虚作假，对造成的环境污染和生态破坏负有责任的，除依照有关法律法规规定予以处罚外，还应当与造成环境污染和生态破坏的其他责任者承担连带责任。生态环境损害赔偿诉讼中，环境服务中介机构存在弄虚作假行为的，亦应依照《环境保护法》的上述规定承担责任。《若干规定》制定过程中，经讨论认为，关于生态环境损害赔偿诉讼中环境服务中介机构弄虚作假行为的认定标准，宜依照《环境侵权案件司法解释》第十六条的规定，将环境服务中介机构的以下行为认定为弄虚作假行

为：环境影响评价机构明知委托人提供的材料虚假而出具严重失实的评价文件的；环境监测机构或者从事环境监测设备维护、运营的机构故意隐瞒委托人超过污染物排放标准或者超过重点污染物排放总量控制指标的事实的；从事防治污染设施维护、运营的机构故意不运行或者不正常运行环境监测设备或者污染防治设施的；有关机构在环境服务活动中其他弄虚作假的情形。环境服务中介机构符合以上情形的弄虚作假行为，可以认定为本条第一项所称的"其他应当依法承担责任的情形"。

（二）帮助行为及不作为行为

与环境侵权中存在数人侵权的情形类似，生态环境损害中亦存在数人实施损害生态环境行为的情形，也存在生态环境损害的帮助行为和不作为行为。对于生态环境损害中的帮助行为和不作为行为，是否应当承担损害赔偿责任，承担赔偿责任的法律依据为何，也是一个值得关注的重点。

由于环境民事公益诉讼缺乏系统性的实体法规范，仍需借助环境保护方面的私法规范予以解决。《环境民事公益诉讼司法解释》明确以《民法典》和《环境保护法》为制定依据，可以看出，环境民事公益诉讼的公益性质并未完全与民法的私法属性相脱节，环境民事公益诉讼仍需借助《民法典》的私法规范。故在 2020 年修正《若干规定》时，将《民法典》纳入其中，明确其作为《若干规定》的制定依据。因此，对于生态环境损害中存在的数人实施损害生态环境行为，特别是帮助行为和不作为行为，需适用《民法典》的相关规定进行处理。《若干规定》制定过程中，有意见提出，结合《侵权责任法》关于数人侵权的规定，应当认为，违反法律法规，明知他人行为具有污染环境、破坏生态的后果，仍实施向他人出租或出借经营场所、提供经营资质、签订虚假合同等帮助行为的公民、法人和其他组织，以及违反法律法规，向他人提供、出售、委托处置、委托运输危险废物或其他污染物的公民、法人和其他组织，应当与造成环境污染和生态破坏的其他责任者承担连带责任。经讨论认为，上述行为人虽未直接实施污染环境、破坏生态的行为，但实施了帮助行为或无意思联络的共同损害生态环境的行为，结合《民法典》第一千二百三十一条关于数人侵权的规定，也应认定为本条第一项所称的"其他应当依法承担责任的情形"。

（三）其他应当依法承担责任的情形

除上述情形外，原告请求未直接实施污染环境、破坏生态行为，但依照法律、法规、司法解释的规定应当与直接致害人承担连带、按份责任的自然人、法人或其他组织承担生态环境损害赔偿责任的，原告应当对该规定中的行为要件以及所规定的其他特别要件承担举证责任。

三、生态环境损害的救济路径及其认定

（一）生态环境损害纳入私法救济体系的合理性

生态环境利益与私权体系难以兼容的根本原因在于，生态环境利益整体上无法接入民事权益体系。无论是通过创设环境权等概念，还是通过物权法上的国家所有权以打通生态环境损害的私法救济路径，均存在一定的不足。前者的不足之处在于权利主体不特定，与私法上的个人权利保护原则冲突，后者的不足体现为难以实现对非属《民法典》物权编规定的其他环境要素的保护。因此，生态环境损害面临着直接纳入私法救济范畴缺乏依据，生态环境利益难以与传统的民事权益体系相协调的困境。但是，这并不意味着私法难以对生态环境利益保护发挥作用。

欧盟通过损害拟制的方法，将侵害生态环境利益纳入私法救济体系。欧盟2004年3月通过的《预防和补救环境损害的环境责任指令》将生态环境损害视为法律上的损害，并限定由主管机关请求造成生态环境损害的行为人采取必要修复措施或由行为人就已采取的修复措施支付补偿费用。《欧洲示范民法典草案》第6-2：209条进一步规定："政府或指定的主管机关因恢复生态损害而遭受的不利负担被视为侵权法上的具有法律相关性的损害。"

损害拟制的方法从生态环境利益的民事权益属性解释的难题中走出，转而将目光投向负有保护环境、治理环境义务的行政机关。我们认为，将政府或主管部门因生态环境损害而遭受的不利负担拟制为私法上的损害符合民法的思维进路。此亦为《若干规定》赋予政府或其部门以原告资格，以及采用环境侵权私益诉讼中被侵权人的举证责任规范模式，要求原告提

供具体所需修复费用或因生态环境功能永久性损害造成的损失的具体数额的内在原因。对此，有意见提出，该种逻辑进路似乎存在将有关行政主管机关公法上的环境治理负担私法化的嫌疑。经过讨论，我们认为，政府或其有关部门因生态环境损害而加重的环境治理负担，固然可以通过公法手段予以缓释，但是通过典型的环境行政处罚手段，如警告、罚款、拘留、没收、停业、关闭、扣留或吊销许可证等，难以弥补已经造成的生态环境损害。而公法上供给的行政机关代履行制度又存在启动条件模糊、履行费用金额易生争议等问题。并且，对于环境治理代履行制度，《环境保护法》缺失一般性规定，仅部分环境单行法简单涉及行政机关代履行，在环境行政处罚实践中运用较为困难。相较于公法手段的局限，私法救济较具优越性。私法对生态环境损害提供的救济与公法上对污染、破坏者修复生态环境的要求无本质区别，且我国民法上提供的民事责任的承担方式相较传统大陆法系国家民法而言亦更为全面，可涵盖生态环境损害的救济以及预防。通过生态环境损害赔偿诉讼要求行为人承担生态环境损害赔偿责任本质而言只是借助具有独特优势的私法手段以实现恢复生态环境健康平衡状态的目的，而非将行政机关因生态环境损害而遭受的不利负担进行转嫁。因为即便根据公法，行政机关因生态环境损害而遭受的不利负担亦应由行为人承担。

（二）生态环境损害的具体认定

环境侵害后果可以区分为环境侵权损害和生态环境损害，需要注意的是，生态环境损害并不必然伴随环境侵权损害发生。由于生态环境损害的认定与环境侵权损害的认定存在区别，对于环境侵害行为未导致生态环境本身发生不利改变，或环境侵害行为未侵害特定民事主体的人身、财产权益的，均会导致两种损害在后果发生上分离。

生态环境损害赔偿落脚于恢复生态系统或其中的部分环境要素的稳定、平衡状态，以服务社会公众。由于生态环境本身具有一定的纳污、自我净化和自我修复能力，故污染环境、破坏生态行为后果在生态环境承受能力范围以内的，由于生态系统或其中的部分环境要素依然可以正常发挥对社会公众的服务功能，故无须人为修复的介入。结合生态环境损害的损害拟制思维进路，此时承担环境保护及治理职责的行政机关并未因此遭受额外负担，故不应认定存在生态环境损害。

因此，对原告而言，欲证明生态环境损害的存在，需就生态系统或其中的部分环境要素对社会公众的服务功能减损，并需要人为干预进行修复，或存在生态环境功能永久性损害，无法修复或无法完全修复进行举证。原告仅举证证明生态系统或其中的部分环境要素发生不利改变，如污染物检测超标等，不足以证明生态环境损害的存在。

生态环境损害认定的核心问题在于，生态系统或其中的部分环境要素发生的何等不利改变需要人为干预进行修复，或何等不利改变足以达到生态环境功能永久性损害的程度。由于法院并非专业环境监测治理机构，故原告举证证明的生态系统或其中的部分环境要素所发生的不利改变即便确实达到需人工干预或功能永久性损害的程度，除根据社会一般理性认定该等不利改变已显示修复紧迫性或功能确定丧失外，对于需就人工修复介入必要性或功能永久性丧失进行专业评估的，法院难以直接根据原告举证证明存在的不利改变认定生态环境损害存在。因此，原告欲证明生态环境损害的存在，除需证明生态系统或其中的部分环境要素发生不利改变外，仍需就人工修复介入必要性或功能永久性丧失进行举证。

（三）具体修复费用或赔偿金额的确定

生态环境本身遭受的损害难以通过经济意义上的价值数额进行估量。对生态环境因环境污染、生态破坏行为而遭受的损害而言，救济的重点在于恢复生态系统的健康、稳定的平稳状态，而非获得金钱赔偿。需要说明的是，本条第二项规定原告需就具体的修复费用数额或因生态环境功能永久性损害产生的损失数额承担举证责任，与恢复生态的原则并不冲突，而是本着对生态环境负责的态度，从现实出发，以期达到生态环境受损程度最小化的目标。考虑到原告作为行政机关，环境治理修复经验丰富，为实现生态环境保护力度最大化、损害最小化的目标，本条第二项要求原告就具体修复费用或具体损失数额承担举证责任。

同时，原告就具体修复费用或具体损失数额承担举证责任的要求也是生态环境损害纳入私法救济逻辑在举证责任方面的延伸。根据将生态环境损害拟制为负有环境保护及治理职责的行政机关因环境污染、生态破坏而遭受的不利负担的逻辑，因生态环境受到污染破坏而承受额外负担的行政机关主张被告承担行政机关需为此支出的具体修复费用或生态环境功能永久性损害具体损失的，当然需将具体的损害赔偿数额列明，否则法院经过审理，即使认为被告应当承担生态环境损害赔偿责任，也会因原告提出的诉讼请求不明确而无法进行判决。

四、关于侵害生态环境行为与生态环境损害之间具有关联性

（一）生态环境损害赔偿责任中因果关系的举证责任分配

根据《民法典》第一千二百三十条、《环境侵权案件司法解释》第七条的规定，环境污染侵权责任适用因果关系举证责任倒置的特殊规则。因果关系举证责任倒置的目的在于，通过因果关系举证责任的分配对原、被告严重失衡的举证能力进行再平衡。《若干规定》制定过程中，有意见提出，不应在生态环境损害赔偿诉讼中实行因果关系举证责任倒置，并引起了较为激烈的争论。赞同者认为，与社会公益组织、检察机关不同，行政机关作为生态环境损害赔偿诉讼原告，控制行政执法阶段形成的各项证据，且就环境方面所掌握的专业知识较普通环境侵权中被侵权人而言更为丰富，若继续贯彻环境侵权责任中因果关系举证责任倒置的规则，可能会导致原、被告举证能力再度失衡，有矫枉过正的嫌疑。反对者认为，举证责任倒置除矫正原、被告举证能力失衡外，在规范目的方面，可以督促社会主体需在行为有可能造成生态环境损害时就合法性、可行性问题进行谨慎评估；并且，环境侵权案件中的因果关系往往难以通过社会一般理性进行判断，事实查明难度较一般案件而言更高，将因果关系的举证责任分配给被告有助于使被告充分举证，避免发生因被告怠于举证导致事实难以查明的后果。

经过讨论，我们认为，生态环境损害赔偿案件中原、被告的举证能力确无通过因果关系举证责任倒置进行再平衡的必要。但是，由于生态环境损害赔偿案件事实查明难度较大，作为原告的行政机关在特定情形中亦属举证弱势一方。因此，考虑到生态环境损害赔偿诉讼主体与一般侵权诉讼

主体不同，在特别方面可对《侵权责任法》的表述进行突破，故在《若干规定》第七条关于被告的举证责任中删去了"行为与生态环境损害之间不存在因果关系"一项，并保留了本条关于原告应就生态环境侵害行为与生态环境损害之间具有关联性承担举证责任的规定。

（二）原告就行为与损害之间存在关联性承担举证责任

审判实践及理论界多数观点认可举证责任的分配以法律要件分类说为基本原则，亦即举证责任系以实体法上的权利发生规范、权利妨碍或消灭规范中规定的要件事实为证明对象。可以明确的是，行为与损害之间的关联性在文义上看不属要件事实范畴，而仅为推定作为要件事实的因果关系成立的前提。上文已述，考虑到生态环境损害赔偿主体与一般侵权诉讼主体不同，可适当对《侵权责任法》的表述进行突破。在此基础上，结合本条关于原告对行为与损害之间具有关联性应承担举证责任的规定及《若干规定》第七条的起草过程，生态环境损害赔偿案件中因果关系的证明更接近于通过间接反证就行为与损害之间的因果关系进行认定。

间接反证是指当事实是否存在尚不明确时，由不负举证责任的当事人承担反证该要件事实不存在的证明责任理论。在生态环境损害赔偿案件中，原告就污染环境、破坏生态的行为与生态环境损害之间存在因果关系的可能性进行初步证明，亦即就条文所述的关联性进行举证，法院即推定因果关系成立，并由被告通过证明其他间接事实的方法反证因果关系不成立。需要注意的是，生态环境损害赔偿案件中并不排斥被告以直接反证的方法阻碍因果关系成立的推定。生态环境损害赔偿诉讼中的直接反证，是指被告就由原告证明的行为与损害存在关联性这一推定因果关系成立之基础提出关联性不存在的反证，以阻碍法院推定因果关系成立。

生态环境损害赔偿案件中原告就行为与损害之间具有关联性提交的证据的证明标准，仍与环境侵权责任保持一致，采取低度盖然性标准，原告仅需证明因果关系存在的可能性即可，不能仅因原告不能排除因果关系不存在而令其根据举证责任规则承担不利后果。

【审判实践中应注意的问题】

本条第一项将生态环境损害赔偿责任中的行为要件表述为"被告实施了污染环境、破坏生态的行为",系以《环境保护法》第六十四条区分污染环境行为和破坏生态行为为依据而进行的规定。关于生态破坏侵权责任在归责原则及因果关系的举证责任分配上是否与《侵权责任法》中关于环境污染责任的规定一致一直存在争议。但《民法典》侵权责任编第七章明确环境污染和生态破坏责任,即环境侵权包括环境污染和生态破坏两种责任。《若干规定》将破坏生态行为与污染环境行为并列,未就因破坏生态行为导致的生态环境损害赔偿责任在成立要件上进行特别规定,亦即在生态环境损害赔偿诉讼中,破坏生态行为与污染环境行为在法律适用上不进行区分。原告就被告破坏生态行为提起生态环境损害赔偿诉讼的,除本条列明的事实外,无须就其他要件承担举证责任。

【法条链接】

《民事诉讼法》

第六十七条第一款 当事人对自己提出的主张,有责任提供证据。

《环境保护法》

第六条第三款 企业事业单位和其他生产经营者应当防止、减少环境污染和生态破坏,对所造成的损害依法承担责任。

第七条 被告反驳原告主张的,应当提供证据加以证明。被告主张具有法律规定的不承担责任或者减轻责任情形的,应当承担举证责任。

【条文主旨】

本条是关于生态环境损害赔偿诉讼中被告举证责任的规定。

【条文理解】

一、起草过程

（一）被告举证责任是否应予规定的不同认识

关于生态环境损害赔偿诉讼案件被告的举证责任是否予以明确规定的问题，在《若干规定》制定过程中一直存在不同的认识。

一是主张不再规定被告的举证责任，《侵权责任法》及相关环境保护法律法规已有相应的规定。例如，《侵权责任法》第六十六条规定："因污染环境发生纠纷，污染者应当就法律规定的不承担责任或者减轻责任的情形及其行为与损害之间不存在因果关系承担举证责任。"《民法典》第一千二百三十条规定："因污染环境、破坏生态发生纠纷，行为人应当就法律规定的不承担责任或者减轻责任的情形及其行为与损害之间不存在因果关系承担举证责任。"《水污染防治法》第九十八条规定："因水污染引起的损害赔偿诉讼，由排污方就法律规定的免责事由及其行为与损害结果之间不存在因果关系承担举证责任。"故为避免重复，在《若干规定》中可不再规定，涉及被告的举证责任可直接适用《民法典》《水污染防治法》等法律法规以及相关司法解释的规定。

二是主张生态环境损害赔偿案件尽管与一般环境侵权诉讼案件有一定的共通性和关联性，环境侵权诉讼中针对被告举证责任的规定依然可以适用，但毕竟二者还是有所区别的，在举证责任上应有所体现。该观点认为，生态环境损害赔偿诉讼案件与一般环境侵权诉讼案件以及环境民事公益诉讼、检察民事公益诉讼案件相比，不仅启动主体不同、适用范围不同，在归责原则上也有差异。《改革方案》中明确规定："违反法律法规，造成生态环境损害的单位或个人，应当承担生态环境损害赔偿责任，做到应赔尽赔。现行民事法律和资源环境保护法律有相关免除或减轻生态环境损害赔偿责任规定的，按相应规定执行。"据此，尽管现行法律规定中关于行为人免除或者减轻责任的规定对生态环境损害赔偿诉讼案件依然适用，但造成生态环境损害的单位或个人承担损害赔偿责任须以行为违法性为前提，这与一般环境侵权诉讼以及环境民事公益诉讼、检察民事公益诉讼案件适用无过错或者严格责任存在较大区别。但这种讨论在《民法典》颁布后逐步被统一，《民法典》第一千二百三十四条规定："违反国家规定造成生态环境损害，生态环境能够修复的，国家规定的机关或者法律规定的组织有权请求侵权人在合理期限内承担修复责任。……"该条规定对包含生态环境损害赔偿责任在内的公益侵权责任统一规定了违法性要件。《环境侵权案件司法解释》第一条第一款、第二款规定："因污染环境、破坏生态造成他人损害，不论侵权人有无过错，侵权人应当承担侵权责任。侵权人以排污符合国家或者地方污染物排放标准为由主张不承担责任的，人民法院不予支持。"两条规定相比，还有较大区别。据此，《若干规定》对于生态环境损害赔偿诉讼案件被告的举证责任还是有规定的必要。

在《若干规定》起草过程中，上述两种认识一直存在，甚至存在反复。《若干规定》起草之初并没有规定被告的举证责任，仅规定了一条被告的免责事由："因突发环境事件引起的环境损害，被告能够证明没有过错并积极采取合理措施避免损失扩大的，可以减轻修复或赔偿责任。"在随后的起草过程中，对被告的免责事由又增加一款："实行排污许可管理的被告提交充分证据证明排污符合排污许可证要求的，可以减轻或者免除赔偿责任。"后为避免与《侵权责任法》相冲突，接受有关方面建议，对被告的免责事由予以删除，增加了被告的举证责任，但随后又予以删除。之后，根据专家论证会的意见，再次增加了被告的举证责任。这主要考虑：生态环境损害赔偿诉讼的原告在举证能力、举证范围方面明显优于一般自然人、法人及社会公益组织，甚至优于同样举证能力较强的检察机关；毕竟作为提起生态环境损害赔偿诉讼的原告，省级、市地级人民政府及其指定的相关部门、机构，或者受国务院委托行使全民所有自然资源资产所有权的部门自身既掌握、控制大量涉及案涉生态环境的数据资料、执法信息、监测数据，也具有相应的检验、检测甚至鉴定的能力，在执法过程中往往也会形成相应的检验报告、检测报告、鉴定意见等证据材料。《若干规定》除在第五条规定了原告提起生态环境赔偿诉讼时需提交一定的证明材料，在第六条又专门就原告的举证责任进行了较为详细的规定。考虑到民事诉讼中原、被告法律地位平等、对等的基本原则，《若干规定》

对被告的举证责任也一并作了规定。

（二）被告举证责任的内容与范围

在确定被告举证责任应予明确规定后，就涉及被告举证责任的内容与范围如何确定的问题，该问题在《若干规定》起草过程中也一直存在较大分歧。经过多次研究讨论，除对于被告对依法免责或者减轻责任的情形负有举证责任的意见比较一致外，对于是否明确规定被告负有证明其行为"不违反法律法规"，以及其行为与损害后果无因果关系的举证责任，争议较大，未达成共识。针对被告行为的违法性要件，《若干规定》起草过程中曾分别试图将其作为原告或者被告的举证责任予以规定，但均存在不同意见。最后经研究讨论，多数意见认为《改革方案》中明确将被告行为的违法性作为确定损害赔偿义务人的前提，应该与"污染环境、破坏生态"的行为联系在一起。故最后将其规定在《若干规定》第十一条中，作为被告承担民事责任的基础条件，而不再规定为原告或者被告的举证责任。针对行为与损害后果无因果关系的问题，鉴于各方对生态环境赔偿诉讼案件中原告本身的职能定位和较强的举证能力存在不同理解，以及对消极事实举证责任分配的法理基础存在较大分歧，本条也未将因果关系不成立的举证责任直接规定为被告的举证责任。

综合以上考虑，本条除明确规定了被告对依法不承担或减轻责任的情形负有举证义务外，对被告的其他举证责任作了原则性规定，即"被告反驳原告主张的，应当提供证据加以证明"。该原则规定不仅针对《若干规定》第六条规定的原告三项举证事项，也是对《若干规定》第五条关于原告起诉需要提供相关证明材料以及原告其他主张的回应。

二、被告的举证责任

（一）举证责任的一般分配规则

举证责任是指诉讼当事人对其提出的主张中需确认的事实具有提出证据证明的义务。需确认的事实即待证事实，一般是指积极事实，而非消极事实，举证责任往往是针对积极事实的证明，但法律基于立法的价值取向、特定群体的利益考量也会在某些特定案件中明确规定一方当事人对消极事实的举证责任，通常称为举证责任倒置。由于举证不能即须承担败诉或者不利的法律后果，故举证责任的配置或者分配对认定当事人的责任承担影响极大，尤其在待证事实不明、双方证据均难以充分证明各自主张等诉讼僵局的情况下，举证责任的分配对于案件的裁判结果往往具有决定性意义。

在民事诉讼中，"谁主张，谁举证"系一般的举证责任分配原则，即《民事诉讼法》第六十七条第一款规定的"当事人对自己提出的主张，有责任提供证据"，以及《民事诉讼法司法解释》第九十条第一款规定的"当事人对自己提出的诉讼请求所依据的事实或者反驳对方诉讼请求所依据的事实，应当提供证据加以证明，但法律另有规定的除外"。但"谁主张，谁举证"的原则并不是绝对的，法律、司法解释有特别规定的，就需要遵循相应的特别规定。如2001年《民事诉讼证据规定》第四条第一款就曾规定了八类案件的特定事实实行举证责任倒置。

当然，在"谁主张，谁举证"为原则、举证责任倒置等法律特别规定的举证规则为例外的诉讼程序设计框架内，无论采取何种举证责任分配规则，举证责任均存在移转的可能和机会，即依法负有举证责任的一方当事人已经完成其证明责任，另一方如不认可，就需要提供反驳证据，此时举证责任就发生了移转。另一方若不能举证反驳或者反驳不足以推翻对方已举证证明的事实，则就要承担败诉或不利的法律后果；若反驳证据足以对抗或推翻对方的待证事实，则举证责任再次回复到最初的负有举证责任一方。就生态环境损害赔偿诉讼而言，原告除需要根据《若干规定》第五条的起诉要求提交特定事项的证明材料外，对《若干规定》第六条规定的事项尚负有举证证明责任。原告完成前述证明责任后，被告如不认可原告的诉求和主张，就需要反驳证明，此时举证责任就转移到被告，若被告举证不能，依法就要承担相应的法律责任。

（二）被告反驳原告主张的举证责任

生态环境损害赔偿诉讼案件作为一类新型环境诉讼，尽管与环境侵权诉讼案件或者其他环境损害赔偿案件在启动主体、适用规则等方面存在一定差异，但从总体上依然属于环境侵权诉讼范畴，除法律、司法解释对生态环境损害赔偿诉讼案件有特别规定的除外，依然要适用环境侵权诉讼的相关规则，包括举证责任倒置的相关规定。尽管《若干规定》没有将被告行为与损害后果之间无因果关系，以及其行为的适法性明确规定为被告的举证责任，但被告在反驳原告的主张时亦必须要面对并作出积极回应，否则就要面临败诉或不利的法律后果。生态环境损害赔偿诉讼案件中被告反驳证明的对象与范围主要依据原告的主张及其拟举证证明的事项而确定，原告的主张及待证事实主要体现在《若干规定》第五条、第六条以及相关的第一条规定中。据此，被告反驳证明的对象与范围大致包括以下内容。

1. 反驳证明原告不符合提起生态环境损害赔偿诉讼主体资格

《若干规定》第五条第一项规定了原告起诉时需提交证明其具备提起生态环境损害赔偿诉讼主体资格的材料，没有该项材料，人民法院不会登记立案。被告若不认可原告提供的证明材料，可提供相反证据证明原告主体资格不适格。

2. 反驳证明原告提起的生态环境损害赔偿诉讼不符合《若干规定》第一条规定的三种情形

（1）没有环境事件发生，或者发生的环境事件较小，并非较大、重大、特别重大性质；（2）没有发生环境污染、生态破坏事件，或者环境污染、生态破坏事件未发生在国家和省级主体功能区规划中划定的重点生态功能区、禁止开发区域内；（3）没有发生其他严重影响生态环境后果。

3. 反驳证明原告并未与被告磋商，且并非因客观原因所致

诉前磋商作为生态环境损害赔偿诉讼的前置程序，是原告必须履行的法定义务，体现了生态环境损害赔偿诉讼是原告作为负有生态环境监督管理职责的行政机关或授权机构需在穷尽行政执法手段无效后才能采取的司法救济措施，更体现了司法的谦抑性和司法是环境正义最后保障的功能定位。若被告反驳证明原告在提起诉讼前并未与被告进行磋商，或者借口客观原因回避与被告进行磋商，人民法院应严格审查，并作出原告是否符合起诉条件的认定。

4. 反驳证明被告没有实施污染环境、破坏生态的行为，亦不具有其他应当依法承担责任的情形

即便原告提起的生态环境损害赔偿诉讼符合《若干规定》第一条规定

的三种情形，但被告亦可反驳证明案涉污染环境、破坏生态的行为并非其实施，而是另有他人甚至是自然灾害等引发，或者还有其他实施人或者自然因素介入导致的，以抗辩原告起诉要求其承担赔偿责任的主张。至于原告主张被告具有其他应当承担责任的情形，主要是针对被告尽管并非直接污染环境、破坏生态的实施者，但对于生态环境的损害负有过错，依法亦应承担相应的责任。例如，《环境保护法》第六十五条规定的环境影响评价机构、环境监测机构以及从事环境监测设备和防治设施维护、运营的机构，在提供环境服务活动中弄虚作假，对造成的生态环境损害负有责任，就需要与环境污染、生态破坏的其他责任者承担连带责任。这些机构被原告起诉后，若不认可原告的主张及依据的证据，就要举证反驳其并没有弄虚作假，而是严格依法依规提供环境服务。

5. 反驳证明生态环境并没有受到损害，或者虽有损害，但所需修复费用、损害赔偿数额比原告主张的要少

尽管生态环境受到损害以及具体修复费用、损害赔偿数额均是原告的举证责任范围，但被告针对原告的该项主张，亦可举证反驳生态环境并未受到损害，或者虽造成一定的损害，但修复费用以及损害赔偿的具体数额并没有原告主张的那么大。

6. 反驳证明被告行为与生态环境损害之间不具有关联性及因果关系

在生态环境损害赔偿诉讼中，被告行为与生态环境损害之间具有关联性是原告的举证证明责任，但关联性并非因果关系，原告更多是从形式上证明被告行为与生态环境损害之间存在关联。原告作为对生态环境负有监督管理职责的行政机关或授权机构，尽管与提起环境污染侵权诉讼的受害者，提起环境公益诉讼的社会环保组织、检察机关相比，举证能力更强，但并不意味着原告就负有证明因果关系成立的举证责任。被告作为环境污染、生态破坏的实施者，依据《民法典》及相关环境保护专门法律法规依然负有证明其行为与损害后果没有因果关系的责任和义务，只不过基于生态环境损害赔偿诉讼的特殊性，被告的该项举证责任系以反驳证明的形式出现而已。即在原告初步证明被告的行为与损害之间存在关联的情况下，被告就要反驳证明其行为与损害之间没有关联亦没有因果关系，或者虽有一定关联但并无因果关系，否则就要依法承担相应的法律责任。《环境侵

权案件司法解释》第七条关于侵权人举证证明其行为与损害之间不存在因果关系的规定，依然适用于生态环境损害赔偿诉讼，即被告若能证明以下情形的，人民法院应认定行为与损害之间不具有因果关系：（1）排放污染物、破坏生态的行为没有造成该损害可能的；（2）排放的可造成该损害的污染物未到达该损害发生地的；（3）该损害于排放污染物、破坏生态行为实施之前已发生的；（4）其他可以认定污染环境、破坏生态行为与损害之间不存在因果关系的情形。

7. 其他可反驳证明的事项

除前述事项外，被告针对原告的其他主张，包含程序上的主张，亦可举证反驳。

（三）被告免责或者减责的举证责任

本条规定了被告主张具有法律规定的不承担责任或者减轻责任情形的，应当承担举证责任。此规定是对《民法典》《水污染防治法》的相关规定，以及《改革方案》中关于"现行民事法律和资源环境保护法律有相关免除或减轻生态环境损害赔偿责任规定的，按相应规定执行"等内容的具体落实。从较为宽泛的角度分析，法定免责或减责事由既包括《民法典》《水污染防治法》等明确规定的不可抗力等免责或者减责情形，也应包括法律规定的第三人原因致损、存在共同侵权人等在客观上会产生免责或减责效果的相关情形。据此，结合生态环境损害赔偿诉讼自身的特点，法律规定的免责或者减责事由大致可体现为以下几类，被告可在诉讼中举证证明。

1. 不可抗力

《侵权责任法》第二十九条规定："因不可抗力造成他人损害的，不承担责任。法律另有规定的，依照其规定。"《民法典》第一百八十条规定："因不可抗力不能履行民事义务的，不承担民事责任。法律另有规定的，依照其规定。不可抗力是指不能预见、不能避免且不能克服的客观情况。"《水污染防治法》第九十六条第二款亦规定："由于不可抗力造成水污染损害的，排污方不承担赔偿责任；法律另有规定的除外。"据此，被告在被诉生态环境损害赔偿后，若能举证证明案涉环境污染、生态破坏的发生系不可抗力造成的，是其不能预见、不能避免且不能克服的，除法律另有规定外，被告即不应承担责任。至于因此对生态环境造成的损害，需要借助国家和社会的力量予以弥补，亦可通过相关保险制度的建立与完善予以解决。

2. 紧急避险

《民法典》第一百八十二条规定："因紧急避险造成损害的，由引起险情发生的人承担民事责任。危险由自然原因引起的，紧急避险人不承担民事责任，可以给予适当补偿。紧急避险采取措施不当或者超过必要的限度，造成不应有的损害的，紧急避险人应当承担适当的民事责任。"在生态环境损害赔偿诉讼中，若被告能够证明案涉环境污染、生态破坏的损害后果系其采取紧急避险措施而造成的，即存在不承担或者仅承担适当责任的机会和可能。

3. 第三人过错

《民法典》第一千一百七十五条规定："损害是因第三人造成的，第三人应当承担侵权责任。"第一千二百三十三条规定："因第三人的过错污染环境、破坏生态的，被侵权人可以向侵权人请求赔偿，也可以向第三人请求赔偿。侵权人赔偿后，有权向第三人追偿。"《水污染防治法》第九十六条第四款规定："水污染损害是第三人造成的，排污方承担赔偿责任后，有权向第三人追偿。"在生态环境损害赔偿诉讼中，被告基于其污染环境、破坏生态的行为依法承担赔偿责任，但其若有证据证明损害是第三人造成的，在原告没有同时起诉第三人的情况下，可申请追加第三人参加诉讼并请求第三人承担赔偿责任，尽管被告依然要承担赔偿责任，且不能以第三人过错造成环境污染、生态破坏为由主张免责或者减轻责任，但可以在承担赔偿责任后向第三人追偿，在一定意义上也会起到减轻甚至免除被告责任的实际效果。若被告未能在该生态环境损害赔偿诉讼中申请追加有过错的第三人参加诉讼，亦可另案主张追偿。

4. 共同侵权人的存在

根据《民法典》第一千二百三十一条规定："两个以上侵权人污染环境、破坏生态的，承担责任的大小，根据污染物的种类、浓度、排放量，破坏生态的方式、范围、程度，以及行为对损害后果所起的作用等因素确定。"《环境侵权案件司法解释》第四条也规定："两个以上侵权人污染环境、破坏生态，对侵权人承担责任的大小，人民法院应当根据污染物的种类、浓度、排放量、危害性，有无排污许可证、是否超过污染物排放标准、是否超过重点污染物排放总量控制指标，破坏生态的方式、范围、程度，以及行为对损害后果所起的作用等因素确定。"由此，生态环境损害赔偿诉讼中的被告，若有证据证明案涉环境污染、生态破坏还有其他实施者，甚至其他实施者的作用更大，则在客观或者最终效果上，被告的赔偿责任也可能会得以部分减免。

5. 其他应免责或减责的法定事由

除前述免责或者减责事由外，被告也可以举证证明其行为符合法律（亦包含未来制定的法律）明确规定的减免责任或者客观上会产生减免责任效果的其他情形。但生态环境损害赔偿诉讼中，原告的过错是否亦可以作为被告免责或者减责的事由，需要再研究斟酌，该问题作为审判实践中应注意的一个问题予以阐释。

【审判实践中应注意的问题】

一、如何理解被告行为违法性要件的证明责任

首先，原告对于被告行为的违法性负有证明责任。尽管《若干规定》没有将其作为一项待证事项列入原告举证责任的范围，但根据《改革方案》的规定内容，被告违反法律法规是被告承担生态环境损害赔偿责任的基础或者前提条件，若原告不能证明被告的行为违反了法律法规，就难以判定被告在生态环境损害赔偿诉讼中的责任承担。由此，原告提起生态环境损害赔偿诉讼，就负有当然的证明被告行为违法性的责任，这也是原告提起生态环境损害赔偿诉讼所附带的诉讼义务。而且，作为负责生态环境监督管理的行政机关或授权机构，原告在启动环境司法救济前往往已经对被告进行了行政调查甚至行政处罚，对于被监督主体（被告）的行为是否违法违规应有清晰的认知以及相应的依据，由原告证明被告行为的违法性并不会额外增加其负担。

其次，被告负有反驳证明其行为适法性的责任。原告在初步证明被告

的行为违法违规后，被告若不认可原告的主张，即须举证反驳，以证明其行为合法合规，没有违反法律法规，否则就可能要承担生态环境损害赔偿的责任。当然，若经审查，被告关于其行为并没有违反法律法规的反驳主张及依据成立，则原告的诉求也存在难以被支持的潜在风险。

最后，被告基于责任减免也应对其行为的适法性主动予以证明。被告除被动反驳原告关于其行为违法违规的主张外，若认为其不应承担责任或者应减轻责任，也应主动证明自己的行为没有违反国家规定或者符合国家规定。因为《若干规定》第十一条明确规定："被告违反国家规定造成生态环境损害的，人民法院应当根据原告的诉讼请求以及具体案情，合理判决被告承担修复生态环境、赔偿损失、停止侵害、排除妨碍、消除危险、赔礼道歉等民事责任。"若被告能够证明其行为符合国家法律法规及国家标准等，不具有违法性，即便客观上确实造成了生态环境的损害后果，但作为对生态环境负有监督管理职责的省市政府及其工作部门或授权机构亦不能请求其承担损害赔偿之责，人民法院亦不能根据《若干规定》第十一条的规定判决被告承担赔偿责任。当然，若出现此种情形，环境保护监督管理部门就需要反思相关环境保护法律法规及相应的监管措施是否需要修改、完善，并采取进一步的措施予以补救，以破解被告合法合规的行为却造成生态环境损害的尴尬局面。

综上，人民法院在审理生态环境损害赔偿案件中，针对被告行为是否违法违规，除依职权可以主动审查外，应赋予原告相应的证明责任，被告亦有义务反驳原告的主张及依据；人民法院基于双方的主张及依据，依法审查认定被告行为的违法性。

二、生态环境损害赔偿诉讼中原告的过错能否减免被告的赔偿责任

基于侵权法的基本原理，若侵害行为系被侵害一方的故意或者过失造成的，则侵权一方可免除或者减轻赔偿责任。相关法律对此也有明确的规定，如《水污染防治法》第九十六条第三款规定："水污染损害是由受害人故意造成的，排污方不承担责任。水污染损害是由受害人重大过失造成的，可以减轻排污方的赔偿责任。"《民法典》第一千一百七十三条、第一千一百七十四条分别规定："被侵权人对同一损害的发生或者扩大有过错

的，可以减轻侵权人的责任。""损害是因受害人故意造成的，行为人不承担责任。"也就是说，在受害人或其权利承继人提起的环境侵权诉讼中，若被告能够证明环境污染、生态破坏的损害系受害人的过错造成的，则依法可减轻或者免除对原告的赔偿责任。至于符合法定条件的社会组织提起的环境民事公益诉讼、检察机关提起的检察民事公益诉讼，均是代表社会公共利益针对被告损害生态环境的行为依法提起的公益诉讼，社会公益组织、检察机关既非污染环境、破坏生态致损的受害人或者权利承继者，也非对生态环境负有监督管理职责的行政机关或授权机构，对损害的发生不存在是否有过错的问题，故在此两类诉讼中，不存在被告以原告有过错为由主张免责或者减责的问题。

针对生态环境损害赔偿诉讼，根据《环境保护法》等相关法律法规，具有原告资格的省级、市地级人民政府及其指定的相关部门、机构，以及受国务院委托行使全民所有自然资源资产所有权的部门，均对所在行政区域或者国有自然资源资产管理体制试点区内的生态环境负有监督管理职责，有责任也有义务防治所负责区域内环境污染、生态破坏等环境事件的发生，在环境事件发生后也有责任和义务采取积极措施控制、减轻造成的损害。若被告有证据证明原告及其工作人员在履职过程中并未尽职尽责，甚至出现严重失职、渎职的情况，对于环境污染、生态破坏的发生以及损害后果的扩大具有过错，甚至重大过错，是否可援引前述法律规定主张减免其赔偿责任？对此，我们倾向于认为，在生态环境损害赔偿诉讼中，被告不能以原告有过错为由主张免责或者减责。具体理由有两点。

（1）原告针对损害生态环境的行为人提起赔偿诉讼，并非生态环境损害的直接被害人，生态环境损害赔偿诉讼中原告的过错与环境侵权诉讼中被害人（原告）的过错并非同一性质。《民法典》第一千一百七十三条、第一千一百七十四条规定以及《水污染防治法》第九十六条第三款等关于被告可以减免责任的规定，是针对被害人的故意或者重大过失造成生态环境损害，并因此遭受人身、财产损害，被害人或其权利承继人据此提起环境侵权赔偿诉讼的情况。而生态环境损害赔偿诉讼，显然与前述法律规定的由受害人或其权利承继人提起的环境私益诉讼不同，有资格提起生态环境损害赔偿诉讼的原告，是代表社会公众向环境污染、破坏生态的实施人请求损害赔偿，并非生态环境损害的直接受害人，原告的过错直接针对的是其未依法履职尽责进而对生态环境损害负有责任的情况。故前述关于被害人过错可减免被告赔偿责任的法律规定并非当然适用于生态环境损害赔偿诉讼，也不属于《改革方案》中所述"现行民事法律和资源环境保护法律有相关免除或减轻生态环境损害赔偿责任规定的，按相应规定执行"的范畴。

（2）原告提起生态环境损害赔偿诉讼，与作为行政机关或授权机构对生态环境行使监督管理职责的角色定位并不相同。在生态环境损害赔偿诉讼中，所谓原告的过错系指原告及其工作人员未依法行使生态环境监督管理职权，失职渎职，对生态环境损害的发生、扩大负有责任。但是，法律法规对原告及其工作人员未履职尽责、失职渎职等情形均规定了相应的罚则，原告因此会承担相应的行政以至刑事责任，而这并不影响原告作为国有自然资源资产所有权人及生态环境利益维护者的代表，以生态环境损害赔偿权利人的身份提起生态环境损害赔偿诉讼，要求被告承担（民事）赔偿责任。二者系不同的法律关系，原告在行政监管过程中未依法履职的过错，并不能作为被告在生态环境损害赔偿诉讼中请求减免（民事）赔偿责任的理由。

综上，生态环境损害赔偿诉讼中，原告并非生态环境损害的受害人，其提起诉讼是要追究被告污染环境、破坏生态的损害赔偿责任，是为了生态环境的修复、恢复，原告在履职中的过错与前述法律规定的被害人的过错性质完全不同，故前述法律关于被害人过错可减免被告责任的规定并不适用于生态环境损害赔偿诉讼案件。人民法院对于被告以原告过错为由主张减免其赔偿责任的请求，应不予支持。

【法条链接】

《民法典》

第一千一百七十三条　被侵权人对同一损害的发生或者扩大有过错的，可以减轻侵权人的责任。

第一千一百七十四条　损害是因受害人故意造成的，行为人不承担责任。

第一千二百三十条　因污染环境、破坏生态发生纠纷，行为人应当就法律规定的不承担责任或者减轻责任的情形及其行为与损害之间不存在因果关系承担举证责任。

《环境保护法》

第六十四条 因污染环境和破坏生态造成损害的，应当依照《中华人民共和国侵权责任法》的有关规定承担侵权责任。

《大气污染防治法》

第一百二十五条 排放大气污染物造成损害的，应当依法承担侵权责任。

《水污染防治法》

第九十六条 因水污染受到损害的当事人，有权要求排污方排除危害和赔偿损失。

由于不可抗力造成水污染损害的，排污方不承担赔偿责任；法律另有规定的除外。

水污染损害是由受害人故意造成的，排污方不承担赔偿责任。水污染损害是由受害人重大过失造成的，可以减轻排污方的赔偿责任。

水污染损害是由第三人造成的，排污方承担赔偿责任后，有权向第三人追偿

第九十八条 因水污染引起的损害赔偿诉讼，由排污方就法律规定的免责事由及其行为与损害结果之间不存在因果关系承担举证责任。

《放射性污染防治法》

第五十九条 因放射性污染造成他人损害的，应当依法承担民事责任。

《民事诉讼法》

第六十七条 当事人对自己提出的主张，有责任提供证据。

当事人及其诉讼代理人因客观原因不能自行收集的证据，或者人民法院认为审理案件需要的证据，人民法院应当调查收集。

人民法院应当按照法定程序，全面地、客观地审查核实证据。

《环境侵权案件司法解释》

第七条 侵权人举证证明下列情形之一的，人民法院应当认定其污染环境、破坏生态行为与损害之间不存在因果关系：

（一）排放污染物、破坏生态的行为没有造成该损害可能的；

（二）排放的可造成该损害的污染物未到达该损害发生地的；

（三）该损害于排放污染物、破坏生态行为实施之前已发生的；

（四）其他可以认定污染环境、破坏生态行为与损害之间不存在因果关系的情形。

《民事诉讼法司法解释》

第九十条　当事人对自己提出的诉讼请求所依据的事实或者反驳对方诉讼请求所依据的事实，应当提供证据加以证明，但法律另有规定的除外。

在作出判决前，当事人未能提供证据或者证据不足以证明其事实主张的，由负有举证明责任的当事人承担不利的后果。

《改革方案》

四、工作内容

（二）确定赔偿义务人。违反法律法规，造成生态环境损害的单位或个人，应当承担生态环境损害赔偿责任，做到应赔尽赔。现行民事法律和资源环境保护法律有相关免除或减轻生态环境损害赔偿责任规定的，按相应规定执行。各地区可根据需要扩大生态环境损害赔偿义务人范围，提出相关立法建议。

（三）明确赔偿权利人。国务院授权省级、市地级政府（包括直辖市所辖的区县级政府，下同）作为本行政区域内生态环境损害赔偿权利人。省域内跨市地的生态环境损害，由省级政府管辖；其他工作范围划分由省级政府根据本地区实际情况确定。省级、市地级政府可指定相关部门或机构负责生态环境损害赔偿具体工作。省级、市地级政府及其指定的部门或机构均有权提起诉讼。跨省域的生态环境损害，由生态环境损害地的相关省级政府协商开展生态环境损害赔偿工作。

在健全国家自然资源资产管理体制试点区，受委托的省级政府可指定统一行使全民所有自然资源资产所有者职责的部门负责生态环境损害赔偿具体工作；国务院直接行使全民所有自然资源资产所有权的，由受委托代行该所有权的部门作为赔偿权利人开展生态环境损害赔偿工作。

第八条 已为发生法律效力的刑事裁判所确认的事实，当事人在生态环境损害赔偿诉讼案件中无须举证证明，但有相反证据足以推翻的除外。

对刑事裁判未予确认的事实，当事人提供的证据达到民事诉讼证明标准的，人民法院应当予以认定。

【条文主旨】

本条是关于生效刑事裁判确认的事实在关联生态环境损害赔偿诉讼中如何认定的规定。

【条文理解】

一、生效刑事裁判确认的事实对于生态环境损害赔偿案件审理的影响

本条第一款明确了已为生效刑事裁判所确认的事实，在生态环境损害赔偿诉讼案件中属于免证事实，无须举证证明。关于民事诉讼中自认之外免证事实的规定，最早体现在《最高人民法院关于适用〈中华人民共和国民事诉讼法〉若干问题的意见》（已废止）第75条中，2001年《民事诉讼证据规定》（已修改）第九条对该条内容进行了整理，将免证事实进行补充后进行单独规定。2015年施行的《民事诉讼法司法解释》第九十三条延续了2001年《民事诉讼证据规定》的内容，并在表述上进行了进一步调整。2019年修正的《民事诉讼证据规定》进一步梳理了免证事实的范围和规则，将"已为人民法院发生法律效力的裁判所确认的事实"限缩为"基本事实"。

免证事实，是指在诉讼中当事人虽然就某一事实提出主张，但免除其提供证据的责任的情形。在《民事诉讼法司法解释》第九十三条第一款规定的免证事实中，第五项为已为人民法院发生法律效力的裁判所确认的事实。从《最高人民法院关于适用〈中华人民共和国民事诉讼法〉若干问题的意见》（已废止）到2001年《民事诉讼证据规定》到2015年《民事诉讼法司法解释》再到 2019 年《民事诉讼证据规定》，经过系列司法解释的规定，已为人民法院生效裁判文书所确认的基本事实，免除当事人举证证明这一免证规则，已经成为我国民事诉讼中一项重要的证据规则。但关于这一制度的理论基础，则始终存在着不同观点。第一种观点认为，已为发生法律效力的裁判所确认的事实是已决事实，对于后诉案件具有预决效力。已确认事实的预决效力，是指已确认事实对涉及该事实的后诉法院、当事人的拘束力，即在涉及已确认事实的后诉中，对于已确认事实，当事人是否需要举证证明、法院能否直接认定以及是否须作一致认定的问题，这是我国《民事诉讼法》确定的一项具有独特内涵的制度。① 已决事实产生预决效力的原因在于：已决事实在前诉中已经过正当程序获得证明，其真实性已为人民法院查明，在后诉中对该事实无再证明的必要；在前诉中，已决事实已经过当事人的证明，该当事人在后诉中无正当理由不得提出与该已决事实相矛盾的事实，这是当事人遵循诚信原则的体现；承认已决事实的预决效力，可以避免人民法院就同一事实在不同诉讼中作出的相互矛盾的认定，也有利于节约诉讼成本，提高诉讼实效。② 与预决效力相通的是大陆法系的争点效力（即争点效）和英美法系的争点排除效力。③《环境民事公益诉讼司法解释》第三十条第一款关于"已为环境民事公益诉讼生效裁判认定的事实，因同一污染环境、破坏生态行为依据民事诉讼法第一百一十九条规定提起诉讼的原告、被告均无需举证证明，但原告对该事实有异议并有相反证据足以推翻的除外"的规定，即明确了环境民事公益诉讼生效裁判认定的事实对于私益诉讼的原、被告均具有免于举证的效力或者预决效力。司法实践中，人民法院刑事、民事、行政三类生效裁判所确认的基本事实对后行民事案件事实认定的不同影响，需要具体分析。在具体判断预决事实对后行诉讼的预决效力时应当综合考量诉讼公正效率、维护判决统一性与三大诉讼的异同等因素，合理权衡它们之间的冲

---

① 参见江伟、常廷彬：《论已确认事实的预决力》，载《中国法学》2008 年第 3 期。
② 参见江伟、邵明主编：《民事证据法学》，中国人民大学出版社 2015 年版，第 120~121 页。
③ 参见江伟、邵明主编：《民事证据法学》，中国人民大学出版社 2015 年版，第 121 页。

突，以确定合理的处理方法。① 第二种观点认为，生效裁判确认的事实属于司法认知的范围，② 生效裁判具有确认效力，对于生效裁判认定的事实，除非出现新的证据或者理由，人民法院应当采取司法认知，予以直接确认。对这种事实采取司法认知，可以保持本案裁判与他案裁判的协调性，避免出现相互冲突的情形。③ 第三种观点则是从公文书证的证明力角度进行阐释，认为国家机关在法定的权限范围内制作文书，以此文书作为证明案件有关情况的书证即为公文书证，公文书证通常情况下产生一定的法律后果。根据《民事诉讼法司法解释》的规定，免证事实应分为两类，对于推定的事实和众所周知的事实，当事人提供的证据能够动摇免证事实对法官的心证基础的，不能发生免除当事人举证责任的效力；而对于已为人民法院发生法律效力的裁判所确认的事实、已为仲裁机构的生效裁决所确认的事实、已为有效公证文书所证明的事实，由于人民法院的裁判文书和仲裁机构的裁决书、公证文书均具有公文书证的性质，按照公文书证的规则，否定公文书证确认的事实需要证据的证明力达到推翻该事实的程度，即需要达到证明相反事实成立的程度。④ 除上述观点外，还有学者从既判力角度对上述规定进行阐释。

不可否认的是，已经生效的刑事裁判认定的事实在民事案件中的应用不论是对法官还是对当事人来说，都具有非常重要的意义。对于当事人而言，前诉生效裁判认定事实的适用避免了再次重复举证质证的过程，减轻了当事人的举证负担。而对于法官而言，法院通过刑事诉讼程序审理判断过的事实，其正当性已经得到证明。对生效刑事判决已经确认的事实无须再次进行证明，可以提升司法效率。对于个案而言，既节省司法资源，又保障诉讼效率，促进解决个案纠纷。就社会效果而言，避免对同样的事实给予不同的评价和判断，给予同一事实同一决断，可以保证司法裁判的统

① 参见最高人民法院民事审判第一庭编著：《最高人民法院新民事诉讼证据规定理解与适用》（上），人民法院出版社 2020 年版，第 157 页。

② 参见易延友：《证据法学：原则 规则 案例》，法律出版社 2017 年版，第 557 页。

③ 参见樊崇义主编：《证据法学》，法律出版社 2017 年版，第 344 页。

④ 参见最高人民法院修改后民事诉讼法贯彻实施工作领导小组编著：《最高人民法院民事诉讼法司法解释理解与适用》，人民法院出版社 2015 年版，第 320~321 页。

一性和协调性，对于维护司法公信具有重要意义。

在起草过程中，曾有意见提出，《若干规定》既然依据《民事诉讼法》制定，在《若干规定》第二十二条中也指出，《若干规定》没有规定的，适用相关司法解释的规定，则生态环境损害赔偿诉讼案件审理过程中应当然适用《民事诉讼法》《民事诉讼法司法解释》和有关民事诉讼证据规则司法解释的规定。既然《民事诉讼法司法解释》第九十三条第一款第五项已经规定了已为人民法院发生法律效力的裁判所确认的事实无须举证证明，已经生效的在先刑事裁判所确认的事实当然属于《民事诉讼法司法解释》上述规定内容，在生态环境损害赔偿诉讼案件中应予当然适用，而无须在《若干规定》中进行特别规定。这种观点有一定的道理。但在起草过程中，我们对生态环境损害赔偿诉讼案件的特殊性给予了特别关注。《改革方案》对于生态环境损害和依法追究生态环境损害赔偿责任的情形进行了界定。《若干规定》第一条亦规定了可以提起生态环境损害赔偿诉讼的具体情形，包括发生较大、重大、特别重大突发环境事件的，在国家和省级主体功能区规划中划定的重点生态功能区、禁止开发区发生环境污染、生态破坏事件的，以及发生其他严重影响生态环境后果的情形。在生态损害赔偿诉讼案件中，同一污染环境、破坏生态行为往往同时侵害多重利益，既违反国家环境保护法律法规甚至构成破坏环境资源保护犯罪，又侵害社会公共利益和众多公民、法人和其他组织的合法权益。因此，生态环境损害赔偿诉讼案件中的被告既可能面临原告提起的生态环境损害赔偿诉讼，还可能面临环境民事公益诉讼，同时又被环境资源主管部门处以行政处罚，亦有可能构成犯罪被追究刑事责任。例如，在江苏德司达公司偷排废酸一案中，2016年江苏省高邮市人民法院判决被告单位德司达公司犯污染环境罪，判处罚金2000万元，被告人王某等被追究刑事责任。江苏省扬州市中级人民法院二审维持了一审判决。其后，江苏省环保联合会对德司达公司提起环境民事公益诉讼，江苏省人民政府依据《试点方案》等规定，作为共同原告参加环境民事公益诉讼。再如，在重庆藏金阁公司偷排废水一案中，承接藏金阁公司废水处理项目的首旭公司，利用调节池渗漏非经完全处理的电镀废水。重庆市渝北区人民法院认定首旭公司及其法定代表人、相关责任人员犯污染环境罪，对被告单位首旭公司判处罚金8万元,对被告人程某等判处有期徒刑并处罚金。在首旭公司承担刑事责任后,重庆市人民政府、重庆两江志愿服务发展中心以藏金阁公司、首旭公司为共同被告,分别提起生态环境损害赔偿诉讼和环境民事公益诉讼,要求二被告依法承担生态环境修复等费用,并向社会公开赔礼道歉。

在侵权人因同一污染环境、破坏生态事实,同时被追究刑事责任和被提起生态环境损害赔偿诉讼要求承担损害生态环境赔偿责任的情况下,牵涉刑事案件和生态环境损害赔偿诉讼案件的是同一基础事实。在后诉生态环境损害赔偿诉讼案件中,基础事实在前诉刑事案件中已按照刑事诉讼规则进行审理,并被生效刑事裁判确认,是具有正当性的。《若干规定》起草过程中,多地法院也反映明确生态环境损害赔偿诉讼案件与关联刑事案件的关系是正确审理生态环境损害赔偿诉讼案件的重要前提,关联刑事案件尤其是已经生效的刑事判决所确认的被告人污染环境、破坏生态事实,对于关联生态环境损害赔偿诉讼案件审理过程中确认基本事实、节省司法资源、避免裁判矛盾具有重要意义,希望能够在司法解释中对这个问题加以明确。故《若干规定》重申了刑事裁判确认的事实在生态环境损害赔偿诉讼案件中当事人无须举证证明的立场。

在《若干规定》的起草过程中亦有意见认为,应当区分刑事裁判中的有罪事实和无罪事实,分别规定在生态环境损害赔偿诉讼的认定规则中。对于此种意见,考虑到以下因素,在本条中未作区分:(1)依据《民事诉讼法司法解释》规定,生效裁判所确认的事实具有免证效力,并未区分有罪事实还是无罪事实。(2)刑事案件与民事案件证明标准不同,如果因为证据不足、案件事实不清,即未达到刑事案件的证明标准而作出无罪判决,但可能符合民事诉讼证明标准,在后行民事诉讼中则应当依据民事诉讼证明标准和实体要件事实作出判决。本条的目的是明确民事法官在生效刑事裁判认定基本事实基础上,可以依照民事诉讼证明标准认定相关事实。(3)《若干规定》主要解决生态环境损害赔偿诉讼案件的受理和审理问题。在先生效刑事裁判的预决效力性质上属于民事诉讼证据规则问题,可在2019年《民事诉讼证据规定》的基础上,根据生态环境损害赔偿诉讼的司法实践发展,留待进一步完善。

二、关联生效刑事裁判未予确认的事实在生态环境损害赔偿诉讼案件中的认定

关联生效刑事裁判未予确认的事实在生态环境损害赔偿诉讼案件中是否可以认定的问题，涉及对刑事诉讼和民事诉讼证明标准的理解问题。证明标准也称证明要求、证明任务，是指承担证明责任的人提供证据对案件事实加以证明的程度。在诉讼证明活动中，当事人为完成其证明责任、避免其主张不能成立的不利后果，应当对其主张进行证明，从而说服法官对其主张的事实产生确信。对于当事人而言，证明标准为当事人完成证明责任提供了一种现实的可判断的预期，通过对证明标准的权衡，当事人可以知道何时应当举证，对方当事人也可以知道何时应当提供证据进行反驳，何时可以等待负有证明责任的当事人继续提供证据。从裁判者的角度而言，证明标准是裁判者对待证事实是否存在的内心确信程度：根据当事人提供的证据，如果裁判者认定这些证据对待证事实的证明达到了证明程度，则认定该事实为真；如果证明责任承担者提供的证据未能达到证明标准，则认定该事实为伪。从证明标准的性质而言，证明标准具有法定性，是一种法律规定的评价尺度，当事人对待证事实证明到何种程度才能解除证明责任、裁判者基于何种尺度才能认定待证事实存在，必须严格按照法律规定进行。[①]

关于我国诉讼法上的证明标准问题，立法上采取了不同的规定模式。《刑事诉讼法》第五十五条规定："对一切案件的判处都要重证据，重调查研究，不轻信口供。只有被告人供述，没有其他证据的，不能认定被告人有罪和处以刑罚；没有被告人供述，证据确实、充分的，可以认定被告人有罪和处以刑罚。证据确实、充分，应当符合以下条件：（一）定罪量刑的事实都有证据证明；（二）据以定案的证据均经法定程序查证属实；（三）综合全案证据，对所认定事实已排除合理怀疑。"第二百条规定："在被告人最后陈述后，审判长宣布休庭，合议庭进行评议，根据已经查

[①]　参见最高人民法院修改后民事诉讼法贯彻实施工作领导小组编著：《最高人民法院民事诉讼法司法解释理解与适用》，人民法院出版社 2015 年版，第 357 页。

明的事实、证据和有关的法律规定，分别作出以下判决：（一）案件事实清楚，证据确实、充分，依据法律认定被告人有罪的，应当作出有罪判决；（二）依据法律认定被告人无罪的，应当作出无罪判决；（三）证据不足，不能认定被告人有罪的，应当作出证据不足、指控的犯罪不能成立的无罪判决。"从上述规定可以看出，刑事诉讼中认定事实的要求为案件事实清楚、证据确实充分和排除合理怀疑。《民事诉讼法》第六十七条第三款规定："人民法院应当按照法定程序，全面地、客观地审查核实证据。"第一百七十七条第一款规定："第二审人民法院对上诉案件，经过审理，按照下列情形，分别处理：（一）原判决、裁定认定事实清楚，适用法律正确的，以判决、裁定方式驳回上诉，维持原判决、裁定；（二）原判决、裁定认定事实错误或者适用法律错误的，以判决、裁定方式依法改判、撤销或者变更；（三）原判决认定基本事实不清的，裁定撤销原判决，发回原审人民法院重审，或者查清事实后改判；（四）原判决遗漏当事人或者违法缺席判决等严重违反法定程序的，裁定撤销原判决，发回原审人民法院重审。"从法律条文看，"虽然我国《民事诉讼法》《刑事诉讼法》和《行政诉讼法》分别在 2012 年和 2014 年作了较大修改并已付诸实施，但三部诉讼法典仍旧没有直接明确证明标准。不过，从相关法律规定可以推论，我国三大诉讼法在审判方面所隐含的证明标准均为'案件事实清楚，证据确实、充分'"[①]。尽管在立法表述上的分歧并不明显，但刑事诉讼与民事诉讼在证明标准上"分道扬镳，这已是不争的事实""对民事诉讼中的证明标准采用不同于刑事诉讼的表述，已经成为民事诉讼法学者的共识"[②]。

这种差异在司法解释尤其是民事诉讼司法解释中表现得更为明显。2001 年《民事诉讼证据规定》第七十三条规定："双方当事人对同一事实分别举出相反的证据，但都没有足够的依据否定对方证据的，人民法院应当结合案件情况，判断一方提供证据的证明力是否明显大于另一方提供证据的证明力，并对证明力较大的证据予以确认。因证据的证明力无法判断导致争议事实难以认定的，人民法院应当依据举证责任分配的规则作出裁

---

① 江伟、邵明主编：《民事证据法学》，中国人民大学出版社 2015 年版，第 189 页。
② 易延友：《证据学：原则 规则 案例》，法律出版社 2017 年版，第 626~627 页。

判。"《民事诉讼法司法解释》第一百零八条规定："对负有举证证明责任的当事人提供的证据，人民法院经审查并结合相关事实，确信待证事实的存在具有高度可能性的，应当认定该事实存在。对一方当事人为反驳负有举证证明责任的当事人所主张事实而提供的证据，人民法院经审查并结合相关事实，认为待证事实真伪不明的，应当认定该事实不存在。法律对于待证事实所应达到的证明标准另有规定的，从其规定。"第一百零九条规定："当事人对于欺诈、胁迫、恶意串通事实的证明，以及对于口头遗嘱或者赠与事实的证明，人民法院确信该待证事实存在的可能性能够排除合理怀疑的，应当认定事实存在。"一般认为，《民事诉讼法司法解释》的上述两条按照一般标准和特殊标准的区分，对民事诉讼中的证明标准问题进行了明确。2019 年《民事诉讼证据规定》第八十五条规定："人民法院应当以证据能够证明的案件事实为根据依法作出裁判。审判人员应当依照法定程序，全面、客观地审核证据，依据法律的规定，遵循法官职业道德，运用逻辑推理和日常生活经验，对证据有无证明力和证明力大小独立进行判断，并公开判断的理由和结果。"第八十六条规定："当事人对于欺诈、胁迫、恶意串通事实的证明，以及对于口头遗嘱或赠与事实的证明，人民法院确信该待证事实存在的可能性能够排除合理怀疑的，应当认定该事实存在。与诉讼保全、回避等程序事项有关的事实，人民法院结合当事人的说明及相关证据，认为有关事实存在的可能性较大的，可以认定该事实存在。"《民事诉讼法司法解释》第一百零八条实际上确立了高度盖然性规则作为民事诉讼的一般证明标准，并结合本证和反证对高度盖然性证明标准进行了描述。对待证事实负有举证责任的当事人所提出的证据为本证，而对待证事实不负有举证责任的当事人对本证进行反驳所提出的证据为反证。在诉讼证明活动中，负有举证责任的当事人为避免败诉，会积极提供证据，使法官对于待证事实的存在与否形成于己方有利的内心确信。这种内心确信应当达到满足证明的最低要求即法定的证明标准。负有举证责任的当事人进行诉讼活动的目的在于通过其本证使法官形成的心证越过高度盖然性标准，形成确信。相反，不负有举证责任的当事人为避免败诉的不利后果，同样也会积极提供证据形成反证。反证的证明活动，目的在于动摇法官对于本证的内心确信，使待证事实陷于真伪不明的状态，无法达到法定的最低要求。对于本证和反证的证明标准，《民事诉讼法司法解释》作出了规定，即法官应当结合全案证据作出综合评价。如果法官最终对待证事实形成确信，则负有举证责任的当事人完成了证明责任；反之，如果在诉讼的最后阶段待证事实存在与否仍然处于真伪不明的状态，则反证达到了证明目的。[①] 而《民事诉讼法司法解释》第一百零九条规定的特殊证明标准，则类似刑事诉讼中的证明标准，基于维护交易的安定性，根据实体法的规定，提高证明标准，将欺诈、胁迫、恶意串通的事实的证明，规定需要达到排除合理怀疑的程度。2019 年《民事诉讼证据规定》第八十六条也规定了提高和降低证明标准的情形。司法实践表明，环境资源类案件往往涉及刑事、民事、行政多种责任，同时涉及国家利益和社会公共利益保护。环境资源类案件的情形从某种意义上来说较之传统诉讼类型更加复杂。而"证明标准是通过举证活动，实现裁判者对于争议事实（待证事实）的存在所应达到的信赖程度或认知上的可能性程度。这一标准的达成，预示证明责任承担者对其责任的卸除并获胜诉。故确定一个什么样的证明标准，直接关系到证明主体法律后果的承担。"[②] 科学设置生态环境损害赔偿诉讼的证明标准，对平衡原、被告双方的利益，兼顾生态环境损害赔偿诉讼的特殊性质，以及对公共利益的保护，具有十分重要的意义。因此，《若干规定》在制定过程中，总结了《民事诉讼法司法解释》《环境民事公益诉讼司法解释》《检察公益诉讼司法解释》等系列司法解释实施以来的实践经验，采取了与《民事诉讼法司法解释》一致的立场，区分了涉环境犯罪刑事诉讼和生态环境损害赔偿诉讼的证明标准。本条第二款明确了在生态环境损害赔偿诉讼中，对于生效刑事裁判未予认定的事实，按照民事诉讼证明标准予以认定。这种规定一方面是基于生态环境损害赔偿诉讼作为民事诉讼的性质，充分尊重环境法律规范的专业性和环境资源审判的独立性，有利于更加全面保护受损国家利益和社会公益；另一方面也是充分考虑生态环境损害赔偿诉讼中当事人双方的举证能力不平衡的现

---

① 参见最高人民法院修改后民事诉讼法贯彻实施工作领导小组编著：《最高人民法院民事诉讼法司法解释理解与适用》，人民法院出版社 2015 年版，第 359 页。

② 吕忠梅：《环境侵权诉讼证明标准初探》，载《政法论坛（中国政法大学学报）》2003 年第 5 期。

实, 有利于推动环境资源主管行政部门在行政执法的过程中注重依法全面收集制作、妥善保存证据材料。根据本条第二款的规定, 一般情况下, 部分事实虽然由于尚未达到刑事诉讼证明标准, 在关联刑事案件审理过程中未予认定, 但在生态环境损害赔偿诉讼证明活动中, 即使在有反证的情况下, 若负有举证责任的当事人提出的本证能够超越高度盖然性标准, 那么, 纵然该部分证据证明的事实在刑事诉讼中未被确认, 在生态环境损害赔偿诉讼中仍然应当予以认定。需要指出的是, 对于生态环境损害赔偿诉讼中, 当事人提供相反证据推翻预决事实的情形, 仍应遵守 2019 年《民事诉讼证据规定》第十条的规定, 即 "当事人有相反证据足以推翻的除外"。

【审判实践中应注意的问题】

审判实践中应当注意的是免证事实的范围问题。诉讼中, 只要一方当事人提交了人民法院生效裁判认定的事实作为证据, 法院就认定相关举证责任转移给了对方当事人, 并不区分已确认事实的具体情形, 这是目前审判实务中的普遍做法。对此, 有学者提出, 预决事实具有预决的效力, 须具备严格的构成要件: 正当程序和程序保障是判决对程序主体产生约束效力的必要前提, 前诉判决确定的事实应获得充分讼争; 前后诉当事人相同是预决效力发生的主观条件; 预决事实不允许当事人用相反的证据推翻; 预决效力规则的适用须以当事人主张为前提。[①] 我们认为, 将参加诉讼当事人完全相同作为前诉生效裁判确认事实免证效力在后诉中适用的主观条件, 可能导致 2019 年《民事诉讼证据规定》第十条的适用限缩。但是, 先行刑事裁判确认的事实对生态环境损害赔偿诉讼的预决效力的前提是在先刑事诉讼应该遵循正当程序原则, 即针对该事实已经展开了充分的调查辩论, 当事人诉讼权利已经得到了充分的保障。

---

① 参见吴英姿:《预决事实无需证明的法理基础与适用规则》, 载《法律科学 (西北政法大学学报) 》2017 年第 2 期。

【法条链接】

《刑事诉讼法》

第五十五条 对一切案件的判处都要重证据,重调查研究,不轻信口供。只有被告人供述,没有其他证据的,不能认定被告人有罪和处以刑罚;没有被告人供述,证据确实、充分的,可以认定被告人有罪和处以刑罚。

证据确实、充分,应当符合以下条件:

(一)定罪量刑的事实都有证据证明;

(二)据以定案的证据均经法定程序查证属实;

(三)综合全案证据,对所认定事实已排除合理怀疑。

第二百条 在被告人最后陈述后,审判长宣布休庭,合议庭进行评议,根据已经查明的事实、证据和有关的法律规定,分别作出以下判决:

(一)案件事实清楚,证据确实、充分,依据法律认定被告人有罪的,应当作出有罪判决;

(二)依据法律认定被告人无罪的,应当作出无罪判决;

(三)证据不足,不能认定被告人有罪的,应当作出证据不足、指控的犯罪不能成立的无罪判决。

《民事诉讼法》

第六十七条 当事人对自己提出的主张,有责任提供证据。

当事人及其诉讼代理人因客观原因不能自行收集的证据,或者人民法院认为审理案件需要的证据,人民法院应当调查收集。

人民法院应当按照法定程序,全面地、客观地审查核实证据。

第七十二条 经过法定程序公证证明的法律事实和文书,人民法院应当作为认定事实的根据,但有相反证据足以推翻公证证明的除外。

第一百七十七条 第二审人民法院对上诉案件,经过审理,按照下列情形,分别处理:

(一)原判决、裁定认定事实清楚,适用法律正确的,以判决、裁定方式驳回上诉,维持原判决、裁定;

(二)原判决、裁定认定事实错误或者适用法律错误的,以判决、裁定方式依法改判、撤销或者变更；

（三）原判决认定基本事实不清的，裁定撤销原判决，发回原审人民法院重审，或者查清事实后改判；

（四）原判决遗漏当事人或者违法缺席判决等严重违反法定程序的，裁定撤销原判决，发回原审人民法院重审。

原审人民法院对发回重审的案件作出判决后，当事人提起上诉的，第二审人民法院不得再次发回重审。

《民事诉讼法司法解释》

第九十三条　下列事实，当事人无须举证证明：

（一）自然规律以及定理、定律；

（二）众所周知的事实；

（三）根据法律规定推定的事实；

（四）根据已知的事实和日常生活经验法则推定出的另一事实；

（五）已为人民法院发生法律效力的裁判所确认的事实；

（六）已为仲裁机构生效裁决所确认的事实；

（七）已为有效公证文书所证明的事实。

前款第二项至第四项规定的事实，当事人有相反证据足以反驳的除外；第五项至第七项规定的事实，当事人有相反证据足以推翻的除外。

第一百零八条　对负有举证证明责任的当事人提供的证据，人民法院经审查并结合相关事实，确信待证事实的存在具有高度可能性的，应当认定该事实存在。

对一方当事人为反驳负有举证证明责任的当事人所主张事实而提供的证据，人民法院经审查并结合相关事实，认为待证事实真伪不明的，应当认定该事实不存在。

法律对于待证事实所应达到的证明标准另有规定的，从其规定。

《民事诉讼证据规定》

第十条　下列事实，当事人无需举证证明：

（一）自然规律以及定理、定律；

（二）众所周知的事实；

（三）根据法律规定推定的事实；

（四）根据已知事实和日常生活经验法则推定出的另一事实；

（五）已为仲裁机构的生效裁决所确认的事实；

（六）已为人民法院发生法律效力的裁判所确认的基本事实；

（七）已为有效公证文书所证明的事实。

前款第二项至第五项事实，当事人有相反证据足以反驳的除外；第六项、第七项事实，当事人有相反证据足以推翻的除外。

第八十五条 人民法院应当以证据能够证明的案件事实为根据依法作出裁判。

审判人员应当依照法定程序，全面、客观地审核证据，依据法律的规定，遵循法官职业道德，运用逻辑推理和日常生活经验，对证据有无证明力和证明力大小独立进行判断，并公开判断的理由和结果。

第八十六条 当事人对于欺诈、胁迫、恶意串通事实的证明，以及对于口头遗嘱或赠与事实的证明，人民法院确信该待证事实存在的可能性能够排除合理怀疑的，应当认定该事实存在。

与诉讼保全、回避等程序事项有关的事实，人民法院结合当事人的说明及相关证据，认为有关事实存在的可能性较大的，可以认定该事实存在。

第九条 负有相关环境资源保护监督管理职责的部门或者其委托的机构在行政执法过程中形成的事件调查报告、检验报告、检测报告、评估报告、监测数据等，经当事人质证并符合证据标准的，可以作为认定案件事实的根据。

【条文主旨】

本条是关于具有环境资源保护监督管理职权的行政机关及其委托的机构在行政执法过程中形成的调查报告、检验报告、检测报告、评估报告、监测数据等①，在生态环境损害赔偿诉讼中的证据资格和证据效力如何认定

① 为表述方便，本条所称的调查报告、检验报告、检测报告、评估报告、监测数据统一简述为报告和数据。

的规定。

【条文理解】

本条主要涉及两个问题：一是行政执法程序与本诉讼程序关联时的证据转化问题；二是本条规定的数据和报告的证据种类、证据资格和证据效力的判断问题。

一、起草背景

生态环境损害赔偿诉讼是一种主体特殊的侵权诉讼。提起诉讼的主体是省级、市地级人民政府及其指定的相关部门、机构，或者受国务院委托行使全民所有自然资源资产所有权的部门，一般都是负有环境资源保护监督管理职责的行政机关；提起诉讼的前提通常是存在较为严重的环境污染和破坏生态事件；提起诉讼的主要目的是针对同一污染环境和破坏生态行为，追究污染环境和破坏生态行为人行政违法责任之外造成的生态环境损害的赔偿责任。诉讼前，作为原告的行政机关或者其他政府主管部门可能已经根据相关行政管理法律规定，启动了行政调查和执法程序，采取了行政管理措施并作出行政处理决定。因此，生态环境损害赔偿诉讼和诉前的行政调查和执法程序具有高度关联性，不可避免地涉及行政执法程序和司法程序的衔接问题，尤其是行政执法证据与诉讼证据的对接、转化和认可等问题。此外，即使行政机关在提起生态环境损害赔偿诉讼之前没有针对环境污染和破坏生态行为启动专门的行政执法程序或者作出行政处理决定，其在对生态环境的监督管理过程中制作和获得的监测数据与形成的专项报告等，在诉讼中作为证据材料提交后能否直接归入公文书证，证据效力如何判断等，都是亟待解决的难点和重点问题。要解决这些问题，需要对行政程序和诉讼程序衔接中证据问题的立法和司法解释发展作简要梳理，以明确本条规定的基本背景和制度根源。总体而言，从《刑事诉讼法》正式承认符合条件的行政执法证据可以作为刑事诉讼证据使用，到《若干规定》明确调查报告、检验报告、检测报告、评估报告、监测数据等环境资源行政执法证据在生态环境损害赔偿诉讼中的使用规则，立法和司法解释的发展大体经历了三个阶段。

第一阶段是通过证据转化的方式明确行政执法证据和刑事诉讼证据的衔接问题。行政程序和诉讼程序衔接的最初需求和主要表现是行政执法程序与刑事诉讼程序的衔接。我国刑法中存在大量的行政犯,行政相对人违反行政管理规定,由行政违法转化为刑事犯罪的情况非常普遍,但在行政执法程序和刑事诉讼程序的衔接机制方面,则存在着较多问题,特别是行政证据与刑事证据的衔接。行政证据与刑事证据存在着许多方面的不同,刑事诉讼对证据严格性的要求远高于行政执法程序,这也就决定了行政执法过程中获得的行政证据在刑事诉讼中的适用成为一大难题。鉴于行政证据与刑事证据的衔接难题,《刑事诉讼法》第五十四条第二款规定:"行政机关在行政执法和查办案件过程中收集的物证、书证、视听资料、电子数据等证据材料,在刑事诉讼中可以作为证据使用。"通过立法解决了行政证据和刑事证据的衔接适用问题。具体到环境资源管理领域,执法证据的证据方法又具有一定特殊性。首先,环境监督管理部门在日常环境监测过程中会产生大量记录环境实时变化的数据信息;其次,环境污染事件发生后,环保、农业、林草、渔业和海洋等主管部门往往会组织调查组进行调查,通过各种检验、检测和评估等技术方式最终形成检测、检验、监测数据(报告)和事件调查报告等。这些数据和报告在形式上不同于传统的法定证据方法和种类,但又是环境执法中查明环境污染和生态破坏原因、程度和损失等案件事实的重要方式。鉴于此类证据材料对环境行政执法的重要意义,原环境保护部 2009 年修订的《环境行政处罚办法》第三十二条第一款关于环境行政处罚证据种类的规定,明确将监测报告列为环境行政执法的证据种类之一;第三十六条、第三十七条规定,也专门将在线监测数据和现场监测数据作为可以在行政执法中使用的证据。考虑到行政执法程序中收集的此类报告和数据进入刑事诉讼程序后难以重新收集,为发挥环境资源行政执法部门的取证优势和专业技术能力,加强环境行政执法和刑事司法的有效衔接,2013 年《环境污染刑事司法解释》正式以司法解释的形式将监测数据和检验报告作为刑事诉讼的证据方法。该解释第十一条第一款规定,对案件所涉的环境污染专门性问题难以确定的,由司法鉴定机构出具鉴定意见,或者由国务院环境保护部门指定的机构出具检验报告;第二款规定,县级以上环境保护部门及其所属监测机构出具的监测数据，经省级以上环境保护部门认可的，可以作为证据使用。2016 年《环境污染刑事司法解释》进一步放宽了环境监测数据和检测数据的证据资格条件。该解释第十二条第一款规定，环境保护主管部门及其所属监测机构在行政执法过程中收集的监测数据，在刑事诉讼中可以作为证据使用；第二款规定，公安机关单独或者会同环境保护主管部门，提取污染物样品进行检测获取的数据，在刑事诉讼中可以作为证据使用。

第二阶段是以公文书证的证据规则解决行政证据在民事诉讼中的使用问题。行政执法程序和司法诉讼程序的衔接主要表现在刑事诉讼领域。由于制度功能和程序性质截然不同，行政程序与民事诉讼一般不存在诉讼程序的衔接问题。但广泛存在的行政管理领域不可避免地会涉及相应的民事活动，国家公权力机关或者具有公共管理职能的社会组织行使公共管理职权过程中获取或者制作的证据资料，不论最终是否在行政行为中作为定案证据，都可能被当事人在民事诉讼中使用，这些证据资料的证据能力和证明力是否适用与一般民事主体相同的证据规则，一直是审判实践中的难点问题。证据理论界通常将具有公共管理职权的国家机关或者社会组织在行使管理职权的过程中制作的文书称为公文书，与其相对应的是私文书。这些文书作为证据资料时被划分为公文书证和私文书证，且公文书证被赋予不同于私文书证的证据效力。我国理论界对于公文书证和私文书证证据力的理解与其他国家基本一致。但在实务界，公文书证和私文书证的区别长期未得到应有的重视。2001 年《民事诉讼证据规定》第七十七条中虽然规定"人民法院就数个证据对同一事实的证明力，可以依照下列原则认定：（一）国家机关、社会团体依职权制作的公文书证的证明力一般大于其他书证"，但这一规定一方面只是指引性规范，未准确揭示二者本质的区别；另一方面，规定某种证据证明力大于另一种，似有法定证据制度的嫌疑。因此，对于公文书证和私文书证证据力的区别问题，有明确规定的必要。①《民事诉讼法司法解释》第一百一十四条规定："国家机关或者其他依法具有社会管理职能的组织，在其职权范围内制作的文书所记载的事项推定为

---

① 参见宋春雨：《论〈民事诉讼法〉司法解释中的若干证据问题》，载《法律适用》2015 年第 4 期。

真实，但有相反证据足以推翻的除外。必要时，人民法院可以要求制作文书的机关或者组织对文书的真实性予以说明。"该条明确了公文书证相对于私文书证证据力的特殊性，为公权力机关在行政执法程序中制作的文书如何适用于民事诉讼提供了基本依据。考虑到环境行政执法证据的特殊性，2015 年制定的《环境侵权案件司法解释》第十条进一步规定："负有环境保护监督管理职责的部门或者其委托的机构出具的环境污染事件调查报告、检验报告、检测报告、评估报告或者监测数据等，经当事人质证，可以作为认定案件事实的根据。"对环境行政执法中形成的特殊的证据材料，依据公文书证的证据规则，确认负有环境保护监督管理职责的部门或者委托的机构出具的行政污染事件调查报告、检验报告、检测报告、评估报告或者监测数据的证据效力。

第三阶段是《若干规定》确立的程序衔接证据转化和书证证据效力规则并用，确定生态环境行政执法中形成的特定数据和报告的证据效力。《若干规定》根据《改革方案》的要求，对造成生态环境损害的责任者严格实行赔偿制度，进一步明确生态环境损害赔偿范围、义务主体、索赔主体、损害赔偿解决途径等，建立生态环境损害的修复和赔偿制度，加快推进生态文明制度建设。造成生态环境破坏的侵权行为，一般都会存在违反环境资源管理规定的情形，相关政府主管部门通过行政执法程序追究违法行为人的行政法律责任后，对造成生态环境损害的赔偿问题，需要通过提起诉讼的方式解决，这就产生了与行刑衔接追究违法行为人的刑事责任类似的环境资源执法程序与生态环境损害赔偿诉讼程序的衔接问题。二者相同之处在于，程序衔接是因为同一违法行为引发；不同之处在于，前者的衔接是追究刑事责任，而后者的衔接是追究特殊的损害赔偿责任。同时，行刑衔接中的证据转化问题，一般都是行政程序中收集的证据在刑事诉讼程序中的审查认定问题，这些证据材料是行政机关在行政执法程序中通过多种途径获得的。而生态环境损害赔偿诉讼程序中的行政证据，既有相关政府主管部门在行政执法程序中调查收集的证据材料，也有政府管理部门在日常的监督管理过程中制作形成的证据材料，既有针对违法行为作出行政处理决定中作为认定案件事实的证据材料，也有虽在行政调查和执法程序中形成，但最终没有据此作出行政处理决定的证据材料，其中有相当数量是以公文书等形式呈现。因此，生态环境损害赔偿诉讼涉及的行政证据审查认定，同时存在程序衔接的证据转化问题和非程序衔接的公文书证证据效力认定问题。

二、关于负有环境资源保护监督管理职责的部门的理解

有关环境资源保护监督管理职责的规定，主要散见于《环境保护法》《大气污染防治法》《水污染防治法》《土壤污染防治法》等环境污染防治相关法律，以及《水法》《土地管理法》《矿产资源法》《森林法》《草原法》等资源管理法律规定之中。根据这些法律，负有环境资源保护监督管理职责的部门比较多，涉及发展改革、生态环境、自然资源、住房城乡建设、林业草原、交通运输、水利、渔业、海事、卫生等多个行政主管部门。根据法律规定，由相关政府、部门或其委托的执法机构在法定职权内实施行政处罚。

根据《环境保护法》的规定，生态环境部门的监督管理职责包括：依法审批建设项目环境影响评价文件、依法实行排污许可管理制度以及日常执法工作，包括对违法行为依法进行行政处罚等。

根据《大气污染防治法》的规定，发展改革、住房城乡建设、海事、渔业等部门，也是对环境污染防治负有相关管理职责的部门。《大气污染防治法》规定，能源主管部门负有调整能源结构、推广清洁能源的生产和使用的监督管理职责；海事管理机构、渔业主管部门负有对船舶用燃油污染防治的监督管理职责；住房城乡建设部门对建筑施工工地大气污染防治负有监督管理职责。

除了环境污染防治相关法律，自然资源管理相关法律规定了自然资源、林业草原等主管部门在自然资源监督管理方面的具体职责。比如，根据《土地管理法》的规定，对非法占用土地、拒不履行土地复垦义务等违法行为，由县级以上人民政府土地行政主管部门依法实施行政处罚。根据《草原法》的规定，对非法开垦草原，非法在草原上采土、采砂、采石，擅自在草原上开展经营性旅游活动、破坏草原植被，在临时占用的草原上修建永久性建筑物、构筑物等违法活动，由县级以上人民政府草原行政主管部门采取责令停止违法行为、限期恢复植被等措施。根据《森林法》的规定，盗伐森林或者其他林木的，依法赔偿损失；由林业主管部门责令补种、罚款。拒不补种树木或者补种不符合国家有关规定的，由林业主管部门代为补种，所需费用由违法者支付。

三、关于本条所涉报告和数据的理解

本条列举的事件调查报告、检验报告、检测报告、评估报告、监测数据等，都是环境行政执法程序中经常使用的证据材料，是判断是否存在污染环境和破坏生态行为、损害程度、关联性和因果关系的重要根据。

（一）事件调查报告

事件调查报告主要指环境污染和破坏生态事件调查报告，是负有环境资源保护监督管理职责的部门，在发生环境污染或者破坏生态事件后，组织开展调查工作，在查明事件原因、确认事件性质和认定事件责任的基础上，总结事件教训，提出防范和整改措施建议以及处理意见，并向同级人民政府或者上一级环境保护主管部门提交的报告。

1. 突发环境事件调查报告

突发环境事件调查报告，是在某区域出现环境污染事件后，负有环境资源保护监督管理职责的部门或者其委托的机构通过实地调查、分析原因和危害、提出整改治理措施等作出的调查报告。

根据《突发环境事件调查处理办法》的规定，突发环境事件调查应当成立调查组对突发环境事件的原因、性质、责任进行调查处理，调查组由应急管理、环境监测、环境影响评价管理、环境监察等相关机构的有关人员参加。调查的内容要比日常执法的现场检查复杂，除了突发环境事件基本情况外，还涉及事件造成的人身伤亡、直接经济损失情况，环境污染和生态破坏情况，以及政府和有关部门日常监管和事件应对情况等。

《突发环境事件调查处理办法》第十五条规定："突发环境事件调查报告应当包括下列内容：（一）突发环境事件发生单位的概况和突发环境事件发生经过；（二）突发环境事件造成的人身伤亡、直接经济损失，环境污染和生态破坏的情况；（三）突发环境事件发生的原因和性质；（四）突发环境事件发生单位对环境风险的防范、隐患整改和应急处置情况；（五）地方

政府和相关部门日常监管和应急处置情况；（六）责任认定和对突发环境事件发生单位、责任人的处理建议；（七）突发环境事件防范和整改措施建议；（八）其他有必要报告的内容。"根据具体实施调查的主体不同，调查报告可以分为政府调查报告和社会调查报告。政府调查报告是指相关政府主管部门对事件或者事故组织调查形成的调查报告；社会调查报告是指相关社会机关根据研究需要或者接受当事人委托对事件或者事故进行调查形成的调查报告。按照《改革方案》的规定，较大及以上突发环境事件是必须启动生态环境损害赔偿的情形之一。在这类事件中，通过突发环境事件调查报告，可以清楚掌握污染的范围、大小、损害的金额等；经过双方质证并符合证据标准的，调查报告可以作为认定案件事实的根据。

2. 行政执法过程中形成的调查报告

行政执法过程中，行政机关依法对排放污染物的企业事业单位和其他生产经营者进行现场检查，一般会形成相关的询问笔录和勘验笔录等；对一些较为复杂的处罚案件，或者涉及多个政府部门联合执法的案件，还会组成调查组对案件开展调查、形成调查报告。该调查报告主要包括事件发生的原因、经过、污染排放和损害事实等基本情况分析，污染来源、生产历史、生产工艺和污染物产生环节、位置，污染物堆放和处置区域，历史排放及其处理情况等。

3. 督查、专项行动过程中形成的调查报告

各类督查、专项行动中，往往会发现大量的环境污染、生态破坏案件线索。以生态环境部为例，目前生态环境部开展了多种形式的生态环保督查，包括蓝天保卫战重点区域强化监督定点帮扶、环渤海部分地区入海排污口现场排查、统筹强化监督等多种形式的督查。此外，生态环境部还针对重点生态保护区开展了多项专项活动。

在督查过程中，生态环境部门会向地方移交案件线索，地方办理后会上报事件调查报告。如该调查报告涉及生态环境损害赔偿的内容，经当事人双方质证并符合证据标准的，可以作为认定案件事实的根据。

（二）检测、检验报告

检测、检验报告主要是指环境检测、检验报告。检测是指按照程序确

定合格评定对象的一个或多个特许的活动，检测主要用于材料、产品或过程。检验是指通过观察和判断，结合测量、试验所进行的符合性评价。检验强调"符合性评价"，不仅提供数据，还与规定的要求对比后，给出合格与否的评定。检测仅是技术操作，不需要给出"符合性评价"。根据《计量法》《计量法实施细则》规定，对产品质量进行检验，对技术数据进行检测。产品质量检验和数据检测都需要具备计量认证合格证书（CMA）方可开展。目前，取得计量认证合格证书的单位根据批准的检验、检测项目，可以出具相应的检验、检测报告。

环境检测按照对象大致可分为水质检测、空气检测、土壤检测、固体废物检测、生物检测、噪声和振动检测、电磁辐射检测、放射性检测、热检测、光检测、卫生（病原体、病毒、寄生虫等）检测等。环境检测、检验报告的程序一般是检测检验机构接受委托或者任务、样品采集、样品运输和保存、样品的预处理、分析测试、数据处理、综合评价和报告结论等。环境检测、检验和环境监测无严格定义，从相关规定和实践操作看，二者既有联系又有区别。环境监测是一个综合、系统、连续、动态的监控行为，是环境主管部门或所属环境监测机构的法定职责；环境检测、检验通常是接受专门委托的行为，是单项、静态的检验测试活动，一般由具有认证资质的监测机构或者检验检测机构进行。环境监测过程中通常会运用特定的检测和检验方法，但与专门的检测、检验并出具报告的行为还是有所区别的，只是环境监测的方法和手段之一；政府所属的环境监测机构除法定的监测活动之外，也可以接受当事人的委托进行专门的检验、检测并出具相关报告，此时的环境监测行为实质上就是环境检验、检测行为。也有观点认为，按照采样主体的不同，可以分为环境监测报告和环境检测报告。采样行为的主体是具有相应资质的环境监测机构，所有污染源排放污染物的采样、样品的运输与实验室分析，直到报告的出具，都是由环境监测机构完成的，这种情形下出具的报告为环境监测报告。如果采样的主体不是环境监测机构，那么最后出具的报告就是环境检测报告。①

---

① 参见曹晓凡：《环境行政执法证据的收集与运用》，中国民主法制出版社 2015 年版，第359 页。

（三）评估报告

在执法过程中，行政机关为了明确污染物排放事实、判断因果关系、确定直接经济损失等工作需要，应委托相关技术机构，对造成的生态环境损害（环境质量与生态服务水平下降）的范围和程度、生态环境恢复目标和效果、事件造成的人身损害和财产损害以及生态环境损害数额、应急处置费用等进行评估。评估报告主要指环境污染损害评估报告，有时也称环境污染损害鉴定评估报告，是鉴定评估机构按照规定的程序和方法，综合运用经济、法律、技术等手段，评估环境污染或者破坏生态行为导致环境损害的范围、程度，量化环境损害数额，出具评估报告，为环境管理和环境司法提供服务的活动。评估范围一般包括人身损害、财产损害、生态环境资源损害、应急处置费用、调查评估费用、污染修复费用、事故影响损害和其他应当纳入评估范围内的损害，其中生态环境资源损害包括矿藏、水流、海域、土地、森林、山岭、草原、荒地、滩涂等自然资源和野生动植物资源等资源性财产的损毁。评估报告和鉴定意见在内容上具有等同性，二者的主要区别在于，鉴定意见需要具有鉴定资质的机构出具，而评估报告则可以由没有鉴定资质但具有评估资质或者技术能力的机构作出。2019 年 5 月 6 日，司法部和生态环境部联合发布的《环境损害司法鉴定执业分类规定》明确："环境损害司法鉴定是指在诉讼活动中鉴定人运用环境科学的技术或者专门知识，采用监测、检测、现场勘察、实验模拟或者综合分析等技术方法，对环境污染或者生态破坏诉讼涉及的专门性问题进行鉴别和判断并提供鉴定意见的活动。""环境损害司法鉴定解决的专门性问题包括：确定污染物的性质；确定生态环境遭受损害的性质、范围和程度；评定因果关系；评定污染治理与运行成本以及防止损害扩大、修复生态环境的措施或方案等。"

按照《突发环境事件调查处理办法》规定，在突发环境事件调查过程中，根据突发环境事件应急处置阶段污染损害评估工作的有关规定，应开展应急处置阶段污染损害评估。应急处置阶段污染损害评估报告或者结论是编写突发环境事件调查报告的重要依据。

此外，《水污染防治法》《大气污染防治法》等相关法律中有专门条款对于处罚数额作出规定，该处罚数额的计算以直接损失为计算依据。《水污染防治法》第九十四条第二款规定："对造成一般或者较大水污染事故的，按照水污染事故造成的直接损失的百分之二十计算罚款；对造成重大或者特大水污染事故的，按照水污染事故造成的直接损失的百分之三十计算罚款。"《大气污染防治法》第一百二十二条第二款规定："对造成一般或者较大大气污染事故的，按照污染事故造成直接损失的一倍以上三倍以下计算罚款；对造成重大或者特大大气污染事故的，按照污染事故造成的直接损失的三倍以上五倍以下计算罚款。"在此处罚过程，也会形成相应评估报告。

（四）监测数据

监测数据主要是指环境监测数据，是环境监测的主要内容和目标。环境监测是环境监测机构运用化学、物理、生物、医学、遥测、遥感、计算机等现代科学技术对环境质量状况进行监视、测定、监控，以确定环境污染状况和环境质量的高低，是科学管理环境和环境执法监督的基础。环境监测的核心目标是提供环境质量现状及变化趋势的数据，通过数据判断环境质量，评价当前主要环境问题，为环境管理服务。环境监测工作是县级以上环境保护主管部门的法定职责。《环境保护法》第十七条规定："国家建立、健全环境监测制度。国务院环境保护主管部门制定监测规范，会同有关部门组织监测网络，统一规划国家环境质量监测站（点）的设置，建立监测数据共享机制，加强对环境监测的管理。有关行业、专业等各类环境质量监测站（点）的设置应当符合法律法规规定和监测规范的要求。监测机构应当使用符合国家标准的监测设备，遵守监测规范。监测机构及其负责人对监测数据的真实性和准确性负责。"《大气污染防治法》《水污染防治法》《土壤污染防治法》等单行法律中也均有监测制度的相关规定。

环境监测既包括对化学污染的监测和物理因子如噪声、振动、热能、电磁辐射和放射性等污染的监测，又包括对生物因环境质量变化所产生的各种反映和信息测试的生物监测，以及对区域群落、种群迁移变化进行观察的生态监测等，即环境监测包括化学监测、物理监测、生物监测和生态监测。按监测目的和任务不同，可以将环境监测分为四类。一是监视性监测（例行监测、常规监测）。监视性监测包括监督性监测（污染物浓度、排放总量、污染趋势）和环境质量监测（空气、水质、土壤、噪声等监测），是监测工作的主体和监测站第一位的工作。其目的是掌握环境质量状况和污染物来源，评价控制措施的效果，判断环境标准实施的情况和改善环境取得的进展。二是特定目的监测（特例监测、应急监测）。特定目的监测包括：（1）污染事件监测，是指污染事故对环境影响的应急监测；（2）纠纷解决监测，主要针对污染事故纠纷、环境执法过程中所产生的专门性问题进行监测，应由国家指定的、具有质量认证资质的部门进行，提供具有法律效力的数据，供执法部门、司法部门处理案件；（3）考核验证监测，主要指政府目标考核验证监测，包括环境影响评价现状监测、排污许可证制度考核监测、"三同时"项目验收监测、污染治理项目竣工时的验收监测、污染物总量控制监测、城市环境综合整治考核监测；（4）咨询服务监测，主要指为社会各部门、各单位等提供的咨询服务性监测，如绿色人居环境监测、室内空气监测、环境评价及资源开发保护所需的监测。三是研究性监测（科研监测），指针对特定目的科学研究而进行的高层次监测。四是其他监测，指为环境状况调查和评价等环境管理活动提供监测数据的其他环境监测活动。

目前，我国已经形成覆盖空气、水、生态、土壤、近岸海域、噪声、污染源等多领域、多要素的国家环境监测网络。中国环境监测总站网站显示，国家网主要包括 2100 余个空气质量监测站点、2767 个地表水监测断面、300 个水质自动站、4 万余个土壤监测点位。

环境监测是环境管理最重要的基础性和前沿性工作，具有很强的政府行为属性。任何环境决策都离不开环境监测基础数据的支持，每一项环境管理措施的优劣成败都要依靠环境监测来验证。在我国，长期以来一直存在的环境监测工作性质是政府行为还是市场行为之争。从监测主体看，根据《环境监测管理办法》第三条和第四条的规定，环境监测工作是县级以上生态环境主管部门的法定职责。县级以上生态环境主管部门应当按照数据准确、代表性强、方法科学、传输及时的要求，建设先进的环境监测体系。国家生态环境主管部门组建直属跨界环境监测机构。从监测行为看，环境监测机构进行的环境质量监测、污染源监督性监测、突发环境污染事件应急监测、为环境状况调查和评价等环境管理活动提供监测数据的其他环境监测活动都是代表公众利益，为更好地行使公权力开展的公共事务。从监测结果看，依法取得的环境监测数据，是环境统计、排污申报核定、排污费征收、环境执法、目标责任考核等行政管理活动的重要依据。因此，将以环境质量、污染源排放状况和污染事故应急监测为主体的环境监测工作定性为政府环境管理行为是符合国情的。虽然环境监测主要是由政府所属的环境监测机构完成的，但并非所有的环境监测事项都由政府所属的监测机构进行监测，除政府所属监测机构的管理性监测外，根据《环境监测管理办法》第二十一条的规定，还有排污者的自我监测和第三方机构的社会化监测。自我监测是指排污者按照县级以上生态环境部门的要求和国家环境监测技术规范，开展排污状况自我监测。排污者按照国家环境监测技术规范，并经县级以上生态环境部门所属环境监测机构检查符合国家规定的能力要求和技术条件的，其监测数据作为核定污染物排放种类、数量的依据。第三方机构的社会化监测是指非生态环境部门所属的、从事环境监测业务的机构，可以自愿向所在地省级生态环境部门申请证明其具备相适应的环境监测业务能力认定，经认定合格者，可以作为经省级生态环境部门认定的环境监测机构，接受不具备环境监测能力的排污者委托进行监测；接受委托的环境监测机构所从事的监测活动，所需经费由委托方承担，收费标准按照国家有关规定执行。经省级生态环境部门认定的环境监测机构应当接受所在地生态环境部门所属环境监测机构的监督检查。

环境监测数据为全面反映环境质量状况和变化趋势，及时跟踪污染源变化情况，准确预警各类环境突发事件等环境管理工作提供决策依据；为政府部门执行各项环境法规、标准，全面开展环境管理工作，进行环境统计、排污申报核定、排污费征收、排污许可、总量控制、污染源控制、环境规划、环境执法、环境信息公开等环境管理工作提供技术支持。根据法律规定，环境监测数据还可以作为环境污染损害赔偿民事纠纷的证据材料。例如，《水污染防治法》第一百条规定："因水污染引起的损害赔偿责任和赔偿金额的纠纷，当事人可以委托环境监测机构提供监测数据。环境监测机构应当接受委托，如实提供有关监测数据。"

关于委托第三方监测机构出具监测数据的证据资格问题，最高人民法

院、最高人民检察院、公安部、司法部、生态环境部共同出台《关于办理
环境污染刑事案件有关问题座谈会纪要》，针对实践中地方生态环境部门
及其所属监测机构委托第三方监测机构出具报告的证据资格问题进行了说
明。该会议纪要认为，地方生态环境部门及其所属监测机构委托第三方监
测机构出具的监测报告，在行政执法过程中予以采用的，其实质属于2016
年《环境污染刑事司法解释》第十二条规定的"环境保护主管部门及其所
属监测机构在行政执法过程中收集的监测数据"，在刑事诉讼中可以作为
证据使用。据此，负有环境资源保护监督管理职责的部门委托第三方监测
机构出具的数据，属于本条中规定的监测数据。

三、如何理解"可以作为认定案件事实的根据"

本条所说的"认定案件事实的根据"，也就是证据。三大诉讼法和诸
多司法解释关于"证据"的表述，至少有三层含义：第一，等同于证据材
料，也就是能够用作证明案件事实的各种材料；第二，具有证据能力的证
据材料，也就是具有认定案件事实资格的特定的证据材料，通常是指符合
合法性要求的证据材料；第三，作为定案根据的证据，也就是具有证据资
格的证据材料，被法院采信，作为认定案件事实的根据。证据法学上一般
把上述三层证据含义分别表述为证据材料、证据资格（证据能力）、证据
效力（证明力）。正是由于证据概念内涵的多义性，导致了立法、理论和
司法实践中表述和理解的复杂性。本规定所涉及的行政机关在行政执法过
程中形成的报告和数据类证据，究竟属于何种层次的证据，也是本条规定
的核心价值所在。

（一）关于本条数据和报告类证据内涵的争议

本条起草过程中，各方对负有相关环境资源保护监督管理职责的部门
或者其委托的机构在行政执法过程中形成的事件调查报告、检验报告、检
测报告、评估报告、监测数据的证据含义始终存在不同的理解和认识，大
体上可以分为两种意见。一种意见认为，此类报告和数据是行政执法机关
在行政管理过程中制作和获取的，在民事诉讼中应当作为定案根据，只要
经过当事人质证，法院不再审查其证据资格和证据效力，即推定具有完全

的证明力，除非有相反证据推翻，必须采信。另一种意见认为，此类报告和数据虽然是行政执法机关在行政管理过程中制作和获取的，但进入到民事诉讼程序后，并不当然具有完全的证据资格和证据效力，仍然需要在当事人质证后，按照民事诉讼的证据规则进行审查认定，符合定案证据标准的，可以作为认定案件事实的根据。这两种意见的区别在于是否认可此类证据进入诉讼程序后当然具有证据资格和证据效力。第一种意见直接认可此类证据的证据效力或者证明力，除认可此类证据的证据能力或者证据资格外，明确除非对方当事人举出足以推翻的反证，此类报告和数据均具有完全的证据效力；第二种意见不认可此类证据当然具有证据效力或者证明力，仅认可此类证据的证据能力或者证据资格，是否能够证明案件事实即是否具备证明力，则需要经过当事人质证和人民法院审查认定后才能确定。司法解释最终采纳了第二种意见。

（二）从程序衔接角度理解数据和报告的证据含义

行政程序和诉讼程序的衔接多指行政执法程序和刑事诉讼程序的衔接，其中所涉的证据问题，也多是行政执法程序中收集的证据在刑事诉讼中的证据资格和证据效力问题。行政程序和行政诉讼程序不存在衔接问题，行政诉讼是对行政程序合法性的审查，二者是监督和被监督关系，并无功能上的递进和配合。行政程序与一般的民事诉讼亦无衔接问题，二者涉及的行为对象、法律关系和权益影响等方面存在根本不同。一般的民事诉讼中事实认定如关联某些行政行为，可以通过民事诉讼证据规则予以解决；民事诉讼程序和行政程序针对同一民事纠纷的，如涉及行政行为效力判断，可以通过行政诉讼解决，二者并无配合衔接的问题。但如前所述，生态环境损害赔偿诉讼和关联行政程序的密切关系，与刑事诉讼程序与关联行政程序极为相似，因此，二者存在一定程度的程序和证据衔接问题。

《刑事诉讼法》第五十四条第二款的立法目的主要是解决行政证据和刑事证据因证据收集主体、证据形式、证据收集程序等方面的不同而产生的在刑事诉讼中运用的资格问题。该条认可行政证据可以作为刑事诉讼证据使用，是指这些证据具有进入刑事诉讼的资格，不需要刑事侦查机关再次履行取证手续。但这些进入刑事诉讼程序的行政证据最终能否在刑事诉讼中作为认定案件事实的证据，即行政证据的证明力问题，并不具有当然性，需要法官对证据效力进行具体的审查判断。《若干规定》参考了这一思路，同时考虑了生态环境损害赔偿诉讼的特点。生态环境损害赔偿诉讼本质上仍然属于实现民事赔偿责任的民事公益诉讼，虽然不存在刑事诉讼的侦查机关、公诉机关和审判机关严密的分工制约问题，对进入诉讼程序的证据没有刑事诉讼的条件严格，但也并非对证据资格没有任何限制。事实上，同样是事件调查报告、检验报告、检测报告、评估报告、监测数据，如果不是特定机关在行政执法程序中形成的，同样也会受到比较严格的证据资格条件限制。例如，根据《环境侵权案件司法解释》第八条规定，查明环境污染案件事实的专门性问题所需要的检验报告、检测报告、评估报告或者监测数据，应当由负有环境资源保护监督管理职责的部门推荐的机构出具；根据《若干规定》第十条规定，当事人在诉前委托国务院环境资源保护监督管理相关主管部门推荐的机构出具的检验报告、检测报告、评估报告、监测数据具有证据资格，都强调数据和报告出具主体的特定性。生态环境损害赔偿诉讼与前置行政执法程序的证据衔接，除证据资格的认可功能外，还表现在证据效力方面，主要区分两种情况。第一种情况是，行政机关在行政程序完结后，作出具体行政行为，如行政处罚、行政强制措施等，该行政行为认定事实的证据进入生态环境损害赔偿诉讼，虽然仍需要法院重新审查认定，但考虑到行政行为的存在，如无相反证据或者该证据的合法性上存在违法和重大瑕疵，原则上应当认可该证据的证据效力。第二种情况是，行政机关虽然启动了行政程序，并进行调查取证，但并未作出具体行政行为，行政程序中形成的证据进入生态环境损害赔偿诉讼，人民法院需要对该证据进行审查认定，行政机关和行政程序不作为判断该证据证明力时考虑的特殊因素。

（三）从证据种类角度理解数据和报告的证据含义

证据的法定种类，也称法定证据方法，是指我国三大诉讼法对各种证据形式的规定，这是我国证据立法的一个特点。域外立法会对某些证据形式作出规定，例如电子证据、证人证言等，但不会试图对所有证据形式的种类作出规定。应当注意的是，证据种类应当是一个开放的体系，法律关于证据种类的规定，应该视为对主要证据方法的列举，法定证据种类是可以变化的。以民事诉讼证据为例，2012年《民事诉讼法》修改之后，民事证据的种类或者证据方法由七种变为八种，增加了电子数据，顺序是：当事人陈述、书证、物证、视听资料、电子数据、证人证言、鉴定意见和勘验笔录。尽管如此，主流观点仍然认为，法律对证据种类的划分和规定，规范了证据的划分标准和方法，并从法律上对证据的有效表现形式作了强制性的界定，超出这一界定的证据表现形式是无效的，即不能成为有效的诉讼证据。①

　　不同种类的证据，适用不同的证据判定规则。因此，要准确判定数据和报告的证据效力，就必须首先界定其作为证据方法的种类。对本条规定的数据和报告的证据种类归属问题，存在不同观点：一是将监测数据和检验报告等证据材料作为新的证据种类。环境污染和生态破坏案件，常常涉及污染物认定、损失评估等专门性问题，需要由司法鉴定机构出具鉴定意见。但是，当前具有环境污染鉴定资质的机构较少、费用昂贵，难以满足办案实践需求，影响了对案件事实的认定，进而影响了对环境污染违法行为的打击实效。鉴于此，2013年《环境污染刑事司法解释》正式以司法解释的形式规定，对案件所涉的环境污染专门性问题难以确定的，由司法鉴定机构出具鉴定意见，或者由国务院环境保护部门指定的机构出具检验报告。人民法院根据鉴定意见或者检验报告，可以对相关案件事实作出认定。这便明确将检验报告（包括检测报告、监测报告、评估报告）作为刑事诉讼的证据方法，确定了"鉴定和检验两条腿走路"的原则。原环境保护部于2014年1月3日印发了《环境损害鉴定评估推荐机构名录（第一批）》，推荐了12家环境损害鉴定评估机构，2016年2月4日推荐了第二批17家。2020年，推荐了第三批13家。针对环境污染案件事实的专门性问题，除了委托具备相关资格的司法鉴定机构出具鉴定意见外，还可以由以上推荐的机构出具检验报告、检测报告、评估报告。二是根据监测数据和检测报告等证据材料的具体特征，将其归入最为类似的法定证据种类。以环境监测为例，环境监测包括监测样本、监测数据和监测报告等，监测

---

① 参见叶青主编：《诉讼证据法学》，北京大学出版社2013年版，第63页。

样本是环境监测的对象，监测数据是环境监测的结果，监测报告是环境监测的表现形式，均属于不同种类的证据。监测样本中含有特定物质，通过对这些物质的种类、数量等客观状况进行监测，可以判断环境质量的好坏、污染物的种类和数量及污染程度。监测样本符合物证的基本特征，即"以其内在属性、外部形态、空间方位等客观存在的特征证明案件事实的物体和痕迹"。因此，监测样本属于典型的物证。监测数据是对监测样本内在属性的客观描述，用以辅助说明监测样本这一物证的证明力。从证据方法看，监测样本属于物证，用以描述监测样本内在属性的监测数据并不必然属于物证，二者是两种独立类型的证据。根据目前的监测手段，可以将环境监测分为在线监测和手动监测。在线监测是通过安放在特定监测点的自动监测设备的连续自动监测，将所获得的监测数据通过特定数据线路直接上传至数据接收终端。手动监测则是首先依照法定程序和标准方法人工提取监测样本，然后再依照标准分析方法得出环境监测数据，并通过监测报告这一书面载体予以呈现。在线监测数据是通过自动监测设备对特定监测点环境要素或污染物质的监测所得到的数据，由电子设备自动生成，且以电子数据形式存在于电子设备或特定终端上。因此，在线监测数据属于电子数据。手工监测所得的监测数据记载于监测报告这一书面文件之中。环境监测报告凭其记载的具体内容来反映监测样本中特定物质的数量，这些数量就是对特定地点、时刻所发生的事实的描述与证明。环境监测报告符合书证"以其所表达的内容来证明案件的待证事实"的特征，因此属于书证。① 三是根据监测数据和检测报告等证据材料的制作主体，将其归为书证中的公文书证。《环境侵权案件司法解释》出台后，对第十条的规定，权威解读认为该条是依据公文书证的规则确立负有环境资源保护监督管理职责的部门或者其委托的机构出具的环境污染事件调查报告、检验报告、检测报告、评估报告或者监测数据的证据效力。② 对此，我们认为，数据和报告在实践中呈现出复杂样态，很难用单一标准对其证据属性

---

① 参见王社坤、苗振华：《环境监测数据的证据属性与证据能力研究》，载《环境保护》2014 年第 22 期。

② 参见最高人民法院研究室、最高人民法院环境资源审判庭编著：《最高人民法院环境侵权责任纠纷司法解释理解与适用》，人民法院出版社 2016 年版，第 120~130 页。

进行判断，三种观点从不同视角对数据和报告的证据种类进行界定和解读，为解决这一问题提供可以互相借鉴的思路。首先，对于监测数据，可以根据不同情况归入书证和电子数据；对于属于需要鉴定的专门性问题①，如果以检测报告、检验报告和评估报告的形式出具意见，则视为与鉴定意见类似的检验类证据，审查规则可以参照鉴定意见；对行政机关出具的不涉及需要鉴定的专门性问题判断的报告类证据材料，包括检测报告、检验报告和事件调查报告等，可以归入公文书证，按照公文书证的证据规则审查认定。

（四）从公文书证角度判断报告和数据的证据效力

之所以将公文书证单列，是因为本条规定的数据和报告多数情况下可以归入书证类证据，书证的证据规则对报告和数据的证据效力认定意义重大。书证是指以文字、符号、图形等形式记载的内容或表达的思想来证明案件事实的证据。书证要具有证据效力或者证明力必须满足两个基本条件：一是书证是真实的；二是书证所反映的内容对待证事实能起到证明作用。根据这两个条件，可以将书证的证明力分为形式证明力和实质证明力。所谓形式证明力，是指该书证中所记载的内容或者表达的思想的确是制作该文书的主体所为。是否具有形式上的证明力涉及书证的真实性问题。所谓实质证明力，是指书证记载的内容对证明待证事实起多大作用。是否具有实质证明力涉及证据的关联性问题。书证如果要证明待证事实，必须同时具备形式证明力和实质证明力。

书证有两种重要分类，直接影响不同书证的证明力，一是公文书证和私文书证的划分，二是处分性书证和报道性书证的划分。根据是否由国家机关或其他依法具有社会管理职能的组织依职权而制作，可以把书证分为公文书证和私文书证。所谓公文书证，是指国家机关或其他依法具有社会管理职能的组织在其职权范围内制作的文书，以该文书作为证明案件事实的依据即为公文书证，如民政部门制作的结婚证书，公安机关制作的身份

① 需要鉴定解决的专门性问题可以参考司法部和生态环境部联合制定的《环境损害司法鉴定执业分类规定》。

证明，行政处罚决定，不动产登记证书等。私文书证是指公民、企业和社会团体等非公共职能机构制作的与其职能无关的文书，如平等主体之间的合同、公司的决议、国家机关作出的与其公共管理和服务职能无关的文书等。区别公文书证和私文书证的意义在于二者的证据效力不同。因公文书证是依据法律授权，由享有相应职权的特定工作人员按照法定程序或方式制作的，具有较强的规范性和可信性，较之私文书证具有更高的证明力。根据《民事诉讼法司法解释》第一百一十四条规定，除非有足以推翻的相反证据，公文书证记载的事项推定为真实。该条明确了公文书证证明力的特殊性，实际上也就揭示出公文书证与私文书证的区别，确立了公文书证的真实推定规则和反证规则，公文书证推定为真实，但有相反证据足以推翻，且反证者承担相反事实的本证责任。公文书证是适格的主体在其职权范围内制作的，是依照法定程序和方式作出的。非依照法定职权范围制作或者不符合法定程序或方式作出的文书不具有公文书证的效力。

公文书证的真实推定是形式证明力推定还是实质证明力推定，《民事诉讼法司法解释》第一百一十四条并未明确，这一问题的进一步厘清，又涉及公文书证的另一分类问题。根据文书记载的内容是否具有设立、变更或者终止一定法律关系的意思表示，公文书证又可以分为处分性公文书证和报道性公文书证（私文书证也可作同样的划分）。处分性公文书证是指以设立、变更或者终止一定法律关系的意思表示为内容的公文书证，如许可证、处罚决定书、产权证书等。报道性公文书证，也称记录性公文书证，是指仅记载某一客观事实，或者公共管理机关的观念表示或者认识的公文书证，如本条规定的监测数据、调查报告等。一般而言，处分性书证如果证明是真实的，就可以直接证明"证书制作人通过该证书实施了记载内容的法律行为"的事实，即具有实质证明力。而如果是报道性书证，实质证明力则牵涉到其记载的内容是否可信的问题，需要法院在综合考量文书制作人的身份、制作目的、时间、记载方法、制作形式等因素的基础上作出认定，实质证明力仍需进一步判断。处分性公文书证具有实质证明力并无争议，但报道性公文书证是否具有实质证明力，各国和地区规定不同。德国和法国认可报道性公文书证的实质证明力推定规则，日本和我国台湾地区则仅承认报道性公文书证的形式证明力，其实质证明力仍需法官依自由心证作出认定。但德国和法国在关于公文书证的实质真实是否可以通过反证推翻的问题上又有不同规定。根据德国《民事诉讼法》第 415 条、第 417 条和第 418 条之规定，公文书证也可被推定具有实质真实性，但需根据公文书证所属类型区分是否允许对方当事人提出相反证据推翻实质真实的推定，报道性公文书证允许对方当事人提出相反证据予以推翻而处分性公文书证则不允许。法国的公文书证不论是处分性书证还是报道性书证，均可被推定形式真实和实质真实，当事人如有异议，仅能通过提起《民法典》第 1319 条第 2 款和《民事诉讼法》第 303 条至第 316 条规定的公文书证伪造之诉（包括本诉和附带诉讼）方可推翻公文书证的真实推定。[①] 我国《民事诉讼法》及司法解释虽然没有区分处分性公文书证和报道性公文书证，但考虑到公文书证分类对其证据效力的复杂影响，《民事诉讼法司法解释》第一百一十四条关于真实性推定和反证规则的规定，在实践中存有进一步解释的空间。对处分性公文书证，其记载的主要内容实际上是处分性行政行为，因涉及行政行为的效力问题，原则上不能简单地通过相反证据即推翻公文书证的实质证明力，而是应当通过法定程序否定所涉行政行为的效力。但该公文书证中记载的行政行为认定的事实，则可以采用反证规则，即有相反证据足以推翻的，可以否定。对报道性或记录性公文书证，还可以进一步划分，如果记载事项属于行政机关观念表示的准行政行为，如本条规定的事件调查报告，则适用实质证明力推定规则和反证规则；如果记载事项属于一般事实记录、描述的，如本条规定的监测数据，则可以适用实质证明力推定规则，但否定实质证明力时，采用《民事诉讼法司法解释》第九十三条免证事实中关于反驳规则的规定，即否定此类公文书证的实质证明力，无须采用反证规则中反证者承担相反事实的本证责任，其提供的反驳证据只要达到动摇公文记载内容真实性的程度，即可否定公文书证的实质证明力。之所以如此，主要是考虑到我国目前行政管理和执法的实际情况。

---

① 参见张海燕：《推定在书证真实性判断中的适用——以部分大陆法系国家和地区立法为借鉴》，载《环球法律评论》2015 年第 4 期。

【审判实践中应注意的问题】

一、注意区分鉴定性报告和非鉴定性报告

本条所涉的检验报告、检测报告和监测报告在名称和内容上存在一定程度的混用问题。首先是名称上，检验报告、检测报告和监测报告并无规范定义，前面已经涉及，不再赘述；其次是内容上，有些检验报告、检测报告和监测报告属于对专门性问题进行专业判断并出具类似于鉴定意见的结论和意见，有些报告是通过专门工具或仪器测定后记载的客观数据，我们将前者称为鉴定性报告或意见型报告，后者称为非鉴定性报告或者数据型报告。从证据内容的获取方法上看，二者具有相似之处，都是由专业人员运用自己的专业知识与技术，通过专业设备对特定对象进行分析所得到的结果，但仔细分析可以发现二者还是存在差别的，且不属于同类证据。鉴定性报告也会利用仪器设备进行检测、化验，但其最终反映的是具有专门知识的人基于其掌握的专业知识对特定专门问题的主观判断。而非鉴定性报告则是监测专业人员依据法定程序、标准方法，运用有效的仪器设备对相关样本中特定物质含量进行测定所得到的数据；在监测过程中，起决定性作用的不是监测人员的主观判断，而是监测仪器所给出的客观数据，监测人员只需根据仪器设备所测定数据如实制作监测报告即可。之所以鉴定性报告解决的专门性问题没有采取鉴定的方式解决，而采取本条规定的检验报告、检测报告和监测报告的方式解决，前面已经对原因进行了分析，不再赘述。对鉴定性报告的证据审查认定，可以参照鉴定意见的证据规则；对非鉴定性报告，则归入书证进行证据审查认定。

二、下级行政机关向上级行政机关提交的内部调查报告是否属于本条规定的事件调查报告

本条规定的事件调查报告是在行政执法过程中、履行环境资源保护监督管理职责时形成的调查报告。对于下级行政机关向上级行政机关提交的调查报告，是否属于本条规定的范围，目前还存在争议。一种观点认为，这些调查报告也是在执法过程中形成的，属于本条规定的事件调查报告，

可以作为证据，经过质证的，可以作为认定案件事实的证据。另一种观点认为，这类调查报告属于行政机关内部报告，在该行政机关内部管理过程中，下级行政机关实际是在上级行政机关的指导下开展调查，上级行政机关对该调查报告具有批复权。因此，报告只有经过上级行政机关批复的，才能认定为本条规定的调查报告；报告没有经过上级行政机关批复的，仅能作为一般的证据使用，也就是不属于本条的公文书证，不具有推定真实的效力。具体需要在审判实践中综合判断。

三、正确理解"行政执法过程中形成的"

正确理解"行政执法过程中形成的"是准确界定适用本条规定的报告和数据具体范围的前提，"行政执法过程中形成的"大体可以从两个方面理解：一是对"行政执法过程"的理解；二是对"形成"的理解。行政执法的概念非常广泛，既包括针对特定人员和事件的具体行政行为，也包括行政监督检查，还可以泛指一般的政府管理行为。本条所称的行政执法，主要是指具体行政执法行为和行政监督检查。具体行政执法行为是指行政主体为了保证行政管理法律的有效执行，依照法定程序，对具体事件进行处理并直接影响相对人权利与义务的行政行为。行政监督检查是指行政机关依照法定职权，对相对人遵守法律、法规和规章的情况进行检查、了解、监督的行政行为。具体到本条，主要是指针对案涉具体污染环境和破坏生态事件进行调查和处理的行政行为，以及对案涉具体环境要素在日常行政管理过程和行政监督检查中的常规监测或专项监测行为。这里所说的行政执法过程，既包括启动行政执法程序并最终作出行政行为的执法过程，也包括启动行政执法程序但最终并未作出行政行为（如行政处罚）的执法过程。"形成"包括两种情况，既包括行政机关或者其委托的机构在行政执法过程中制作和出具的报告和数据，也包括行政机关在行政执法过程中调查和收集的报告和数据，如行政执法程序启动前已经存在的监测数据。对行政机关委托的机构或者在执法过程中收集的其他机构的报告和数据，应当区分这些机构是否具有相应的法定公共管理职权，如果有公共管理职权，按照公文书证规则进行审查认定，如果无职权，不能按照公文书证规则进行审查认定，但不否认其证据资格，其证明力问题按照其归属的证据种类进行审查认定，如属于书证，按照私文书证的规则判断。

四、本条和第十条的衔接问题

与本条直接关联的是《若干规定》第十条规定。第十条主要解决的是对生态环境损害赔偿诉讼涉及的专门性问题，在诉讼前委托鉴定或检验检测评估，形成的诉讼外鉴定意见和相关报告的证据资格问题。除条文目的外，第十条规定与本条既有相同之处也有不同之处。不同之处主要表现在两个方面：一是提供证据材料的当事人不同。本条的证据材料提供者主要是作为原告的行政机关，证据来源也主要是行政机关或者其委托的机构；第十条的证据材料提供者包括原告和被告两方当事人，证据来源是其委托的具备环境司法鉴定资质的鉴定机构和国务院环境资源保护监督管理相关主管部门推荐的机构。二是所涉及的证据材料种类不完全一致。本条涉及的证据材料种类主要是调查报告、检验报告、检测报告、评估报告、监测数据等；第十条除上述检验报告、检测报告、评估报告、监测数据外，还包括鉴定意见。相同之处在于，第十条规定的诉前委托的国务院环境资源保护监督管理相关主管部门推荐的机构，可能会和本条规定的行政机关在行政执法过程中委托的机构交叉重叠，但由于本条和第十条在所涉证据材料的证据资格和证据效力的审查认定规则上相同，对这两条调整范围重叠的证据，无论适用哪一条款均无实质影响。

【法条链接】

《环境保护法》

第十七条　国家建立、健全环境监测制度。国务院环境保护主管部门制定监测规范，会同有关部门组织监测网络，统一规划国家环境质量监测站（点）的设置，建立监测数据共享机制，加强对环境监测的管理。

有关行业、专业等各类环境质量监测站（点）的设置应当符合法律法规规定和监测规范的要求。

监测机构应当使用符合国家标准的监测设备，遵守监测规范。监测机构及其负责人对监测数据的真实性和准确性负责。

《环境侵权案件司法解释》

第十条 负有环境资源保护监督管理职责的部门或者其委托的机构出具的环境污染、生态破坏事件调查报告、检验报告、检测报告、评估报告或者监测数据等，经当事人质证，可以作为认定案件事实的根据。

《突发环境事件调查处理办法》

第十五条 突发环境事件调查报告应当包括下列内容：

（一）突发环境事件发生单位的概况和突发环境事件发生经过；

（二）突发环境事件造成的人身伤亡、直接经济损失，环境污染和生态破坏的情况；

（三）突发环境事件发生的原因和性质；

（四）突发环境事件发生单位对环境风险的防范、隐患整改和应急处置情况；

（五）地方政府和相关部门日常监管和应急处置情况；

（六）责任认定和对突发环境事件发生单位、责任人的处理建议；

（七）突发环境事件防范和整改措施建议；

（八）其他有必要报告的内容。

第十条 当事人在诉前委托具备环境司法鉴定资质的鉴定机构出具的鉴定意见，以及委托国务院环境资源保护监督管理相关主管部门推荐的机构出具的检验报告、检测报告、评估报告、监测数据等，经当事人质证并符合证据标准的，可以作为认定案件事实的根据。

【条文主旨】

本条是关于诉前生态环境损害鉴定评估等证据材料效力的规定。

【条文理解】

我国民事诉讼法上所称的鉴定，指的是司法鉴定，所称的鉴定意见，也是特指由人民法院委托有资质的鉴定人通过科学的鉴定手段就案件事实所涉专门性问题出具的相关意见。当事人自行委托鉴定，并不是法律上的概念，而是对现实生活中存在的法律现象的归纳，有人称之为自行鉴定，认为自行鉴定是相关当事人就专门性问题自行委托有相应鉴定或者检测、评估资质的机构或相关专家进行检验、评价与判断，并形成书面意见的行为。① 根据《改革方案》的规定，生态环境损害鉴定评估报告是当事人双方在诉前开展磋商的重要依据。在生态环境损害赔偿诉讼中，往往在诉讼之前当事人已经委托形成鉴定评估报告，并将其作为重要证据向法院提交。因此，《若干规定》根据生态环境损害赔偿诉讼的特点，专门就诉前形成的有关专门性问题证据材料的效力进行了规定。

一、生态环境损害赔偿鉴定评估的发展情况

鉴定是鉴定人运用专门的知识和技能，辅之以必要的技术手段，对案件中发生争议的专门性问题进行检测、分析、鉴别的活动。随着社会的发展，纠纷涉及面也越来越宽、越来越复杂，需要借助专门知识审理的案件也越来越多。在民事诉讼中，由于实行证明责任制度，负有证明责任的一方当事人如果没有证据对自己的主张加以证明，就将承担相应的不利后果，因此鉴定意见就成为证明事实主张的一种十分重要的证明方法和手段，鉴定意见也越来越受到人们的重视。② 在环境资源案件中，由于环境中的污染物质来源广泛，性质各异，它们进入环境中以后，相互之间以及它们与环境要素之间往往会发生复杂的物理、化学或者生物化学反应，同时，还会基于其自身的物理、化学与生物特性，发生迁移、扩散、富集等现象，从而使得损害过程变得异常复杂。③ 因此，在办理环境资源类案件中，往往会面临大量的与环境污染、生态破坏相关的专业性问题。而生态环境损害鉴定评估能够为环境污染、生态破坏导致的人身、财产与资源损害提供因果关系认定、损害数额计算的技术依据或证据支持。这使得环境资源案件中鉴定意见与检验报告、检测报告、评估报告、监测数据，往往成为案件审理过程中认定污染物性质、生态环境损害性质程度范围、因果

---

① 参见最高人民法院民事审判第一庭编著：《最高人民法院新民事诉讼证据规定理解与适用》（上），人民法院出版社 2020 年版，第 398 页。

② 参见张卫平：《民事诉讼法》，法律出版社 2016 年版，第 212 页。

③ 参见於方等：《环境损害鉴定评估技术研究综述》，载《中国司法鉴定》2017 年第 5 期。

关系，确定赔偿数额和责任承担的重要依据。

美国、欧盟、意大利、日本等国家和地区在环境损害评估方面积累了较为成熟的经验。美国通过实际案例评估工作经验的积累，建立了一套较为完整的自然资源环境损害评估制度。在美国联邦层面，《清洁水法》《综合环境反应、赔偿和责任法》《石油污染法案》是三部主要的环境损害响应和责任追究法律。《综合环境反应、赔偿和责任法》是美国内政部（DOI）于1980年颁布的，主要针对危险固体废物和有害物质的不当处置造成的场地污染和资源环境损害进行应急响应、责任追究和治理恢复。其规定的环境损害评估强调损害赔偿金，为受损害自然资源使用价值的损失确定一个货币价值。在这部法律中，自然资源损害评估分为预评估期、评估计划期、评估期和后评估期四个阶段。受托人在预评估期收集和审查各种信息，确定自然资源或者服务是否受到了损害。如果预评估阶段的结论显示应进行损害评估，则评估者应制订评估计划，选择评估程序，并针对所选择的不同评估类型采取不同的执行方式。在评估期，要进行损害因果关系判定、自然资源损害的判定与量化，在损害确定后，通过确定基线服务，量化受损害资源提供的服务数量和质量相对于基线状态的减少程度。评估结束后，受托人应编写由评估筛选确定、评估计划和有关信息组成的评估报告，且应向潜在责任方提交缴纳损害赔偿金和评估费用的书面要求。《石油污染法案》规定的损害评估是美国国家大气与海洋管理局发布的。该法案规定的自然资源损害评估不同于内政部规定之处在于它通过使用恢复、修复、重置或获取同等自然资源和服务的方法，根据使受损害自然资源及其服务恢复到基线状态的实际成本来衡量损害赔偿金。欧盟于2004年4月通过《欧盟环境责任指令》建立了统一的环境责任框架。《欧盟环境责任指令》中的环境损害评估主要包括初始评估、确定和量化损害、确定和量化增益、确定补偿和补充性修复措施的规模、监测和报告五个步骤。在初始评估阶段，应描述事故、筛选数据、初步确定、评估已发生或预计要发生的环境损害的性质、程度、空间和时间范围及环境服务所受的影响，并制订修复计划，确定基本修复的必要性及修复替代方法的适当类型和程度。在确定和量化损害阶段，需要初步认定潜在的环境及服务损害、确定损害及其原因、确定事故与造成的损害之间在可行范围内的因果关系，评估损害和服务损失的空间、时间范围和损失程度，计算期间损失。其后，确定修复的备选方案，评估每种可行的修复方案实施后的服务增益，确定补偿和补充性修复措施的规模，估算备选修复方案的成本，选择修复成本与取得的环境效益相称的修复措施。在确定修复项目的规模后，应编制修复计划，并定期进行检测、编写检测报告，作为修复计划的一部分。2004 年《欧盟环境责任指令》出台后，意大利在 2006 年即将其转化为国内法律，并依据评估原则和技术方法进行了评估实践。20 世纪，日本在应对环境公害事件的 50 多年的历程中，针对健康损害形成了独特的责任与赔偿制度，建立了健全成熟快捷的环境权益维护制度，除司法救济途径外，还形成了公害行政救济途径。①

关于鉴定机构的相关认定问题。《若干规定》规定了两类机构：一是具备环境司法鉴定资质的鉴定机构。根据 2005 年通过、2015 年修正的《全国人民代表大会常务委员会关于司法鉴定管理问题的决定》，司法鉴定的行政管理主体是国务院司法行政部门。环境损害鉴定评估作为一项特殊的鉴定事项，以 2015 年为界，环境损害司法鉴定的发展分为两个阶段。2015 年之前，福建、云南、重庆、山西等地的司法厅（局）为满足环境损害司法诉讼需要，审批了部分环境损害司法鉴定机构。对环境损害司法鉴定的相关管理，参照适用《司法鉴定机构登记管理办法》《司法鉴定人登记管理办法》《司法鉴定程序通则》。同时，部分地方法院从审理环境案件实践需要出发，提出了可以建立环境损害鉴定评估机构的名单。2015 年，根据《全国人民代表大会常务委员会关于司法鉴定管理问题的决定》规定，由国家统一管理的司法鉴定业务包括法医类鉴定、物证类鉴定及声像资料鉴定三大类，对三大类之外的鉴定事项，司法部须商最高人民法院和最高人民检察院进行确定。在原环境保护部和司法部的共同推动下，2015年 12 月，最高人民法院、最高人民检察院和司法部联合下发《关于将环境损害司法鉴定纳入统一登记管理范围的通知》（司发通〔2015〕117号），原环境保护部联合司法部共同印发《关于规范环境损害司法鉴定管

---

① 参见刘倩等编著：《环境损害鉴定评估与赔偿法律体系研究》，中国环境出版社 2016 年版，第 30~32 页、第 73~74 页；张红振等：《环境损害评估：国际制度及对中国的启示》，载《环境科学》2013 年第 5 期。

理工作的通知》（司发通〔2015〕118号），环境损害鉴定被正式纳入司法鉴定统一登记管理。2018年6月，生态环境部与司法部联合印发了《环境损害司法鉴定机构登记评审细则》，明确环境损害司法鉴定机构登记评审标准和程序。二是国务院环境资源保护监督管理相关主管部门推荐的机构。本条规定的"国务院环境资源保护监督管理相关主管部门推荐的机构"，主要是指原环境保护部推荐的环境损害鉴定评估推荐机构，以及原环境保护部、海关总署、原质检总局共同推荐的固体废物鉴别机构等。

在我国学术界关于环境损害评估的研究与计算不断发展的基础之上，2007年，原农业部针对农业环境污染事故发布了《农业环境污染事故等级划分规范》（NY/T 1262—2007）、《农业环境污染事故损失评价技术准则》（NY/T 1263—2007）。2014年，司法部发布了《农业环境污染事故司法鉴定经济损失估算实施规范》（SF/Z JD 0601001—2014），规定了农业环境污染事故引起的农产品、农业环境及其他财产损失的估算范围、现场调查、估算方法及其适用条件、误差分析与控制。针对渔业水域受外源污染导致天然渔业资源、渔业养殖生物和渔业生产受损害造成的经济损失评估，原国家质量监督检验检疫总局、国家标准化管理委员会于2008年制定了《渔业污染事故经济损失计算方法》（GB/T 21678—2008）。原国家海洋局于2013年发布《海洋生态环境损害评估技术指南（试行）》。2011年，原环境保护部制定了《环境污染损害数额计算推荐方法（第I版）》。2014年，原环境保护部在对第I版进行修改的基础上，发布了《环境损害鉴定评估推荐方法（第II版）》，其中规定的环境损害鉴定评估是指鉴定评估机构按照规定的程序和方法，综合运用科学技术和专业知识，评估污染环境或破坏生态行为所致环境损害的范围和程度，判定污染环境或破坏生态行为与环境损害间的因果关系，确定生态环境恢复至基线状态并补偿期间损害的恢复措施，量化环境损害数额的过程。2016—2017年，原环境保护部陆续出台了《生态环境损害鉴定评估技术指南 总纲》《生态环境损害鉴定评估技术指南 损害调查》《关于虚拟治理成本法适用情形与计算方法的说明》等技术规范。上述技术规范在2021年被修订。修订前的《生态环境损害鉴定评估技术指南 总纲》与修订后的《生态环境损害鉴定评估技术指南 总纲与关键环节 第1部分：总纲》规定的生态环境损害鉴定评估，是指鉴定评估机构按照规定的程序和方法，综合运用科学技术和专业知识，调查污染环境、破坏生态行为与生态环境损害情况，分析污染环境或破坏生态行为与生态环境损害间的因果关系，评估污染环境或破坏生态行为所致生态环境损害的范围和程度，确定生态环境恢复至基线并补偿期间损害的恢复措施，量化生态环境损害数额的过程。

实践中，生态环境损害赔偿鉴定评估一直存在机构较少、鉴定评估范围窄、缺乏统一的技术标准与鉴定评估工作程序等问题。2011 年，原环境保护部出台《关于开展环境污染损害鉴定评估工作的若干意见》，开始在下属事业单位环境规划院、环境监测总站，分别成立环境风险与损害鉴定评估研究中心、环境污染损害鉴定技术中心，开展环境风险与损害鉴定评估与赔偿修复方面的鉴定评估、监测研究与实践工作。2014 年 1 月，原环境保护部根据社会对环境损害鉴定评估的需要，结合原环境保护部 2011 年以后环境损害鉴定评估工作试点情况，编制了《环境损害鉴定评估推荐机构名录（第一批）》，推荐了第一批 12 家环境损害鉴定评估机构、7 家协作单位。环境损害鉴定评估工作实现了"两条腿走路"。2016 年，原环境保护部印发了《环境损害鉴定评估推荐机构名录（第二批）》，推荐了第二批 17 家环境损害鉴定评估机构、2 家协作单位。同时，对推荐名录进行了说明，明确各级环境保护主管部门在工作中遇到司法机关、行政机关或者其他单位和个人要求提供环境损害鉴定评估信息时，可以向其提供名录，供需要鉴定评估机构有关信息的单位和个人参考。推荐机构名录不属于行政许可，不具备强制力。各级环境保护主管部门也可以向当事人推荐没有被列入该名录的鉴定评估机构从事环境损害鉴定评估工作。环境损害鉴定评估机构根据当事人委托自主独立开展环境损害鉴定评估工作，不受地域范围限制，独立开展业务并承担相应的责任，对鉴定评估报告的真实性、合法性负责。2020 年 4 月，生态环境部印发了第三批生态环境损害鉴定评估推荐机构名录，将辽宁大学等 13 家生态环境损害鉴定评估机构列入推荐名录。

为进一步解决环境损害评估鉴定中鉴定评估机构主体多元、工作程序和技术标准不一致等问题，2016 年以来，司法部、生态环境部（原环境保护部）先后联合印发《环境损害司法鉴定机构登记评审办法》《环境损害司法鉴定机构登记评审专家库管理办法》《环境损害司法鉴定机构登记评审细则》，对环境损害司法鉴定实行统一规范管理。环境损害司法鉴定在法医、物证和声像资料传统三大类司法鉴定外，正式纳入第四类司法鉴定业务。① 截至 2018 年 12 月底，全国经省级司法行政机关审核登记的环境损害司法鉴定机构达 114 家，鉴定人 1900 余名。2019 年 5 月，司法部、生态环境部共同印发《环境损害司法鉴定执业分类规定》，将污染物性质鉴定、地表水与沉积物、空气污染、土壤与地下水、近海海洋与海岸带、生态系统和其他环境损害鉴定七大类事项细化为 47 个执业类别，进一步明确鉴定机构和鉴定人执业范围，规范执业活动。在《环境损害司法鉴定执业分类规定》中，对于环境损害司法鉴定的概念进行了进一步的明确。2019 年，司法部印发《关于进一步做好环境损害司法鉴定管理有关工作的通知》，要求加强与生态环境部门沟通协作，认真研究解决环境损害司法鉴定流程、标准适用等方面的突出问题，及时推出一批检察公益诉讼中不预收鉴定费的鉴定机构，充分发挥司法鉴定在环境公益诉讼和环境污染刑事案件办理中的功能作用。

二、《若干规定》在起草过程中关注的重点问题

（一）关于专业机构的资质认定问题

本条规定的是当事人诉前自行委托形成的生态环境损害鉴定意见的审查认定规则。由于生态环境损害赔偿案件所涉的生态环境损害危及陆地、河流、地下水、环境空气等各类环境介质，对植物、动物、微生物等生物要素产生不利改变，所涉及的专业性事项往往更加复杂，专业属性也更加突出。《改革方案》规定："生态环境损害发生后，赔偿权利人组织开展生态环境损害调查、鉴定评估、修复方案编制等工作，主动与赔偿义务人磋商。磋商未达成一致，赔偿权利人可依法提起诉讼。""经调查发现生态环境损害需要修复或赔偿的，赔偿权利人根据生态环境损害鉴定评估报告，

---

① 参见刘倩等编著：《环境损害鉴定评估与赔偿法律体系研究》，中国环境出版社 2016 年版，第 3~5 页。

就损害事实和程度、修复启动时间和期限、赔偿的责任承担方式和期限等具体问题与赔偿义务人进行磋商。"可见，生态环境损害鉴定评估报告在磋商过程中，是确定损害事实和程度、修复启动时间和期限、赔偿的责任承担方式和期限等的重要依据。

在《若干规定》起草过程中，曾有意见提出，既然环境损害司法鉴定机制已经逐步建立，则在鉴定主体的认定上应当严格按照环境损害司法鉴定机构名录认定。对于不具有司法鉴定资质的机构出具的鉴定评估意见，不能采纳。对此，我们研究认为，考虑到目前实践中还有原环境保护部推荐的机构接受当事人或者法院的委托出具检验报告、检测报告、评估报告等，因此，对于鉴定评估主体，《若干规定》仍然采取了"两条腿走路"的态度，对于国务院环境资源保护主管部门推荐的机构出具的上述报告经过质证并符合证据标准的，可以作为认定案件事实的根据。

（二）关于诉前鉴定评估意见的证据效力问题

作为当事人提交的证据材料，尽管有学者认为，环境损害鉴定评估和环境损害司法鉴定在使用主体和服务对象上有所差别，但两者的实质是基本相同的，所使用的技术方法也基本一致，[①] 但生态环境损害赔偿诉讼案件中，诉前鉴定评估是当事人在起诉前就涉诉案件相关事实自行委托，鉴定意见作为当事人提交的证据材料，二者仍然不能等同。对于诉讼过程中形成的鉴定意见、检验结论、监测数据等证据的审查判断，已有司法解释作出了规定。如 2016 年《环境污染刑事司法解释》第十四条规定："对案件所涉的环境污染专门性问题难以确定的，依据司法鉴定机构出具的鉴定意见，或者国务院环境保护主管部门、公安部门指定的机构出具的报告，结合其他证据作出认定。"《环境侵权案件司法解释》第十条规定："负有环境资源保护监督管理职责的部门或者其委托的机构出具的环境污染、生态破坏事件调查报告、检验报告、检测报告、评估报告或者监测数据等，经当事人质证，可以作为认定案件事实的根据。"2019 年《民事诉讼证据规定》对于鉴定问题进行了专门规定。

---

① 参见於方等：《环境损害鉴定评估技术研究综述》，载《中国司法鉴定》2017 年第 5 期。

但对于诉前鉴定评估，在《若干规定》的起草过程中，理论界和实务界的态度存在不同。首先，对于本条规定的鉴定评估委托阶段，有意见认为，应当限制为诉前磋商阶段委托，理由是《改革方案》规定，经调查发现生态环境损害需要修复或赔偿的，赔偿权利人根据生态环境损害鉴定评估报告，就损害事实和程度、修复启动时间和期限、赔偿的责任承担方式和期限等具体问题与赔偿义务人进行磋商。原告与被告在诉前进行磋商是提起生态环境损害赔偿诉讼前置程序，在此期间要委托鉴定评估。因此，磋商阶段委托鉴定评估是生态环境损害赔偿诉讼案件不同于其他民事诉讼案件的特点，故而需要进行特别规定。但考虑到生态环境损害在某些情况下具有瞬时性，需要第一时间进行调查评估，以更加准确地反映生态环境损害情况，将诉前鉴定评估的委托时间限于磋商阶段具有一定的局限性。对于起诉前磋商阶段以外，当事人委托形成生态环境损害鉴定评估报告符合本条规定的条件，经当事人质证，亦可作为认定案件事实的根据。其次，对于证据效力问题，在起草过程中，有观点认为，诉前由当事人自行委托的鉴定不属于司法鉴定，其结果并不属于作为法定证据类型的鉴定意见，只有在诉讼活动中进行的鉴定才符合司法鉴定的定义。生态环境损害赔偿权利人在磋商前或磋商阶段委托鉴定时，尚未介入诉讼活动，且此后当事人是否会提起诉讼以及人民法院是否会启动生态环境赔偿诉讼程序尚处于不确定的状态，因此诉前委托鉴定不是真正意义上的鉴定，不具有证据能力和证明力。我们在解释起草的过程中也对这一观点进行了充分考虑。鉴于生态环境损害赔偿诉讼在案件性质和涉诉环境污染、生态破坏事实上有其特殊性，未予采纳这一观点。原因在于，突发环境事件具有突发性、瞬时性、污染迁移转化快等特点，调查人员如果无法第一时间介入，制定服务于环境损害鉴定评估的调查检测方案，开展环境调查与监测，事后很难精确还原事发时的情景，仅能依靠模型进行推演。对于大型矿区、生产历史复杂的工业场地以及历史遗留型污染等累积性环境损害，由于污染时间较长，污染物经过了长时间的迁移扩散，可能已经从一种介质进入了多种环境介质之中，甚至是岩体裂隙、深层地下水、溶洞等调查困难度极高的环境中。① 环境污染、生态破坏事件发生后，环境状况无时无刻不在发生变化，而鉴定所需的样本或检材需要从变化的环境中提取。因此，如果不能及时提取样本或检材，并尽早委托鉴定，则有可能要在诉讼进程中面对因环境因素的变化而造成的鉴定困难甚至无法鉴定的局面。故而，对当事人在诉前委托鉴定机构出具的鉴定评估报告，不宜仅因其属于自行委托、形成时尚未进入诉讼程序而全盘否定其证据资格，而是应该在审查后进行判断。

在《若干规定》起草过程中，就本条规定曾经存在两种意见。第一种意见认为，当事人在诉前委托形成的鉴定评估材料，在进入生态环境损害赔偿诉讼程序后，如果对方当事人不予认可并提出重新鉴定，则法院面临着重新鉴定耗时费力的局面。为避免这一问题的出现，在本条中应特别规定诉前鉴定评估需要当事人共同委托。第二种意见则认为，诉前鉴定评估不需要当事人共同委托。我们研究后，采纳了第二种意见。主要考虑是：第一，从单方举证证明自己观点的角度出发，在民事诉讼中，当事人有提供证据的权利，其单方委托鉴定形成的书面意见作为一种证据形式，还是应当被允许的。当事人要实现此诉讼权利，理应有权直接自行聘请专家鉴定人。② 可见，在司法鉴定领域之外，《民事诉讼法》既未排斥当事人自行委托鉴定的权利，亦未排斥当事人单方委托鉴定的权利。而且，本条所规定的情形是当事人在诉前进行委托，此时案件最终是否会进入诉讼程序尚不明晰，人民法院对此作出要求双方共同委托的限制性规定并不合适。第

---

① 参见於方等：《环境损害鉴定评估技术问题探讨》，载《中国司法鉴定》2016 年第 1 期。

② 参见最高人民法院民事审判第一庭编著：《最高人民法院新民事诉讼证据规定理解与适用》（上），人民法院出版社 2020 年版，第 402 页。

二，生态环境损害鉴定评估周期长、费用高。[①] 在司法实践中，提起生态环境损害赔偿诉讼的案件，赔偿义务人可能会同时被追究刑事责任或行政责任，存在赔付能力低、无力委托鉴定的情况，在诉讼程序中被告可能选择仅需支付相对较低的专家费即可由专家库的专家出具专家意见并申请专家出庭，并非必须在诉前委托鉴定。故而《若干规定》没有采纳诉前鉴定评估报告需要共同委托的意见，而采用现在的模式规定诉前单方委托鉴定评估而形成的证据材料，经当事人质证并符合证据标准的，可以作为认定案件事实的根据。

【审判实践中应注意的问题】

《民事诉讼法司法解释》第一百零三条第一款规定："证据应当在法庭上出示，由当事人互相质证。未经当事人质证的证据，不得作为认定案件事实的根据。"第一百零四条规定："人民法院应当组织当事人围绕证据的真实性、合法性以及与待证事实的关联性进行质证，并针对证据有无证明力和证明力大小进行说明和辩论。能够反映案件真实情况、与待证事实相关联、来源和形式符合法律规定的证据，应当作为认定案件事实的根据。"质证是当事人、诉讼代理人及第三人在法庭的主持下，对当事人及第三人提出的证据就其真实性、合法性、关联性以及证明力有无和大小予以说明

---

① 由于生态环境损害涉及要素广，具有潜伏性、系统性，需要开展基线水平确定、受损功能评估、恢复方案筛选等技术复杂的工作，在检测点位、采样数量上显著多于传统三大类司法鉴定，评估对期间损失、修复方案的确定，技术更复杂，很难在短期内完成。此外，鉴定评估人员暴露于有毒、有害环境中，需要采取一定防护措施。因此，环境损害鉴定评估较传统三大类司法鉴定成本更高。以危险废物鉴别要求为例，我国目前的固体废物危险特性鉴别标准体系对采样数量、检测指标和判定标准均有严格规定。如堆存的固体废物为 100 吨，需要采集 32 个样品，如堆存量大于 1000 吨，则需要采集 100 个样品；对于连续产生的固体废物，则需要连续采样一个月（或一个生产周期）。对于来源和主要成分未知的固体废物，则要依次进行反应性、易燃性、腐蚀性、浸出毒性中无机物质、浸出毒性中有机物质、毒性物质含量鉴别中无机物质、毒性物质含量鉴别中有机物质和急性毒性鉴别项目的检测，全部检测指标达几百项，所需采样和检测周期长、检测费用高。在国外，环境损害鉴定评估收费也比传统检测、检验要高。例如，在美国威斯康星州 Lower Fox 河多氯联二苯污染案件中，污染源为位于 Lower Fox 河岸威斯康星州阿普尔顿铜版纸厂和其他几家造纸厂。评估机构经对因多氯联二苯污染而无法食用河中的鱼类所导致的休闲娱乐服务的损失与鸟类（燕鸥和秃鹰）和哺乳动物（特别是水貂）栖息地的生态服务功能的损失进行评估，认为基本恢复、补偿性恢复和补充性恢复费用共计 4080 万美元。该案的评估费用达到了 155 万美元。

和质辩的活动或过程。① 对证据的质证，是围绕审查判断证据的考量因素进行的，而对于证据的审查判断则是以证据属性为基础的。就任何一项证据材料而言，具备证据属性和特征，是取得证明力的前提。如果证据属性被否定，也就谈不上证明力有无及强弱的问题。一般认为，证据的真实性、关联性和合法性是证据的三种属性或者说三个特征，只有具备真实性、关联性和合法性的证据，才能够作为证明案件事实的基础。在生态损害赔偿诉讼案件中，当事人诉前委托形成的生态环境损害鉴定评估本身只是证据材料，并不具有对待证事实的证明力，只有经过法庭质证、符合证据资格的证据材料才是证据，才具有证明力。因此，本条特别规定了对于诉前生态环境损害鉴定评估，需经当事人质证并符合证据标准的，才可以作为认定案件事实的根据。

此外，审判实践中应当注意的是，本条规定的当事人诉前委托的环境损害鉴定评估，从证据形式上包括具备环境司法鉴定资质的鉴定机构出具的鉴定意见，以及委托国务院环境资源保护监督管理相关主管部门推荐的机构出具的检验报告、检测报告、评估报告、监测数据等。在实践中，如果上述多种证据材料并存，甚至出现结论意见不同时，我们认为，不宜仅因接受委托的专业机构的资质而排除其他证据材料，而是应当在组织双方当事人进行质证的基础上由法官进行实质审查判断。主要考虑是，无论是当事人自行委托鉴定还是自行委托出具的检验报告等，都是证据材料，具有一定的证据基础和专业特征。环境污染专门性问题的判断十分复杂，特别是在污染行为与损害结果的因果关系、污染损害评估等方面存在不同认定意见的情况下，对自行委托的鉴定评估报告和检验报告、检测报告等证据的进一步审查，对于更好地判定专门性问题，更为准确地查明案件事实，确保案件的公正审理，保护国家和社会公共利益，具有积极意义。② 需要注意的是，生态环境损害赔偿工作开展过程中，赔偿权利人与其作为行政主管部门的职权可能存在交叉。对于行政主管部门依据法律、行政法

---

① 参见张卫平：《民事诉讼法》，法律出版社 2016 年版，第 243 页。

② 在环境污染犯罪案件中，对于鉴定意见和检验报告如何取舍的问题，同样有观点认为不能因证据形式而当然采纳鉴定意见，而是应当进行实质审查，以更好地判断环境污染专门性问题。参见喻海松：《环境资源犯罪实务精释》，法律出版社 2017 年版，第 161 页。

规和规章授权，对相关的专门性问题进行认定过程中所作的鉴定，"虽然并非《民事诉讼法》八种法定证据类型的鉴定意见，也未按照民事诉讼法定程序进行鉴定人选任、鉴定材料质证与认证等，但由于其行政处理的法定性和行政程序的严谨性，对于相关意见或者结论因系有关单位依照管理职权所作出，可以作为书证对待"①。

【法条链接】

《全国人民代表大会常务委员会关于司法鉴定管理问题的决定》

二、国家对从事下列司法鉴定业务的鉴定人和鉴定机构实行登记管理制度：

（一）法医类鉴定；

（二）物证类鉴定；

（三）声像资料鉴定；

（四）根据诉讼需要由国务院司法行政部门商最高人民法院、最高人民检察院确定的其他应当对鉴定人和鉴定机构实行登记管理的鉴定事项。

法律对前款规定事项的鉴定人和鉴定机构的管理另有规定的，从其规定。

十七、本决定下列用语的含义是：

（一）法医类鉴定，包括法医病理鉴定、法医临床鉴定、法医精神病鉴定、法医物证鉴定和法医毒物鉴定。

（二）物证类鉴定，包括文书鉴定、痕迹鉴定和微量鉴定。

（三）声像资料鉴定，包括对录音带、录像带、磁盘、光盘、图片等载体上记录的声音、图像信息的真实性、完整性及其所反映的情况过程进行的鉴定和对记录的声音、图像中的语言、人体、物体作出种类或者同一认定。

《环境污染刑事司法解释》

第十四条 对案件所涉的环境污染专门性问题难以确定的，依据司法

---

① 最高人民法院民事审判第一庭编著：《最高人民法院新民事诉讼证据规定理解与适用》（上），人民法院出版社 2020 年版，第 406~407 页。

鉴定机构出具的鉴定意见，或者国务院环境保护主管部门、公安部门指定的机构出具的报告，结合其他证据作出认定。

《环境侵权案件司法解释》

第八条　对查明环境污染、生态破坏案件事实的专门性问题，可以委托具备相关资格的司法鉴定机构出具鉴定意见或者由负有环境资源保护监督管理职责的部门推荐的机构出具检验报告、检测报告、评估报告或者监测数据。

第十条　负有环境资源保护监督管理职责的部门或者其委托的机构出具的环境污染、生态破坏事件调查报告、检验报告、检测报告、评估报告或者监测数据等，经当事人质证，可以作为认定案件事实的根据。

《民事诉讼证据规定》

第四十一条　对于一方当事人就专门性问题自行委托有关机构或者人员出具的意见，另一方当事人有证据或者理由足以反驳并申请鉴定的，人民法院应予准许。

《最高人民法院、最高人民检察院、公安部、司法部、生态环境部关于办理环境污染刑事案件有关问题座谈会纪要》

14. 关于鉴定的问题

会议指出，针对当前办理环境污染犯罪案件中存在的司法鉴定有关问题，司法部将会同生态环境部，加快准入一批诉讼急需、社会关注的环境损害司法鉴定机构，加快对环境损害司法鉴定相关技术规范和标准的制定、修改和认定工作，规范鉴定程序，指导各地司法行政机关会同价格主管部门制定出台环境损害司法鉴定收费标准，加强与办案机关的沟通衔接，更好地满足办案机关需求。

会议要求，司法部应当根据《关于严格准入严格监管提高司法鉴定质量和公信力的意见》（司发〔2017〕11号）的要求，会同生态环境部加强对环境损害司法鉴定机构的事中事后监管，加强司法鉴定社会信用体系建设，建立黑名单制度，完善退出机制，及时向社会公开违法违规的环境损害司法鉴定机构和鉴定人行政处罚、行业惩戒等监管信息，对弄虚作假造成环境损害鉴定评估结论严重失实或者违规收取高额费用、情节严重的，依法撤销登记。鼓励有关单位或者个人向司法部、生态环境部举报环境损害司法鉴定机构的违法违规行为。

会议认为，根据《环境解释》的规定精神，对涉及案件定罪量刑的核心或者关键专门性问题难以确定的，由司法鉴定机构出具鉴定意见。实践中，这类核心或者关键专门性问题主要是案件具体适用的定罪量刑标准涉及的专门性问题，比如公私财产损失数额、超过排放标准倍数、污染物性质判断等。对案件的其他非核心或者关键专门性问题，或者可鉴定也可不鉴定的专门性问题，一般不委托鉴定。比如，适用《环境解释》第一条第二项"非法排放、倾倒、处置危险废物三吨以上"的规定对当事人追究刑事责任的，除可能适用公私财产损失第二档定罪量刑标准的以外，则不应再对公私财产损失数额或者超过排放标准倍数进行鉴定。涉及案件定罪量刑的核心或者关键专门性问题难以鉴定或者鉴定费用明显过高的，司法机关可以结合案件其他证据，并参考生态环境部门意见、专家意见等作出认定。

15. 关于监测数据的证据资格问题

会议针对实践中地方生态环境部门及其所属监测机构委托第三方监测机构出具报告的证据资格问题进行了讨论。会议认为，地方生态环境部门及其所属监测机构委托第三方监测机构出具的监测报告，地方生态环境部门及其所属监测机构在行政执法过程中予以采用的，其实质属于《环境解释》第十二条规定的"环境保护主管部门及其所属监测机构在行政执法过程中收集的监测数据"，在刑事诉讼中可以作为证据使用。

《环境损害司法鉴定执业分类规定》

第二条　环境损害司法鉴定是指在诉讼活动中鉴定人运用环境科学的技术或者专门知识，采用监测、检测、现场勘察、实验模拟或者综合分析等技术方法，对环境污染或者生态破坏诉讼涉及的专门性问题进行鉴别和判断并提供鉴定意见的活动。

第三条　环境损害司法鉴定解决的专门性问题包括：确定污染物的性质；确定生态环境遭受损害的性质、范围和程度；评定因果关系；评定污染治理与运行成本以及防止损害扩大、修复生态环境的措施或方案等。

第十一条　被告违反国家规定造成生态环境损害的，人民法院应当根据原告的诉讼请求以及具体案情，合理判决被告承担修复生态环境、赔偿损失、停止侵害、排除妨碍、消除危险、赔礼道歉等民事责任。

【条文主旨】

本条是关于生态环境损害赔偿诉讼民事责任承担方式的规定。

【条文理解】

本条规定了生态环境损害赔偿诉讼案件中赔偿义务人应该承担的责任类型，是该类案件中赔偿权利人及受害人获得救济的法律保障，也是人民法院、赔偿权利人办理生态环境损害赔偿诉讼案件的法条依据和行为规范。《改革方案》规定了"环境有价，损害担责"的原则。为了体现环境资源生态功能价值，应促使赔偿义务人对受损的生态环境进行修复。生态环境损害无法修复的，实施货币赔偿，用于替代修复。赔偿义务人因同一生态环境损害行为需承担行政责任或刑事责任的，不影响其依法承担生态环境损害赔偿责任。

一、生态环境损害赔偿诉讼民事责任承担方式概述

（一）环境侵权的一般责任方式

本条所列生态环境损害赔偿诉讼中，被告承担民事责任的方式来源于《民法典》总则编和《侵权责任法》的规定。《环境保护法》第六十四条规定："因污染环境和破坏生态造成损害的，应当依照《中华人民共和国侵权责任法》的有关规定承担侵权责任。"该法对于环境侵权责任采取了类似国际私法中"转致"的立法技术，未就环境侵权的归责原则、免责事由、责任方式等作出具体规定，而是指引到了《侵权责任法》。

《民法典》第一百七十九条规定："承担民事责任的方式主要有：

（一）停止侵害；（二）排除妨碍；（三）消除危险；（四）返还财产；（五）恢复原状；（六）修理、重作、更换；（七）继续履行；（八）赔偿损失；（九）支付违约金；（十）消除影响、恢复名誉；（十一）赔礼道歉。法律规定惩罚性赔偿的，依照其规定。本条规定的承担民事责任的方式，可以单独适用，也可以合并适用。"上述关于民事责任方式的规定，既包含违约责任，也包含侵权责任，还包含民事制裁措施，是民事责任方式的一般性规定。《侵权责任法》第十五条规定："承担侵权责任的方式主要有：（一）停止侵害；（二）排除妨碍；（三）消除危险；（四）返还财产；（五）恢复原状；（六）赔偿损失；（七）赔礼道歉；（八）消除影响、恢复名誉。以上承担侵权责任的方式，可以单独适用，也可以合并适用。"上述规定既包含侵害人身权的责任方式，也包含侵害财产权的责任方式，是关于侵权责任的一般性规定。《环境侵权案件司法解释》第十三条规定："人民法院应当根据被侵权人的诉讼请求以及具体案情，合理判定污染者承担停止侵害、排除妨碍、消除危险、修复生态环境、赔礼道歉、赔偿损失等民事责任。"《环境民事公益诉讼司法解释》第十八条规定："对污染环境、破坏生态，已经损害社会公共利益或者具有损害社会公共利益重大风险的行为，原告可以请求被告承担停止侵害、排除妨碍、消除危险、修复生态环境、赔偿损失、赔礼道歉等民事责任。"该两部司法解释就环境侵权及环境民事公益诉讼中的责任方式进行了明确。

（二）生态环境损害赔偿诉讼的特殊责任方式

《民法典》第一百七十九条列明的十一种责任方式并非全部可以适用于生态环境损害赔偿诉讼。本条根据生态环境损害侵权的特点专门明确了修复生态环境、赔偿损失、停止侵害、排除妨碍、消除危险、赔礼道歉六种责任方式。

明确列举生态环境损害赔偿责任方式，有利于引导当事人依据本条规定正确提出诉讼请求，同时指引人民法院根据具体案情正确适用生态环境损害赔偿责任方式。本条规定的责任可以分为四类：一是恢复性责任承担方式，即修复生态环境；二是赔偿性责任承担方式，即赔偿损失；三是预防性责任承担方式，包括停止侵害、排除妨碍、消除危险；四是人格恢复性责任承担方式，即赔礼道歉。上述各类责任方式均有其不同的适用情况，需要准确理解与把握。

（三）责任方式的顺序

本条制定过程中，其中的一个争议便在于责任方式顺序的表述方式。一种观点认为，本条应分为两款，第一款规定赔偿损失和修复生态环境责任，第二款规定在主张赔偿损失和修复生态环境责任的同时可以主张停止侵害、排除妨碍、消除危险、赔礼道歉等责任。其理由在于，本条分为两款的意义在于突出修复生态环境和赔偿损失这两种责任承担方式，要求生态环境破坏者承担责任的主要意义在于修复生态环境以及保护受害人的利益，突出此两种责任承担方式更有利于突出生态环境损害赔偿的主要目的。另一种观点认为，本条分为两款不妥，理由在于：无论是修复生态环境、赔偿损失，还是停止侵害、排除妨碍、消除危险、赔礼道歉等，其性质均属于生态环境损害赔偿责任的承担方式，不宜人为拆分为两款。我们经研究，未将本条拆分为两款，但改变了责任方式的顺序，将修复生态环境和赔偿损失分列责任方式的第一位及第二位，作为最主要的责任方式。

从本条条文表述可以看出，修复生态环境是生态环境损害赔偿诉讼中首选的民事责任承担方式。生态环境损害赔偿诉讼追求的最终目标是要恢复生态环境的状态和功能，这就决定了修复生态环境这一责任方式在本条规定的六种责任承担方式中处于核心地位。赔偿损失无论是赔偿生态环境服务功能损失还是永久性损害造成的损失，主要是为了修复受损生态环境或者采取其他替代性修复措施。因此，将修复生态环境这一责任方式置于生态环境损害赔偿诉讼中六种责任承担方式的首位，放在赔偿损失责任方式之前。赔偿损失是位列第二的责任承担方式。损害赔偿旨在赔偿因生态环境被破坏而造成的损害，在生态环境损害无法修复的情况下，通过实施货币赔偿的方式，用于进行替代修复。此外，还有停止侵害、排除妨碍、消除危险以及赔礼道歉四种责任方式。人民法院应当根据原告的诉讼请求，结合案件的具体情况，合理适用不同的责任方式。

二、生态环境损害赔偿诉讼民事责任承担方式分述

(一) 恢复性责任方式

生态环境损害案件以修复生态环境为主要目的，为此，本条将"恢复原状"责任方式细化解释为"修复生态环境"，并且将其列在责任承担方式的首位，以促进受损生态环境功能的及时有效修复。修复生态环境这一恢复性责任方式是从《民法典》第一百七十九条规定的"恢复原状"衍生而来的，主要是要求被告承担治理污染和修复生态的责任。被告承担修复生态环境责任的，人民法院可以同时确定生态环境修复费用。本条也与《民事诉讼法》第二百五十九条的规定契合，即法院可以委托有关单位代履行，费用由被告承担。但是，人民法院虽然确定了生态环境修复费用，其目的并非追求金钱赔偿，而是为了保证有充足的资金使受损害的生态环境能够得到修复。

《若干规定》制定过程中，有意见认为，应明确本条关于修复生态环境的规定是否属于新类型的责任承担方式，建议在修复生态环境前面或者后面增加括号注明"恢复原状"。我们认为，修复生态环境的责任承担方式实为"恢复原状"责任方式在生态环境领域的细化和具体体现。其责任判断标准、责任内容、履行方式等都与民法上"恢复原状"本质相同，只是更多体现环境法的整体主义思维、风险预防和公众参与原则等理念和制度，是民事责任方式的延续而非创设，所以无须加注括号。

适用修复生态环境责任方式应当注意：第一，生态环境损害的救济以恢复原状为原则，重视判令责任人修复生态环境，使生态环境恢复到损害未发生时的状态和功能。第二，确实无法恢复原状的，可以采用替代性恢复方式。第三，在责任主体怠于履行环境修复义务时，可以要求其承担修复费用，或者在执行程序中采用委托第三方修复，由污染者承担费用的方

法。关于生态环境的修复，司法实践中至少包括以下情形：第一，受损生态环境有修复可能，侵权人如期进行修复的。第二，受损生态环境有修复可能，侵权人在期限内未履行修复责任的。第三，受损生态环境无修复可能，侵权人无法修复或者无法完全修复的。第四，受损生态环境已经自净，无修复必要，但损害确实发生的，如泰州水污染公益诉讼案。第五，受损生态环境修复成本过高或可能造成二次损害，不宜修复的，此时应就地修复或自然恢复。适用修复生态环境这一责任方式应遵循恢复原状为主、替代性修复为辅的原则。生态环境损害发生后，被告首先应当采取有效措施将生态环境修复到损害发生之前的状态和功能。受损生态环境能够修复的，人民法院应当依法判决被告承担修复责任，并同时确定被告不履行修复义务时应承担的生态环境修复费用。受损生态环境无法修复或者修复成本过高、没有必要修复的，人民法院可以要求当事人通过增殖放流、补种复绿、劳务代偿等方式承担替代性修复责任，从而实现生态环境功能的总体提升。

例如，在贵阳市生态环境局诉贵州省六盘水双元铝业有限责任公司、阮正华、田锦芳生态环境损害赔偿诉讼案中，人民法院便严格遵循以生态环境修复为中心的损害救济制度，力促各方当事人在充分考虑受损生态环境修复的基础上达成调解，并明确了被污染地块修复的牵头单位、启动时限等，确保生态环境修复工作得以有效开展，最大限度保障生态修复目标的实现。又如，在绍兴市环境保护局、浙江上峰建材有限公司、诸暨市次坞镇人民政府生态环境损害赔偿协议司法确认案中，绍兴市环境保护局与浙江上峰建材有限公司、诸暨市次坞镇人民政府达成了《生态环境损害修复协议》，明确浙江上峰建材有限公司以替代修复的方式承担生态环境损害赔偿责任。该案是大气污染造成的生态环境损害，但案发后浙江上峰建材有限公司排入周边次坞镇大气环境的污染物客观上已经自然稀释、飘散，对其修复已无实质意义，故浙江上峰建材有限公司通过替代修复的方式承担了生态环境损害责任。

（二）赔偿性责任方式

赔偿损失是民事责任中广泛适用的一种基本责任形式，旨在赔偿因侵害行为而造成的已然损害，其性质上属于事后救济。赔偿损失，包括人身损害赔偿、财产损害赔偿，通常是指以金钱赔偿受害人的损失，但并不排除给付同样的物作为赔偿方式。[①] 在生态环境损害赔偿诉讼中，赔偿损失的义务主体是污染环境或者破坏生态行为人，赔偿权利人是国务院授权的省级、市地级政府，损害赔偿金作为政府非税收入，全额上缴同级国库，纳入预算管理，由赔偿权利人及其指定的部门或机构根据磋商或判决要求，结合本区域生态环境损害情况开展替代修复。生态环境损害赔偿也应坚持全部赔偿原则、损益相抵原则和过失相抵原则。全部赔偿原则，是指加害人对其给受害人造成的损害，尤其是财产损害，应当全面和完全地予以赔偿。损益相抵原则，是指如果受害人在遭受损失的同时也得到利益的，应当将其所得的利益从应得的赔偿金额中扣除。过失相抵原则，是指侵权行为中，如果存在受害人也有过错的与有过失情形，则按照过失比较和原因力比较，将损失赔偿责任分担给双方当事人。

根据《改革方案》的规定，生态环境损害赔偿范围包括清除污染费用、生态环境修复费用、生态环境修复期间服务功能的损失、生态环境功能永久性损害造成的损失以及生态环境损害赔偿调查、鉴定评估等合理费用。各地区可根据生态环境损害赔偿工作进展情况和需要，提出细化赔偿范围的建议。鼓励各地区开展环境健康损害赔偿探索性研究与实践。据此，无论原告提出污染环境、破坏生态行为造成的生态环境服务功能损失，还是永久灭失损失的赔偿请求权，都可以适用赔偿损失这一责任方式。该项责任承担方式在很大程度上为修复生态环境、弥补损害提供了经济支持。

司法实践中，如果存在两个以上的赔偿义务人，人民法院应当依据《民法典》第一千二百三十一条规定，根据污染物的种类、浓度、排放量，

---

① 参见杨立新：《侵权责任法原理与案例教程》，中国人民大学出版社 2008 年版，第 108 页。

破坏生态的方式、范围、程度，以及行为对损害后果所起的作用等因素合理确定其赔偿责任大小。例如，在山东省生态环境厅诉金诚公司、弘聚公司生态环境损害赔偿诉讼案中，济南市中级人民法院经审理认为，弘聚公司生产过程中产生的废酸液和金诚公司生产过程中产生的废碱液导致案涉场地生态环境损害，应依法承担生态环境损害赔偿责任，并根据二者在案涉场地的排放量不同，结合两种危险废液的污染范围、污染程度、损害后果及其与损害后果之间的因果关系、污染修复成本等因素，酌定弘聚公司承担80%的赔偿责任，金诚公司承担20%的赔偿责任，并据此确定二被告应予承担的赔偿数额。

（三）预防性责任方式

停止侵害、排除妨碍、消除危险三种责任属于预防性责任方式，在性质上属于事前预防。《环境保护法》第五条确立了保护优先、预防为主的环境保护原则。预防原则是指对开发和利用环境行为所产生的环境质量下降或者环境破坏等应当事前采取预测、分析和防范措施。预防原则要求在环境资源利用行为实施之前和实施之中，采取政治、法律、经济和行政等手段，防止环境利用行为导致环境污染或生态破坏现象的发生。生态环境一旦被破坏、被污染，往往造成非常严重的后果，难以恢复原状，消除损害影响的费用也非常巨大。因此，做到"防患于未然"就显得尤为重要，预防性责任方式在生态环境损害责任体系之中具有重要地位。

1. 停止侵害

停止侵害，是指侵权人实施的侵害他人财产或人身的行为仍在继续进行中，受害人有权依法请求法院责令侵权人停止其侵害行为。[①] 停止侵害具有避免损害发生或者进一步扩大的积极功能，适用该种责任方式应注意：第一，停止侵害仅适用于正在进行的生态环境损害行为，不适用于已经终止和尚未实施的行为。第二，停止侵害责任方式所适用的侵害行为不限于已经导致现实损害的行为，还包括可能没有造成现实损害的行为。第

---

① 参见王利明：《侵权责任法研究》（上卷），中国人民大学出版社2011年版，第583页。

三，停止侵害可以单独适用，也可以与其他责任方式合并适用。

2. 排除妨碍

排除妨碍，是指侵权人实施的行为使他人无法行使或者不能正常行使人身、财产权利的，受害人可以要求行为人排除妨碍权利行使的障碍。[①]适用排除妨碍责任方式时应注意：第一，妨碍行为必须是不正当的。第二，妨碍既可以是实际存在的，也可以是将来可能出现的。第三，需要排除妨碍的范畴随着社会发展而变化，从维护社会生活秩序的角度出发，对轻微的、正当的妨碍应当容忍，只有超出了一般人的容忍限度的妨碍，才能依法请求排除。

3. 消除危险

消除危险，是指行为人的侵权行为或其行为后果或者其保有的物件对他人人身、财产安全造成威胁，或者存在极高的侵害概率，受害人得请求行为人采取有效措施消除危险。适用消除危险责任方式应注意：第一，只要存在造成损害或者扩大损害的现实可能性，就可发生消除危险的责任，而无须损害事实的实际存在。第二，消除危险通常适用于污染环境、破坏生态行为对生态环境构成严重威胁的情况，即运用通常的知识或者经验，就足以判断侵权行为具有较高致损可能性，是现实存在的或者即将确定发生的危险。

预防性责任方式是一把"双刃剑"，其适用有利有弊：一方面，担负着"防患于未然"的积极作用；另一方面，可能导致大量生产活动的停止，阻碍社会经济的发展。因此，在适用预防性责任方式时，需运用利益衡量规则，作出妥当的利益平衡和价值选择。[②] 具体而言，将造成生态环境危害的经济活动的社会经济效益或者价值，同可能侵害的社会效益或者价值进行比较，并考虑损害行为的性质、形式，有无合理性以及排除的可能性，侵害严重程度以及被侵害利益的性质和内容。经过权衡比较，如果

---

① 参见王胜明主编：《〈中华人民共和国侵权责任法〉解读》，中国法制出版社 2010 年版，第 66~67 页。

② 参见王树义等：《环境法基本理论研究》，科学出版社 2012 年版，第 113 页。

认为可以经济赔偿等其他方式代替，则适用赔偿损失等其他责任方式。在其他责任方式无法替代且可能造成较大危害时，则可以采取预防性责任方式。

（四）人格恢复性责任方式

赔礼道歉，是指加害人通过口头或者书面形式向受害人公开认错，表示歉意，承认侵害行为的错误或者不法性，以取得其谅解。赔礼道歉主要适用于生命权、健康权等人身权益被侵犯的情形，针对他人的精神造成伤害的侵权行为，与精神损害赔偿相关联，是上升到法律层面的道德责任，目的是弥补受害人的精神损失。《环境侵权案件司法解释》及《环境民事公益诉讼司法解释》中均规定了赔礼道歉的责任方式。

生态环境损害赔偿诉讼中，不解决特定受害人的人身权、财产权受到损害的问题，不存在对特定受害人赔礼道歉的问题。然而，污染环境、破坏生态的行为可能导致损害发生后到恢复原状前生态环境服务功能的损害，该损害的一个方面就是社会公众享有美好生态环境精神利益的损失，从这个角度而言，应将赔礼道歉纳入生态环境损害赔偿诉讼的责任方式。同时，采用这一责任方式，还可以警示和教育环境污染者和生态破坏者，增强公众环境保护意识。例如，在山东省生态环境厅诉金诚公司、弘聚公司生态环境损害赔偿诉讼案中，济南市中级人民法院即适用了赔礼道歉的责任方式。该院认为，弘聚公司、金诚公司生产过程中产生的危险废液造成环境污染，严重损害了国家利益和社会公共利益，为警示和教育环境污染者，增强公众环境保护意识，判令弘聚公司、金诚公司在省级以上媒体公开赔礼道歉。

赔礼道歉通常需要赔偿义务人的配合，不得采用限制人身自由的方式强制执行。赔偿义务人拒绝赔礼道歉的，人民法院可以把判决书的内容在媒体上公开，以达到赔礼道歉的实际效果，并由赔偿义务人承担公开的费用。在具体适用赔礼道歉责任方式时，应当以在有相应影响的公开媒体上进行书面道歉为主。

三、生态环境损害赔偿责任的归责原则

(一) 环境侵权无过错责任原则的溯源和争议

英美侵权法上适用的是严格责任的概念，其最早由英国的 Flether v. Rylands 案所确立。该案确立了一种"严格"的责任原则，即构成侵权与被告的主观上有无过错没有关系，只要他的行为造成了损害，就要承担责任。它不同于之前已经存在的绝对责任，因为对该案所确立的规则在适用方面存在限制：第一，必须存在"可能发生损害的物"从被告土地上"泄露"；第二，必须存在一种对被告土地的"非自然使用"，即这种使用并不是自然规律的作用。因此，如果行为人将某个客体带进并保持在其土地上，"如果它从那里泄露并将产生损害"，那么这个客体就是危险的。也就是说，"可能因为泄露而会发生损害的任何事，不管是否具有损害的性质，都适用 Flether v. Rylands 案所确定的规则。"① 在《美国侵权法重述第二版》中对是否具有异常危险制定了判断标准，但一项活动是否属于异常危险活动通常是法庭考虑的法律问题。那些被认定为异常危险活动的行为往往与易燃液体、超重驾驶、有毒气体、烟花、危险废弃物处理以及排放废水等相关。② 以 1975 年的《水库法案》和 1991 年的《水工业法案》为例，其都对水污染规定了严格责任。在德国，其侵权法体系由过错责任原则与危险责任原则两个部分组成。德国法院没有确认危险责任的一般性原则，最高法院认为被告仅在专门的制定法规定的情形才承担危险责任，这些制定法中的大多数都与异常危险的活动相关。③ 也就是说，德国法的危险责任以特别法的形式存在和发展。《大气污染控制法》（1974 年）、《水资源管理法》（1986 年）和《环境责任法》（1991 年）都规定了对各种环

① 徐爱国：《英美侵权行为法》，北京大学出版社 2004 年版，第 138～140 页。
② 参见 ［美］ 文森特·R. 约翰逊：《美国侵权法》，赵秀文译，中国人民大学出版社 2004 年版，第 195～196 页。
③ 参见 ［美］ 詹姆斯·戈德雷：《私法的基础——财产、侵权、合同和不当得利》，张家勇译，法律出版社 2007 年版，第 339 页。

境污染引起的损害适用危险责任。受德国民法的影响，日本侵权法也采取这种二元立法的方式，民法中的侵权行为法的规定为一般规定，适用过错责任。① 而像《矿业法》《大气污染法》《水质污浊法》《原子能损害赔偿法》等这些公害特别法规定了无过错责任原则。② 同是大陆法系的法国一方面在立法解释中扩大对《法国民法典》第 1384 条第 1 款的解释，把废水废气等也包括在"管理之下的物件"之列；另一方面用特别立法的方式，如制定《矿业责任法》来补充《法国民法典》的扩大解释。③

在无过错责任原则逐渐成为环境侵权归责原则的同时，学者们对此一直存有争议。例如，有学者认为，无过错责任原则掩盖了环境侵权中加害人的主观过错。其主要理由在于无过错责任原则所适用的行为主要针对两种情况：一种是加害人没有"违法"而造成的损害，这里的"法"主要指环境保护的标准和规则。如企业的一般排污行为，是社会所允许的，理应是其正常生产经营的一种合理行为，若其是合法合标排污，则一般认为其更不具有应受谴责性，在这种情况下，很难推定行为人有什么过错。另一种是加害人违法而致损害。对这类行为所造成的损害，理论上是可以举证证明或者推定行为人有过错而适用过错责任原则或者过错推定的。无过错责任原则的适用并没有区分这两种情况，而是对加害人的过错不予过问。这种"一刀切"的做法或许可以解决第一种情况下出现的在司法实践中证明加害人过错的困难；但在第二种情况下，由于不对加害人的过错进行追究，会使加害人产生一种想法，即自己本身是没有过错的，只是因为法律的强行规定才使自己承担责任，实际上掩盖了加害人在实施环境侵权行为时的主观过错。还有学者认为，无过错责任原则难以实现其在公平正义上的优势。首先，在环境侵权中适用无过错责任原则的初衷在于更好地保护受害人，为弱势的受害人提供更好的救济手段，但是由于在诉讼中不考虑双方的过错，可能使本身主观上没有过错的加害人承担责任。为了保护无

① 参见于敏：《日本侵权法》，法律出版社 2006 年版，第 107 页。
② 参见于敏：《环境法》，法律出版社 1999 年版，第 16 页。
③ 参见黄霞、常纪文主编：《环境法学》，机械工业出版社 2003 年版，第 270 页。

辜的受害人而让同样无辜的加害人来承担责任，这很难说是体现公平与正义理念。其次，由于无过错责任原则关注作为弱势群体的受害人，过高的赔偿会加重没有过错的经营者的负担，增加其经营成本，乃至使企业陷入经济困境甚至破产。因环境侵权的后果严重、受害者广，如果没有完善有效的责任保险制度，有限的企业资产往往难以满足受害者的正当赔偿要求，既无益于社会的稳定又不利于企业的发展。① 亦即无过错责任原则在利益保护上出现了偏差。

（二）生态环境损害赔偿诉讼适用过错责任原则

从上述分析可以看出，无过错责任原则的适用在于矫正正义的价值选择，目的在于衡平受害人和责任人在信息获取、举证能力、风险规避、损害分担等方面的失衡，从而实现公平的价值追求。在生态环境损害赔偿诉讼中，作为对环境保护工作具有监督管理职权的省级、市地级人民政府及其指定的相关部门、机构，其相较于普通的受害人在前述各个方面都具有与责任人相抗衡的诉讼能力，甚至在某些方面（如具有更为全面的行政资源等）还要胜于责任人。《改革方案》中将赔偿义务人界定为违反法律法规致使生态环境受损的相关单位或者个人，亦即违反相关法律法规是赔偿义务人承担责任的条件之一。《民法典》侵权责任编区分了对民事主体人身、财产的损害和对生态环境本身的损害。对于前者，仍然规定破坏生态环境造成他人损害的侵权人应当承担侵权责任，适用无过错责任原则；对于后者，则规定以违反国家规定造成生态环境损害为责任构成要件。通常情况下，过错责任的归责原则把过错与违法性联系起来，对违法性之"法"作广义理解。由前所述，在生态环境损害的归责原则方面，《改革方案》采取了不同于环境民事侵权过错责任的归责原则。《若干规定》第六条关于原告的举证责任规定条款中虽然没有明确被告生态环境损害责任构成的违法性要件，但是在《若干规定》的第十一条中则将被告违反国家规定作为法院判决被告承担相应生态环境损害责任的要件之一。依据《民法

---

① 参见周超：《环境侵权归责原则研究》，载《赣南师范学院学报》2010 年第 2 期。

典》第一千二百三十四条规定，违反国家规定造成生态环境损害的，国家规定的机关、法律规定的组织有权请求侵权人承担修复责任。这也显示了立法机关对生态环境损害赔偿责任归责原则态度的变化。

【审判实践中应注意的问题】

一、本条中所称"等"的范围判断

本条规定的生态环境损害民事责任包括修复生态环境、赔偿损失、停止侵害、排除妨碍、消除危险、赔礼道歉等。关于"等"的解释，通常存在两种学说。一是"等内说"，取列举后煞尾之意。二是"等外说"，取列举未尽之意。本条制定过程中的"等"字原采"等内说"，即生态环境损害赔偿诉讼中，原告提出的诉讼请求以及人民法院判决适用的生态环境损害责任方式，限于修复生态环境、赔偿损失、停止侵害、排除妨碍、消除危险、赔礼道歉六种。除本条明确的六种责任方式外，《民法典》规定的其他责任方式均不适用于生态环境损害赔偿诉讼案件。但随着审判实践发展可能产生生态环境领域新的责任承担方式，因此，不排斥其他责任方式的适用。此外，人民法院判令当事人通过增殖放流、补种复绿、劳务代偿等方式承担替代性修复责任，是对修复责任履行方式的创新。

二、人民法院适用不同责任方式的考量因素

修订前的《环境民事公益诉讼司法解释》第十八条规定："对污染环境、破坏生态，已经损害社会公共利益或者具有损害社会公共利益重大风险的行为，原告可以请求被告承担停止侵害、排除妨碍、消除危险、恢复原状、赔偿损失、赔礼道歉等民事责任。"本条原拟采取类似的表述方式，经吸收各方意见，采用了现在的表述方式，明确了人民法院判定被告承担责任方式的考量因素。人民法院适用生态环境损害责任方式，主要考量因素有两个：一是原告的诉讼请求，体现了对当事人处分权的尊重；二是具体案情，包括具体案件中行为人的违法性程度、环境污染及生态破坏程度等多种因素。

（一）原告的诉讼请求

民法承认当事人自主决定其权利义务关系，以意思自治为基本原则。民事诉讼法亦贯彻民法自治原则，在程序制度上充分尊重当事人意思自治，规定了处分原则，允许当事人在法律规定范围内处分自己的民事权利和诉讼权利。原告选择向被告主张何种形式的民事责任，也在其意思自治和处分的权利范围之内。人民法院在审理生态环境损害赔偿诉讼案件时，应当充分尊重并保障原告对于责任方式的选择权和处分权。在不违反法律法规禁止性规定和不损害国家利益、社会公共利益及他人利益的前提下，应当以原告所选择的责任方式作为判令环境污染者和生态破坏者承担责任的界限。此外，尊重当事人意思自治与法院行使释明权并不矛盾。在司法实践中，当事人仅要求被告承担停止侵害、排除妨碍、消除危险、赔礼道歉等民事责任，而未要求被告修复生态环境、赔偿损失的，法院可以主动向原告释明，修复生态环境和赔偿损失是生态环境损害赔偿诉讼中最主要的两种责任方式，应当优先适用。

（二）具体案情

生态环境损害赔偿诉讼案件所涉及的利益不同且非常复杂，当事人诉讼请求的合法性、合理性和实现的现实可能性亦有较大差别。因此，在判定具体案件的责任方式时，要在尊重当事人处分权的前提下，结合案件的具体情况加以衡量和选择，合理选择赔偿义务人的责任方式，体现当事人主义和职权主义的结合。具体的考虑因素包括被告的行为违法性程度，环境污染、生态破坏程度，侵害行为的具体情节如污染源种类、损害场合、损害时间等，被告的获利情况和承担责任的经济能力，受诉法院所在地的平均生活水平，赔偿义务人的救济态度，等等。[①]

在判定责任方式时，应当遵循合法性原则，以现行法律和法律精神为依据正确地解释法律，不得僭越已有的规则。应当遵循利益位阶权衡原

---

① 参见王树义等：《环境法前沿问题研究》，科学出版社 2012 年版，第 284～286 页。

则，对个案中不同价值量的利益取舍，采取价值大的利益优先配置原则，对于相同价值量的利益采用共同一致原则衡量，要求双方均作出一定让步。应当遵循比例原则，考察目的和手段（成本）之间是否适当的问题，依照适合性、必要性和相称性要求，对冲突的利益进行目的和手段（成本）的权衡，在充分考虑各方利益的前提下，在利益衡量结果上注重均衡性，力求实现整体利益的最大化和损害结果的最小化，把利益的牺牲或者摩擦降到最低限度。在生态环境损害赔偿诉讼中，基于此类案件的特点，还应当遵循生态安全原则，即确保一国生存和发展所需的生态环境处于不受破坏和威胁的状态。应当遵循风险预防原则，采取各种预防措施以防止环境损害的发生，在遇到严重或者不可逆转环境损害的威胁时，即使缺乏充分的科学证据，也不能延迟采取或者不采取预防措施。遵循可持续发展原则，体现可持续发展要求，以实现可持续发展为目的。[1]

具体到解决个案不同性质利益冲突，判决承担具体责任时，要特别注重对生态环境的保护，选择最有利于生态环境保护和生态环境损害救济的方式。一是相对利益的损害程度，即依据利益位阶权衡原则有限保护一种利益时，对另一种利益的侵犯或者损害不能超出可容忍的限度。如超出可容忍限度，则可能需要打破一般原则对受侵犯的利益给予必要的保护。对于什么是可容忍的限度，需要法官根据个案依据公平、正义的基本精神作出判断。二是是否存在替代机会。如果冲突的利益存在可替代机会，则在有限保护某一利益时，对没有受到保护的利益要给予一定的其他利益弥补，以替代保护其利益。[2]

【法条链接】

《民法典》

第一百七十九条 承担民事责任的方式主要有：

（一）停止侵害；

---

① 参见王树义等：《环境法前沿问题研究》，科学出版社 2012 年版，第 272~276 页。
② 参见王树义等：《环境法前沿问题研究》，科学出版社 2012 年版，第 290 页。

（二）排除妨碍；

（三）消除危险；

（四）返还财产；

（五）恢复原状；

（六）修理、重作、更换；

（七）继续履行；

（八）赔偿损失；

（九）支付违约金；

（十）消除影响、恢复名誉；

（十一）赔礼道歉。

法律规定惩罚性赔偿的，依照其规定。

本条规定的承担民事责任的方式，可以单独适用，也可以合并适用。

第一千二百三十四条 违反国家规定造成生态环境损害，生态环境能够修复的，国家规定的机关或者法律规定的组织有权请求侵权人在合理期限内承担修复责任。侵权人在期限内未修复的，国家规定的机关或者法律规定的组织可以自行或者委托他人进行修复，所需费用由侵权人负担。

《环境民事公益诉讼司法解释》

第十八条 对污染环境、破坏生态，已经损害社会公共利益或者具有损害社会公共利益重大风险的行为，原告可以请求被告承担停止侵害、排除妨碍、消除危险、恢复原状、赔偿损失、赔礼道歉等民事责任。

《环境侵权案件司法解释》

第十三条 人民法院应当根据被侵权人的诉讼请求以及具体案情，合理判定污染者承担停止侵害、排除妨碍、消除危险、恢复原状、赔礼道歉、赔偿损失等民事责任。

第十二条 受损生态环境能够修复的，人民法院应当依法判决被告承担修复责任，并同时确定被告不履行修复义务时应承担的生态环境修复费用。

生态环境修复费用包括制定、实施修复方案的费用，修复期间的监测、监管费用，以及修复完成后的验收费用、修复效果后评估费用等。

原告请求被告赔偿生态环境受到损害至修复完成期间服务功能损失的，人民法院根据具体案情予以判决。

【条文主旨】

本条是关于修复生态环境责任方式的细化规定。

【条文理解】

生态环境损害是一种不同于传统人身、财产损害的新的损害类型。[①]赔偿义务人的法律责任是生态环境损害赔偿制度的核心问题之一，也是具体案件审判中需要解决的重要问题。依据《若干规定》第十一条的规定，生态环境损害赔偿诉讼案件中赔偿义务人承担法律责任的方式包括修复生态环境、赔偿损失、停止侵害、排除妨碍、消除危险、赔礼道歉等。其中修复生态环境列于首位，其重要性不言而喻。本条第一款规定了修复生态环境法律责任，第二款规定了相应的生态环境修复费用，第三款规定了生态环境修复费用中的期间服务功能损失。《若干规定》第十三条规定了生态环境修复费用中的永久性功能损失。

---

① 根据《生态环境损害鉴定评估技术指南 总纲与关键环节 第1部分：总纲》第3.1条规定，生态环境损害是指"因污染环境、破坏生态造成大气、地表水、地下水、土壤等环境要素和植物、动物、微生物等生物要素的不利改变，及上述要素构成的生态系统功能的退化"。《改革方案》在此基础上增加了"森林"，规定为"本方案所称生态环境损害，是指因污染环境、破坏生态造成大气、地表水、地下水、土壤、森林等环境要素和植物、动物、微生物等生物要素的不利改变，以及上述要素构成的生态系统功能退化"。从上述规定可以看出，生态环境损害是专指环境污染或生态破坏行为引发的区域环境质量下降或生态功能退化等重大不利改变，其实质是个体经济利益对公共环境利益的侵蚀所造成的"外部不经济性"。生态环境损害赔偿是使"外部不经济性内部化"的过程。参见刘倩：《生态环境损害赔偿：概念界定、理论基础与制度框架》，载《中国环境管理》2017年第1期。

生态环境修复①是民法恢复原状原则在环境法领域的具体体现，也是环境民事公益诉讼和生态环境损害赔偿诉讼的核心责任方式。生态环境修复旨在通过人工恢复或自然恢复措施，去除生态环境中的污染物，恢复受损生态环境的生态系统服务功能。作为一种法律责任，生态环境修复具有填补损失、预防损害、惩戒不法行为的功能，这些功能有助于维持生态正常秩序、实现生态环境再生、遏制不法行为。然而，因环境要素的多样性和生态环境的整体性，生态环境修复往往具有专业性和复杂性，其责任的确定和履行进而成为司法难题。如何认定受损生态环境是否能够修复，如何确定生态环境恢复目标或如何选取修复方案，如何确定生态环境修复费用，如何确定期间服务功能损失，以及后文第十三条论及的如何确定生态环境功能永久性损害造成的损失，都是法官在审理环境资源案件中必须直面并解决的问题。

一、制定依据

作出本条与第十三条这样的规定，主要有学术理论、技术规范、司法实践三方面依据。

（一）学术理论

在逻辑体系上，生态环境损失划分为生态修复费用、生态修复期间生态环境服务功能损失两大类，另加上应急处置费用，以及对自然资源价值和环境服务功能等损失的调查评估费用，这四项损失基本涵盖全部损害。

从域外立法例来看，美国 1977 年《清洁水法》和 1980 年《超级基金法》构建了较为完整的自然资源损害评估制度，将生态环境恢复费用、期间损失以及损害评估费用都纳入评估范围。《法国环境法典》规定，环境损害补救措施应使受损自然资源及其生态服务恢复到原有状态，包括初级

---

① 根据《生态环境损害鉴定评估技术指南 总纲与关键环节 第 1 部分：总纲》第 3.9 条规定，生态环境修复"指生态环境损害发生后，采取各项必要的、合理的措施将生态环境及其生态系统服务恢复至基线水平，同时补偿期间损害"。

补救、补充补偿、补偿性补救。① 俄罗斯联邦 2002 年《环境保护法》规定，责任人必须依法赔偿全部损害，包括期间服务功能损失。② 欧盟《关于预防和补救环境损害的环境责任指令》规定，对环境损害的预防和补救应当通过推行"污染者付费"原则来实现，补救措施包括"基础性""补充性""赔偿性"三种。③ 德国 2007 年转化欧盟指令的《环境损害法》，规定了自然栖息地、水体和土壤等自然资源损害者承担受损环境的修复责任。④

从学理上来说，确定生态环境损害赔偿范围时应以生态环境修复费用为基础，但生态环境修复是一个复杂而漫长的综合治理过程，为贯彻《环境保护法》损害担责原则，生态环境损害赔偿范围不仅应包括基本生态修

---

① 《法国环境法典》第一卷"共同规定：第六编'预防与补救对环境造成的部分损害'第二分节'补救措施'第 L162-9 条规定：'影响水资源和第 L161-1 条第 1 款第（2）项与第（3）项所指的物种与栖息地的损害的补救措施旨在使该等自然资源与其生态服务恢复到原有状态，并消除一切可能严重损害人体健康的危险。原有状态，指借助最佳可用信息进行估计，如果不发生环境损害则损害发生时本可能存在的自然资源与生态服务的状态。初级补救，是指上述第 1 段所指的自然资源及其服务恢复到或者接近于原有状态的所有措施。应当考虑通过自然再生途径使土地得到恢复的可能。在初级补救并不能恢复或使其接近原有状态时，应当采取补充补救措施，使自然资源或服务水准达到与受损地区恢复到原有状态的情况下达到的自然资源或服务水准可比的程度。也可以在其他地点实施补救措施；选择其他地点时，应当考虑与损害相关的人群的利益。补偿性补救措施应当补偿自损害开始到初步补救或补充补救产生效果之日发生的自然资源或服务的中间损失。可以在其他地点实施补偿性补救措施，但不得以资金补偿的方式进行。'"参见莫菲、刘彤、葛苏聃译，安意诗、周迪校：《法国环境法典》，法律出版社 2018 年版，第 94~95 页。

② 俄罗斯联邦 2002 年《环境保护法》第 77 条第 1 款规定："法人和自然人，因污染环境、耗竭、损坏、毁灭、不合理利用自然资源，使自然生态系统、自然综合体和自然景观遭受退化和破坏及其他违反环境保护法规的行为给环境造成损害的，必须依法全部赔偿损害。"第 3 款规定："由经济活动和其他活动主体造成的环境损害，依照按规定程序批准的环境损害数额计算表和方法予以赔偿，在没有这种计算表和方法时，根据用于恢复被破坏的环境状况的实际费用并考虑受到的损失（包括失去的应得利益）予以赔偿。"第 3 款中规定的"失去的应得利益"，就包括了期间服务功能损失，即若未发生损害的情况下生态系统原本应有的生态服务功能价值。参见马骧聪译：《俄罗斯联邦环境保护法和土地法典》，中国法制出版社 2003 年版，第 40~41 页。

③ 参见王轩译、戴萍校：《欧盟〈关于预防和补救环境损害的环境责任指令〉》，载《国际商法论丛》第 9 卷，法律出版社 2008 年版，第 398、415~417 页。

④ 参见康京涛：《生态修复责任：一种新型的环境责任形式》，载《青海社会科学》2017 年第 4 期。

复，即受损生态环境恢复到生态环境基线①水平或可接受风险水平，能正常提供生态系统服务，还应包括受损生态环境在修复期间的生态环境服务功能损失。对此，《改革方案》规定："生态环境损害赔偿范围包括清除污染费用、生态环境修复费用、生态环境修复期间服务功能的损失、生态环境功能永久性损害造成的损失以及生态环境损害赔偿调查、鉴定评估等合理费用。"《若干规定》第十二条、第十三条、第十四条基本涵盖了全部损失，只是将应急处置费用、调查评估费用列入费用而非损失。

（二）技术规范

原环境保护部环境规划院于 2014 年 10 月发布的《环境损害鉴定评估推荐方法（第Ⅱ版）》列明了环境修复与生态恢复②、期间损害、永久性损害、应急处置费用、事务性费用等损失类型，并规定了相应的评估方法。其中应急处置费用、事务性费用分别对应《若干规定》第十四条第一项和第二项。《生态环境损害鉴定评估技术指南 总纲和关键环节 第 1 部分：总纲》进一步明确了生态环境恢复的内涵，将原来的环境修复与生态恢复作为基本恢复，将期间损害的补偿作为补偿性恢复，将基本恢复之后的弥补性恢复措施作为补充性恢复。③ 如此，按照恢复目标和阶段不同，生态环境恢复包括基本恢复、补偿性恢复和补充性恢复。《若干规定》第十二条第一款、第二款所规定的生态环境修复费用对应了基本恢复费用；第十二条第三款所规定的期间服务功能损失对应了补偿性恢复费用；对于

---

① 根据《生态环境损害鉴定评估技术指南 总纲与关键环节 第 1 部分：总纲》第 3.5 条规定，生态环境基线"指污染环境、破坏生态行为未发生时，评估区域内生态环境及其生态系统服务的状态"。

② 《环境损害鉴定评估推荐方法（第Ⅱ版）》将受损生态环境修复区分为环境修复与生态恢复阶段。在事故应急、排除环境险情后，先进行环境修复，再进行生态恢复。《环境损害鉴定评估推荐方法（第Ⅱ版）》第4.10条规定，环境修复，指生态环境损害发生后，为防止污染物扩散迁移、降低环境中污染物浓度，将环境污染导致的人体健康风险或生态风险降至可接受风险水平而开展的必要的、合理的行动或措施。第4.11条规定，生态恢复，指生态环境损害发生后，为将生态环境的物理、化学或生物特性及其提供的生态系统服务恢复至基线状态，同时补偿期间损害而采取的各项必要的、合理的措施。

③ 《环境损害鉴定评估推荐方法（第Ⅱ版）》第 8 条损害评估方法中亦规定了补偿性恢复和补充性恢复，但《生态环境损害鉴定评估技术指南 总纲与关键环节 第 1 部分：总纲》明确将基本恢复、补偿性恢复、补充性恢复作为生态环境恢复的三个阶段。

补充性恢复费用尚未明确，留待实践中进一步探索，即在实施修复方案后经评估认为仍不足以使得受损生态环境恢复到基线水平或可接受风险水平时，通过补充性恢复进行弥补。① 上述两个规范是司法解释对于生态环境修复费用作出规定的直接技术依据。

（三）司法实践

《环境民事公益诉讼司法解释》第二十条就生态环境修复费用作出了较为详细的规定，明确生态环境修复费用包括制定、实施修复方案的费用和监测、监管等费用。本条在总结司法实践的基础上，明确将生态环境修复费用区分为制定与实施期间、修复期间、修复完成后三个阶段的不同费用。另根据司法解释起草过程中原农业部提出的建议，将修复责任中的监测、监管等费用限制在修复期间内。对于复杂的生态环境损害，生态环境的生态系统服务功能受到重大损失，恢复治理难度大，甚至是无法恢复，以金钱的形式量化责任主体的责任，要求责任主体支付特定数额的生态环境修复费用，再对生态环境进行修复治理，在操作上更为可行。人民法院审理的环境民事公益诉讼案件中，一般均会应原告诉讼请求根据案件具体情况判决被告承担生态环境修复费用。生态环境损害赔偿制度改革试点至2020年底，各级人民法院共受理省级、市地级人民政府及其指定的部门、机构提起的生态环境损害赔偿案件147件，基本都判令赔偿义务人承担生态环境修复费用，或者判令其按照修复方案履行修复义务。

二、理解要点

（一）修复生态环境

本条着重突出了修复生态环境的诉讼目的。修订前的《环境民事公益诉讼司法解释》第二十条与《环境侵权案件司法解释》第十四条均将生态修复置于"恢复原状"之下。根据司法解释的性质，上述两个司法解释的

---

① 需要注意的是，《环境损害鉴定评估推荐方法（第Ⅱ版）》同时采用"恢复""修复"两种表述方式，《生态环境损害鉴定评估技术指南 总纲与关键环节 第1部分：总纲》统一使用"恢复"这一表述方式，《若干规定》统一使用"修复"这一表述方式。

规定只是对《民法通则》《侵权责任法》中"恢复原状"的扩充性解释，而非创设新的责任承担方式。《若干规定》起草过程中，有观点认为，修复生态环境和恢复原状内涵差别不大，没有必要改变恢复原状的责任承担方式。我们认为，恢复原状与修复生态环境存在区别，修复生态环境是对恢复原状在环境法领域中的具体化与发展。一是保护客体不同，恢复原状针对的是具有私益性质的民事权利，而修复生态环境救济的是具有公共性、共享性的环境公共利益。二是修复标准不同，民法上的"物"可以通过修补恢复到原有状态，而生态系统是一个有机系统，其中的构成要素不同于民法上的"物"，因而对生态系统修复而言不存在民法上"恢复原状"，相反其有独特的修复标准和方法。三是救济方式不同，民法上的恢复原状一般由责任人亲自进行修复，而生态环境修复不仅需要公权主体、公共机构的介入，需要有区别于私人利益的公共利益衡量机制和保护机制，还需要社会公众的广泛参与。随着环境理论的健全和司法实践经验的逐步积累，各级人民法院也逐步认识到，虽然判决被告承担恢复原状的责任，但受损的生态环境不可能真正恢复原状，大多是用替代性修复方式恢复到原来的或接近的生态系统服务功能。因此，《若干规定》采用修复生态环境这一新的表述方式。2020 年底，《环境民事公益诉讼司法解释》《环境侵权案件司法解释》根据《民法典》颁布进行修正时，前述两条"恢复原状"均按照《若干规定》的表述修改为"修复生态环境"。实践证明，修复生态环境更能从本质上体现环境污染、生态破坏侵权案件与其他侵权案件的不同之处。

（二）损害赔偿责任范围

《若干规定》根据生态环境是否能够修复对损害赔偿责任范围分类规定，区分为能够修复、无法修复、无法完全修复三种不同情形。本条规定的是受损生态环境能够修复的情形，第十三条规定的是受损生态环境无法修复或者无法完全修复的情形。

第一，在受损生态环境能够修复的情况下，被告应承担生态环境修复责任。对于受损生态环境能够修复的，首先应当原地原样修复，即法院应当依法判决被告承担修复责任，将生态环境修复到损害发生之前或与之接近的状态和功能。这种方式最为直接，可以避开生态环境修复费用是否必要、生态环境修复费用合理性判断以及赔偿义务人可能产生的异议等难题。实践中，很多法院在可能的情况下都会直接判令被告在一定期限内履行生态环境修复义务，比如清除污染物，恢复土地、水体原有的养殖等功能，在植被破坏地按照受损植被的种类及十倍株数进行补种复绿及养护等。对于修复的具体标准通常会由专门部门予以确定并监督实施。这种方式大多适用于生态环境损害不太严重的情况，以直接的劳动行为短时间内即可完成修复，无须借助复杂的技术和设备。

考虑到生态修复方案有可能将基本修复措施确定为自然恢复方式而非人工恢复方式，以及被告没有必要履行修复义务，或者被告不愿意履行修复义务、不能履行修复义务，比如被判处徒刑、不具备履行修复义务的资质或其他条件等可能性，本条第一款明确规定法院应当同时确定被告不承担修复义务时应承担的生态环境修复费用，更具有可操作性，亦能督促被告有效避免或者减轻环境损害的进一步扩大。这里并不要求责任人确实无能力修复或者明确表示不履行。原告请求被告进行生态环境修复或承担相应的修复费用并有足够事实根据的，人民法院依法予以支持。

囿于环境修复的专业性，在大多数情况下由被告直接承担修复责任难以达到相应的标准，以被告支付生态环境修复费用的方式代替其修复责任的直接履行，由专业人员在生态环境保护、自然资源管理机关主导下进行生态修复，能够更好地实现法律效果、社会效果、生态效果的有机统一。换言之，本条的目的是落实"污染者付费"原则，让污染环境者、破坏生态者承担相应的法律责任。需要注意的是，《环境民事公益诉讼司法解释》第二十条第二款对此问题的规定是，人民法院可以在判决被告修复生态环境的同时，确定被告不履行修复义务时应承担的生态环境修复费用；也可以直接判决被告承担生态环境修复费用。《若干规定》删除了后半句，突出了生态修复义务的重要性。

第二，在受损生态环境无法修复或者没必要修复的情况下，被告应就生态环境功能永久性损害造成的损失承担赔偿责任。《改革方案》规定，赔偿义务人造成的生态环境损害无法修复的，其赔偿资金作为政府非税收入，全额上缴同级国库，纳入预算管理。赔偿权利人及其指定的部门或机构根据磋商或判决要求，结合本区域生态环境损害情况开展替代修复。具体在后文第十三条论述。

第三，在受损生态环境无法完全修复的情况下，即受损生态环境部分可以修复、部分不能修复，赔偿义务人需要承担可修复部分的修复义务，支付可修复部分在修复期间的生态环境服务功能损失，同时支付不可修复部分生态环境功能永久性损害造成的损失赔偿资金。

另外，《改革方案》要求对于赔偿责任的分期履行等进行探索。司法实践中，各地法院对更新环保设施费用抵扣相应赔偿费用、劳务代偿、增殖放流、补种复绿、护林护鸟等进行探索创新，尽可能保护企业在履行生态环境赔偿责任的同时，进行正常生产经营，实现生态环境损害赔偿案件法律效果、社会效果和生态效果的有机统一。① 如山东省生态环境厅诉金诚公司、弘聚公司生态环境损害赔偿纠纷案，针对被告金诚公司应支付的赔偿款，法院确定了其可分期赔付。②

（三）修复效果后评估费用

本条第二款在 2015 年《环境民事公益诉讼司法解释》第二十条第三款"生态环境修复费用包括制定、实施修复方案的费用和监测、监管等费用"的基础上，增加了修复效果后评估费用，扩充了生态环境修复费用的范围。这是根据生态环境部和专家意见专门增加的内容。2020 年底《环境民事公益诉讼法解释》修正时，根据《若干规定》的内容将第二十条第

---

① 就此问题，由于环境公益诉讼与生态环境损害赔偿诉讼的同质性，对于已经运行五年多的环境公益诉讼（包括检察公益诉讼），实践中有不少好的做法值得借鉴学习。如铜仁市人民检察院诉贵州玉屏湘盛化工有限公司、广东韶关沃鑫贸易有限公司土壤污染责任民事公益诉讼案，是由检察机关提起的土壤污染民事公益诉讼案件。受诉法院为案涉土壤污染构建了"责任人修复+政府监管+人民法院强制执行+人民检察院监督"的全新复合治理路径，有力地推进了污染土壤的修复治理，确保实现涉地农业生产环境安全，体现了司法保护环境公益的良好效果。在江苏省泰州市环保联合会诉泰兴锦汇化工有限公司等水污染民事公益诉讼案中，二审法院衡平企业良性发展与环境保护目标，创新了修复费用支付方式（如六家被告企业能够通过技术改造对副产酸进行循环利用，明显降低环境风险，且一年内没有因环境违法行为受到处罚的，其已支付的技术改造费用可经验收后在判令赔偿环境修复费用的 40% 额度内抵扣），鼓励企业加大技术改造力度，处理好全局利益与局部利益、长远利益与短期利益的关系，承担起企业环境保护主体责任和社会责任，推动实现政治效果、法律效果、生态效果和社会效果的统一。

② 参见山东省济南市中级人民法院作出的（2017）鲁 01 民初 1467 号民事判决书。

三款改为"生态环境修复费用包括制定、实施修复方案的费用，修复期间的监测、监管费用，以及修复完成后的验收费用、修复效果后评估费用等"，与本条保持一致。

自 2015 年《环境保护法》施行以来，人民法院已受理 1.5 万余起环境公益诉讼案件，其中相当一部分存在修复受损生态环境的需要。《若干规定》增加了修复效果后评估费用，使得生态环境基本修复全过程得以覆盖。在前期进行预估，有利于提前明确一部分可能产生的修复效果后评估费用和修复方案的执行。关于修复效果后评估费用，是在裁判时即预估，还是在执行中解决，抑或是通过提起补充诉讼主张实施补充性修复方案（包括修复效果后评估费用），有待各地进一步探索。实践中，有的案件是赔偿权利人与赔偿责任人在签订磋商赔偿协议时，即明确了修复效果后评估费用。[1]

关于补充性恢复费用。司法实践中，生态环境修复方案实施完毕后才对生态环境修复效果进行评估，进而可能存在补充性恢复的问题。在没有完全恢复的情况下，通过补充增强措施将受损的自然资源及其服务功能修复到基线水平，诸如重建一个替代栖息地或者采取其他异地修复措施等补充性修复措施。那么对于补充性修复费用，是重新走生态环境损害赔偿磋商诉讼的流程，[2] 以确定补充性修复的全部费用，还是直接根据鉴定评估机构出具的补充性修复方案确定费用，同样需要各地进一步探索。

（四）期间服务功能损失

最早对生态系统功能进行定义的是著名生态学家 Odum。他认为，生态

---

[1]　在山东省生态环境厅诉山东道一新能源科技有限公司生态环境损害赔偿诉讼案中，山东省生态环境厅、莱芜市环境保护局与赔偿责任人签订《生态环境损害赔偿合同书》。合同明确约定，因本事件造成的其他损失，包括但不限于后评估费用、后评估后处理费用、后续监测费用，由生态环境损害赔偿责任人承担。合同签订后，赔偿责任人仅支付了合同约定的首期赔偿款，后续两期赔偿款均未实际支付。赔偿权利人提起生态环境损害赔偿诉讼，其中一项诉讼请求即请求法院判令赔偿责任人承担后评估费用 10 万元。参见（2018）鲁 0102 民初 8787 号民事判决书。

[2]　根据《改革方案》，有以下几种可能：（1）磋商—达成赔偿协议—履行；（2）磋商—达成赔偿协议—司法确认诉讼—履行；（3）磋商—达成赔偿协议—司法确认诉讼—不履行—申请强制执行；（4）磋商—未达成赔偿协议—诉讼—执行；（5）无法磋商—诉讼—执行。

系统功能是指生态系统的不同生境、生物学及其系统性质或过程。① 随后，不少学者从为人类服务的角度出发，对生态系统功能引入了新的含义。如 Groot 认为，生态系统功能是生态系统为人类直接或间接提供服务的能力，并将生态系统功能分为调节功能、生境功能、产出功能和信息功能四大类。② 第一次提出生态系统为人类提供"服务"这一概念的著作是关键环境问题研究小组（Study of Critical Environmental Problems，SCEP）于 1970 年出版的《人类对全球环境的影响报告》，其中使用了"环境服务"（environmental services）的概念，并列出了一系列自然系统提供的"环境服务"，如气候调节、水土保持、水流净化生态服务功能等。③ Ehrlich 在 1981 年对"环境服务""自然服务"等相关概念进行了梳理，统一为"生态系统服务"（ecosystem services）。④这一术语逐渐得到学界的广泛接受。《千年生态系统评估报告》认为生态系统服务是人们从生态系统中获得的效益，并将生态系统服务分为支持、调节、供给和文化功能四大类。⑤ 这里要注意的是，生态系统功能与生态系统服务是不同的概念。生态系统功能是构建系统内生物有机体生理功能的过程，侧重于反映生态系统的自然属性，是维持生态系统服务的基础；生态系统服务是由生态系统功能产生的，是基于人类的需要、利用和偏好，反映了人类对生态系统功能的利用，是生态系统功能满足人类福利的一种表现。⑥ 本书采用"生态系统服务功能"说法，侧重于生态系统直接或间接为人类提供产品和服务的功能。

本条第三款规定："原告请求被告赔偿生态环境受到损害至修复完成

① Ecosystem functions refer variously to the habitat, biological or system properties or processes of ecosystems. See Odum E, *Fundamentals of Ecology*, Philadelphia: Saunders, 1971.

② Ecosystem functions as the capacity of natural processes and components to provide goods and services that satisfy human needs, directly or indirectly. See De Groot R. S, Willson M. A, Boumans R. M. J, *A Typology for the Classification, Description and Valuation of Ecosystem Functions, Goods and Services*, Ecological Economics, 2002, 41(3): 393-408.

③ SCEP, *Man's Impact on the Global Environment*, Massachusetts: MIT Press, 1970.

④ Ehrlich P. R, Ehrlich A. H, *Extinction: the Causes and Consequences of the Disappearance of Species*, New York: Random House, 1981.

⑤ Millennium Ecosystem Assessment, *Ecosystem and Human Well-Being: Biodiversity Synthesis*, World Resources Institute, Washington, DC, 2005.

⑥ 参见冯剑丰、李宇、朱琳：《生态系统功能与生态系统服务的概念辨析》，载《生态环境学报》2009 年第 18 期。

期间服务功能损失的，人民法院根据具体案情予以判决。""期间服务功能损失"，是指生态环境从受到损害至修复至基线水平期间所丧失的生态服务功能。对于原告请求被告赔偿期间损失的，法院首先应考虑补偿修复措施，包括酌情在某个替代地点提供类似的生态环境及其服务功能。例如，被告为开采矿石、砍伐林木非法占用 A 处林地，法院除判决被告承担修复责任，即除在 A 处补植复绿、修复生态环境外，还应判令被告赔偿林地修复到被破坏前的期间生态服务功能损失，如在 B 处补植复绿。在确定补偿修复措施时，还应首先选择采取与受损的生态环境及其服务功能种类、数量和质量都相同的生态环境及其服务功能的修复措施。如果不能做到这一点，那么可以考虑采取替代性修复方式提供大体相当的生态环境及其服务功能。比如，在修复措施上，可以通过数量的增加来弥补质量的下降。

与本条第一款同理，法院在判决被告履行补偿修复责任的同时，可以同时确定被告不履行补偿修复义务时应承担的期间服务功能损失。通过对生态环境系统的价值采取合适的定价方式进行价值评估，可以大致确定环境资源的价值，从而计算出期间服务功能损失。

环境价值评估理论的有关内容如表 2.1 所示。

表 2.1　环境价值评估理论①

	分类方式		定义	作用举例
生态系统服务总体经济价值 Total Ecosystem Value	使用价值 Use Value	直接使用价值 Direct Use Value	可直接消耗的量	生物量 娱乐
		间接使用价值 Indirect Use Value	功能效益	生态功能 生物控制
	非使用价值 Non Use Value	选择价值 Option Value	将来的直接或间接使用价值	生物多样性 保护栖息地
		遗赠价值 Bequest Value	为后代遗留的使用价值和非使用价值的价值	生存栖息地 不可逆改变
		存在价值 Existence Value	继续存在的价值	生存栖息地 濒危物种

---

① Pearce D. W, *Blueprint* 4: *Capturing Global Environmental Value*, London: Earth Scan, 1995; Turner R. K, C. J. M. Jeroen, B. van den, T. Soderqvist, et al, *Ecological-Economic Analysis of Wetlands: Scientific Integration for Management and Policy,* Ecological Economics, 2000, 35(1): 7-23.

北京市朝阳区自然之友环境研究所、福建省绿家园环境友好中心诉谢知锦等四人破坏林地民事公益诉讼案，是 2015 年《环境保护法》施行以后，法院判决的首例生态破坏类环境公益诉讼案件，① 其中对于期间生态服务功能损失的支持值得我们在审理生态环境损害赔偿诉讼案件时借鉴。②

（五）自然资源价值损失

需要注意的是，自然资源价值损失不能在生态环境损害赔偿诉讼中主张。《若干规定》起草过程中，曾经考虑将赔偿生态环境功能损失与赔偿自然资源价值损失并列，作为赔偿范围的内容，规定"自然资源毁损灭失的，人民法院可以判决被告赔偿自然资源自身价值损失"。理由如下：第

----

① 2008 年 7 月 29 日，谢知锦等四人未经行政主管部门审批，擅自扩大采矿范围，采取从山顶往下剥山皮、将采矿产生的弃石往山下倾倒、在矿山塘口下方兴建工棚的方式，严重毁坏了 28.33 亩林地植被。2014 年 7 月 28 日，谢知锦等人因犯非法占用农用地罪分别被判处刑罚。2015 年 1 月 1 日，北京市朝阳区自然之友环境研究所、福建省绿家园环境友好中心提起诉讼，请求判令四被告承担一定期限内恢复林地植被的责任，赔偿生态环境服务功能损失 134 万元；如不能在一定期限内恢复林地植被，则应赔偿生态环境修复费用 110 万余元；共同偿付原告为诉讼支出的评估费、律师费及其他合理费用。福建省南平市中级人民法院一审认为，谢知锦等四人为采矿占用林地，不仅严重破坏了 28.33 亩林地的原有植被，还造成了林地植被受损至恢复原状期间生态服务功能的损失，依法应共同承担恢复林地植被、赔偿生态功能损失的侵权责任。遂判令谢知锦等四人在判决生效之日起五个月内恢复被破坏的 28.33 亩林地功能，在该林地上补种林木并抚育管护三年，如不能在指定期限内恢复林地植被，则共同赔偿生态环境修复费用 110 万余元；共同赔偿生态环境服务功能损失 127 万元，用于原地或异地生态修复；共同支付原告支出的评估费、律师费、为诉讼支出的其他合理费用 16.5 万余元。福建省高级人民法院二审维持了一审判决。最高人民法院裁定驳回谢知锦的再审申请。

② 该案中，最高人民法院认为，依据《环境保护法》第二条的规定，环境是指影响人类生存和发展的各种天然的和经过人工改造的自然因素的总体，其中包括森林资源等。依据《森林法实施条例》第二条"森林资源，包括森林、林木、林地以及依托森林、林木、林地生存的野生动物、植物和微生物"的规定，矿山范围内的森林、林木和林地等自然资源均是当地生态环境的重要组成部分。谢知锦等开采矿山占用林地、严重毁坏林地原有植被，损害了构成当地生态环境自然因素的森林、林木和林地等，影响了森林资源所具有的蓄水保土、调节气候、改善环境和维持生物多样性功能的正常发挥，属于损害生态环境公共利益，应当承担生态环境修复责任。资产评估公司出具的《福建南平采石场生态修复初步费用估算报告补充意见》及其说明载明，除了造成损毁林木损失 5 万元，推迟林木正常成熟损失 2 万元以外，还存在森林被破坏期和森林恢复期损失的以下生态服务价值损失：（1）水源涵养损失价值；（2）保育土壤损失价值；（3）固定二氧化碳释放氧气损失价值；（4）净化大气环境损失价值；（5）生物多样性损失价值，以及植被破坏导致碳释放的生态损害价值等共计 127 万元。二审判决根据上述评估意见，合理确定该案生态环境修复费用、生态环境受到损害至恢复原状期间服务功能损失，具有事实和法律依据。参见（2016）最高法民申 1919 号民事裁定书。

一，《改革方案》明确排除的是个人、集体的私益诉讼和海洋损害赔偿诉讼，并未排除国家利益受损的诉讼，而国家自然资源损失属于国家利益损失，并未被《改革方案》明确排除。第二，根据环保理论，总体经济价值包括使用价值和非使用价值。使用价值包括直接使用价值和间接使用价值。直接使用价值就是自然资源的市场经济价值，间接使用价值是一些如休闲和旅游使用价值。非使用价值包括遗传价值和存在价值。环境要素作为社会公共品不直接参与市场交换，没有市场价格，其中的自然资源价值和环境服务功能等损失需要通过技术评估确定损失费用，自然资源价值损失也是损失必不可少的一部分。第三，自然资源受损同时导致经济价值损失和生态环境功能损失，原因事实相同，合并审理有利于节约诉讼资源，一体周全保护国家利益和公共利益。

后经过反复论证，并征求生态环境部意见，最终删除了《若干规定》稿中关于自然资源价值损失的内容。理由如下：第一，依据《改革方案》的规定，生态环境损害赔偿范围包括清除污染费用、生态环境修复费用、生态环境修复期间服务功能的损失、生态环境永久性损害造成的损失以及生态环境损害赔偿调查、鉴定评估等合理费用，并未包括自然资源价值损失。生态赔偿诉讼只是针对生态环境损害赔偿的诉讼，这是《若干规定》的基本出发点。第二，自然资源与生态环境是密不可分但相互区别的概念。自然资源价值损失是实体资源的经济价值损失，是国家所有权的私益损害；生态环境功能损失是生态系统向公众或其他生态系统提供服务的丧失或减少，具有公益性。私益和公益可以有衔接，但两个性质不同的诉讼请求不宜放在同一诉讼中解决。第三，对于同一原因事实引起的两个损害，如果是同一适格原告提起两个诉讼，自然可以基于便利原则考虑是否合并审理。《若干规定》不作出规定有诉讼法依据。第四，由自然资源管理人使用人主张自然资源价值损失，有法律依据或者许可授权，这与生态环境损害赔偿索赔授权的法源并不一定一致。第五，财税资金实行中央、地方分治，国库亦有此区分，在中央没有授权地方政府管理自然资源的情况下，如果司法允许地方政府主张自然资源价值损失，缺乏合法性基础。

三、实务运用

法官在生态环境损害赔偿诉讼案件中对生态环境修复进行司法审查，其基本流程如下：第一，立案受理；第二，明确原告的诉讼请求（如认为不足以保护公共利益的，应进行释明，要求原告补充或修改其诉讼请求①）；第三，对生态环境修复方案进行司法审查，确定生态环境修复措施；第四，判决被告承担修复责任，同时明确被告不履行修复义务时应承担的生态环境修复费用、期间服务功能损失，或者受损生态环境无法修复、无法完全修复时的永久性损失，以及修复完成后的验收费用、修复效果后评估费用等；第五，被告未履行修复方案的，作出执行裁定，明确由省级、市地级人民政府及其指定的相关部门或机构实施修复受损生态环境。②

生态环境修复是一个技术复杂、过程漫长的综合系统治理工程。对于如何量化生态环境损害、受损生态环境能否修复、具体采取何种措施才能恢复应有的生态系统服务功能、如何管护才能达到生态修复的目的等问题，都不是简单通过司法就能解决的。诚然，法官拥有自由裁量权，但这种自由裁量权在一定程度上受制于生态环境恢复的目标、恢复生态学的基本原理和生态环境鉴定评估技术政策等。因此，对于具有环境损害评估等相关资质的鉴定机构对生态环境损害进行的评估鉴定和出具的生态环境修复方案，一般情况下应予以尊重，如有必要时还可以再咨询有专门知识的人。

这里对生态环境的恢复过程进行介绍，理解图 2.1 有助于我们明确预期目标、具体个案中应采取自然恢复还是人工恢复，以及期间服务功能损失大小等问题。环境污染、生态破坏事件发生后，原生态环境的生态系统服务水平迅速降低。由于不少环境介质具有自净能力，如湿地被倾倒汞后，水体、土壤的汞逐渐被稀释，若干年后，该处湿地亦可能自然恢复至

---

① 这里要把握好法官的中立性与释明权的行使之间的平衡。

② 修复完成后，省级、市地级人民政府及其指定的相关部门或机构委托具有环境损害评估等相关资质的鉴定机构对生态环境损害修复结果进行鉴定，如未达到预期目标，则需开展补充性恢复。

最初的生态系统服务水平。在修复成本较大时，我们可能会选择自然恢复途径。在修复成本较小或该处生态环境具有更重要意义时，我们会选择人为恢复措施，使得该处生态环境提前恢复到基线水平或可接受风险水平。在该处生态环境恢复到基线水平之前，与未发生损害时该处生态环境本应具备的生态系统服务水平相比，这期间所丧失的生态系统服务即期间损失（人为恢复情况下：A 区；自然恢复情况下：A 区+B 区），对应的是补偿性修复。比如湿地恢复到原基线水平需要 50 年，这 50 年就是恢复期间，期间的损失可以采取补偿性修复，如提高受损生态环境的生态系统服务水平，或在别处增殖放流、补种树木。

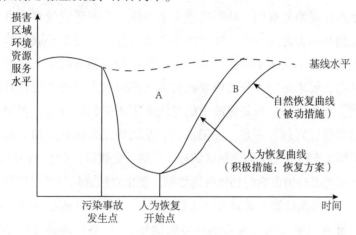

图 2.1　生态环境的恢复过程①

一、关于生态环境修复的预期目标确定

从理论上来说，突发环境事件发生后，可以分为环境险情排除的事故应急阶段、环境安全保障的环境修复阶段、提高生态功能的生态恢复阶

---

① 引自《环境损害鉴定评估推荐方法（第Ⅱ版）》。

段。在事故应急阶段，为减轻或消除对公众健康、公私财产和生态环境造成的损害，各级政府与相关单位针对可能或已经发生的突发环境事件而采取系列行动和措施，由此会产生应急处置费用，即对污染物进行清除、处理和处置的费用。在环境修复阶段，为防止污染物扩散迁移、降低环境中污染物浓度，将环境污染导致的人体健康风险或生态风险降至可接受风险水平，各级政府与相关单位可能采取系列必要的、合理的行动或措施。在生态恢复阶段，为将生态环境的物理、化学或生物特性及其提供的生态系统服务恢复至基线状态，同时补偿期间损害，各级政府与相关单位可能采取系列必要的、合理的措施。① 在环境修复阶段与生态恢复阶段所发生的费用即生态环境修复费用。从严格意义上来说，生态环境受到污染和破坏后，恢复到与损害之前一模一样的状态几无可能，生态系统服务功能也只是尽可能地接近基线水平而已。此外，如果受到损害前的生态环境并不处于良好状态，要求赔偿义务人修复到损害之前的状态也并非受害者利益所需。因此，对生态环境修复标准中的基线水平不能机械理解，否则可能会造成过度修复或者修复不足。一般而言，基线确定方法有：（1）利用污染环境或破坏生态行为发生前评估区域近三年的历史数据；（2）利用未受污染环境或破坏生态行为影响的相似现场数据，要求对照区域与评估区域的生态环境特征、生态系统服务等具有可比性；（3）利用模型确定基线；（4）参考环境基准或国家和地方发布的环境质量标准。② 在面对具体个案时，可以综合比较背景值、对照值，合理确定。

二、关于生态环境损害认定的根据

根据《改革方案》和《若干规定》的规定，在与赔偿义务人进行磋商之前，赔偿权利人及其指定的部门或机构已经得到一份生态环境损害鉴定评估报告，对于磋商未达成一致的，赔偿权利人及其指定的部门或机构应当及时提起生态环境损害赔偿民事诉讼。因此，很多情况下，人民法院所审理的生态环境损害赔偿诉讼案件中双方对于损害大小可能是存有争议

---

① 参见《环境损害鉴定评估推荐方法（第Ⅱ版）》第4.6条、第4.10条、第4.11条。
② 参见《生态环境损害鉴定评估技术指南 总纲与关键环节 第1部分：总纲》第5.2条规定。

的。人民法院除了要对诉前鉴定评估报告进行合理性判断与合法性审查外，特殊情况下也可以在诉讼中委托鉴定。① 此外，也可以根据法律精神，积极探索认定生态环境损害的替代方法，适当克服环境污染举证难的问题，尽可能让责任者作出赔偿，让生态环境损害赔偿制度真正落地兑现。为此，《若干规定》第九条、第十条均明确了可以作为认定案件事实根据的证据。另外，根据《若干规定》第二十二条的规定，可以参照适用《环境民事公益诉讼司法解释》《环境侵权案件司法解释》的规定。如果出现环境修复费用难以确定或者确定具体数额所需鉴定费用明显过高的情形，人民法院可以根据《环境民事公益诉讼司法解释》第二十三条规定，结合污染环境、破坏生态的范围和程度、生态环境的稀缺性、生态环境恢复的难易程度、防治污染设备的运行成本、被告因侵害行为所获得的利益以及过错程度等因素，并可以参考负有环境保护监督管理职责的部门的意见、专家意见等，予以合理确定。

【法条链接】

《环境民事公益诉讼司法解释》

第二十条 原告请求修复生态环境的，人民法院可以依法判决被告将生态环境修复到损害发生之前的状态和功能。无法完全修复的，可以准许采用替代性修复方式。

人民法院可以在判决被告修复生态环境的同时，确定被告不履行修复义务时应承担的生态环境修复费用；也可以直接判决被告承担生态环境修复费用。

生态环境修复费用包括制定、实施修复方案的费用，修复期间的监测、监管费用，以及修复完成后的验收费用、修复效果后评估费用等。

《环境侵权案件司法解释》

第十四条 被侵权人请求修复生态环境的，人民法院可以依法裁判侵

---

① 如被告对于诉前原告所作的鉴定意见等有异议，法官经审查后认为异议确实存在，则在诉讼中可以委托具有环境损害评估等相关资质的鉴定机构对生态环境损害进行评估鉴定，出具生态环境修复方案，确定生态环境修复费用、期间服务功能损失、永久性损失，以及修复完成后的验收费用、修复效果后评估费用等，但这应作为例外情形。

权人承担环境修复责任，并同时确定其不履行环境修复义务时应当承担的环境修复费用。

侵权人在生效裁判确定的期限内未履行环境修复义务的，人民法院可以委托其他人进行环境修复，所需费用由侵权人承担。

第十七条 本解释适用于审理因污染环境、破坏生态造成损害的民事案件，但法律和司法解释对环境民事公益诉讼案件另有规定的除外。

相邻污染侵害纠纷、劳动者在职业活动中因受污染损害发生的纠纷，不适用本解释。

《海洋自然资源与生态环境损害赔偿规定》

第七条 海洋自然资源与生态环境损失赔偿范围包括：

（一）预防措施费用，即为减轻或者防止海洋环境污染、生态恶化、自然资源减少所采取合理应急处置措施而发生的费用；

（二）恢复费用，即采取或者将要采取措施恢复或者部分恢复受损害海洋自然资源与生态环境功能所需费用；

（三）恢复期间损失，即受损害的海洋自然资源与生态环境功能部分或者完全恢复前的海洋自然资源损失、生态环境服务功能损失；

（四）调查评估费用，即调查、勘查、监测污染区域和评估污染等损害风险与实际损害所发生的费用。

第八条 恢复费用，限于现实修复实际发生和未来修复必然发生的合理费用，包括制定和实施修复方案和监测、监管产生的费用。

未来修复必然发生的合理费用和恢复期间损失，可以根据有资格的鉴定评估机构依据法律法规、国家主管部门颁布的鉴定评估技术规范作出的鉴定意见予以确定，但当事人有相反证据足以反驳的除外。

预防措施费用和调查评估费用，以实际发生和未来必然发生的合理费用计算。

责任者已经采取合理预防、恢复措施，其主张相应减少损失赔偿数额的，人民法院应予支持。

第九条 依照本规定第八条的规定难以确定恢复费用和恢复期间损失的，人民法院可以根据责任者因损害行为所获得的收益或者所减少支付的污染防治费用，合理确定损失赔偿数额。

前款规定的收益或者费用无法认定的，可以参照政府部门相关统计资料或者其他证据所证明的同区域同类生产经营者同期平均收入、同期平均污染防治费用，合理酌定。

第十三条　受损生态环境无法修复或者无法完全修复，原告请求被告赔偿生态环境功能永久性损害造成的损失的，人民法院根据具体案情予以判决。

【条文主旨】

本条是关于生态环境功能永久性损害造成的损失承担的规定。

【条文理解】

一、"无法修复"的理解

修复生态环境责任方式适用的前提是受损生态环境具有可恢复性，否则修复无从谈起。并非所有的生态环境损害都可以恢复，这就要首先确认损害是否可恢复。

从技术规范的角度而言，《环境损害鉴定评估推荐方法（第Ⅱ版）》中规定的永久性损害即不属于修复的范围。所谓永久性损害（permanent damage），"指受损生态环境及其功能难以恢复，其向公众或其它生态系统提供服务能力的完全丧失"[①]。《生态环境损害鉴定评估技术指南 总纲与关键环节 第1部分：总纲》第3.13条作出了基本相同的规定。需要注意的是，永久性损害并非绝对不可恢复，而是"难以恢复"。因为损害的可恢复性既需要考虑修复工程措施的技术可行性，也需要考虑修复工程措施的经济合理性，即需要进行成本—效益分析。有些环境污染和生态破坏造成的损害后果不可逆转，是因为目前的科学技术认知局限和技术手段缺失，使修复成为不可能。有些环境污染和生态破坏造成的损害后果虽然有修复

---

① 参见《环境损害鉴定评估推荐方法（第Ⅱ版）》第4.13条。

的可能，但是修复工程的成本远远高于受损生态环境的生态服务功能价值，那么可能在短时间内我们并不会选择修复。① 比如，核事故污染场所治理的成本远远高于其他污染，甚至支付高昂的修复代价也无法达到恢复的目的，这类损害通常不被列入修复的范围。此外，一些有毒有害物质、危险化学品污染所产生的生态破坏后果，虽然在治理的科研方面取得了一定的经验和效果，但并未找到彻底修复治理的良策，难以简单评定损害是否可以修复。比如，对于严重的铅污染场地，目前尚未发现真正可以修复生态环境状态的治理技术，许多国家都是采取封闭场地、搬迁居民、阻断污染物经由植物或者呼吸进入人体等方式控制损害后果，而不是直接采取生态修复措施。

从司法裁判的角度而言，"无法修复"并不等同于无能力修复。换言之，《若干规定》本条所规定的"无法修复"是一个客观标准，而非被告能力的主观标准。起草过程中，《若干规定》初稿曾规定"被告无能力开展修复工作的，人民法院可以依法判决被告委托具备修复能力的社会第三方机构进行修复，修复资金由被告向受托的社会第三方机构支付。人民法院可以判决被告向原告支付生态环境损害修复费用，并在生态环境损害修复费用交纳至原告指定的账户后，由原告承担相应的生态环境损害修复责任"。后吸收高级人民法院的意见，不明确规定委托社会第三方机构进行修复，另外，将被告向原告支付生态环境损害修复费用的表述删除，以避免产生修复责任是原告的责任的误解。

二、生态环境功能永久性损失的裁判处理方式

适用本条规定判决被告承担生态环境功能永久性损失，有两点需要注意。

第一，《若干规定》本条与《环境民事公益诉讼司法解释》的处理方式有所不同。

2015年《环境民事公益诉讼司法解释》第二十条第一款规定："原告

---

① 参见王小钢：《生态环境修复和替代性修复的概念辨正——基于生态环境恢复的目标》，载《南京工业大学学报（社会科学版）》2019年第1期。

请求恢复原状的，人民法院可以依法判决被告将生态环境修复到损害发生之前的状态和功能。无法完全修复的，可以准许采用替代性修复方式。"探究该规定，可以认为《环境民事公益诉讼司法解释》采取的是更广义的生态环境修复的理解，即认为不存在生态环境不可以修复的情况。能原地原样修复的，被告要进行原位修复，并承担期间损失。不能原地原样修复的，可以通过替代性修复进行修复，在替代性修复期间的期间损失也需要一并承担。替代性修复可以包括原地异质恢复、异地同质恢复和异地异质恢复等多种方式。① 比如，非法占用林地开办化工厂而造成污染，无法在原地种植树木，法院可以判决被告通过在异地补植复绿的方式恢复特定区域内环境整体容量。有的地方即探索建立专门的"环境公益诉讼林"。司法实践中，替代性修复也是常见的。② 需要注意的是，一方面，替代性修复提供的生态环境及其生态系统服务需要与原受损生态环境及其生态系统服务等值或大体相当，且位于同一个流域或生态区域；另一方面，需要制定和实施生态环境替代性修复方案，估算出生态环境替代性修复工程量和工程费用以及监测和监管等费用，即基于替代性修复方式的生态环境修复

---

① 参见最高人民法院环境资源审判庭编著：《最高人民法院关于环境民事公益诉讼司法解释理解与适用》，人民法院出版社 2015 年版，第 296~297 页。

② 如中华环境保护基金会、中国生物多样性保护与绿色发展基金会诉重庆长安汽车股份有限公司（以下简称长安汽车公司）大气污染公益诉讼案，其中的替代性修复方案就值得肯定。北京市环境保护局于 2015 年 7 月 21 日起对长安汽车公司进行调查，发现长安汽车公司在北京地区销售的机动车中，型号为 SC7186A5 和 SC6469B5 的两个车型不符合环保生产一致性要求。SC7186A5 车型在北京市场销售 274 辆，销售违法所得为 188.8 万元；SC6469B5 车型在北京市场销售 1912 辆，销售违法所得为 1071.7 万元。以上共计 1260.5 万元。北京市环境保护局于 2016 年 1 月 6 日作出京环保车罚字（2015）13 号行政处罚决定书，责令长安汽车公司停止违法行为，没收违法所得 1260.5 万元，并处罚款 378 万元。中华环境保护基金会、中国生物多样性保护与绿色发展基金会起诉要求：（1）判令长安汽车公司立即停止在北京市范围内销售不符合《轻型汽车污染物排放限值及测量方法（中国第五阶段）》（GB 18352.5—2013）要求的 SC7186A5 和 SC6469B5 两个车型汽车，并且召回已经在该地区销售的 SC7186A5 车型汽车 274 辆和 SC6469B5 车型汽车 1912 辆；（2）判令长安汽车公司采取措施或替代修复措施，修复被污染损害的生态环境，如长安汽车公司不履行修复义务，请求判令其应承担相应的生态环境修复费用；（3）判令长安汽车公司赔偿生态环境受到损害至修复完成、危害排除期间服务功能损失；（4）判令长安汽车公司通过北京市级以上媒体向社会公众公开赔礼道歉；（5）判令长安汽车公司承担中华环境保护基金会、中国生物多样性保护与绿色发展基金会为本案诉讼支付的相关费用及其他合理支出。双方于 2018 年 12 月 5 日达成调解协议，确认被告已完成赔礼道歉、召回、整改等行为，同时由被告在北京市范围内公共场所安装新能源电动汽车充电桩 100 根，并在充电桩处标明"北京市第四中级人民法院环境公益充电桩"字样，安装期限不超过自调解书生效之日起 18 个月。

费用。这样的生态环境修复费用才是能体现基于生态环境替代性修复成本的生态环境修复费用。①

而《若干规定》本条则规定，对于受损生态环境无法修复或无法完全修复的，法院根据具体案情予以判决生态环境功能永久性损失。同时，《改革方案》第四条第（八）项规定："……赔偿义务人造成的生态环境损害无法修复的，其赔偿资金作为政府非税收入，全额上缴同级国库，纳入预算管理。赔偿权利人及其指定的部门或机构根据磋商或判决要求，结合本区域生态环境损害情况开展替代修复。"换言之，在受损生态环境无法修复或无法完全修复的情况下，法官只能判决金钱量化赔偿损失，赔偿金作为政府非税收入缴入国库，政府再综合施治。

第二，《若干规定》本条与第十二条第三款的处理方式有所不同。《若干规定》第十二条第三款规定："原告请求被告赔偿生态环境受到损害至修复完成期间服务功能损失的，人民法院根据具体案情予以判决。"对于原告请求被告赔偿期间损失的，法官首先考虑的也是生态环境修复，包括替代性恢复措施。法官在判决被告履行替代修复责任的同时，可以确定被告未履行修复义务时应承担的期间服务功能损失。只有在被告不履行、不能履行或没必要履行替代性恢复措施时，才执行金钱量化的赔偿金。而如前所述，本条规定的是对于生态环境功能永久性损失，法官不必判决被告履行其他替代性修复，而是可直接判决被告赔偿金钱量化的损失。

三、虚拟治理成本法在司法裁判中的适用

生态环境拥有一定的自净能力，比如大气、水等环境要素具有极强的流动性，排污点造成的大气污染可能会因大风的到来而消散，排污点造成的水污染可能会因水的流动冲刷而减轻，但这并不代表污染问题得到了解决，更不能说未对环境造成任何损害。我们将视角置于整个环境生态或环境容量上，即可发现污染者已经对环境造成了污染或破坏。事实上，历史上严重的环境事件大多不是因为严重的环境破坏行为，而是由轻微的环境

---

① 参见王小钢：《生态环境修复和替代性修复的概念辨正——基于生态环境恢复的目标》，载《南京工业大学学报（社会科学版）》2019 年第 1 期。

污染行为日积月累造成的结果。正是因为大气、水等环境要素具有极强的流动性，相应的环境问题往往也具有极强的瞬时性、潜伏性，给举证带来了极大的困难。

　　司法实践中，经常会运用到虚拟治理成本法认定损害大小，在一定程度上解决了此类案件的举证难问题。所谓虚拟治理成本是按照现行的技术和水平对排放到环境中的污染物进行治理而需要的支出。[1] 虚拟治理成本法是按照现行的治理技术和水平治理排放污染物所需要的支出，是基于源头治理提出的方法，与基于污染物排放到环境中计算受损生态环境恢复费用的环境恢复成本法有本质不同。[2] 虚拟治理成本法计算的是对已经排放的污染物如果在排放前予以治理所应花费的预测成本，该方法鉴定生态环境损害的依据是现实中并未发生的污染治理措施，因而所测量的生态环境损害具有一定预测性。比如，在泰州市环保联合会与泰兴锦汇化工有限公司等环境污染公益诉讼案中，最高人民法院认为，虽然河流具有一定的自净能力，但是环境容量是有限的，向水体大量倾倒副产酸，必然对河流的水质、水体动植物、河床、河岸以及河流下游的生态环境造成严重破坏。如不及时修复，污染的累积必然会超出环境承载能力，最终造成不可逆转的环境损害。因此，不能以部分水域的水质得到恢复为由免除污染者应当承担的环境修复责任。[3] 该案首次将环境容量、环境承载能力等环境法上的重要概念引入生态环境损害的认定中，确立了污染大气、水等具有自净能力的环境要素仍应承担生态服务功能损失这一重要裁判规则，肯定了虚拟治理成本法的适用，实现了对环境公共利益的有效维护。继该案后，江苏省徐州市人民检察院诉徐州市鸿顺造纸有限公司水污染民事公益诉讼案、中华环保联合会诉德州晶华集团振华有限公司大气污染民事公益诉讼案等多起案件中均很好地适用了虚拟治理成本法，有力地追究了污染者的法律责任。

　　另外，实践中也出现了虚拟治理成本法适用范围不明确、计算依据不

---

　　① 参见《环境损害鉴定评估推荐方法（第Ⅱ版）》第 A.2.3 条。
　　② 参见原环境保护部办公厅 2017 年 9 月 15 日印发的《关于虚拟治理成本法适用情形与计算方法的说明》（环办政法函〔2017〕1488 号）。
　　③ 参见最高人民法院（2015）民申字第 1366 号裁定书。

充分、计算数额不统一等问题，个别案件适用虚拟治理成本法仍有待规范。一般而言，首先应由鉴定机构制定生态环境替代性修复方案，计算制定和实施替代性修复的费用，再加上监测和监管等费用，法官采信后即《环境民事公益诉讼司法解释》第二十条中的生态环境修复费用。此外，还需要鉴定评估机构评估生态环境受到损害至替代性修复达到预期目标的期间生态环境服务功能损失。司法实践中需要注意，《关于虚拟治理成本法适用情形与计算方法的说明》已经明确了可以适用虚拟治理成本法的情形仅限于：（1）排放污染物的事实存在，由于生态环境损害观测或应急监测不及时等原因导致损害事实不明确或生态环境已自然恢复；（2）不能通过恢复工程完全恢复的生态环境损害；（3）实施恢复工程的成本远远大于其收益的情形。对于以下两种情形，明确不适用虚拟治理成本法：（1）实际发生的应急处置费用或治理、修复、恢复费用明确，通过调查和生态环境损害评估可以获得的；（2）突发环境事件或排污行为造成的生态环境直接经济损失评估。针对实践中敏感系数适用不一使得计算数额不统一的问题，《关于虚拟治理成本法适用情形与计算方法的说明》将环境功能区敏感系数从区间值调整为固定值，这对于类案同判是有好处的。

在以前采用虚拟治理成本法敏感系数为区间值时，曾有观点认为，在适用较高敏感系数时，即相当于适用了惩罚性赔偿。2017 年，原环境保护部办公厅发布《关于虚拟治理成本法适用情形与计算方法的说明》，其中将敏感系数从区间值改为固定值。如果说以前敏感系数为区间值时，法官还可以根据污染者超标排污行为的违法性、过错程度、采取防治措施的积极性等因素进行综合考虑，在污染者主观恶性较强、行为损害后果较严重的情况下适用较高的敏感系数从而在责任承担上体现出客观的惩罚性，那么在敏感系数改为固定值之后，排放、倾倒、泄漏等主观恶意、故意性因素也难以通过损害数额大小得以体现。

2021 年 1 月 13 日，最高人民法院发布《最高人民法院关于审理生态环境侵权纠纷案件适用惩罚性赔偿的解释》，明确国家规定的机关和法律规定的组织作为被侵权人代表请求惩罚性赔偿的参照适用但书规定，为实践中进一步探索惩罚性赔偿提供了依据。

【审判实践中应注意的问题】

法院判决被告赔偿生态环境功能永久性损害造成的损失，一般是以货币的形式体现出来。但有的被告可能不具有经济赔偿能力，实践中法院充分发挥司法能动性，创新责任承担方式，取得了较好的社会效果。比如，连云港市赣榆区环境保护协会诉王升杰环境污染损害赔偿公益诉讼案中，江苏省连云港市中级人民法院认为，根据出庭专家的评估意见，100 吨含酸废水治理成本约 14616.7 元，因王升杰未经处理即行排放导致治理成本扩大，无法具体测算对环境和生态的损害程度，依据《环境保护部关于开展环境污染损害鉴定评估工作的若干意见》中环境污染损害数额计算推荐方法采取虚拟治理成本法符合本案实际。结合王升杰排放废酸数量及环境监测评估意见等，法院酌情认定造成的环境损害为 75000 元。王升杰主张其经济非常困难，自愿在经济赔偿能力不足的情况下，通过提供有益于环境保护的劳务活动抵补其对环境造成的损害，符合"谁污染，谁治理，谁损害，谁赔偿"的环境立法宗旨，较单纯赔偿更有利于环境的修复与治理，法院予以采纳。在案件审理过程中，连云港市赣榆区环境保护局发函同意对王升杰提供的劳务进行监管。参照目前全国职工日工资标准，王升杰提供环境保护劳务的工作量应相当于其环境污染赔偿不足的金额。法院判决王升杰赔偿其对环境污染造成的损害 51000 元用于生态环境恢复和治理；于判决生效后二年内提供总计 960 小时的环境公益劳动（每月至少 6次，每次不低于 6 小时），以弥补其环境损害赔偿金的不足部分，该项劳务执行由连云港市赣榆区环境保护局负责监督和管理。[1] 又如，有的地方法院根据当地生态环境特点，判决被告承担"巡河""巡草"义务，都是通过劳务代偿方式折抵了一部分损失赔偿，同时增加了公众参与监督度，更好地发挥公益诉讼裁判指引功能。

---

① 参见江苏省连云港市中级人民法院（2014）连环公民初字第 00002 号民事判决书。

【法条链接】

《最高人民检察院、公安部关于公安机关管辖的刑事案件立案追诉标准的规定（一）的补充规定》

十、将《立案追诉标准（一）》第60条修改为：［污染环境案（刑法第338条）］违反国家规定，排放、倾倒或者处置有放射性的废物、含传染病病原体的废物、有毒物质或者其他有害物质，涉嫌下列情形之一的，应予立案追诉：

（一）在饮用水水源一级保护区、自然保护区核心区排放、倾倒、处置有放射性的废物、含传染病病原体的废物、有毒物质的；

（二）非法排放、倾倒、处置危险废物三吨以上的；

（三）排放、倾倒、处置含铅、汞、镉、铬、砷、铊、锑的污染物，超过国家或者地方污染物排放标准3倍以上的；

（四）排放、倾倒、处置含镍、铜、锌、银、钒、锰、钴的污染物，超过国家或者地方污染物排放标准10倍以上的；

（五）通过暗管、渗井、渗坑、裂隙、溶洞、灌注等逃避监管的方式排放、倾倒、处置有放射性的废物、含传染病病原体的废物、有毒物质的；

（六）二年内曾因违反国家规定，排放、倾倒、处置有放射性的废物、含传染病病原体的废物、有毒物质受过2次以上行政处罚，又实施前列行为的；

（七）重点排污单位篡改、伪造自动监测数据或者干扰自动监测设施，排放化学需氧量、氨氮、二氧化硫、氮氧化物等污染物的；

（八）违法减少防治污染设施运行支出100万元以上的；

（九）违法所得或者致使公私财产损失30万元以上的；

（十）造成生态环境严重损害的；

（十一）致使乡镇以上集中式饮用水水源取水中断12小时以上的；

（十二）致使基本农田、防护林地、特种用途林地5亩以上，其他农用地10亩以上，其他土地20亩以上基本功能丧失或者遭受永久性破坏的；

（十三）致使森林或者其他林木死亡50立方米以上，或者幼树死亡

2500 株以上的；

（十四）致使疏散、转移群众 5 千人以上的；

（十五）致使 30 人以上中毒的；

（十六）致使 3 人以上轻伤、轻度残疾或者器官组织损伤导致一般功能障碍的；

（十七）致使 1 人以上重伤、中度残疾或者器官组织损伤导致严重功能障碍的；

（十八）其他严重污染环境的情形。

本条规定的"有毒物质"，包括列入国家危险废物名录或者根据国家规定的危险废物鉴别标准和鉴别方法认定的具有危险特性的废物，《关于持久性有机污染物的斯德哥尔摩公约》附件所列物质，含重金属的污染物，以及其他具有毒性可能污染环境的物质。

本条规定的"非法处置危险废物"，包括无危险废物经营许可证，以营利为目的，从危险废物中提取物质作为原材料或者燃料，并具有超标排放污染物、非法倾倒污染物或者其他违法造成环境污染情形的行为。

本条规定的"重点排污单位"，是指设区的市级以上人民政府环境保护主管部门依法确定的应当安装、使用污染物排放自动监测设备的重点监控企业及其他单位。

本条规定的"公私财产损失"，包括直接造成财产损毁、减少的实际价值，为防止污染扩大、消除污染而采取必要合理措施所产生的费用，以及处置突发环境事件的应急监测费用。

本条规定的"生态环境损害"，包括生态环境修复费用，生态环境修复期间服务功能的损失和生态环境功能永久性损害造成的损失，以及其他必要合理费用。

本条规定的"无危险废物经营许可证"，是指未取得危险废物经营许可证，或者超出危险废物经营许可证的经营范围。

第十四条　原告请求被告承担下列费用的，人民法院根据具体案情予以判决：

（一）实施应急方案、清除污染以及为防止损害的发生和扩大所支出的合理费用；

（二）为生态环境损害赔偿磋商和诉讼支出的调查、检验、鉴定、评估等费用；

（三）合理的律师费以及其他为诉讼支出的合理费用。

【条文主旨】

本条是关于原告可以请求被告承担的其他费用的规定。

【条文理解】

《改革方案》和《若干规定》中规定了赔偿权利人可以要求赔偿义务人承担生态环境损害赔偿的范围，包括清除污染费用、生态环境修复费用、生态环境修复期间服务功能的损失、生态环境功能永久性损害造成的损失以及生态环境损害赔偿调查、鉴定评估等合理费用。其中，生态环境修复费用、生态环境修复期间服务功能的损失、生态环境功能永久性损害造成的损失分别规定在《若干规定》的第十二条和第十三条。本条所列费用，是除前述费用外，原告可以请求被告承担的其他费用，主要包括三部分：一是负有环境资源保护监督管理职责的部门在生态环境损害发生时实施应急方案、清除污染以及为防止损害的发生和扩大支出的合理费用；二是为证明存在污染环境、破坏生态行为和损害进行的调查、检验、鉴定、评估等费用；三是合理的律师费以及为诉讼支出的其他合理费用。

与《若干规定》第十二条和第十三条规定中所涉费用不同，本条所涉费用应由被告向实际支出相关费用的原告支付。原告提起生态环境损害赔偿诉讼的目的在于促使被告对受损的生态环境进行修复。因此，生态环境修复费用、生态环境修复期间服务功能的损失、生态环境功能永久性损害造成的损失并不向原告支付，而是应当用于生态环境的修复。原告请求被告支付的本条所列费用是原告开展生态环境损害赔偿工作的必需、合理费用，因此，人民法院应根据具体案情予以判决。

一、应急处置等费用

2014年12月29日，国务院办公厅印发《国家突发环境事件应急预案》，要求健全突发环境事件应对工作机制，科学有序高效应对突发环境事件，保障人民群众生命财产安全和环境安全，促进社会全面、协调、可持续发展。突发环境事件是指由于污染物排放或自然灾害、生产安全事故等因素，导致污染物或放射性物质等有毒有害物质进入大气、水体、土壤等环境介质，突然造成或可能造成环境质量下降，危及公众身体健康和财产安全，或造成生态环境破坏，或造成重大社会影响，需要采取紧急措施予以应对的事件，主要包括大气污染、水体污染、土壤污染等突发性环境污染事件和辐射污染事件。其中，核设施及有关核活动发生的核事故所造成的辐射污染事件、海上溢油事件、船舶污染事件的应对工作按照其他相关应急预案规定执行。突发环境事件发生后，各有关地方、部门和单位根据工作需要，组织采取现场污染处置、转移安置人员等响应措施。涉事企业事业单位或其他生产经营者要立即采取关闭、停产、封堵、围挡、喷淋、转移等措施，切断和控制污染源，防止污染蔓延扩散。做好有毒有害物质和消防废水、废液等的收集、清理和安全处置工作。当涉事企业事业单位或其他生产经营者不明时，由当地生态环境主管部门组织对污染来源开展调查，查明涉事单位，确定污染物种类和污染范围，切断污染源。事发地人民政府应组织制定综合治污方案，采用监测和模拟等手段追踪污染气体扩散途径和范围；采取拦截、导流、疏浚等形式防止水体污染扩大；采取隔离、吸附、打捞、氧化还原、中和、沉淀、消毒、去污洗消、临时收贮、微生物消解、调水稀释、转移异地处置、临时改造污染处置工艺或临时建设污染处置工程等方法处置污染物。必要时，要求其他排污单位停产、限产、限排，减轻环境污染负荷。突发环境事件应急处置所需经费首先由事件责任单位承担。县级以上地方人民政府对突发环境事件应急处置工作提供资金保障。

为规范和指导突发环境事件应急处置阶段环境损害评估工作，2014年12月原环境保护部组织编制了《突发环境事件应急处置阶段环境损害评估推荐方法》（环办〔2014〕118 号），旨在对突发环境事件所致的人身损害、财产损害以及生态环境损害的范围和程度进行初步评估，对应急处置阶段可量化的应急处置费用、人身损害、财产损害、生态环境损害等各类直接经济损失进行计算，对生态功能丧失程度进行划分。根据《突发环境事件应急处置阶段环境损害评估推荐方法》，应急处置费用是指突发环境事件应急处置期间，为减轻或消除对公众健康、公私财产和生态环境造成的危害，各级政府与相关单位针对可能或已经发生的突发环境事件而采取的行动和措施所发生的费用。具体来说，应急处置费用是在应急处置阶段产生，并以控制污染源或生态破坏行为、减少经济社会影响为目的，依据有关部门制定的应急预案或基于现场调查的处置、监测方案采取行动而发生的费用。应急处置费用主要包括应急处置阶段各级政府与相关单位为预防或者减少突发环境事件造成的各类损害支出的污染控制、污染清理、应急监测、人员转移安置等费用。应急处置费用一般按照直接市场价值法评估。

总体上看，应急处置费用既包括清理措施费用也包括防范性措施费用。其中，清理措施费用，主要表现为污染清理费用，是指为了及时有效地清除、清理环境污染行为造成的后果，所采取的必要的、合理的措施的费用。应急处置结束后，在短期内可量化的收集污染物的处理和处置费用亦纳入应急处置费用。防范性措施费用，主要表现为污染控制费用，是指为了防止、遏制环境损害发生、扩大，所采取的或者将要采取的必要的、合理的措施的费用。污染控制包括从源头控制或减少污染物的排放，以及为防止污染物继续扩散而采取的措施，如投加药剂、筑坝截污等。

需要说明的是，本条在 2020 年底根据《民法典》第一千二百三十五条"违反国家规定造成生态环境损害的，国家规定的机关或者法律规定的组织有权请求侵权人赔偿下列损失和费用：（一）生态环境受到损害至修复完成期间服务功能丧失导致的损失；（二）生态环境功能永久性损害造成的损失；（三）生态环境损害调查、鉴定评估等费用；（四）清除污染、修复生态环境费用；（五）防止损害的发生和扩大所支出的合理费用"的规定进行了修订。主要考虑是，本条第一项原规定"实施应急方案以及为防止生态环境损害的发生和扩大采取合理预防、处置措施发生的应急处置费用"被《民法典》第一千二百三十五条第四项中"清除污染"费用、第五项中"防止损害的发生和扩大所支出的合理费用"所涵盖。如前所述，"清除污染"费用主要指应急处置费用中的清理措施费用，"防止损害的发生和扩大所支出的合理费用"主要指应急处置费用中的防范性措施费用，从本质上看都可以被应急处置费用所涵盖。故本条仅结合《民法典》的规定进行表述修改，并未改变原条文的本意。

二、事务性费用及鉴定、评估费用

生态环境损害赔偿事务性费用，主要指污染环境或破坏生态环境行为发生后，各级政府与相关单位为保护公众健康、公私财产和生态环境，减轻或消除危害，开展环境监测、信息公开、现场调查、执行监督等相关工作所支出的费用。事务性费用鉴定、评估内容包括环境监测、信息公开、现场调查、执行监督等费用合理性的判别与数额的计算。《突发环境事件应急处置阶段环境损害评估推荐方法》规定，事务性费用一般按照实际支出进行汇总统计。鉴于生态环境损害赔偿案件专业性程度强，取证难度较大，获取证据、展开调查将耗费较多的人力物力，因此，《若干规定》将原告对生态环境损害赔偿进行调查、检验等合理费用规定在被告应承担的赔偿范围内。

除了前述事务性费用外，本条第二项还规定了原告也可根据实际情况向被告主张鉴定和评估费用。鉴定是指具有相应能力和资质的专业人员或机构受具有相应权力或管理职能部门或机构的委托，根据确凿的数据或证据、相应的经验和分析论证对某一事物提出客观、公正和具有权威性的技术仲裁意见，这种意见可作为委托方处理相关矛盾或纠纷的证据或依据。环境损害鉴定、评估是指鉴定、评估机构按照规定的程序和方法，综合运用科学技术和专业知识，评估污染环境或破坏生态行为导致环境损害的范围和程度，判定污染环境或破坏生态行为与环境损害间的因果关系，确定生态环境恢复至基线状态并补偿期间损失的恢复措施，量化环境损害数额的过程。值得注意的是，关于鉴定费用的承担，《诉讼费用交纳办法》第十二条第一款规定，诉讼过程中因鉴定、公告、勘验、翻译、评估、拍卖、变卖、仓储、保管、运输、船舶监管等发生的依法应当由当事人负担的费用，人民法院根据谁主张、谁负担的原则，决定由当事人直接支付给有关机构或者单位，人民法院不得代收代付。根据该款规定，鉴定、评估费用应当根据谁主张、谁负担的原则，直接由当事人向鉴定机构、评估机构支付，人民法院不得代收代付。对于鉴定人因出庭发生的交通费、住宿费、生活费和误工补贴，《诉讼费用交纳办法》第十一条规定，证人、鉴定人、翻译人员、理算人员在人民法院指定日期出庭发生的交通费、住宿费、生活费和误工补贴，由人民法院按照国家规定标准代为收取。亦即，对鉴定人因出庭而发生的费用，《诉讼费用交纳办法》规定由人民法院代为收取，采取了不同于鉴定、评估费用的方式。

此外，需要说明的是，本条第二项中原告请求被告承担的调查、检验、鉴定、评估等费用，不仅包括诉讼阶段的支出，还包括磋商阶段对前述费用的支出。盖因生态环境损害赔偿诉讼不同于一般的民事诉讼，其以生态环境损害赔偿磋商为前置程序。《改革方案》和《若干规定》规定，经调查发现生态环境损害需要修复或赔偿的，赔偿权利人根据生态环境损害鉴定评估报告，就损害事实和程度、修复启动时间和期限、赔偿的责任承担方式和期限等具体问题与赔偿义务人进行磋商。在磋商阶段，为了及时与赔偿义务人达成赔偿协议，促使赔偿义务人尽快启动修复程序，赔偿权利人必然需要进行相关的调查、检验、鉴定或评估。因此，即使赔偿权利人与赔偿义务人磋商不成、未达成赔偿协议，赔偿权利人提起生态环境损害赔偿诉讼时，仍可就产生的前述费用一并要求被告承担。

三、其他合理费用

律师作为提供专业法律服务的人员，在生态环境损害赔偿诉讼中参与相关法律事务工作，能够推进诉讼程序的有序进行，有利于纠纷的解决和当事人合法权益的维护。但是在司法实践中，人民法院对律师费的认定并不统一，有的对当事人主张的律师费均不予以支持，有的以当事人实际支付的律师费为认定标准。基于此，有人大代表提出，在生态环境损害赔偿诉讼案件中应对律师费进行合理认定，既体现律师在生态环境损害赔偿诉讼案件中的作用，又不与生态环境损害赔偿诉讼案件的目的和性质相悖。本条第三项采纳了代表的建议，在原告向被告主张的其他费用中将律师费单独列出，并将对律师费的认定限定在"合理"的范围内。

律师费是诉讼当事人聘请律师为自己提供法律服务所支付的费用，一般包括按固定收费标准收取的费用和其他费用，如调查取证费、差旅费等。关于民事诉讼中律师费的负担，在世界范围内主要有三种模式。

第一种是以法国、德国等一些大陆法系国家以及英国等国家为代表的败诉方负担模式。例如，《德国民事诉讼法》明确规定，在各种诉讼中胜诉当事人的律师法定报酬和支出费用，败诉的当事人均应偿付。

第二种是以美国为代表的律师费各自负担为主，根据申请单独判决为辅的模式。《美国联邦民事诉讼规则》第54条规定，除美国制定法或该规则有明文规定外，只要法院不作出别的规定，律师费以外的费用当然补偿给胜诉方当事人。对于律师费的请求，则要通过申请书提出，法院根据已经认定的事实、得出的法律结论单独作出判决。当然，在少数案件中，比如侵犯著作权与不正当竞争诉讼，原告可以直接提出要求被告承担律师费的请求。

第三种是以日本为代表的，以各自负担为主，但有明确例外规定的模式。对此，已有案例作出了新的突破。比如，日本最高法院有判决认为，侵权行为的被害者，为了保护自己的权利不得已提起诉讼时的律师费，是与侵权行为有相当因果关系的损失，可以向当事人请求赔偿。

反观我国关于律师费的承担，《律师法》及律师收费制度中都没有明确规定，也没有其他法律法规作出具有普遍约束力的规定。但是最高人民法院出台的《最高人民法院关于审理商标民事纠纷案件适用法律若干问题的解释》《最高人民法院关于审理著作权民事纠纷案件适用法律若干问题的解释》《最高人民法院关于审理利用信息网络侵害人身权益民事纠纷案件适用法律若干问题的规定》《环境民事公益诉讼司法解释》等司法解释中，均规定对原告请求被告承担合理的律师费的，人民法院根据当事人的诉讼请求和具体案情，可以将符合国家有关部门规定的律师费计算在赔偿范围内予以依法支持。参考前述司法解释的规定，本条第三项规定原告支出的合理律师费可向承担生态环境损害赔偿责任的被告主张赔偿。另外，原告为诉讼支出的其他合理费用，亦可请求由被告承担。

值得注意的是，在生态环境损害赔偿诉讼中不适用风险代理。风险代理是法律认可的委托代理的一种特别形式，其基本内容是，当事人在委托律师事务所代理法律事务时，事先不支付法律服务费，通过律师的代理活动，在委托的法律事务达到约定的目标（包括判决书确定或经由调解、和解得到或经由法院执行得到财产或利益）之后，当事人按委托代理合同约定得到的财产或利益的一定比例向律师事务所支付法律服务费；如果当事人委托的法律事务没有达到约定的目标，则不向律师事务所支付法律服务费。风险代理是律师事务所一般委托代理行为的补充形式，其适用的基本原则为，在不违背法律规定、不损害社会公共利益和他人合法利益的前提下，适用于特定的当事人在特定的条件下诉求特定的经济利益。律师事务所实行风险代理，必须严格遵守法律文件明确规定的适用范围、实施程序和特定形式。根据《律师服务收费管理办法》（发改价格〔2006〕611号）第十一条、第十二条、第十三条和其他有关规定，律师代理诉讼案件，实行风险代理收费方式的，必须严格限制案件范围，概括起来，主要有三个方面的内容：第一，风险代理仅适用于涉及财产关系的民事案件。第二，有四类涉及人身和最基本民生的民事案件不得实行风险代理，包括：（1）婚姻、继承案件；（2）请求给予社会保险待遇或者最低生活保障待遇的；（3）请求给付赡养费、抚养费、扶养费、抚恤金、救济金、工伤赔偿的；（4）请求支付劳动报酬的；等等。第三，禁止刑事诉讼案件、行政诉讼案件、国家赔偿案件以及群体性诉讼案件实行风险代理收费。在生态环境损害赔偿诉讼中，原告起诉的目的在于督促被告及时修复受损生态环境。生态环境是人类生存和发展的基本物质条件，受损的生态环境能否得到修复直接关系到人民群众能否在优美的生态环境中生存和发展。因此，从生态环境损害赔偿诉讼目的来看，其具有公益性，符合《律师服务收费管理办法》限制适用风险代理的案件范围精神。此外，风险代理作为一般委托代理的补充，其适用应以不损害社会公共利益为前提。如在生态环境损害赔偿诉讼中适用风险代理，不仅加重了当事人的诉讼负担，有违生态环境损害赔偿诉讼的公益性，还将对司法公正和诉讼秩序产生一定程度的不利影响。

【审判实践中应注意的问题】

一、关于本条第一项与《若干规定》第十九条的衔接问题

本条第一项规定了原告在生态环境损害赔偿诉讼中可以请求被告承担实施应急方案、清除污染以及为防止损害的发生和扩大所支出的合理费用，主要包括污染清理费用、污染控制费用。在实践中，有可能出现提起生态环境损害赔偿诉讼的原告与基于同一损害生态环境行为实际支出应急处置费用的机关不同一的情况。污染清理费用系对污染物进行清除、处理和处置的应急处置措施，包括清除、处理和处置被污染的环境介质与污染物以及回收应急物资等产生的费用。根据《突发环境事件应急管理办法》的规定，污染清理措施往往由负有相关环境资源保护监督管理职责的部门实施，并由其实际支出该笔费用。如其他生态环境损害赔偿诉讼案件适格原告起诉时，未就应急处置费用进行主张，实际支出应急处置费用的机关可以依据《若干规定》第十九条第二款的规定起诉主张该费用。人民法院已经受理就同一损害生态环境行为提起的生态环境损害赔偿诉讼案件且原告已经主张应急处置费用的，人民法院则不予受理。

二、关于合理律师费的认定问题

基于生态环境损害赔偿诉讼的公益性，当事人所主张的律师费应受限于生态环境损害赔偿诉讼目的的实现，法院具有对律师费依法裁量的权力，以使律师费与生态环境损害赔偿诉讼的修复费用、损失数额等符合比例，具有合理性。在司法实践中，法院对律师费的合理认定可结合案件具体情况综合确定，并注意以下问题。

（一）认定的律师费应符合法律法规及收费标准

《律师服务收费管理办法》规定，律师事务所对代理的民事诉讼案件依法提供法律服务的实行政府指导价。政府指导价的基准价和浮动幅度由各省、自治区、直辖市人民政府价格主管部门会同同级司法行政部门制定。因此，生态环境损害赔偿诉讼的律师费不得高于所在地区确定的收费

价格标准, 对高出的部分, 法院依法不予支持。此外, 律师费可以根据不同的服务内容, 采取计件收费、按标的额比例收费和计时收费等方式。按标的额比例收费一般适用于涉及财产关系的法律事务。在生态环境损害赔偿诉讼中原告维护和关注的乃是自然资源的非经济价值, 被告支付的生态环境修复费用、期间损失等均是为了修复受损环境, 因此, 与普通财产关系中的经济价值衡量标准是不同的。况且, 因生态环境修复的长期性、复杂性等, 修复费用相对高昂, 如按照标的额比例收费将造成律师费畸高, 有违生态环境损害赔偿诉讼的目的。故在按标的额比例收取律师费的生态环境损害赔偿诉讼案件中, 人民法院对律师费应予以酌情合理确定。

(二) 对律师费的合理认定应符合生态环境损害赔偿诉讼的公益性要求

目前, 在我国司法实践中关于对律师费的收取存在多种情形, 主要包括: (1) 当事人以订立合同的方式对律师费的金额、支付方式、期限等作出明确约定。此种方式体现了当事人的意思自治及其对未来违约损失的控制。(2) 当事人双方在合同中没有对律师费进行约定, 但在诉讼过程中一方当事人提供了律师费支付票据等凭证, 并据此向对方当事人主张该笔费用。(3) 当事人既签订了委托代理合同, 在诉讼过程中亦向法院提交了有关律师费实际支付的凭证。对前述三种情形, 人民法院应当结合生态环境损害赔偿诉讼的特性予以考量。生态环境损害赔偿诉讼是国家机关为生态环境公共利益保护而提起的诉讼。人民法院对律师费是否合理的认定应基于生态环境损害赔偿诉讼的诉讼目的, 主要审查律师在磋商阶段或诉讼阶段提供的法律服务质量、专业性程度以及在纠纷解决中发挥的作用等, 通过妥善平衡律师服务的有偿性和生态环境损害赔偿诉讼的公益性之间的关系, 裁量确定合理的律师费用, 确保二者比例适当, 不致显著失衡。

(三) 原告主张的律师费既可以包括磋商阶段的律师费, 也可以包括诉讼阶段的律师费

生态环境损害赔偿案件分为磋商阶段和诉讼阶段, 基于生态环境损害赔偿磋商阶段和诉讼阶段的法律服务内容、适用程序等不同, 应当允许当

事人在不同的阶段委托不同的代理人。此外，在磋商阶段律师提供法律服务的目的亦在于通过提供专业法律意见，促使赔偿权利人和赔偿义务人就生态环境损害事宜尽快达成赔偿协议。即使二者未达成赔偿协议而进入生态环境损害赔偿诉讼程序，原告仍然可就磋商阶段的合理律师费向被告主张。

【法条链接】

《民法典》

第一千二百三十五条 违反国家规定造成生态环境损害的，国家规定的机关或者法律规定的组织有权请求侵权人赔偿下列损失和费用：

（一）生态环境受到损害至修复完成期间服务功能丧失导致的损失；

（二）生态环境功能永久性损害造成的损失；

（三）生态环境损害调查、鉴定评估等费用；

（四）清除污染、修复生态环境费用；

（五）防止损害的发生和扩大所支出的合理费用。

《环境民事公益诉讼司法解释》

第二十二条 原告请求被告承担以下费用的，人民法院可以依法予以支持：

（一）生态环境损害调查、鉴定评估等费用；

（二）清除污染以及防止损害的发生和扩大所支出的合理费用；

（三）合理的律师费以及为诉讼支出的其他合理费用。

《环境侵权案件司法解释》

第十五条 被侵权人起诉请求侵权人赔偿因污染环境、破坏生态造成的财产损失、人身损害以及为防止损害发生和扩大、清除污染、修复生态环境而采取必要措施所支出的合理费用的，人民法院应予支持。

《最高人民法院关于审理船舶油污损害赔偿纠纷案件若干问题的规定》

第十七条 船舶油污事故造成环境损害的，对环境损害的赔偿应限于已实际采取或者将要采取的合理恢复措施的费用。恢复措施的费用包括合理的监测、评估、研究费用。

《环境污染刑事司法解释》

第十七条 本解释所称"二年内",以第一次违法行为受到行政处罚的生效之日与又实施相应行为之日的时间间隔计算确定。

本解释所称"重点排污单位",是指设区的市级以上人民政府环境保护主管部门依法确定的应当安装、使用污染物排放自动监测设备的重点监控企业及其他单位。

本解释所称"违法所得",是指实施刑法第三百三十八条、第三百三十九条规定的行为所得和可得的全部违法收入。

本解释所称"公私财产损失",包括实施刑法第三百三十八条、第三百三十九条规定的行为直接造成财产损毁、减少的实际价值,为防止污染扩大、消除污染而采取必要合理措施所产生的费用,以及处置突发环境事件的应急监测费用。

本解释所称"生态环境损害",包括生态环境修复费用,生态环境修复期间服务功能的损失和生态环境功能永久性损害造成的损失,以及其他必要合理费用。

本解释所称"无危险废物经营许可证",是指未取得危险废物经营许可证,或者超出危险废物经营许可证的经营范围。

《最高人民法院关于审理商标民事纠纷案件适用法律若干问题的解释》

第十七条 商标法第五十六条第一款规定的制止侵权行为所支付的合理开支,包括权利人或者委托代理人对侵权行为进行调查、取证的合理费用。

人民法院根据当事人的诉讼请求和案件具体情况,可以将符合国家有关部门规定的律师费用计算在赔偿范围内。

第十五条　人民法院判决被告承担的生态环境服务功能损失赔偿金、生态环境功能永久性损害造成的损失赔偿资金，以及被告不履行生态环境修复义务时所应承担的修复费用，应当依照法律、法规、规章予以缴纳、管理和使用。

【条文主旨】

本条是关于生态环境损害赔偿、修复资金缴纳、管理和使用的规定。

【条文理解】

生态环境损害赔偿责任是《改革方案》和《若干规定》规定的一项重要内容。生态环境损害赔偿费用包括清除污染费用、生态环境修复费用、生态环境修复期间服务功能的损失、生态环境功能永久性损害造成的损失以及生态环境损害赔偿调查、检验、鉴定、评估等合理费用。在这些费用中，有一部分是即时发生使用的。如应急处置费用，为生态环境损害发生时就产生；调查、检验、鉴定、评估费用亦在诉讼前就已经发生，不存在缴纳、管理和使用的问题。但对于生态环境修复期间服务功能损失，生态环境功能永久性损害以及环境损害较为严重，修复周期较长，需要分期分笔投入的环境修复费用以及当事人不履行修复义务所产生的费用而言，必然涉及资金的缴纳、管理和使用的问题。

一、环境公益诉讼赔偿、修复资金缴纳、管理和使用的实践

环境赔偿、修复资金的缴纳、管理和使用问题并非生态环境损害赔偿诉讼产生的问题。自 2012 年《民事诉讼法》修正、2014 年《环境保护法》修订，环境公益诉讼制度得以正式确立以来，特别是随着各类"天价"公益诉讼案的出现，由谁来管理、使用巨额赔偿、修复资金，确保专款专用，成为困扰环境资源审判工作的难题。《环境民事公益诉讼司法解释》第二十四条第一款规定："人民法院判决被告承担的生态环境修复费用、生态环境受到损害至修复完成期间服务功能丧失导致的损失、生态环境功能永久性损害造成的损失等款项，应当用于修复被损害的生态环境。"但对于如何具体缴纳、

管理和使用这部分资金，如何确保专款专用，如何最大限度充分发挥这部分资金的价值功能，司法解释并没有作出明确规定。

从欧美国家的做法来看，环境赔偿、修复资金大多是依托国家财政部门建立配套的环境公益诉讼资金管理制度。如美国公民诉讼中的民事罚款，具有代替行政执法部门处罚的作用，该罚款一经判决确认，即进入财政部专项基金用于环境治理或者修复，而不是将赔偿款支付给提起公益诉讼的组织或者个人。同时，美国还专门建立了"危险物质超级基金"。作为美国财政部下设的一种信托基金，该基金的主要来源有两大类：一种是基金创设时的资金，另一种则是通过转移支付的资金。其中，转移支付的资金可以来自环境税收，环境保护主管部门在支付环境治理成本后向危险物质排放者、船舶及其设施的油污排放者等代位求偿的赔偿款，以及危险物质排放责任人在未履行清污和环境恢复义务的情况下被处以最低 3 倍的惩罚性赔偿款等。该基金可以用于支付以下费用：补偿政府治污成本，其他自然人或者法人、社会组织为应急处置支付的费用，公众参与技术协助的资助，根据《水污染防治法》应赔偿但未得到赔偿的部分，以及土壤污染研究费用、损害评估费用等。此外，在英国、德国、法国、意大利等国家，除污染者自行履行环境修复义务以外，经法院判决的环境损害赔偿金一般由国家受领，由财政部门的专户管理，用于生态环境修复。

基于对国外有益经验的借鉴，并充分考虑资金管理和使用的实际要求，在《环境民事公益诉讼司法解释》起草阶段，我们倾向于明确由财政机关设立环境公益诉讼专项资金账户，集中统一管理赔偿、修复资金。但鉴于设立专项资金账户是财政部门的职权，且《国务院关于深化预算管理制度改革的决定》（国发〔2014〕45 号）明确规定"全面清理整顿财政专户，各地一律不得新设专项支出财政专户，除财政部审核并报国务院批准予以保留的专户外，其余专户在 2 年内逐步取消"，故司法解释最终未能对此作出明确规定。而在司法实践中，一些地方人民法院对此进行了有益探索。如云南省昆明市人民政府在昆明市财政局建立了独立的"专项资金账户"，接收法院审理环境公益诉讼案件的赔偿款或环境修复费，实行专款专用，并指定了昆明市环境保护局为"专项资金账户"的管理人，统一管理使用专项资金。江苏省无锡市中级人民法院于 2012 年制定了《无锡市环保公益金管理暂行办法》。在全市范围内统一设立环保公益金，各区、县不再单独设立。环保公益金由江苏省无锡市中级人民法院负责统一收缴，全额上缴市财政专户，严格实行收支两条线管理。实行专款专用，以收定支的原则。环境公益金的使用，由江苏省无锡市中级人民法院提出申请，报无锡市财政局审核同意并经无锡市人民政府批准后拨付。贵阳等地也结合本地区实际情况，设立了生态修复基金专户、生态文明建设基金等专户或基金，由财政部门、环保部门、人民法院进行管理，实现对环境公益诉讼资金的专款专用。

由于建立专项资金账户存在较大困难，部分地方法院利用法院执行账户对赔偿、修复资金进行管理、使用。但这种做法有四个方面的问题：首先，法院执行款的发放、使用必须有执行的依据，不得任意支取，在异地修复、替代修复，以及对环境公益诉讼起诉主体进行经济补偿的问题上，由于没有裁判文书作为依据，借用执行账户就存在许多障碍。其次，生态环境的治理和修复往往是一个长期的过程，而执行款的领取和发放等工作存在固定时间限制，不能满足生态环境损害赔偿资金管理的需求。再次，生态服务功能损失费在执行到位后往往需要人民政府、环境保护部门研究决定用途，如果长期放在法院执行账户，则难以发挥其应有作用。最后，资金的管理和使用需要占用大量的时间和精力，这既超越了法院的职权范围，也会在一定程度上对法院审判执行工作造成影响。

二、生态环境损害赔偿、修复资金缴纳、管理和使用的规则及理解

（一）本条与《改革方案》第四条第八项表述的区别

本条的规定源自《改革方案》第四条第八项"加强资金的管理和使用"。尽管同为对赔偿资金的缴纳、管理和使用的规定，本条与《改革方案》第四条第八项在文字表述存在一些差别。主要原因有以下三个方面：第一，《改革方案》第四条第八项的部分内容不属于赔偿和修复资金的缴纳、管理和使用范畴，基于司法解释的体系考量，不宜在本条中规定。例如，《改革方案》第四条第八项规定的"经磋商或诉讼确定赔偿义务人的，赔偿义务人应当根据磋商或判决要求，组织开展生态环境损害的修复。赔

偿义务人无能力开展修复工作的，可以委托具备修复能力的社会第三方机构进行修复""赔偿权利人及其指定的部门或机构根据磋商或判决要求，结合本区域生态环境损害情况开展替代修复"系赔偿义务人的修复或替代修复责任，《若干规定》在第十二条进行了规定。"赔偿义务人自行修复或委托修复的，赔偿权利人前期开展生态环境损害调查、鉴定评估、修复效果后评估等费用由赔偿义务人承担"是赔偿义务人就前期已经发生费用的责任承担，《若干规定》在第十四条进行了规定。因此，本条对上述内容均未作出规定。第二，《改革方案》第四条第八项对于部分资金的缴纳、管理和使用没有作出规定，需要在本条中予以明确。该项仅规定了生态环境功能永久性损害的赔偿资金应当作为政府非税收入，全额上缴同级国库，纳入预算管理。但对于修复费用、生态环境修复期间服务功能的损失费用的缴纳、管理和使用没有规定，本条集中予以了明确。第三，《改革方案》第四条第八项规定的资金上缴国库属于一般原则，而对于不同类型的生态环境损害赔偿、修复资金的管理，还需要考虑相关部门法的特殊规定。例如，自2019年1月起施行的《土壤污染防治法》就土壤污染修复资金的管理和使用作出了更加具体的规定，应当在本条中予以体现。

（二）生态环境损害赔偿、修复资金的范围界定以及与环境公益诉讼的区别

根据本条的规定，生态环境赔偿、修复资金包括生态环境服务功能损失赔偿金、生态环境功能永久性损害造成的损失赔偿资金，以及被告不履行生态环境修复义务时所应承担的修复费用。其中，生态环境服务功能损失即期间损失。根据《环境损害鉴定评估推荐方法（第Ⅱ版）》第4.12条的定义，期间损失是指生态环境损害发生至生态环境恢复到基线状态期间，生态环境因其物理、化学或生物特性改变而导致向公众或其他生态系统提供服务的丧失或减少，即受损生态环境从损害发生到其恢复至基线状态期间提供生态系统服务的损失量。从环境法的角度而言，生态环境服务功能包括供给服务（如提供食物和水）、调节服务（如调节气候、控制洪水和疾病）、文化服务（如精神、娱乐和文化收益）以及支持服务（如维持地球生命生存环境的养分循环）。除了提供以上服务功能外，生态环境

资源还具有非使用价值，也称作存在价值，即指人们仅仅从知道这个资产存在的满意中获得价值，尽管并没有要使用它的意愿。所谓服务功能损失即在生态环境损害开始到恢复原状期间内上述功能全部丧失或部分丧失。根据《若干规定》第十三条的规定，生态环境功能永久性损害是指受损生态环境无法修复或者无法完全修复所产生的损失。根据《环境损害鉴定评估推荐方法（第Ⅱ版）》第4.13条的定义，所谓永久性损害是指受损生态环境及其服务难以恢复，其向公众或其他生态系统提供服务能力的完全丧失。从概念上看，相对《环境损害鉴定评估推荐方法（第Ⅱ版）》"服务能力完全丧失"的标准，《若干规定》的"无法修复或者无法完全修复"要相对宽松。

　　尽管生态环境损害赔偿与环境公益诉讼都涉及赔偿、修复资金，但两者存在明显的区别，这主要体现在修复责任的认定。根据《环境民事公益诉讼司法解释》第二十条的规定，修复责任不仅体现为对受损生态环境的直接修复（原地原质修复），还包括替代性修复。近年来，经过各地人民法院实践的丰富和发展，替代性修复方式形成了同地区异地点、同功能异种类、同质量异数量、同价值异等级等多种类型。同地区异地点的替代性修复，即在同一生态环境区域，被污染或破坏的地点确实无法全部或者部分恢复原状，可另择适当地点增加环境容量实现区域环境容量的整体恢复；同功能异种类，即对于被破坏的某一类环境要素无法全部或者部分恢复原状的，可以通过补充其他具有同样功能的环境要素实现其环境功能；同质量异数量、同价值异等级，即对于具有较强环境服务功能的单一环境要素受到损害无法修复的，可以补充单一服务功能较弱的环境要素并增加其数量的方式实现环境服务功能的恢复。除此之外，一些人民法院还将劳务代偿作为替代性修复方式，丰富了替代性修复责任的类型。正如有观点指出，在环境公益诉讼中，"替代性修复应作广义的理解，即只要客观上能够有利于促进恢复环境状态和功能的措施，都可以认定为替代性修复措施，故不存在无法进行替代性修复的情形。"[1] 也就是说，在环境公益诉讼中，替代性修复既适用于受损生态环境可以修复的情形，也适用于受损生

---

① 王旭光：《中国环境公益诉讼的新进展》，载《法律适用》2017年第6期。

态环境无法修复或者无法完全修复的情形。① 因此，环境公益诉讼无须就生态环境功能永久性损害作出规定。

生态环境损害赔偿诉讼制度则作出了有别于上述内容的规定。《改革方案》首次对生态环境功能永久性损害赔偿作出了明确规定，适用于"受损生态环境无法修复或者无法完全修复"的情形。同时还规定，生态环境功能永久性损害赔偿资金应当"结合本区域生态环境损害情况开展替代性修复"。这表明，在生态环境损害赔偿诉讼制度中，修复责任应作狭义理解，即仅指原地原质修复。而对于同地区异地点、同功能异种类、同质量异数量、同价值异等级等替代性修复责任，则应通过由行为人支付永久性损害赔偿金，并由政府统一组织开展的方式进行。因此，在《若干规定》中明确列举了生态环境服务功能损失赔偿金、生态环境功能永久性损害赔偿资金、修复费用，而修正前的《环境民事公益诉讼司法解释》仅规定生态环境服务功能损失赔偿金、修复费用，而未就生态环境功能永久性损害赔偿资金作出妥当解释。

（三）生态环境损害赔偿、修复资金缴纳、管理和使用的一般规则

《改革方案》第四条第八项规定，"赔偿义务人造成的生态环境损害无法修复的，其赔偿资金作为政府非税收入，全额上缴同级国库，纳入预算管理"。对于生态环境功能永久性损害造成的损失上缴国库的正当性理由，可以从以下两个方面阐释。首先，生态环境损害赔偿制度设立的目的"是弥补制度缺失的需要。在我国，国家所有的财产即国有财产，由国务院代表国家行使所有权。但是在矿藏、水流、城市土地、国家所有的森林、山岭、草原、荒地、滩涂等自然资源受到损害后，现有制度中缺乏具体索赔主体的规定"②。其次，在受损生态环境已经无法修复或者不能完全修复的

---

① 也就观点认为，对于物种灭绝等极端特殊情形，只能适用永久性损失赔偿，而不能适用替代性责任，否则可能过度扩大了替代性修复概念的外延，导致偏离生态环境恢复目标。参见王小钢：《生态环境修复和替代性修复的概念辨正——基于生态环境恢复的目标》，载《南京工业大学学报（社会科学版）》2019年第1期。

② 《环保部有关负责人解读〈生态环境损害赔偿制度改革方案〉》，载 http://www.gov.cn/zhengce/2017-12/17/content_ 5247962. htm。

情况下，生态环境功能永久性损害赔偿金的使用需要根据区域生态环境损害特点用于替代性修复。由政府对这部分资金进行统一管理和使用，有利于充分发挥其功能。从以上分析来看，这两点正当性理由同样适用于生态环境服务功能损失赔偿金以及修复费用。因此，对于《改革方案》第四条第八项未明确的生态环境服务功能损失赔偿金以及修复费用，我们认为同样应当适用生态环境功能永久性损害赔偿金的缴纳、管理和使用规则。

关于修复费用需要强调的是，生态环境损害赔偿的责任体系是围绕修复责任构建的。因此，对于造成环境污染、生态破坏的行为人，应当首先判决其承担修复责任。只有行为人不承担修复责任，才存在修复费用的赔偿问题。同时，对于行为人虽然同意修复，但环境损害较为严重，修复周期较长，需要分期分笔投入的环境修复费用，也应当准用本条的规定进行缴纳、管理和使用。

（四）生态环境损害赔偿、修复资金缴纳、管理和使用的特殊规定

本条与《改革方案》第四条第八项的最大区别在于规定赔偿、修复资金"应当依照法律、法规、规章予以缴纳、管理和使用"，其主要原因在于法律、法规对于上述资金的缴纳、管理和使用既有一般原则，同时还存在特殊规定。

尽管按照《改革方案》确立的一般原则，将生态环境损害赔偿、修复资金作为政府非税收入，全额上缴同级国库符合生态环境损害赔偿诉讼的本质特征，但其弊端亦不可忽视。赔偿、修复资金上缴同级国库后即丧失其独立性，成为财政资金。而国家对财政资金管理有严格的程序，每一笔账目都有其特定的用途。如实施建设（修复、治理）项目，需要先在发展改革部门立项，列入财政预算之后才能拨付。从目前司法实践来看，尚未有典型的赔偿、修复资金上缴财政又专款专用于生态修复的案例。特别是一些地方政府基于财政上的压力，可能出现赔偿、修复资金被挪作他用的情形，影响了生态环境修复目标的实现。

相较作为非税收入上缴同级国库而言，设立专门资金或基金账户能够使得专项资金不与国库的其他资金混同，客观上减少了资金挪作他用的可能，具有明显的优势。在社会各界的呼吁和推动下，自 2019 年 1 月起施行

的《土壤污染防治法》第七十一条第一款规定："国家加大土壤污染防治资金投入力度，建立土壤污染防治基金制度。设立中央土壤污染防治专项资金和省级土壤污染防治基金，主要用于农用地土壤污染防治和土壤污染责任人或者土地使用权人无法认定的土壤污染风险管控和修复以及政府规定的其他事项。"这是我国立法首次就设立环境修复专门资金账户作出规定。根据财政部发布的《土壤污染防治专项资金管理办法》规定，土壤污染防治专项资金是指由中央一般公共预算安排的，专门用于开展土壤污染综合防治、土壤环境风险管控等方面，促进土壤生态环境质量改善的资金，由财政部和生态环境部负责管理。生态环境部根据开展土壤污染防治工作需要，以及相关因素、权重以及上一年目标完成情况等，向财政部提出年度专项资金安排建议。财政部根据生态环境部等提出的分配建议，审核确定有关省、自治区、直辖市资金安排数额。在设立中央土壤污染防治专项资金的基础上设立省级土壤污染防治基金，则进一步加强了土壤污染防治的绩效管理，一方面确保基金使用的效益符合地方土壤污染防治的实际状况；另一方面也有利于加强地方政府与社会资本的合作，更便于土壤污染防治市场化运作，发挥地方的主动性和能动性。

基于生态环境损害赔偿、修复资金缴纳、管理和使用的一般原则和《土壤污染防治法》的特殊规定，本条在起草过程中曾拟规定为"应当缴纳至国库或者支付至法律、法规规定的基金"，以与《土壤污染防治法》对接。经修改，最终确定为"应当依照法律、法规、规章予以缴纳、管理和使用"，为与将来相关法律法规的制定或修订的顺利衔接留出制度空间。

2020 年 3 月财政部、自然资源部、生态环境部、住房和城乡建设部、水利部、农业农村部、国家林业和草原局、最高人民法院、最高人民检察院联合发布的《生态环境损害赔偿资金管理办法（试行）》（财资环〔2020〕6 号）第二条第一款规定："本办法所称生态环境损害赔偿资金，是指生态环境损害事件发生后，在生态环境损害无法修复或者无法完全修复以及赔偿义务人不履行义务或者不完全履行义务的情况下，由造成损害的赔偿义务人主动缴纳或者按照磋商达成的赔偿协议、法院生效判决缴纳的资金。"

《生态环境损害赔偿资金管理办法（试行）》第六条第二款规定：

"生态环境损害赔偿资金作为政府非税收入，实行国库集中收缴，全额上缴赔偿权利人指定部门、机构的本级国库，纳入一般公共预算管理。"据此，在生态环境损害赔偿案件中，除由赔偿义务人修复或者由其委托具备修复能力的社会第三方机构进行修复的以外，对于生态环境损害无法修复或者无法完全修复以及侵权人不履行义务或者不完全履行义务的情况下，依据法院生效判决执收的修复费用和损害赔偿资金应当上缴国库。由省级、市地级政府及其指定的部门、机构负责生态环境损害赔偿资金使用和管理，统筹用于当地生态环境修复。人民法院应当做好生效判决的执行工作，将生态环境损害赔偿费用款项执行到位。

此外，《生态环境损害赔偿资金管理办法（试行）》第十五条还作了一个参照适用规定："环境民事公益诉讼中，经人民法院生效法律文书确定的生态环境无法修复或者无法完全修复的损害赔偿资金，以及赔偿义务人未履行义务或者未完全履行义务时应当支付的生态环境修复费用，可参照本办法规定管理；需要修复生态环境的，人民法院应当及时移送省级、市地级人民政府及其指定的相关部门、机构组织实施。"该条规定为环境民事公益诉讼生效裁判确定的修复、赔偿费用的管理使用增加了一个渠道。各地人民法院要结合生态环境保护修复需要和环境民事公益诉讼案件的具体情况，继续通过探索设立公益信托基金，支持财政部门设立公益诉讼专项资金账户、土壤污染省级修复基金，或者参照《生态环境损害赔偿资金管理办法（试行）》实行一般公共预算管理等方式，将环境民事公益诉讼修复、赔偿资金管好用好。

需要注意的是，基于生态环境修复的专业性、复杂性、系统性、统筹性需要，《若干规定》第二十一条规定："……需要修复生态环境的，依法由省级、市地级人民政府及其指定的相关部门、机构组织实施。"参照《生态环境损害赔偿资金管理办法（试行）》管理环境民事公益诉讼修复、赔偿资金时，"需要修复生态环境的，人民法院应当及时移送省级、市地级人民政府及其指定的相关部门、机构组织实施"。

【审判实践中应注意的问题】

赔偿、修复资金的缴纳、管理和使用是生态环境损害赔偿制度的核心问题，关系这项制度功能目标的实现。研究和推动实现资金管理的最佳方案对于推动生态环境赔偿制度的健康发展，最大程度修复受损生态环境具有重大的意义。正如前文所述，相较将赔偿、修复资金作为非税收入全额上缴同级国库，设立专门资金账户以实现专款专用应当是更为妥当的做法。《土壤污染防治法》明确规定设立中央土壤污染防治专项资金和省级土壤污染防治基金具有重大示范意义。但该规定仅适用于土壤污染赔偿、修复资金的管理，对于其他类型的环境污染、生态破坏赔偿、修复资金的管理则难以适用。在司法实践中，人民法院应当加强与地方政府、财政部门、环保部门的沟通联系，依托土壤污染防治专项资金和省级土壤污染防治基金，尽可能将其他类型生态环境损害赔偿以及环境公益诉讼赔偿、修复资金纳入统一管理范畴，最大程度地保障赔偿、修复资金真正用于受损生态环境的修复和区域环境服务功能的总体提升。

【法条链接】

《土壤污染防治法》

第七十一条 国家加大土壤污染防治资金投入力度，建立土壤污染防治基金制度。设立中央土壤污染防治专项资金和省级土壤污染防治基金，主要用于农用地土壤污染防治和土壤污染责任人或者土地使用权人无法认定的土壤污染风险管控和修复以及政府规定的其他事项。

对本法实施之前产生的，并且土壤污染责任人无法认定的污染地块，土地使用权人实际承担土壤污染风险管控和修复的，可以申请土壤污染防治基金，集中用于土壤污染风险管控和修复。

土壤污染防治基金的具体管理办法，由国务院财政主管部门会同国务院生态环境、农业农村、自然资源、住房城乡建设、林业草原等主管部门制定。

《环境民事公益诉讼司法解释》

第二十四条 人民法院判决被告承担的生态环境修复费用、生态环境受到损害至修复完成期间服务功能丧失导致的损失、生态环境功能永久性损害造成的损失等款项，应当用于修复被损害的生态环境。

其他环境民事公益诉讼中败诉原告所需承担的调查取证、专家咨询、检验、鉴定等必要费用，可以酌情从上述款项中支付。

第十六条　在生态环境损害赔偿诉讼案件审理过程中，同一损害生态环境行为又被提起民事公益诉讼，符合起诉条件的，应当由受理生态环境损害赔偿诉讼案件的人民法院受理并由同一审判组织审理。

【条文主旨】

本条是关于生态环境损害赔偿诉讼与民事公益诉讼在受理阶段衔接的规定。

【条文理解】

一、生态环境损害赔偿诉讼的性质

对于生态环境损害赔偿诉讼的性质，目前理论界存在三种学说：一是公益诉讼说。即生态环境损害赔偿诉讼与环境公益诉讼实质一样，均以保护公共利益为价值追求，只是原告类型不同，起诉依据不同。二是私益诉讼说。即认为生态损害赔偿诉讼的性质是省级、市地级人民政府作为赔偿权利人代表国家提起的国家利益之诉，以修复和填补污染环境行为造成的生态环境损害为目的，[1] 本质上是国家作为自然资源资产所有者身份提起的私益诉讼。而环境民事公益诉讼是法律规定的机关、社会组织和人民检察院针对环境污染和生态破坏提起的公益诉讼，两者有本质的区别。三是特殊环境公益诉讼。[2] 该观点认为，首先，生态损害赔偿诉讼的目的是保护生态环境方面的社会公共利益，与环境公益诉讼并无本质区别；其次，生态损害与环境损害具有高度的融合性；再次，从引发诉讼的原因看，两者都是污染、破坏环境的行为引致的；最后，就这类诉讼原告提出的诉讼请求来看，也与环境公益诉讼提出的诉讼请求基本相同，都是请求判令被

---

① 参见汪劲：《论生态环境损害赔偿诉讼与关联诉讼衔接规则的建立——以德司达公司案和生态环境损害赔偿相关判例为鉴》，载《环境保护》2018 年第 5 期。

② 参见李浩：《生态损害赔偿诉讼的本质及相关问题研究》，载《行政法学研究》2019 年第 4 期。

告修复环境或者用赔偿损失的方式来替代对环境的修复。目前，尚未有统一的观点认定生态环境损害赔偿诉讼究竟是何属性，但多数观点认为，其与公益诉讼并无本质区别。

二、规定生态环境损害赔偿诉讼和环境公益诉讼协调衔接机制的必要性

（一）《改革方案》的明确要求

《改革方案》在"完善赔偿诉讼规则"部分要求最高人民法院商有关部门根据实际情况制定指导意见，以明确"生态环境损害赔偿制度与环境公益诉讼之间衔接等问题"。由于《改革方案》将生态环境损害赔偿诉讼界定为民事诉讼范畴，故实践中首先需要解决的是生态环境损害赔偿诉讼与环境民事公益诉讼的衔接。这一问题，既涉及相关审理规则的完善，更事关生态环境诉讼机制的整体协调。

（二）明确两类诉讼关系的需要

我们认为，第一，生态环境损害赔偿诉讼与环境民事公益诉讼在保护目标上具有同一性，均为保护生态环境而产生，追求生态环境的修复、生态系统的平衡、生态环境与人类社会的和谐可持续发展。第二，两类诉讼所针对的行为也具有同一性，都针对的是污染环境、破坏生态的行为，当然生态环境损害赔偿诉讼所针对的地域范围有一定的特殊性，但是在该特殊地域范围内发生的生态环境损害赔偿事件也与污染环境、破坏生态行为相关联。第三，两类诉讼形态的责任范围及责任承担方式具有重合性。无论哪种诉讼形态，赔偿义务人承担责任的范围均包含负担生态环境修复费用、应急处置费用、生态环境服务功能损失以及永久性损害造成的损失等内容。第四，两类诉讼在诉讼请求上也具有交叉性。两类诉讼的原告均可提出由被告承担修复生态环境、赔偿损失、停止侵害、排除妨碍、消除危险、赔礼道歉责任的诉讼请求，也可以要求被告承担其中部分责任。因此，两者之间具有紧密的联系，需要妥当构建两类诉讼的协调衔接机制，厘清二者之间的关系，达到既充分发挥两类诉讼制度功能的目的，又避免

针对同一行为重复启动诉讼程序导致的诉讼成本和司法资源的过度消耗。

三、《若干规定》对于协调两类诉讼关系的基本考虑

由于生态环境损害赔偿诉讼与环境公益诉讼都旨在救济环境公益，因此，最大程度地发挥这两种诉讼的合力，事关生态环境损害赔偿制度功能的发挥。① 如何更好地衔接两类诉讼和发挥环境资源行政监管部门作用，成为衔接规则设置的基本原则。《若干规定》对于因同一损害生态环境行为提起的生态环境损害赔偿诉讼和民事公益诉讼的衔接机制分为不同层次。第一，管辖方面。《若干规定》规定了两类案件分别立案、合并审理的规则，生态环境损害赔偿诉讼案件优先立案，当事人再提起民事公益诉讼的，只能向受理生态环境损害赔偿诉讼案件的法院提起。第二，审理程序方面。生态环境损害赔偿诉讼和民事公益诉讼均已受理的，要先中止民事公益诉讼审理，待生态环境损害赔偿诉讼案件审理完毕后，再对民事公益诉讼未被涵盖的诉讼请求作出裁判。上述规定的目的在于避免裁判矛盾，解决两类案件受理及审理相关问题。第三，同一损害生态环境行为有两类发生法律效力的判决书或者调解书的情况下，后案如果不具有前案审理时未发现的损害，原则上不再审理。只有后案针对前案审理时未发现的损害起诉的，才予以受理，全面保护社会公共利益。第四，规定了清除污染等应急处置费用的救济途径，解决了原告一并主张应急处置费用，无须实际支出该笔费用的行政机关另行起诉。

本条属于第一层次，规定了生态环境损害赔偿诉讼案件受理在先，民事公益诉讼在后提起的处理原则，明确民事公益诉讼应当向受理生态环境损害赔偿诉讼案件的法院提起。主要考虑有四点：第一，平等保护各类起诉主体。两类诉讼当事人、诉讼请求范围、诉权基础和法律适用规则有所不同，分别立案有利于保障不同主体的诉权和正确适用法律。第二，充分重视已受理的案件。在已经受理生态环境损害赔偿诉讼案件后，因为两案之间的紧密联系以及诉讼请求的牵连性，针对同一行为或者事件出现的其

---

① 参见程多威、王灿发：《论生态环境损害赔偿制度与环境公益诉讼的衔接》，载《环境保护》2016年第2期。

他诉讼均应由受理生态环境损害赔偿诉讼案件的法院受理。第三，协调两案处理结果。两类诉讼系基于同一行为提起，由受理生态环境损害赔偿诉讼的法院一并审理，有利于协调两类案件的事实认定、法律适用和审理节奏，避免裁判矛盾。第四，有利于生态环境修复。两类案件均属于社会公共利益和人民群众环境权益保护案件，在价值追求上是一致的，两类案件一并审理可以更好地协调案件审理结果，促进生态环境的修复，最大程度地保护生态环境。

四、关于本条的理解

（一）本条的适用范围

1. 关于本条的适用前提

本条适用前提是生态环境损害赔偿诉讼案件已经受理并正在审理之中，解决的是在生态环境损害赔偿诉讼案件受理后，环境民事公益诉讼案件受理和审理问题。在《若干规定》第十七条确定生态环境损害赔偿诉讼案件先行审理的基础上，通过本条规定明确受理在先诉讼案件的法院取得了在后提起的环境民事公益诉讼案件管辖权。即生态环境损害赔偿诉讼案件已经被某人民法院受理，如出现其他法律规定的机关、社会组织或者人民检察院根据《民事诉讼法》第五十八条的规定，就同一损害生态环境行为又向同一法院提起环境民事公益诉讼的，该院应当根据《民事诉讼法》《环境保护法》《环境民事公益诉讼司法解释》《检察公益诉讼司法解释》的相关规定，判断该主体起诉是否符合环境民事公益诉讼的法定受理条件。如符合受理条件，则应当受理。如受诉法院并非生态环境损害赔偿诉讼案件的审理法院，在已知有在先生态环境损害赔偿诉讼案件的情况下，应当将环境民事公益诉讼案件的相关诉讼材料转至前案受诉法院。

2. 关于受案法院不知有在先案件已被其他法院受理的处理问题

生态环境损害赔偿诉讼案件有磋商作为前置程序，赔偿权利人起诉前往往与被告进行了多次磋商，未能达成一致才走到诉讼这一步。一般情况下，环境民事公益诉讼的起诉主体提起诉讼前，应当进行前期诉讼材料的收集准备工作，可能已经了解赔偿权利人进行磋商的情形，此时，即使适格主体欲提起诉讼，为了更好地保护社会公共利益，也应当按照本条规定，向受理生态环境损害赔偿诉讼案件的法院提起环境民事公益诉讼。如环境民事公益诉讼原告前期未接触被告，仅通过一些公开资料查询等方式得知被告存在污染环境、破坏生态行为，亦不知赔偿权利人的诉前准备工作，在选择起诉法院时，未在生态环境损害赔偿诉讼案件受诉法院起诉，受理该案法院亦不知晓针对同一污染环境、破坏生态行为导致诉讼的生态环境损害赔偿诉讼案件在其他法院受理并审理，在受理该案并知晓相关情况后，应当将案件移送至生态环境损害赔偿诉讼案件受诉法院。

3. 关于同一损害行为的判断

《若干规定》适用两类案件衔接规定的前提是两类案件是同一损害生态环境行为引起或导致的。在这里有必要明确同一损害生态环境行为的具体含义。

首先，这种行为是被告实施的污染环境、破坏生态的行为，即属于环境民事公益诉讼和生态环境损害赔偿诉讼的调整范围。对行为是否造成环境污染、生态破坏进行界定，应重点把握以下几点：一是环境污染、生态破坏是伴随人类的活动产生的，是以人类的生产、生活活动为前提而产生的。二是按照物质不灭定律，当人类将物质通过设施设备排入环境时，会造成环境发生一定程度的改变。当所排放物质的浓度和总量超过环境容量即环境的自净能力时，就会导致环境质量发生质的变化而产生环境污染或者生态破坏。三是行为以环境为媒介发生，其结果不仅可以直接造成生态环境和生态系统的破坏，还会由于人类对环境的利用关系而造成人体健康损害或者财产损害。四是出现环境质量下降或者造成国家或者其他主体合法权益受到侵害的结果。司法实践中，常有污染者以环境具备自净能力，其排放行为未必造成实际损害为由提出抗辩，这就需要法官结合环境要素是否具有自净能力，以及污染物的排放对环境要素的影响和损害范围和效果的实际状况，对行为是否属于环境污染、生态破坏行为作出恰当的判断。

其次，这种行为发生在《若干规定》第一条规定的特殊区域或者造成了其他严重影响生态环境后果，即符合生态环境损害赔偿诉讼案件的受案范围。《若干规定》规定的生态环境损害赔偿诉讼案件的受案范围是"区域+后果"的描述方式，与《环境民事公益诉讼司法解释》以"损害"为判断的方式不同。这种改变主要是《改革方案》的规定所致。《改革方案》列举了三类需要追究生态环境损害赔偿责任的情形：一是发生较大及以上突发环境事件的；二是在国家和省级主体功能区规划中划定的重点生态功能区、禁止开发区发生环境污染、生态破坏事件的；三是发生其他严重影响生态环境后果的。《若干规定》明确可以提起生态环境损害赔偿诉讼的三种具体情形与《改革方案》保持一致。那么同一损害行为意味着既需要符合环境民事公益诉讼项下"损害"社会公共利益的要求，又需要符合生态环境损害赔偿诉讼案件的三种具体情形之一，两类案件才可能系针对同一损害行为。

最后，同一损害行为造成的损害后果应当具有不可分割性，即不同诉讼主体一并诉讼比分开诉讼更有利于案件审理。当然，在立案阶段，对于同一损害行为的判断仅需依据提交材料反映出的连续的违法行为受到的刑事、行政处罚等即可，无须对具体行为进行严谨的甄别，可以在案件受理后由审理部门进一步审理判断。

（二）两类诉讼由同一审判组织审理

生态环境损害赔偿诉讼已经受理后，相关适格主体针对同一行为提起环境民事公益诉讼的，由受理在先诉讼的法院管辖并由同一审判组织审理。由同一审判组织审理的主要考虑在于，两案系针对同一污染环境、破坏生态行为，虽然具体程序和审理内容上存在一些差别，但由同一个法院的同一个审判组织审理，有利于查明事实，节约司法资源，避免裁判出现矛盾。

【审判实践中应注意的问题】

一、生态环境损害赔偿诉讼案件受案法院立案部门应当注意的问题

法律规定的机关、社会组织和人民检察院均可以依法提起环境民事公益诉讼。在这里需要明确以下两点。

第一，法律规定的机关针对海洋环境保护提起的环境民事公益诉讼，

因与生态环境损害赔偿诉讼范围不交叉，两类案件无须按照本条要求一并审理。但如果同一陆源性污染造成海洋和近海生态环境损害，海洋环境保护主管部门就海洋部分提起海洋生态环境损害赔偿诉讼，生态环境资源保护主管部门就陆源污染部分提起生态环境损害赔偿诉讼，人民法院要按照本条的规定判断是否由同一法院同一审判组织审理。

第二，无论由哪个法院审理，立案部门都需要判断是否符合环境民事公益诉讼的受理条件。即要根据《环境民事公益诉讼司法解释》第一条"法律规定的机关和有关组织依据民事诉讼法第五十五条、环境保护法第五十八条等法律的规定，对已经损害社会公共利益或者具有损害社会公共利益重大风险的污染环境、破坏生态的行为提起诉讼，符合民事诉讼法第一百一十九条第二项、第三项、第四项规定的，人民法院应予受理"的规定判断是否符合起诉条件。① 对于社会组织的起诉，要审查社会组织是否具有主体资格；对于人民检察院的起诉，要审查是否已经履行了诉前公告程序。在符合环境民事公益诉讼案件的受理条件的基础上，再判断由哪个法院审理。

二、受理环境民事公益诉讼案件的法院应当注意的问题

收到环境民事公益诉讼起诉材料的法院立案部门除了应当根据法律、司法解释的规定审查法律规定的机关、社会组织和人民检察院是否符合起诉条件，是否应予受理其提起的环境民事公益诉讼外，还需要注意以下两点。

第一，检察机关提起公诉时附带提起环境民事公益诉讼的，如果被附带的环境民事公益诉讼案件与其他人民法院已受理的生态环境损害赔偿诉讼案件系同一损害行为引起的不同案件，此时要注意协调两案的审理。特别是要注意可能出现的级别管辖不一致的问题。因为生态环境损害赔偿诉讼案件由中级以上人民法院管辖，而刑事附带环境民事公益诉讼案件中，被附带的环境民事公益诉讼为了刑事案件审理的便利，则由审理刑事案件的基层人民法院管辖。收到环境民事公益诉讼起诉材料的人民法院已知存

---

① 该条所指《民事诉讼法》为2017年《民事诉讼法》。

在在先受理的生态环境损害赔偿诉讼案件的，应当向人民检察院释明，本案不宜附带审理环境民事公益诉讼案件，应当向受理生态环境损害赔偿诉讼案件的人民法院单独提起环境民事公益诉讼。收到环境民事公益诉讼起诉材料的人民法院并不知晓已存在在先受理的生态环境损害赔偿诉讼案件，受理案件后才知晓相关情况的，可以根据具体案件采取不同的处理方式，比如考虑到刑事案件审理期限的限制，采取不附带提起环境民事公益诉讼的方式，将环境民事公益诉讼案件移送至先受理生态环境损害赔偿诉讼案件的法院审理。或者在可以协调刑事案件审理的前提下，将全案移送至先受理的生态环境损害赔偿诉讼案件的法院审理。各级人民法院可以根据案件的具体情况采取合适的审理方式，协调案件审理，全面保护社会公共利益。

第二，若人民法院未知晓在先已有正在审理的生态环境损害赔偿诉讼案件，而受理因同一损害行为提起的环境民事公益诉讼案件，按照《环境民事公益诉讼司法解释》第十二条"人民法院受理环境民事公益诉讼后，应当在十日内告知对被告行为负有环境保护监督管理职责的部门"的规定，人民法院应当告知相关环境资源保护主管机关案件受理情况。此时，因被告知的行政主管机关与生态环境损害赔偿诉讼的原告为同一机关或者存在上下级隶属关系，即可根据行政主管机关的反馈知晓在先案件受理情况。人民法院据此应当将已受理的环境民事公益诉讼案件移送至受理生态环境损害赔偿诉讼案件的法院一并审理。

【法条链接】

《检察公益诉讼司法解释》

第二十条 人民检察院对破坏生态环境和资源保护，食品药品安全领域侵害众多消费者合法权益，侵害英雄烈士等的姓名、肖像、名誉、荣誉等损害社会公共利益的犯罪行为提起刑事公诉时，可以向人民法院一并提起附带民事公益诉讼，由人民法院同一审判组织审理。

人民检察院提起的刑事附带民事公益诉讼案件由审理刑事案件的人民法院管辖。

第十七条 人民法院受理因同一损害生态环境行为提起的生态环境损害赔偿诉讼案件和民事公益诉讼案件，应先中止民事公益诉讼案件的审理，待生态环境损害赔偿诉讼案件审理完毕后，就民事公益诉讼案件未被涵盖的诉讼请求依法作出裁判。

【条文主旨】

本条是关于协调生态环境损害赔偿诉讼案件和民事公益诉讼案件审理程序的规定。

【条文理解】

一、针对同一损害行为的两类案件的处理

（一）审判实践中两类案件的协调

生态环境损害赔偿制度试点期间，试点地区在完善生态环境损害赔偿诉讼规则等方面作了有益探索。一是程序性规则强调特殊性。各试点地方根据工作实际在管辖、证据保全、先予执行、执行监督等诉讼程序性规则方面作出特殊规定。例如，山东省提出由省法院、省检察院牵头制定生态环境损害赔偿诉讼规则。重庆市提出磋商未达成一致的，由区级检察院审查起诉，同级法院集中受理。二是赔偿责任承担方式多样性。例如，湖南省要求根据赔偿义务人的主观过错、经营状况等因素试行分期赔付等多样化的赔偿责任承担方式。三是鉴定评估突出专业性。例如，湖南省提出由赔偿权利人组织相关单位和专家开展调查，委托有资质的机构开展鉴定评估工作。但关于诉讼衔接方面，七省市规定均未涉及。

从我们收集到的案例看，截至 2017 年 12 月 31 日，各试点地区生态损害赔偿经前期磋商达成赔偿协议 10 件，其中 1 件经过人民法院司法确认，1 件经过公证机关公证。重庆市有 3 件，吉林省、江苏省、山东省各有 1 件磋商案件达成了一致赔偿金额，云南省有 1 件经磋商达成协议并进行了公证，取得了良好的社会效果。贵州省清镇市人民法院审结的贵州省环境

保护厅、息烽诚诚劳务有限公司、贵阳开磷化肥有限公司生态环境损害赔偿司法确认案，系首例由省级政府提起的生态环境损害赔偿司法确认案件。法院依法对省级政府指定的相关职能部门与责任人就生态环境损害赔偿磋商后达成的调解协议进行审查，并在履行公示程序后确认该调解协议的法律效力，对开展生态环境损害赔偿磋商、完善赔偿诉讼规则起到了较好的示范作用。试点期间人民法院受理省级政府提起的生态环境损害赔偿诉讼案件 7 件，审结 2 件。江苏省南京市中级人民法院受理的江苏省人民政府、江苏省环保联合会诉德司达（南京）染料有限公司生态环境损害赔偿诉讼案（以下简称德司达案），系首例由省级政府以赔偿权利人身份提起的生态环境损害赔偿诉讼案件，该案一审判决被告赔偿环境修复费用 2428.29 万元。① 重庆市第一中级人民法院受理的重庆市人民政府、重庆两江志愿服务发展中心诉重庆藏金阁物业管理有限公司、重庆首旭环保科技有限公司环境污染责任纠纷案（以下简称藏金阁案），判决被告承担生态环境修复费用 1441.6776 万元。② 试点期间审结的两起生态环境损害赔偿诉讼案件均不是唯一原告，两案除了政府作为原告提起生态环境损害赔偿请求外，社会组织也作为原告参与诉讼。但两案具体做法也有不同。德司达案是江苏省南京市中级人民法院受理江苏省环保联合会诉德司达（南京）染料有限公司公益诉讼案后，按照《环境民事公益诉讼司法解释》的规定，公告了案件受理情况。江苏省人民政府于公告期内申请参加诉讼，经该院准许列为共同原告，两原告的诉讼请求也是一致的。藏金阁案是重庆市第一中级人民法院受理的重庆市人民政府作为原告诉被告重庆藏金阁物业管理有限公司、重庆首旭环保科技有限公司环境污染责任纠纷案。此外，该院已经另行受理原告重庆两江志愿服务发展中心与被告重庆藏金阁物业管理有限公司、被告重庆首旭环保科技有限公司环境污染责任纠纷一案，该案立案后，依法适用普通程序，在法定期限内公告了案件受理情况。该院认为，两案基于同一事实起诉且经各方当事人同意，该院决定依法将两案进行合并审理。

① 参见江苏省南京市中级人民法院（2016）苏 01 民初 1203 号民事判决书。
② 参见重庆市第一中级人民法院（2017）渝 01 民初 773 号民事判决书。

试点期间上述两个案件的受理、审理反映出以下几个问题：第一，试点地区人民法院对两类诉讼性质认识不一。试点期间两个诉讼案件均合并了政府作为赔偿权利人向赔偿义务人污染企业要求生态环境损害赔偿的诉讼和社会组织作为原告向同一污染企业要求保护环境公共利益的诉讼。藏金阁案一审法院认为，重庆市人民政府有权提起生态环境损害赔偿诉讼，重庆两江志愿服务发展中心具备合法的环境公益诉讼主体资格，二原告基于不同的规定而享有各自的诉权，对两案分别立案受理并无不当，鉴于两案案件事实相同、诉讼目的一致、被告相同、诉讼请求基本相同，法院依据共同诉讼法理，认为两案合并审理更为适宜。德司达案与其他环境公益诉讼明显不同之处是人民政府作为原告申请参加社会组织提起的环境民事公益诉讼，得到了法院的支持。也就是说，法院认为生态环境损害赔偿诉讼案件的性质就是民事公益诉讼案件，只是原告范围扩大了。在试点期间，上述两案是人民法院在探索生态环境损害赔偿诉讼过程中的积极尝试，在实践中也起到了良好的社会效果。但随着生态环境损害赔偿制度改革的深入和审判实践的不断发展，我们认为，两类诉讼虽然在部分内容上有一致性，但也存在比较突出的区别，合并审理是否较为适宜还需要进一步研究。

（二）处理程序的选择

从实践探索情况看，两种诉讼如何衔接主要存在合并审理、一并审理以及先后审理三种模式。对于究竟采取何种模式，理论和实务界有很大争议。有的观点认为，从法律原则和《改革方案》规定出发，两类诉讼并没有显著不同，可以合并审理。有的观点认为，生态环境损害赔偿诉讼特殊性较为明显，不仅原告与公益诉讼不同，而且审理程序、归责原则、执行方面均有特殊性，建议不与公益诉讼合并。下面，就三种情形逐一作出分析。

1. 诉的合并

《民事诉讼法》第五十五条第一款①规定了共同诉讼。在同一个诉讼程

---

① 《民事诉讼法》第五十五条第一款规定："当事人一方或者双方为二人以上，其诉讼标的是共同的，或者诉讼标的是同一种类、人民法院认为可以合并审理并经当事人同意的，为共同诉讼。"

序中，原告与被告对同一种类的独立诉求进行辩论，人民法院用一个裁判文书作出裁判，一方面有利于公平公正保护当事人双方的诉讼权益和实体权益，避免同诉不同判，维护法院裁判结果的统一性，另一方面节省双方当事人诉讼成本，避免国家司法资源的浪费，符合《民事诉讼法》设立共同诉讼制度的原则和目的。① 试点期间德司达案和藏金阁案两个典型的生态环境损害赔偿诉讼均采取合并的审理方式。

2. 中止诉讼

《民事诉讼法》第一百五十三条②规定了中止诉讼的具体情形。一般情况下，民事诉讼程序开始后按照法定程序进行，最终作出裁判。但有时，也会出现某种无法克服和难以避免的特殊情况，使诉讼程序不能进行或者不宜进行，需要使诉讼程序暂时停止。审判实践中，有些案件之间的法律关系或者事实情况相互牵连，一个案件的事实认定或者法律适用，需以另一个案件的审理结果为依据。在具有牵连关系的两个民事案件审理过程中，一般可以采取两种做法，要么一并审理、一并判决，要么中止其一待另一案审结后另行作出裁判。当然，从诉讼经济的角度看，中止其中一案，另一案先行审理并判决，有利于提高审判效率，避免当事人被拖入漫长等待过程。例如，山东省法院受理的一起省政府生态环境损害赔偿诉讼③与社会组织提起的环境民事公益诉讼存在事实相同、被告有重合、诉讼请求不完全一致的情形，采取了先审理生态环境损害赔偿诉讼、后审理环境民事公益诉讼的模式。

3. 各自审理

第三种情形就是生态环境损害赔偿诉讼与环境民事公益诉讼互不影响，无论由同一法院还是不同法院受理，均各自审理并判决。这样的问题显而易见：一是不能协调两类诉讼请求，审理内容存在重复；二是对同一

---

① 详见最高人民法院（2014）民一终字第 11 号民事裁定书。

② 《民事诉讼法》第一百五十三条规定："有下列情形之一的，中止诉讼：（一）一方当事人死亡，需要等待继承人表明是否参加诉讼的；（二）一方当事人丧失诉讼行为能力，尚未确定法定代理人的；（三）作为一方当事人的法人或者其他组织终止，尚未确定权利义务承受人的；（四）一方当事人因不可抗拒的事由，不能参加诉讼的；（五）本案必须以另一案的审理结果为依据，而另一案尚未审结的；（六）其他应当中止诉讼的情形。中止诉讼的原因消除后，恢复诉讼。"

③ 详见山东省泰安市中级人民法院（2017）鲁 09 民初 210 号民事判决书。

生态环境损害可能会存在重复鉴定，鉴定意见可能会存在区别，导致对生态环境损害的认定或者修复费用计算不同；三是两案针对同一生态环境损害认定的修复费用，判决如何执行也会存在矛盾。

综上，我们认为，生态环境损害赔偿诉讼案件与环境民事公益诉讼案件两者先后进行，采取中止诉讼的方式更有利于案件审理和节约诉讼资源。首先，从宪法基本原理看，环境资源行政监管部门与司法机关有不同的分工与权力运行方式，应当充分发挥各自的作用。以行政管制模式为解决环境问题的主导模式，唯有在行政管制失灵时，方可通过其他手段解决环境问题。在生态环境损害救济领域中，环境资源行政监管部门须承担第一顺位的环境保护义务，应依法行使其行政权来填补生态环境损害、维护环境公共利益，而司法权更宜扮演好最后一道防线的角色。① 其次，从环境治理体系角度看，地方各级人民政府是《宪法》规定的地方国家权力机关的执行机关，依照法律规定的权限，管理本行政区域内的经济、教育、科学、文化、卫生、体育事业、城乡建设事业和财政、民政、公安、民族事务、司法行政、计划生育等行政工作。省级、市地级政府作为对本行政区域的环境质量负责的责任主体，应当对本行政区域环境保护工作实施统一监督管理。生态环境损害赔偿诉讼案件涉及的生态损害影响大、涉及范围广，省、市政府作为环境资源保护主管部门，具有法律规定的生态环境保护义务和监管职责，具有保护国家利益、社会公共利益和公众环境权益的天然职责，其自身及授权的部门或机构往往在行政执法阶段已经获取了大量的证据材料，便于诉讼。其代表国家和社会公众提起诉讼，有利于国家利益和社会公共利益得到有效维护。社会组织和人民检察院则不具有行政执法或者前期磋商阶段的证据，在证据取得方面有天然的弱势。《改革方案》也明确政府是生态环境损害赔偿制度的索赔主体。《若干规定》吸收了《改革方案》的精神，规定省级、市地级政府及其指定的相关部门、机构可以作为生态环境损害赔偿诉讼案件的原告，是落实两级政府环境资源保护行政管理职责的需要。最后，省级、市地级政府及其指定的部门、

---

① 参见彭中遥：《行政机关提起生态环境损害赔偿诉讼的理论争点及其合理解脱》，载《环境保护》2019 年第 5 期。

机构具有较强专业知识和能力，在诉讼前磋商阶段往往已经进行应急处置，甚至已经开展修复评估工作。在生态环境损害赔偿诉讼案件判决作出后，所涉修复费用由其管理和使用，可以及时用于生态环境修复。无论是要求被告自行修复或者替代性修复还是委托第三方机构修复，生态环境损害赔偿诉讼案件原告比社会组织或者人民检察院更具有生态环境保护方面的专业性，更有利于尽快开展修复工作。因此，本条采纳了中止环境公益诉讼案件审理的做法，以突出政府的行政监管责任，落实政府的环境保护义务，督促义务人及时履行修复义务，贯彻应赔尽赔、损害担责的基本原则。同时，减少社会组织、人民检察院的诉讼成本，减少因诉讼程序的烦琐冗长导致诉讼不经济的情形出现。但是，中止审理也会带来一个问题，即生态环境损害赔偿诉讼案件审结后，应如何处理环境民事公益诉讼案件。

判断后案如何处理，首先要看后案的诉讼请求与前案相比有什么异同，即环境民事公益诉讼的诉讼请求是否可以被生态环境损害赔偿诉讼涵盖。虽然也有观点认为，可以通过区分诉讼请求或者区分案件事实等方式对两类诉讼作出区分，但无论哪种方式都存在难以涵盖所有情况的可能。最终《若干规定》采纳诉讼请求区分的方式。我们认为，以诉讼请求为区分的好处是：第一，诉讼请求在起诉时就基本可以确定。如果从案件事实等角度作出区分，则需要到具体审理阶段才可判断。第二，诉讼请求在民事起诉状上均已列明。法院据此可以判断两案是否存在内容的一致性。第三，即使被中止的民事公益诉讼原告在诉讼中变更或者增加诉讼请求，该行为导致诉讼请求与生态环境损害赔偿诉讼案件不同，亦不影响在生态环境损害赔偿诉讼案件审结后针对不同的部分继续审理并作出裁判。同时，考虑到生态环境损害赔偿诉讼案件除了应急处置费用外，请求赔偿生态修复费用、服务功能的损失、永久性损害造成的损失等诉讼请求与环境民事公益诉讼案件相同，根据诉讼请求是否能够涵盖区分了两种情形：一是生态环境损害赔偿诉讼案件的诉讼请求涵盖环境民事公益诉讼案件诉讼请求的，应裁定终结环境民事公益诉讼案件。虽然根据《民事诉讼法》第一百五十四条的规定，此种情形不符合终结诉讼的情形，但继续审理诉讼请求完全一致的环境民事公益诉讼，不仅拖延双方当事人，不利于生态环境的修复，而且有浪费司法资源之嫌。因此，采取终结案件的做法更加符合实践需要。二是生态环境损害赔偿诉讼案件诉讼请求不能涵盖环境民事公益诉讼案件诉讼请求的，在审理完生态环境损害赔偿诉讼案件后应恢复环境民事公益诉讼案件的审理，就环境民事公益诉讼案件中不能被前案涵盖的部分继续审理。此外，生态环境损害赔偿诉讼案件审理过程中，法律规定的机关、社会组织也可以以支持起诉的方式参与诉讼，提交书面意见，提供证据和其他辅助手段，发挥公众参与、社会监督功能，① 一样可以达到保护社会公共利益的目的。

二、对可能出现的例外情形的思考

在确立生态环境损害赔偿诉讼优先审理的基本原则后，有观点提出，不区分诉讼阶段，一概让生态环境损害赔偿诉讼优先于环境民事公益诉讼，有时甚至会浪费司法资源，造成诉讼迟延。比如，环境民事公益诉讼在一审法庭辩论终结后是否还需中止，等待生态环境损害赔偿诉讼审理完毕再行处理？

本条仅规定了生态环境损害赔偿诉讼案件审理完毕后，对中止的环境民事公益诉讼案件未被涵盖的诉讼请求继续审理并作出裁判，并未涉及此种情形。然而客观分析，在环境民事公益诉讼一审法庭辩论已经终结时，公益诉讼涉及的基本事实已经查清，如果还需中止后审理生态环境损害赔偿诉讼案件，相当于就同一损害事实重新审理一遍，无疑增加当事人讼累，也会浪费司法资源。因此，此种情况下，环境民事公益诉讼案件无须因生态环境损害赔偿诉讼案件的受理而中止，而应中止生态环境损害赔偿诉讼案件审理，待环境民事公益诉讼案件审理完毕后，再根据诉讼请求是否具有涵盖关系确定是否继续审理生态环境损害赔偿诉讼案件。对此，可以在实践中进一步探索更为科学合理的处理方式。

此外，从督促政府积极提起生态环境损害赔偿诉讼的角度考虑，结合《改革方案》中关于"鼓励法定的机关和符合条件的社会组织依法开展生态环境损害赔偿诉讼"的要求，在法律规定的机关、社会组织或者人民检

---

① 参见牛颖秀：《生态环境损害赔偿诉讼与环境民事公益诉讼辨析——以诉讼标的为切入的分析》，载《新疆大学学报（哲学人文社会科学版）》2019 年第 1 期。

察院已经提起环境民事公益诉讼的情况下，鼓励政府通过支持起诉的方式参加诉讼，而不再提起生态环境损害赔偿诉讼。

【审判实践中应注意的问题】

关于两类案件诉讼请求的关系问题，从实践看，存在两种情形：一是生态环境损害赔偿诉讼案件诉讼请求涵盖民事公益诉讼案件诉讼请求。在这种情况下，因为两种类型的诉讼请求已经互相涵盖，所以在审理生态环境损害赔偿诉讼案件之后，就没有必要再行对同一诉讼请求进行审理。而且从保护的法益上来看，生态环境损害赔偿诉讼案件除了应急费用以外，对于生态修复、服务功能的损失、永久性损害这些内容都是与民事公益诉讼案件相同的。人民法院没有必要再就民事公益诉讼案件继续审理，应裁定终结该案件。二是生态环境损害赔偿诉讼案件诉讼请求不能涵盖民事公益诉讼案件诉讼请求。此种情形之下，在审理完生态环境损害赔偿诉讼案件后应恢复民事公益诉讼案件的审理，就民事公益诉讼案件中不能被前案涵盖的部分继续审理。从两类诉讼的诉讼请求来看，生态环境损害赔偿诉讼案件注重保护国家所有的自然资源和社会公众享有的生态环境权益，出发点与民事公益诉讼案件略有不同，民事公益诉讼案件往往更注重社会公共利益的保护。因此，在诉讼请求上，环境民事公益诉讼案件可能会提起一些维护社会公益、请求赔礼道歉等诉讼请求。这部分诉讼请求若未能被生态环境损害赔偿诉讼涵盖，则可以在环境民事公益诉讼案件中审理并作出裁判。需要说明的是，两类案件诉讼请求是否相同应依据责任方式的种类判断，如修复责任、赔偿责任，如果责任方式相同仅是单纯的数额不同，不构成不同诉讼请求。

【法条链接】

《改革方案》

（五）完善赔偿诉讼规则。

……

生态环境损害赔偿制度与环境公益诉讼之间衔接等问题，由最高人民法院商有关部门根据实际情况制定指导意见予以明确。

第十八条 生态环境损害赔偿诉讼案件的裁判生效后，有权提起民事公益诉讼的国家规定的机关或者法律规定的组织就同一损害生态环境行为有证据证明存在前案审理时未发现的损害，并提起民事公益诉讼的，人民法院应予受理。

民事公益诉讼案件的裁判生效后，有权提起生态环境损害赔偿诉讼的主体就同一损害生态环境行为有证据证明存在前案审理时未发现的损害，并提起生态环境损害赔偿诉讼的，人民法院应予受理。

【条文主旨】

本条是关于生态环境损害赔偿诉讼案件或者民事公益诉讼案件裁判生效后，就同一损害生态环境行为再行提起环境民事公益诉讼或者生态环境损害赔偿诉讼时，在后提起的诉讼受理条件的规定。

【条文理解】

一、本条的修改过程

对于两类诉讼在已有前案生效裁判情况下如何衔接协调的问题，本条起草过程中有较大修改。2018 年 10 月征求相关部门意见稿中本条的内容为："对同一生态环境损害行为已有发生法律效力的生态环境损害赔偿诉讼裁判，法律规定的机关、社会组织或者人民检察院提起环境民事公益诉讼且诉讼请求未被前诉涵盖的，人民法院应予受理。"当时对于后诉是否受理的问题采用的是诉讼请求是否被前诉涵盖的标准，即对于针对同一行为另行提起的环境民事公益诉讼，需要从诉讼请求来进行区分：如果诉讼请求没有被已经生效的生态环境损害赔偿诉讼裁判所涵盖，人民法院应予受理；如果在后提起的环境民事公益诉讼和在先提起的生态环境损害赔偿诉讼所主张的诉讼请求内容一致，则不予受理。后经研究，该条修改为："生态环境损害赔偿诉讼案件的判决、调解书生效后，就同一损害生态环境行为提起民事公益诉讼，诉讼请求未被前案涵盖的，人民法院应予受理并就未被涵盖的诉讼请求作出裁判。民事公益诉讼案件的判决、调解书生效后，就同一损害生态环境行为提起生态环境损害赔偿诉讼的，依照前款规定处理"。其中增加了环境民事公益诉讼在先提起的情况，同时延续了以诉讼请求是否涵盖作为是否受理后诉的条件的规定，以全面保护环境公共利益。

进一步研究过程中，对本条主要有以下几种意见和建议：（1）采用"诉讼请求未被前案涵盖的，人民法院应予受理"的表述易导致滥诉。（2）建议不以诉讼请求是否涵盖，而以是否针对同一个损害生态环境行为作为判断是否受理在后提起的诉讼的判断标准。（3）不管是环境民事公益诉讼还是生态环境损害赔偿诉讼，只要诉讼请求明确，在立案时即能判断两诉之间的诉讼请求是否涵盖，如果已经涵盖，就没有必要再对后诉予以立案，浪费司法资源。（4）采用诉讼请求是否被涵盖的标准并不科学，应当以后诉的诉讼请求是否被前诉的生效判决所涵盖作为判断标准。在认真研究吸收上述意见的基础上，参考《环境民事公益诉讼司法解释》第二十八条的规定，最终作出本条规定，从而明确针对同一损害生态环境行为原则上只能提起一次生态环境损害赔偿诉讼或者环境民事公益诉讼，只有在有证据证明存在前案审理时未发现的损害时，适格主体才可以另行提起诉讼。

二、本条的理解与适用

本条主要包含以下几方面含义。

（一）除本条规定的情形外，在先提起的生态环境损害赔偿诉讼案件或者环境民事公益诉讼案件的裁判生效后，就同一污染环境、破坏生态行为另行提起环境民事公益诉讼或者生态环境损害赔偿诉讼的，应当不予受理

虽然本条并未明确规定前诉裁判生效后，对于有权提起诉讼的其他主体提起的诉讼原则上不予受理，但通过明确规定受理后诉的条件，反向明确了除符合规定条件外对于同一行为另行提起的诉讼不再予以受理的一般规则。主要考虑：一是不同主体针对同一污染环境、破坏生态行为先后提起的生态环境损害赔偿诉讼和环境民事公益诉讼，除特别规定的情形外，

后诉与前诉在所要达到的诉讼目的、所指向的被告方当事人、所针对的侵权行为、所依据的基本事实、所提出的主要诉讼请求，以及保护环境公共利益的诉讼功能等方面具有同质性；二是对于被告而言，在其已经通过前诉的审理被法院判定承担或者无须承担相应民事责任的情况下，允许其他主体针对同一被告的同一行为再行提起具有同质性的诉讼，不符合"一事不再罚"①和"过罚相当"的原则，不利于社会关系的稳定，特别是在破坏生态环境行为人系生产者的情况下，令其重复陷于诉累不利于督促行为人在积极履行修复生态环境义务的同时尽快恢复生产促进经济发展；三是生态环境损害赔偿诉讼和环境民事公益诉讼均为专业性强的具有典型示范意义的诉讼，为更好地发挥两类诉讼的功能，有必要对就同一损害生态环境行为多次提起诉讼的行为进行一定规范，促进司法资源的合理分配，实现审判的法律效果、社会效果和生态效果的最大化。基于上述考虑，特别是生态环境损害赔偿诉讼和环境民事公益诉讼均具有维护环境公共利益功能的情况下，本条参照适用了"一事不再理"的诉讼原则，对裁判生效后两类诉讼的衔接问题进行规范。需要说明的是，生态环境损害赔偿诉讼和环境民事公益诉讼在性质、功能、目的、标的、关系等方面尚未形成一致的认识，本条所规定的参照"一事不再理"原则规范两类诉讼关系是否符合诉讼规律和实践要求，实施的效果如何，也有待于进一步积累实践经验后予以研究。

"一事不再理"是指判决一经确定，法院不得就同一事件再为审理。一般认为，"一事不再理"包含两方面含义：一方面是诉讼系属效力，即原告不得对已经进入诉讼系属的案件再次提起诉讼请求；另一方面是既判力的消极效力，在案件已经判决之后，当事人不得对已经获得判决的同一案件再次起诉。

正确适用"一事不再理"的前提是判断何为"一事"，即判断前诉与

---

① "一事不再罚"原则是法理学的概念，是指对违法行为人的同一个违法行为，不得以同一事实和同一依据，给予两次或者两次以上的处罚。"一事不再罚"原则作为行政处罚的原则，目的在于防止重复处罚，体现"过罚相当"的法律原则，以保护行政相对人的合法权益。虽该原则为行政处罚的一项原则，但我们认为其体现的精神是共通的，即基于同一行为所应承担的同一性质的法律责任，应当以一次为限。

后诉的构成要素是否同一，是否为同一个诉。一般认为，诉的构成要素包括当事人、诉讼标的和案件事实。通常情况下，判断一诉与他诉的区别，首先就诉的主体来判断，诉的主体不同，则构成不同的诉。若诉的主体相同，则须根据诉讼标的的判断。识别诉讼标的，通常情况下依据诉讼标的的实体内容，如是请求返还房屋还是请求支付价款。在特定情况下，还需要结合案件具体事实，即在当事人相同、诉讼标的的实体内容相同情况下，如果所依据的事实不同，亦构成不同的诉。①

具体到就同一损害生态环境行为先后提起的生态环境损害赔偿诉讼和环境民事公益诉讼，判断前诉与后诉是否同一，则有不同的特点。

第一，两类诉讼的主体具有特殊性。生态环境损害赔偿诉讼的原告是省级、市地级人民政府及其指定的相关部门、机构，或者受国务院委托行使全民所有自然资源资产所有权的部门；环境民事公益诉讼的原告是有关机关、社会组织和人民检察院。尽管如此，在保护环境公共利益的范畴内，因两类诉讼的目的具有一致性，而环境公共利益缺乏具体的权利主体，享有维护公益诉权的主体与环境公共利益本身并不存在直接的利害关系，而是因保护环境公共利益的需要依据法律法规取得诉权，不同的原告所代表和维护的均为环境公共利益，其请求权基础是相同的，可以视为实质上的同一主体。

第二，关于诉讼标的是否相同或者覆盖的判断。《若干规定》第十一条规定："被告违反国家规定造成生态环境损害的，人民法院应当根据原告的诉讼请求以及具体案情，合理判决被告承担修复生态环境、赔偿损失、停止侵害、排除妨碍、消除危险、赔礼道歉等民事责任。"《环境民事公益诉讼司法解释》第十八条规定："对污染环境、破坏生态，已经损害社会公共利益或者具有损害社会公共利益重大风险的行为，原告可以请求被告承担停止侵害、排除妨碍、消除危险、修复生态环境、赔偿损失、赔礼道歉等民事责任。"依据上述规定，虽然《若干规定》基于生态环境损害赔偿诉讼的特点和改革需要对承担责任方式的排列顺序进行了调整，但两类诉讼的责任承担方式显然是相同的。从责任的具体内容来考察，根据

---

① 参见邵明：《民事诉讼法理研究》，中国人民大学出版社 2004 年版，第 200~201 页。

《若干规定》第十二条至第十四条和《环境民事公益诉讼司法解释》第十九条至第二十二条的规定，修复生态环境的责任均包括了行为修复和承担修复费用的内容，赔偿损失的责任均包括了生态环境服务功能损失，在被告应当承担的费用方面，两类诉讼均包括了调查、检验、鉴定、评估、合理的律师费以及其他为诉讼支出的合理费用。另外，《若干规定》第二十二条还规定："人民法院审理生态环境损害赔偿案件，本规定没有规定的，参照适用《最高人民法院关于审理环境民事公益诉讼案件适用法律若干问题的解释》《最高人民法院关于审理环境侵权责任纠纷案件适用法律若干问题的解释》等相关司法解释的规定。"《环境民事公益诉讼司法解释》第九条规定，人民法院认为原告提出的诉讼请求不足以保护社会公共利益的，可以向其释明变更或者增加停止侵害、修复生态环境等诉讼请求，同样适用于生态环境损害赔偿诉讼。通过以上制度设计，基于环境公共利益保护的及时性和整体性需要，要求前诉原告在起诉时，尽可能依法全面提出诉讼请求，以使环境公共利益得到周全的保护。通过法律和司法解释的明确规定，辅之以法院的释明，一般情况下，就同一行为另行起诉所提出的诉讼请求不会超出前案的诉讼请求范围。需要注意的是，两类诉讼中被告所应承担的应急处置费用有一定特殊性，若系为实施应急方案以及为防止生态环境损害的发生和扩大采取合理预防、处置措施而已经发生的应急处置费用，具有追偿垫付款的性质，可由相关实际支出的主体另行主张。

第三，关于案件事实的判断。本条明确规定后诉针对的是同一污染环境、破坏生态行为，该行为应当理解为既包括行为本身，也包括行为造成的损害，才构成案件事实相同。

基于上述诉的构成要素分析，有权提起诉讼的其他主体在已有在先裁判的情况下对于同一污染环境、破坏生态行为另行提起诉讼的，该诉与前诉具有同质性以及诉讼功能的重合性。根据民事诉讼生效裁判既判力和"一事不再理"的要求，为使已被生效裁判确定的环境公共利益法律秩序得以稳定，同时使被告免于因同一行为处于反复被诉的危险中，除本条规定的特别情形外，对于其他主体另行提起的诉讼，人民法院原则上应当不予受理。

（二）在先提起的生态环境损害赔偿诉讼案件或者环境民事公益诉讼案件的裁判生效后，有证据证明存在前案审理时未发现的损害，适格主体另行起诉的，人民法院应予受理

对于在先提起的生态环境损害赔偿诉讼或者环境民事公益诉讼而言，原告在起诉时，对于环境污染给环境公共利益所造成的损害大多是基于直观的调查，往往限于已经实际发生并且相对较为明显的损害。对于虽然在起诉时已经发生，但具有隐蔽性、长期性、潜在性的损害往往难以发现，从而未能将该损害纳入原告诉讼请求所依据的基本事实范围并提出相应的诉讼主张。由此产生的问题是：在前案裁判生效后，有权提起诉讼的主体发现了未纳入前案审理范围的损害，是否有权另行提起诉讼？

对于该问题，我们在制定《环境民事公益诉讼司法解释》过程中曾经广泛向社会征求意见。在征求意见过程中，对于该规定的意见集中在是否违反"一事不再理"原则。有意见认为，环境权的主体是抽象的，代表的都是同一个权利主体，根据民事诉讼不得重复诉讼和既判力的理论，是否受理因同一案件提起的诉讼，判断的标准主要是诉讼标的和当事人。但是在环境民事公益诉讼中，提起后诉的其他机关和有关组织与曾经提起前诉的机关或组织虽然不是同一机关、组织，但实际上原告代表的诉讼利益是一致的，因此也应当按照民事诉讼不得重复诉讼和既判力的理论加以处理，除了提出新的诉讼请求外，不应当受理，否则违反不得重复诉讼和既判力的司法惯例和制度。有意见认为，新的诉讼请求可能就是在原来的诉讼金额基础上增加一点，在这种情况下，即使提出新的诉讼请求也有违"一事不再理"的原则。有意见建议明确该规定与再审的区别。有意见提出，建议将该规定修改为"发现新的证据并据此提出新的诉讼请求的，且该新证据已经超过原生效判决所确定或否认的污染事实"。理由是新的证据若想推翻已生效判决文书，只有在新事实存在的情况下才可以，无新事实就意味着新提出的公益诉讼请求与已确定生效的诉求具有重合性而违反"一事不再理"原则或既判力原则，进而引起遮断效。因此，需要将之修改为具有新事实的限制条件。还有意见建议将该规定修改为"有新证据证明发生新的污染损害或者严重的污染损害威胁，据此提出新的诉讼请求

的"，理由为环境污染具有很强的反复性，在裁判后出现了新的事实，应允许诉讼。上述意见归纳而言主要有五种：一是认为只有在其他机关和社会组织提出新的诉讼请求时，才能受理在后提起的诉讼；二是认为新的诉讼请求有可能仅为数额的变化，即使有新的诉讼请求，受理在后提起的诉讼也违背"一事不再理"原则；三是认为把发现新的证据并据此提出新的诉讼请求作为另诉的条件，难以划分清楚另诉与再审的界线；四是认为应当将此种情形下的另行起诉条件限定为发现了超过前案审理范围的新的事实，如果并未超出前案审理的事实范围，则不应受理；五是认为受理另诉的条件应当限于发生了新的损害事实或者危险，并据此提出新的诉讼请求。上述意见从不同角度提出了该规定应当注意的问题，极具启发意义，同时也是理解本条所规定的在后提起的诉讼受理条件的重要问题。本条规定的受理后诉的条件与《环境民事公益诉讼司法解释》第二十八条第二款的规定相同，即"有证据证明存在前案审理时未发现的损害"。需要说明以下三个问题。

1. 关于本条规定的适格主体另行起诉与生效判决既判力所具有的遮断效的关系问题

遮断效是生效判决既判力时间范围的具体效果之一，是指生效终局判决所具有的阻止当事人提出其在标准时前本可主张但未主张的事项的效果。按照传统的既判力理论，无论当事人在前诉中是否知道，也无论其主观上是否有过错，只要其在前诉判决既判力的标准时前没有主张，均为既判力所遮断。其理论依据是当事人的辩论权利应受到正当法律程序的保障，但同时当事人亦负有谨慎地行使诉讼权利的义务，换言之，当事人应当对自己诉讼中所为诉讼行为承担自我责任。如果当事人未尽谨慎辩论的义务，理所应当承担相应的不利后果，即禁止其在标准时后对此前本可主张但未主张的事项再度争议，这也是裁判终局性解决纠纷的制度功能的内在要求。但大陆法系民事诉讼法学界已经开始对既判力传统理论进行反思，主张通过"主张的可预料性"来对既判力的时间范围进行调整，即"如果当事人对于前诉中的主张不具有可预料性（可期待性），那么既判力的遮断效就不及于该主张"①。通过"主张的可预料性"标准对既判力时间范围理论进行适度修正，已成为民事诉讼既判力理论的发展趋势。

就生态环境损害赔偿诉讼和环境民事公益诉讼而言，污染环境、破坏生态行为对于环境公共利益所造成的损害具有广域性、隐蔽性、长期性、反复性、累积性等特点，往往在前诉中难以充分发现或者预见全部损害，如果固守传统的既判力理论，在前诉判决生效后一概禁止原告和其他适格主体对于新发现的损害另行起诉，不仅不符合当前阶段保护环境公共利益的需要，也与正当程序保障的要求和对既判力传统理论进行适度修正的趋势相悖。因此，本条基于两类诉讼高度专业性特点以及全面保护环境公共利益的需要，对前案生效判决的遮断效予以适度放宽，明确规定在发现了前案审理时未发现的损害时，对于适格主体另行提起的诉讼应予受理。

2. 关于本条规定的另行起诉与再审程序的区分

本条规定的另行起诉所依据的损害必须是前案审理时未发现和未纳入审理范围的损害。如果另行起诉所依据的损害事实在前案审理时已经发现并纳入审理范围，在判决生效后发现新的证据证明前案判决对于该损害的程度、范围等的认定存在错误，则应通过再审程序予以纠正。

前案原告未发现该损害事实是否应当有合理原因，才能受理后诉？对于依据"主张的可预料性"来对既判力的时间范围进行调整的条件，日本学者高桥宏志指出："当事人仅仅以'在前诉中自己不知道'为理由来主张其不受既判力的遮断还是不够的，应当说，只有当其在前诉中存在合理原因而不知道该事实存在时，对于该事实的主张才可以不受既判力的遮断。"该观点具有合理性，可以避免被告受到恶意重复诉讼的侵扰。但考虑到两类诉讼的特殊性，如果受理在后的诉讼要以前案原告未在前案中提出该损害事实没有过错为前提，又有可能产生前案原告和被告恶意串通减轻被告侵权责任，阻却另诉渠道的问题。综合考量，我们倾向于认为，实务中对于适格主体针对同一损害生态环境行为另行提起的诉讼，有证据证明存在前案未发现的损害即可，无须考察前案原告未提出相关事实和诉讼请求是否有正当理由。

---

① [日]高桥宏志：《民事诉讼法》，林剑锋译，法律出版社2003年版，第492~493页。

3. 关于本条规定的另行起诉与依据新发生的损害或者侵权行为另行起诉的关系

本条规定的另行起诉与依据新发生的损害或者侵权行为另行起诉理论基础是不同的。本条规定的另行起诉，系依据新发现的事实，该事实虽然发生在前案庭审辩论终结前，但在前案审理过程中并未发现，为使环境公共利益得到周全保护，《若干规定》对生效判决既判力遮断效适度放宽，特别规定适格主体可以据此另行起诉。依据新发生的损害或者侵权行为另行起诉则是由于该事实系于既判力的时间效力节点，即庭审辩论终结之后发生，不受既判力拘束。依据该事实提起的诉讼与前诉事实基础不同，理应依法受理，不需要司法解释专门规定。实践中应当区分上述不同情况，如果是依据新发现的损害另行起诉，则应在审查证据的同时，注意审查该损害是否已经纳入前案审理范围。如果是依据新发生的事实另行起诉，只要有证据证明在前案判决生效后新发生了侵权行为或者损害，即应予以受理。

（三）前诉未作出实体裁判的，对于适格主体针对同一污染环境、破坏生态行为另行提起的符合条件的诉讼，亦应予以受理

通常情况下，仅解决程序问题而不涉及实体权利义务的裁定不具有既判力，因此，在前案系以裁定不予受理、驳回起诉、准许撤回起诉或者按自动撤诉处理等方式结案，未通过实体审理作出实体裁判的情况下，在后提起的诉讼符合受理条件的，自应受理，而不受本条规定的后诉受理条件的限制。对于该问题，《环境民事公益诉讼司法解释》第二十八条第一款有明确规定。举重以明轻，既然在前诉和后诉均为同类诉讼的情况下，后诉的受理不受前诉的影响，对于前诉和后诉本属两类诉讼的情况，亦应适用相同规则。具体而言，有以下几种情况。

1. 前案原告的起诉被裁定不予受理或者驳回起诉的

依据《民事诉讼法司法解释》第二百一十二条规定，裁定不予受理、驳回起诉的案件，原告再次起诉的，如果符合起诉条件，人民法院应予受理。在先提起的生态环境损害赔偿诉讼或者环境民事公益诉讼被裁定不予受理或者驳回起诉的，案件并未作出实体裁判，环境公共利益并未得到有

效维护，适格主体另行起诉，符合受理条件的，应予受理。另外，关于具有既判力的法律文书范围，一般认为应当限于判决和对民事纠纷的实体问题作出终局解决的其他法律文书，如法律赋予强制执行力的生效调解书、确定的支付令等。不予受理或者驳回起诉的裁定并非对案件实体问题作出终局解决的裁判文书，前案被裁定不予受理或者驳回起诉后，其他适格主体另行提起的诉讼，符合受理条件的，仍应当受理。

在此要注意区分前案起诉被裁定驳回的原因作出不同处理。如果前案起诉被裁定驳回，是由于被告不适格、不属于法院民事诉讼主管范围、案件已作出生效判决等不能在后诉中消除的原因，其他适格主体在后提起的诉讼，仍不符合受理条件的，亦应当不予受理。实践中应当根据前诉被裁定驳回的理由，以及后诉是否符合受理条件的具体情况来决定是否受理。

2. 前案原告申请撤诉被裁定准许或者依法裁定按撤回起诉处理的，但原告诉讼请求已经全部实现的除外

《环境民事公益诉讼司法解释》第二十七条规定："法庭辩论终结后，原告申请撤诉的，人民法院不予准许，但本解释第二十六条规定的情形除外。"该司法解释第二十六条规定："负有环境资源保护监督管理职责的部门依法履行监管职责而使原告诉讼请求全部实现，原告申请撤诉的，人民法院应予准许。"鉴于《若干规定》没有规定的，生态环境损害赔偿诉讼可以参照适用《环境民事公益诉讼司法解释》，因此，根据上述规定，与私益诉讼相比，生态环境损害赔偿诉讼和环境民事公益诉讼原告申请撤诉的权利均受到一定限制，主要体现在申请时间的限制，即申请撤诉应当在法庭辩论终结前提出。一旦法庭辩论终结，案件具备作出判决的条件，则为及时有效维护环境公共利益，并兼顾维护被告获得终局判决的程序利益，不予准许原告撤诉的申请。原告在法庭辩论终结前申请撤诉的，人民法院则应按照《民事诉讼法》第一百四十八条的规定审查裁定是否准许。对于原告撤诉时间进行限制的例外情况是，如果原告是因为其诉讼请求全部实现而申请撤诉的，因环境公共利益已经得到有效维护，原告提起的诉已经没有继续审理的必要，为避免诉讼资源的浪费，无论是在法庭辩论终结前还是终结后，原告申请撤诉的，均应予以准许。

《民事诉讼法》第一百二十七条第五项规定："对判决、裁定、调解书

已经发生法律效力的案件，当事人又起诉的，告知原告申请再审，但人民法院准许撤诉的裁定除外。"在人民法院准许原告撤诉情形下，准予撤诉的裁定并非对纠纷作出终局处理的法律文书，前案并未作出生效判决，受损环境公共利益并未得到有效维护，污染环境、破坏生态行为人也未承担相应的法律责任。如果适格主体针对同一行为再次起诉，符合受理条件的，应予受理。同样，如果前诉的原告是因为其诉讼请求全部实现而撤诉，则不应受理后诉，理由是，虽然前案是以裁定准许撤诉方式结案，但原告系因诉讼请求全部实现而撤诉的，则前案原告维护环境公共利益的目的已经达到，被告也履行了相应的义务，在后另行提起诉讼的诉讼利益已经消灭，其他适格主体针对同一污染环境、破坏生态行为另行起诉的，应当不予受理。

需要注意的是，在前案系以裁定不予受理、裁定驳回起诉、裁定准予撤诉或者按撤诉处理的情况下，即前案并未就责任人的赔偿责任作出实体处理时，不能阻却在后提起的诉讼，不受"有证据证明存在前案未发现的损害"这一条件的限制，并不要求在后提起的诉讼必须基于新的事实或者提出新的诉讼请求。即使其他适格原告针对同一行为、同一损害提出相同的诉讼请求，由于前案并未作出生效判决，未对环境公共利益受损问题作出终局处理，为及时维护环境公共利益，对于符合受理条件的后诉应予依法受理。

【审判实践中应注意的问题】

一、关于本条中的"生效裁判"范围

本条中的"生效裁判"之所以未列举裁判类型，是因为两类诉讼"生效裁判"有其特殊性。生态环境损害赔偿案件裁判包括判决书、调解书和确认赔偿协议的裁定书，公益诉讼裁判主要指判决书、调解书。

二、关于本条中"国家规定的机关或者法律规定的组织"的理解

《民法典》第一千二百三十四条就生态环境损害修复责任进行了专门规定："违反国家规定造成生态环境损害，生态环境能够修复的，国家规

定的机关或者法律规定的组织有权请求侵权人在合理期限内承担修复责任。侵权人在期限内未修复的，国家规定的机关或者法律规定的组织可以自行或者委托他人进行修复，所需费用由侵权人负担。"该条规定整合了环境公益侵权责任请求权的行使主体。其中"国家规定的机关"既包括《民事诉讼法》第五十八条第一款规定的"法律规定的机关"和该条第二款规定的人民检察院，又包括依据《改革方案》这一国家政策性文件规定，可以探索行使环境公益侵权请求权的各类主体。"法律规定的组织"是指《民事诉讼法》第五十八条第一款及《环境保护法》第五十八条规定的社会组织。① 依据《民法典》上述规定，《最高人民法院关于修改〈最高人民法院关于在民事审判工作中适用《中华人民共和国工会法》若干问题的解释〉等二十七件民事类司法解释的决定》，将本条中原来规定的"有关机关和社会组织"修改为"国家规定的机关或者法律规定的组织"，对于本条中规定主体范围的理解应与《民法典》上述规定一致。

三、关于实践中可能出现的在后提起的诉讼类型

依据本条规定，在后提起的诉讼与在先诉讼分属不同诉讼类型。依据《环境民事公益诉讼司法解释》第二十八条，在有证据证明存在前案未发现的损害情形下，适格原告可以再次提起公益诉讼或者生态环境损害赔偿诉讼。将两条结合理解，在先诉讼是环境民事公益诉讼的，在后诉讼既可以是生态环境损害赔偿诉讼，也可以是再次提起的民事公益诉讼，反之亦然。

四、关于在先诉讼的原告再次起诉是否应予受理

实践中，遇有前案原告对于同一被告再次提起的诉讼，在以下四种情况下应予受理：一是没有新的事实发生，但前案是以裁定不予受理、裁定驳回起诉的方式结案，且前案原告再次提起的诉讼符合受理条件的。二是没有新的事实发生，但前案是以裁定准予撤诉或者按自动撤诉处理方式结

---

① 参见最高人民法院民法典贯彻实施工作领导小组主编：《中华人民共和国民法典侵权责任编理解与适用》，人民法院出版社 2020 年版，第 557 页。

案的。例外情况是前案是由于相关部门依法履职使原告诉讼请求全部实现而撤诉。三是发现了前案审理期间未发现的损害并据此提出诉讼请求的，对此，应要求该原告说明其未在前案审理期间发现该损害的原因，如果明显缺乏合理原因，属于恶意诉讼的，可以不予受理。四是在前案庭审辩论终结后发生了新的损害或者被告实施了新的侵害环境公共利益的行为。

五、关于后诉与前诉相比，仅为诉讼请求数额变化的是否应予受理

实践中经常遇到的问题是，另行提起的诉讼如果仅为诉讼请求数额的变化，是否应予受理。对此存在较大争议。如果一概不予受理，可能产生前案原告和被告恶意串通仅提出较低诉讼请求数额，阻断其他主体行使诉权的问题；如果不区分情况一概受理，又可能产生被告因同一行为反复被诉，影响法律秩序安定性和经济发展的问题。考虑到《若干规定》规定的被告责任承担方式以修复生态环境和赔偿损失为主，对此可以通过鉴定、参考负有环境资源保护监督管理职责的部门的意见、专家意见等方式确定，同时适度强化了法院的职权作用，产生当事人之间恶意串通降低侵权责任的可能性不大。如果后诉诉讼请求数额的变化并非依据新发现或者新发生的事实，仅请求对于生态环境修复费用及其他请求的数额进行调整，原则上应当不予受理。

【法条链接】

《民事诉讼法》

第一百二十七条 人民法院对下列起诉，分别情形，予以处理：

（一）依照行政诉讼法的规定，属于行政诉讼受案范围的，告知原告提起行政诉讼；

（二）依照法律规定，双方当事人达成书面仲裁协议申请仲裁、不得向人民法院起诉的，告知原告向仲裁机构申请仲裁；

（三）依照法律规定，应当由其他机关处理的争议，告知原告向有关机关申请解决；

（四）对不属于本院管辖的案件，告知原告向有管辖权的人民法院起诉；

（五）对判决、裁定、调解书已经发生法律效力的案件，当事人又起诉的，告知原告申请再审，但人民法院准许撤诉的裁定除外；

（六）依照法律规定，在一定期限内不得起诉的案件，在不得起诉的期限内起诉的，不予受理；

（七）判决不准离婚和调解和好的离婚案件，判决、调解维持收养关系的案件，没有新情况、新理由，原告在六个月内又起诉的，不予受理。

第一百四十八条 宣判前，原告申请撤诉的，是否准许，由人民法院裁定。

人民法院裁定不准许撤诉的，原告经传票传唤，无正当理由拒不到庭的，可以缺席判决。

《民事诉讼法司法解释》

第二百一十二条 裁定不予受理、驳回起诉的案件，原告再次起诉的，符合起诉条件且不属于民事诉讼法第一百二十七条规定情形的，人民法院应予受理。

第二百一十四条 原告撤诉或人民法院按撤诉处理后，原告以同一诉讼请求再次起诉的，人民法院应予受理。

原告撤诉或者按撤诉处理的离婚案件，没有新情况、新理由，六个月内又起诉的，比照民事诉讼法第一百二十七条第七项的规定不予受理。

《环境民事公益诉讼司法解释》

第二十八条 环境民事公益诉讼案件的裁判生效后，有权提起诉讼的其他机关和社会组织就同一污染环境、破坏生态行为另行起诉，有下列情形之一的，人民法院应予受理：

（一）前案原告的起诉被裁定驳回的；

（二）前案原告申请撤诉被裁定准许的，但本解释第二十六条规定的情形除外。

环境民事公益诉讼案件的裁判生效后，有证据证明存在前案审理时未发现的损害，有权提起诉讼的机关和社会组织另行起诉的，人民法院应予受理。

第十九条　实际支出应急处置费用的机关提起诉讼主张该费用的，人民法院应予受理，但人民法院已经受理就同一损害生态环境行为提起的生态环境损害赔偿诉讼案件且该案原告已经主张应急处置费用的除外。

生态环境损害赔偿诉讼案件原告未主张应急处置费用，因同一损害生态环境行为实际支出应急处置费用的机关提起诉讼主张该费用的，由受理生态环境损害赔偿诉讼案件的人民法院受理并由同一审判组织审理。

【条文主旨】

本条是关于应急处置费用救济途径及其与生态环境损害赔偿诉讼案件衔接的规定。

【条文理解】

本条明确了实际支出应急处置费用的行政机关有权起诉主张该费用。同时，由于生态环境损害赔偿诉讼案件诉讼请求涵盖应急处置费用，如果人民法院已经受理了针对同一损害生态环境行为提起的生态环境损害赔偿诉讼案件，实际支出该笔费用的行政机关则没有必要另行起诉主张这部分费用。

一、应急处置费用概念及范围

（一）概念

根据《突发环境事件应急处置阶段环境损害评估推荐方法》的规定，应急处置费用是指突发环境事件应急处置期间，为减轻或消除对公众健康、公私财产和生态环境造成的危害，各级政府与相关单位针对可能或已经发生的突发环境事件而采取的行动和措施所发生的费用。应急处置费用是在应急处置阶段产生，以控制污染源或生态破坏行为、减少经济社会影响为目的，依据有关部门制定的应急预案或基于现场调查的处置、监测方案采取行动而发生的费用。

（二）范围

应急处置费用具体包括应急处置阶段各级政府与相关单位为预防或者减少突发环境事件造成的各类损害而支出的污染控制、污染清理、应急监测、人员转移安置等费用。对应急处置费用按照直接市场价值法评估。

《突发事件应对法》第四十八条规定："突发事件发生后，履行统一领导职责或者组织处置突发事件的人民政府应当针对其性质、特点和危害程度，立即组织有关部门，调动应急救援队伍和社会力量，依照本章的规定和有关法律、法规、规章的规定采取应急处置措施。"该法第四十九条列举了自然灾害、事故灾难或者公共卫生事件发生后履行统一领导职责的人民政府可以采取的应急处置措施，主要包括：（1）组织营救和救治受害人员，疏散、撤离并妥善安置受到威胁的人员以及采取其他救助措施；（2）迅速控制危险源，标明危险区域，封锁危险场所，划定警戒区，实行交通管制以及其他控制措施；（3）立即抢修被损坏的交通、通信、供水、排水、供电、供气、供热等公共设施，向受到危害的人员提供避难场所和生活必需品，实施医疗救护和卫生防疫以及其他保障措施；（4）禁止或者限制使用有关设备、设施，关闭或者限制使用有关场所，中止人员密集的活动或者可能导致危害扩大的生产经营活动以及采取其他保护措施；（5）启用本级人民政府设置的财政预备费和储备的应急救援物资，必要时调用其他急需物资、设备、设施、工具；（6）组织公民参加应急救援和处置工作，要求具有特定专长的人员提供服务；（7）保障食品、饮用水、燃料等基本生活必需品的供应；（8）依法从严惩处囤积居奇、哄抬物价、制假售假等扰乱市场秩序的行为，稳定市场价格，维护市场秩序；（9）依法从严惩处哄抢财物、干扰破坏应急处置工作等扰乱社会秩序的行为，维护社会治安；（10）采取防止发生次生、衍生事件的必要措施。

从目前来看，应急处置行动发生的费用，是环境损害评估工作的重点。《突发环境事件应急处置阶段环境损害评估推荐方法》对应急处置费用的计算内容和计算方法进行了详细规范。应急处置行动主要包括污染控制、污染清理、应急监测、人员转移安置等行动。污染控制主要指为防止污染物继续扩散而采取的控制措施，如源头阻止污染物泄漏、投加药剂、筑坝截污等措施。污染清理是指对环境中的污染物进行清除、处理和处置。应急监测是指在突发环境事件应急处置期间，为发现和查明环境污染情况和污染损害范围而进行的采样、监测与检测分析活动。人员转移安置是指应急处置阶段，对受影响和威胁的人员进行疏散、转移和安置等行动。这些行动所发生的费用主要由以下几个方面组成：材料和药剂费、设备或房屋租赁费、行政支出费用、应急设备维修或重置费用以及专家技术咨询费等。

（三）承担主体

近年来，我国制定应急处置领域的相关法律法规、规章，逐步明确了应急处置费用由污染者承担的基本原则。首先，政府及相关部门在突发环境事件发生时启动应急预案，开展应急监测、污染清理与控制等处置工作。从过去的规定看，这部分费用由政府承担，但政府的经费来源于人民群众的税收，间接造成污染者破坏生态环境，人民群众承担责任的情形，不利于贯彻污染者付费的环境法理念，也不利于社会公平。其次，应急处置费用由污染者承担有利于提高企业应对突发环境事件的积极性。大多数情况下，若突发环境事件初期由企业开展先期处置，可以尽可能控制污染蔓延，降低对生态环境的影响和损害。由污染者负担应急处置费用可以落实企业环保责任，降低事件处置难度。最后，由污染者承担应急处置费用可以推动企业环保工作，加大对违法企业的震慑力度，推动企业在生产经营过程中加大环保投入，投入治污设备，防范环境风险。因此，在《改革方案》中，中央明确生态环境损害赔偿范围包括清除污染费用、生态环境修复费用、生态环境修复期间服务功能的损失、生态环境功能永久性损害造成的损失以及生态环境损害赔偿调查、鉴定评估等合理费用。违反法律法规，造成生态环境损害的单位或个人，应当承担生态环境损害赔偿责任，做到应赔尽赔。

二、实践中主张应急处置费用的几种方式

(一) 实际支出应急处置费用的机关起诉主张应急处置费用

《突发事件应对法》第七条规定:"县级人民政府对本行政区域内突发事件的应对工作负责;涉及两个以上行政区域的,由有关行政区域共同的上一级人民政府负责,或者由各有关行政区域的上一级人民政府共同负责。突发事件发生后,发生地县级人民政府应当立即采取措施控制事态发展,组织开展应急救援和处置工作,并立即向上一级人民政府报告,必要时可以越级上报。突发事件发生地县级人民政府不能消除或者不能有效控制突发事件引起的严重社会危害的,应当及时向上级人民政府报告。上级人民政府应当及时采取措施,统一领导应急处置工作。法律、行政法规规定由国务院有关部门对突发事件的应对工作负责的,从其规定;地方人民政府应当积极配合并提供必要的支持。"《突发环境事件应急管理办法》第二十三条规定:"企业事业单位造成或者可能造成突发环境事件时,应当立即启动突发环境事件应急预案,采取切断或者控制污染源以及其他防止危害扩大的必要措施,及时通报可能受到危害的单位和居民,并向事发地县级以上环境保护主管部门报告,接受调查处理。应急处置期间,企业事业单位应当服从统一指挥,全面、准确地提供本单位与应急处置相关的技术资料,协助维护应急秩序,保护与突发环境事件相关的各项证据。"从以上规定可以看出,各级人民政府是突发事件应急处置的责任单位。具体到环境突发事件,各级人民政府环境保护主管部门是突发环境事件应急处置的责任单位。《国家突发环境事件应急预案》规定:"突发环境事件应急处置所需经费首先由事件责任单位承担。县级以上地方人民政府对突发环境事件应急处置工作提供资金保障。"在审判实践中,各级人民政府负有环境保护监督管理职责的部门或者其委托的机构在支出应急处置费用后向人民法院起诉主张该笔费用的不在少数。比如,镇江市自来水公司诉韩国开发银行投资公司水污染损害赔偿案中,2012年2月2日13时,"FCGLO-RIA"轮(以下简称FC轮,所有人为韩国开发银行投资公司)靠泊江苏镇江某化工码头后开始卸货。2月3日19时,镇江市自来水公司检测出自

来水厂出水中挥发酚浓度超过标准值 9.4 倍。随后，镇江市自来水公司采取了相关应急措施。2 月 6 日至 2 月 15 日，镇江海事局先后对 FC 轮的船长、大副以及其他船员进行调查。镇江海事局作出《调查报告》称：FC轮因违反操作规程、设备存在缺陷等原因导致在卸货作业过程中有约 44 吨苯酚通过该轮的水下排放管路直接排出了舷外造成长江水体污染。镇江市自来水公司起诉至武汉海事法院，要求韩国开发银行投资公司赔偿损失。武汉海事法院一审认为，FC 轮因违反操作规程、设备存在缺陷等导致在卸载作业过程中有约 44 吨苯酚直接排出舷外，造成长江水体污染，判决韩国开发银行投资公司赔偿镇江市自来水公司经济损失。韩国开发银行投资公司不服，提起上诉。湖北省高级人民法院二审维持一审判决认定的事实及赔偿金额、利息，仅改判该项赔偿款从韩国开发银行投资公司设立的海事赔偿责任限制基金中受偿。

（二）社会组织起诉主张应急处置费用

实践中，社会组织在环境民事公益诉讼中一并主张应急处置费用的案件也有不少。中华环保联合会诉宜春市中安实业有限公司（以下简称中安公司）等水污染公益诉讼案就是典型的公益组织主张应急处置费用的情形。中安公司经营的粗铟工厂无危险废物经营资质、未依法取得建设项目环境影响评价审批同意、未配套任何污染防治设施。中安公司与珊田公司签订协议，约定珊田公司为中安公司的粗铟生产提供资金支持，珊田公司派人参与中安公司的经营管理和业务购销，并约定了盈利分配比例。中安公司与沿江公司签订合同，沿江公司分 8 次非法向中安公司提供铅泥291.85 吨，珊田公司支付沿江公司用于非法采购危险废物款项 65 万元。博凯公司负责人杨志坚与中安公司签订合同，由博凯公司向中安公司提供机头灰、铅泥，进行非法提炼利用。博凯公司分 12 次向中安公司提供机头灰 149.14 吨。龙天勇公司将机头灰与中安公司非法置换铅泥，分 17 次向中安公司提供机头灰 351.29 吨。沿江公司、博凯公司、龙天勇公司向中安公司提供的危险废物共计 792.28 吨。中安公司在生产过程中，将未经处理的含镉、铊、镍等重金属及砷的废液、废水，通过私设暗管的方式，直接排入袁河和仙女湖流域，造成江西省新余市第三饮用水厂供水中断的特别重大环境突发事件。中华环保联合会起诉请求判令各被告立即停止违法转移、处置危险废物，向公众赔礼道歉；承担清除污染及环境应急处置费用9263301元；各被告对袁河、仙女湖流域的生态环境进行修复，并承担生态环境修复费用和生态环境修复期间服务功能的损失、监测费用等。江西省新余市中级人民法院一审认为，中安公司通过私设暗管的方式向袁河偷排重金属污染物直接导致本次污染袁河、仙女湖流域生态环境事件，对环境侵权损害后果具有重大的过错；中安公司从事非法经营危险废物的资金来源于珊田公司，珊田公司对环境侵权损害后果具有一定的过错；龙天勇公司、博凯公司、沿江公司分别向中安公司非法提供危险废物，对环境侵权损害后果亦具有一定的过错。中安公司承担主要责任，珊田公司、龙天勇公司、博凯公司、沿江公司分别承担次要责任。判决各被告人立即停止违法转移、处置危险废物，向公众赔礼道歉；赔偿应急处置费用、应急监测费用及专家技术咨询费、评估费；承担生态环境修复费用及赔偿生态环境受到损害至恢复原状期间服务功能损失；承担合理的律师费。江西省高级人民法院二审维持原判。

（三）刑事附带民事诉讼原告起诉主张应急处置费用

审判实践中，在追究被告人污染环境刑事责任的同时，实际支付应急处置等费用的附带民事诉讼原告要求被告人承担应急处置费用也较为常见。比如，广东省恩平市人民检察院诉梁彬炎、吴成湖污染环境罪刑事附带民事诉讼中，附带民事诉讼原告恩平市沙湖镇上凯村委会于2011年8月14日与被告人吴永辉签订承包合同，由原告方发包涉案的石塘给被告人吴永辉经营，承包期自2012年3月28日起至2027年3月28日止，经营项目为工业、养殖业。因被告人梁彬炎、吴成湖、吴永辉污染环境的行为，造成附带诉讼原告恩平市沙湖镇上凯村委会5420867元的损失，具体如下："1.污泥修复费用，合计1390072元。（1）水体污泥清理与脱水浓缩费用合计705572元，分别是：原材料费30000元、燃料动力费40000元、污泥包装费12600元、人工费36000元、临时辅助施工费500000元、税86972元。（2）污泥固化稳定化处理费用合计198500元，分别是：露天污泥土方挖掘费22500元、药剂费76000元、污泥石灰混合反应器100000元。

（3）污泥运输及填埋费合计486000元，分别是：运费86000元、填埋成本400000元。2. 水体污染修复费用，合计3953800元。（1）工程直接费用合计3618500元，分别是：曝气保洁船360000元、射流曝气装置100000元、生态浮岛400000元、微生物酶催化剂2726500元、药剂堆放间32000元。（2）运行维护费用合计335300元，分别是：燃料费166500元、人工费108000元、设备维护费60800元。3. 应急处置费用76995元。"法院最终支持了附带民事诉讼原告的诉请。

（四）人民检察院在检察公益诉讼案件中主张应急处置费用

检察公益诉讼中，部分公益诉讼起诉人也起诉要求被告承担应急处置费用。比如，广东省广州市人民检察院诉被告邓伟锋、吴尚能、徐福全水污染环境民事公益诉讼一案中，公益诉讼起诉人广东省广州市人民检察院起诉要求被告支付本次事故造成的相关经济损失共计71.94万元（其中应急处置费用1.151万元，事务性费用1.0456万元，生态环境损害费用69.74万元）。广州市中级人民法院一审判决被告邓伟锋、吴尚能、徐福全于判决生效之日起三个月内，将广州市增城区石滩镇岳塘村的涉案鱼塘的水质修复至《地表水环境质量标准》（GB 3838—2002）Ⅱ类标准；若邓伟锋、吴尚能、徐福全在上述期限内不能履行修复义务的，应赔偿生态环境修复费用71.94万元（该费用上缴国库用于修复被损害的生态环境）。被告邓伟锋、吴尚能、徐福全于判决生效之日十日内向广州市增城区石滩镇人民政府返还评估费30万元；被告邓伟锋、吴尚能、徐福全于判决生效之日十日内在省级以上电视台或全国发行的报纸公开发表经该院认可的赔礼道歉声明。一审法院判决的生态环境修复费用包含了广州市增城区石滩镇人民政府实际支付的应急处置费用1.151万元。

比如，山东省安丘市人民检察院诉高顺宝、闫绘图、陆远国污染环境刑事附带民事公益诉讼案件中，人民法院审理后，判决被告人高顺宝、闫绘图连带赔偿污染土壤修复费用人民币30.3万元，由该院于判决生效后十日内交由安丘市环境保护局代管，用于所污染土壤的修复；前期应急处置费人民币5.095万元，由该院于判决生效后十日内交付安丘市景芝镇人民政府；鉴定费人民币13万元，由该院于判决生效后十日内交付安丘市人民检察院。

三、本条规定的主要考虑

本条规定的主要考虑是，在不影响实际支出应急处置费用的机关或者其委托的机构起诉主张该笔费用的情况下，在生态环境损害赔偿诉讼案件中一并予以处理，提高效率、减少司法资源的浪费。具体分为以下三种情形：一是实际支出应急处置费的机关起诉主张的，法院应予受理；二是如果生态环境损害赔偿诉讼原告已经在诉讼请求中代为主张这部分费用的，人民法院不予受理实际支出应急处置费的机关的诉请；三是生态环境损害赔偿诉讼原告未主张应急处置费的，实际支出的机关可以主张，两案由同一人民法院受理、同一审判组织审理。这样，既从程序上保障实际支出机关的诉权，又给予当事人一定的选择权，既可以一并诉讼，节约诉讼成本和司法资源，又可以单独诉讼，但因涉及同一污染环境、破坏生态行为的认定，需要由同一法院一并审理，避免案件认定事实上的矛盾。审判实践也有了相应的探索，如山东省生态环境厅诉金诚公司、弘聚公司生态环境损害赔偿诉讼案中，2015 年 8 月，弘聚公司委托无危险废物处理资质的人员将其生产的 640 吨废酸液倾倒至济南市章丘区普集街道办上皋村的一个废弃煤井内。2015 年 10 月 20 日，金诚公司采取相同手段将其生产的 23.7 吨废碱液倾倒至同一煤井内，因废酸、废碱发生剧烈化学反应，4 名涉嫌非法排放危险废物人员当场中毒身亡。经监测，废液对井壁、井底土壤及地下水造成污染。事件发生后，原章丘市人民政府进行了应急处置，并开展生态环境修复工作。山东省人民政府指定山东省生态环境厅为具体工作部门，开展生态环境损害赔偿索赔工作。山东省生态环境厅与金诚公司、弘聚公司磋商未能达成一致，遂根据山东省环境保护科学研究设计院出具的《环境损害评估报告》向济南市中级人民法院提起诉讼，请求判令被告承担应急处置费用、生态环境服务功能损失、生态环境损害赔偿费用等共计 2.3 亿余元，两被告对上述各项费用承担连带责任，并请求判令两被告在省级以上媒体公开赔礼道歉。人民法院经过审理，支持了原告关于应急处置费用的诉讼请求。

【审判实践中应注意的问题】

本条是关于实际支出清除污染等应急处置费用的行政机关提起诉讼，主张应急处置费用是否受理的规定。此种类型的诉讼在司法实践中较为常见，人民法院大多按照普通民事诉讼予以审理。但依据《改革方案》规定，生态环境损害赔偿范围涵盖了应急处置费用，实践中对于实际支出应急处置费用的行政机关还能否起诉主张存在不同认识，有的地方裁定驳回了起诉。本条明确，实际支出机关可以提起诉讼，但人民法院已经受理了针对同一损害生态环境行为提起的生态环境损害赔偿诉讼案件的，如果在该案之中，原告已经主张了实际清除污染的应急处置费用，实际支出该笔费用的行政机关就没有必要另行提起诉讼来主张这部分费用。无论是否由实际支出清除污染费用的行政机关作为原告提起的生态环境损害赔偿诉讼，该诉讼追回的应急处置费用，都是直接支付给实际清除污染的行政机关或者收归国库。如果收归国库，实际支出费用的行政机关也可以通过适当方式获取这部分款项，没有必要重复起诉。

此外，生态环境损害赔偿司法确认案件中也可以针对应急处置费用予以一并处理。比如，贵州省人民政府、息烽诚诚劳务有限公司（以下简称息烽劳务公司）、贵阳开磷化肥有限公司（以下简称开磷化肥公司）生态环境损害赔偿协议司法确认案中，贵州省环境保护厅委托相关机构进行评估并出具的《环境污染损害评估报告》显示，此次事件前期产生应急处置费用134.2万元。2017年1月，贵州省人民政府指定贵州省环境保护厅作为代表人，就大鹰田废渣倾倒造成生态环境损害事宜，与息烽劳务公司、开磷化肥公司进行磋商并达成生态环境损害赔偿协议。2017年1月22日，上述各方向清镇市人民法院申请对该协议进行司法确认。人民法院经过公告后依法对上述协议予以确认，由息烽劳务公司、开磷化肥公司支付了应急处置费用。

【法条链接】

《民事诉讼法》

第一百二十二条 起诉必须符合下列条件：

（一）原告是与本案有直接利害关系的公民、法人和其他组织；

（二）有明确的被告；

（三）有具体的诉讼请求和事实、理由；

（四）属于人民法院受理民事诉讼的范围和受诉人民法院管辖。

《环境保护法》

第四十七条 各级人民政府及其有关部门和企业事业单位，应当依照《中华人民共和国突发事件应对法》的规定，做好突发环境事件的风险控制、应急准备、应急处置和事后恢复等工作。

县级以上人民政府应当建立环境污染公共监测预警机制，组织制定预警方案；环境受到污染，可能影响公众健康和环境安全时，依法及时公布预警信息，启动应急措施。

企业事业单位应当按照国家有关规定制定突发环境事件应急预案，报环境保护主管部门和有关部门备案。在发生或者可能发生突发环境事件时，企业事业单位应当立即采取措施处理，及时通报可能受到危害的单位和居民，并向环境保护主管部门和有关部门报告。

突发环境事件应急处置工作结束后，有关人民政府应当立即组织评估事件造成的环境影响和损失，并及时将评估结果向社会公布。

《改革方案》

四、工作内容

（一）明确赔偿范围。生态环境损害赔偿范围包括清除污染费用、生态环境修复费用、生态环境修复期间服务功能的损失、生态环境功能永久性损害造成的损失以及生态环境损害赔偿调查、鉴定评估等合理费用。各地区可根据生态环境损害赔偿工作进展情况和需要，提出细化赔偿范围的建议。鼓励各地区开展环境健康损害赔偿探索性研究与实践。

《突发事件应对法》

第四十八条 突发事件发生后，履行统一领导职责或者组织处置突发事件的人民政府应当针对其性质、特点和危害程度，立即组织有关部门，调动应急救援队伍和社会力量，依照本章的规定和有关法律、法规、规章的规定采取应急处置措施。

第四十九条 自然灾害、事故灾难或者公共卫生事件发生后，履行统一领导职责的人民政府可以采取下列一项或者多项应急处置措施：

（一）组织营救和救治受害人员，疏散、撤离并妥善安置受到威胁的人员以及采取其他救助措施；

（二）迅速控制危险源，标明危险区域，封锁危险场所，划定警戒区，实行交通管制以及其他控制措施；

（三）立即抢修被损坏的交通、通信、供水、排水、供电、供气、供热等公共设施，向受到危害的人员提供避难场所和生活必需品，实施医疗救护和卫生防疫以及其他保障措施；

（四）禁止或者限制使用有关设备、设施，关闭或者限制使用有关场所，中止人员密集的活动或者可能导致危害扩大的生产经营活动以及采取其他保护措施；

（五）启用本级人民政府设置的财政预备费和储备的应急救援物资，必要时调用其他急需物资、设备、设施、工具；

（六）组织公民参加应急救援和处置工作，要求具有特定专长的人员提供服务；

（七）保障食品、饮用水、燃料等基本生活必需品的供应；

（八）依法从严惩处囤积居奇、哄抬物价、制假售假等扰乱市场秩序的行为，稳定市场价格，维护市场秩序；

（九）依法从严惩处哄抢财物、干扰破坏应急处置工作等扰乱社会秩序的行为，维护社会治安；

（十）采取防止发生次生、衍生事件的必要措施。

《突发环境事件应急管理办法》

第二十三条 企业事业单位造成或者可能造成突发环境事件时，应当立即启动突发环境事件应急预案，采取切断或者控制污染源以及其他防止危害扩大的必要措施，及时通报可能受到危害的单位和居民，并向事发地县级以上环境保护主管部门报告，接受调查处理。

应急处置期间，企业事业单位应当服从统一指挥，全面、准确地提供本单位与应急处置相关的技术资料，协助维护应急秩序，保护与突发环境事件相关的各项证据。

第二十四条 获知突发环境事件信息后，事件发生地县级以上地方环境保护主管部门应当按照《突发环境事件信息报告办法》规定的时限、程序和要求，向同级人民政府和上级环境保护主管部门报告。

第二十五条　突发环境事件已经或者可能涉及相邻行政区域的，事件发生地环境保护主管部门应当及时通报相邻区域同级环境保护主管部门，并向本级人民政府提出向相邻区域人民政府通报的建议。

第二十六条　获知突发环境事件信息后，县级以上地方环境保护主管部门应当立即组织排查污染源，初步查明事件发生的时间、地点、原因、污染物质及数量、周边环境敏感区等情况。

第二十七条　获知突发环境事件信息后，县级以上地方环境保护主管部门应当按照《突发环境事件应急监测技术规范》开展应急监测，及时向本级人民政府和上级环境保护主管部门报告监测结果。

第二十八条　应急处置期间，事发地县级以上地方环境保护主管部门应当组织开展事件信息的分析、评估，提出应急处置方案和建议报本级人民政府。

第二十九条　突发环境事件的威胁和危害得到控制或者消除后，事发地县级以上地方环境保护主管部门应当根据本级人民政府的统一部署，停止应急处置措施。

《国家突发环境事件应急预案》

1.3　适用范围

本预案适用于我国境内突发环境事件应对工作。

突发环境事件是指由于污染物排放或自然灾害、生产安全事故等因素，导致污染物或放射性物质等有毒有害物质进入大气、水体、土壤等环境介质，突然造成或可能造成环境质量下降，危及公众身体健康和财产安全，或造成生态环境破坏，或造成重大社会影响，需要采取紧急措施予以应对的事件，主要包括大气污染、水体污染、土壤污染等突发性环境污染事件和辐射污染事件。

核设施及有关核活动发生的核事故所造成的辐射污染事件、海上溢油事件、船舶污染事件的应对工作按照其他相关应急预案规定执行。重污染天气应对工作按照国务院《大气污染防治行动计划》等有关规定执行。

……

2.1　国家层面组织指挥机构

环境保护部负责重特大突发环境事件应对的指导协调和环境应急的日常监督管理工作。根据突发环境事件的发展态势及影响，环境保护部或省级人民政府可报请国务院批准，或根据国务院领导同志指示，成立国务院工作组，负责指导、协调、督促有关地区和部门开展突发环境事件应对工作。必要时，成立国家环境应急指挥部，由国务院领导同志担任总指挥，统一领导、组织和指挥应急处置工作；国务院办公厅履行信息汇总和综合协调职责，发挥运转枢纽作用。国家环境应急指挥部组成及工作组职责见附件2。

2.2　地方层面组织指挥机构

县级以上地方人民政府负责本行政区域内的突发环境事件应对工作，明确相应组织指挥机构。跨行政区域的突发环境事件应对工作，由各有关行政区域人民政府共同负责，或由有关行政区域共同的上一级地方人民政府负责。对需要国家层面协调处置的跨省级行政区域突发环境事件，由有关省级人民政府向国务院提出请求，或由有关省级环境保护主管部门向环境保护部提出请求。

地方有关部门按照职责分工，密切配合，共同做好突发环境事件应对工作。

……

6.2　物资与资金保障

国务院有关部门按照职责分工，组织做好环境应急救援物资紧急生产、储备调拨和紧急配送工作，保障支援突发环境事件应急处置和环境恢复治理工作的需要。县级以上地方人民政府及其有关部门要加强应急物资储备，鼓励支持社会化应急物资储备，保障应急物资、生活必需品的生产和供给。环境保护主管部门要加强对当地环境应急物资储备信息的动态管理。

突发环境事件应急处置所需经费首先由事件责任单位承担。县级以上地方人民政府对突发环境事件应急处置工作提供资金保障。

第二十条　经磋商达成生态环境损害赔偿协议的，当事人可以向人民法院申请司法确认。

人民法院受理申请后，应当公告协议内容，公告期间不少于三十日。公告期满后，人民法院经审查认为协议的内容不违反法律法规强制性规定且不损害国家利益、社会公共利益的，裁定确认协议有效。裁定书应当写明案件的基本事实和协议内容，并向社会公开。

【条文主旨】

本条是关于磋商达成生态环境损害赔偿协议司法确认程序的规定。

【条文理解】

一、磋商的特点

生态环境损害赔偿磋商是生态环境损害赔偿特有的制度，是赔偿权利人就生态环境损害向赔偿义务人进行索赔的一种救济方式。根据《改革方案》，磋商是体现赔偿权利人和义务人的合意性的平等协商。据此，磋商具有如下特点。

一是平等性。磋商程序中的行政机关不是以行政管理者身份出现，而是与赔偿义务人居于平等的法律地位，双方均不得将自己的意志强加给另一方；双方均可围绕生态环境损害的修复和赔偿议题提出自身主张及事实依据，并可于合意达成前的任何阶段退出协商程序；协议一旦成立，对当事人双方都具有法律约束力，当事人应当履行。

二是效率性。由于磋商的本质是达成民事性质的协议的过程，在磋商的法律关系中，赔偿权利人可以充分利用生态环境方面的专业技术优势，组织开展生态环境损害调查、鉴定评估、修复方案编制等工作，并在事实认定的基础上与赔偿义务人达成协议。这种做法避免了环境诉讼时限长、举证难等问题，具有效率性。从各地试行经验来看，磋商在改革实践中得到广泛运用，是目前生态环境损害赔偿案件主要的结案方式，占比在90%以上。

三是有限处分性。虽然磋商是生态环境损害赔偿权利人与义务人达成的民事性质的协议，但是由于赔偿权利人代表国家利益和公共利益，所以在磋商过程中赔偿权利人不得进行自由处分，对生态环境损害事实问题，比如损害的程度和数额等原则上不能磋商，但可对生态环境修复方案的执行期限与措施等进行磋商。

四是可执行性。由于磋商达成的协议是民事性质，不具有法律强制执行力。因此在生态环境损害赔偿磋商制度设计中，特别规定对于磋商协议可以申请人民法院进行司法确认。经过司法确认后的磋商协议具有强制执行的法律效力。

二、磋商的基本程序

磋商制度的设计目的是由赔偿权利人与赔偿义务人就生态环境修复问题进行协商，减少诉讼成本，从源头解决生态环境损害的赔偿问题。根据《改革方案》，赔偿权利人在知悉生态环境损害发生后，应当自行开展生态环境损害调查，调查过程中可以委托生态环境损害鉴定评估机构开展鉴定评估，以确定生态环境损害是否确实发生且属于应提起索赔的范围，同时，通过生态环境损害鉴定评估确定因果关系，明确生态环境损害责任人。在具有明确责任主体的情况下启动赔偿权利人与赔偿义务人的磋商程序，磋商的重点是修复方案的筛选或赔偿金额的确定。需要注意的是，生态环境损害赔偿责任的承担应优先适用修复的行为责任，在修复不能的情况下才适用货币赔偿责任。具体的磋商程序一般可以分为如下阶段。

第一阶段，启动磋商。首先，由赔偿权利人向义务人发送生态环境损害索赔函。索赔函的内容包括：经生态环境损害鉴定评估所确定的生态环境损害事实及相关证据材料、义务人的有关信息、义务人承担责任的依据和理由、履行责任的方式等。其中，履行责任的方式需要在索赔函中予以明确，即在确定生态环境损害事实和义务人后，由赔偿权利人委托生态环境损害鉴定评估机构制定多个备选的生态环境损害修复方案供责任人选择，赔偿义务人也可以通过承担相应的修复费用以货币赔偿形式实现同样的效果。

第二阶段，进行磋商。由赔偿权利人与赔偿义务人就赔偿责任的履行进行磋商。磋商的内容是履行责任的方式，包括修复责任方式或赔偿责任方式，也包括修复责任方式中具体修复方案的选择或修复措施的采取等。对于生态环境损害事实问题，如生态环境损害的存在及其程度等基本事实，不存在磋商的余地。若赔偿义务人对生态环境损害事实无异议，且认同生态环境损害修复方案或者愿意承担与修复相当的货币赔偿，则赔偿权利人应与赔偿义务人签订磋商协议，协议应明确修复方案的选择或者赔偿数额及履行期限等。若不认同生态环境损害修复方案，则可以决定再次磋商的时间和地点，并确定再次磋商需讨论的焦点问题。再次磋商时，就双方争论焦点问题举证质证。一般应规定磋商的总次数不超过三次。

第三阶段，达成协议或确认磋商不成。经磋商能够达成一致的，应当签订协议，协议应载明生态环境损害事实的认定及其证明材料，生态环境损害赔偿责任承担方式、起始时间及时限要求等。对磋商达成的协议，磋商双方可向人民法院申请司法确认，或者向公证机关申请公证确认协议的真实性与合法性。经磋商不能达成一致或者赔偿义务人拒绝磋商，应终止磋商，由赔偿权利人提起生态环境损害赔偿诉讼。

三、关于将磋商作为诉讼前置程序的主要考虑

在试点期间，关于磋商是否作为提起诉讼的前置程序，存在不同的认识。有的观点认为，磋商是提起诉讼的必经程序，只有赔偿权利人和赔偿义务人先行磋商，就生态损害赔偿的内容、方式、生态环境修复费用、修复方案、应急处置费用等问题进行确认，如无法达成一致则进入诉讼程序。有的观点认为，部分生态环境损害事件难以确定具体的赔偿义务人，或者赔偿义务人不配合，难以达成磋商协议，为了尽快解决生态环境受损问题，应当赋予赔偿权利人选择权，根据不同事件的特点开展磋商或者直接起诉。

《试点方案》并未将磋商作为提起诉讼的前置程序，主要考虑是该项制度作为一项新型制度，省级政府及其授权单位并没有相关工作经验，还在逐步探索阶段，如果确实难以磋商成功，而生态环境受损情形又难以遏制或者解决，应当及时提起诉讼止损。但这样给当事人增加的诉讼成本也是显而易见的。如果没有前期就赔偿内容、修复方案的沟通，直接起诉到

法院，诉讼过程中要确定损害内容、是否需要修复以及确定修复机构、修复方案和修复费用，诉讼周期过长，更不利于生态环境的修复，因此，有必要在生态环境损害赔偿诉讼之前设立必要的前置程序，充分运用环境行政手段，为后续提起生态环境损害赔偿诉讼固定必要的证据。

《改革方案》征求意见过程中，我们向起草部门建议明确磋商作为提起生态环境损害赔偿诉讼的前置程序。主要考虑有三个方面：一是生态环境损害赔偿的目的主要在于修复生态环境，生态环境的修复涉及较强的专业技术知识，在赔偿程序中引入磋商机制，一方面可以解决法院环境专业技术不足的问题，节约司法资源，另一方面可以促进受损生态环境及时有效修复。二是磋商与诉讼相比，方式更加灵活、便捷、成本较低，赔偿权利人一般是政府机关，也更有利于争取赔偿义务人的积极配合。而且司法作为维护社会公平正义的最后一道防线，不应该成为最靠前的解决争议方式，而应优先采取磋商的方式解决行政机关与相对人之间的争议。三是由于《试点方案》规定赔偿权利人不经磋商可以直接提起诉讼，试点实践中存在有些地方赔偿权利人不经磋商直接起诉的情况。这种不经磋商直接起诉的做法未充分发挥行政机关在环境公共事务上的主导性作用，也在客观上导致司法资源不当配置和诉讼程序的拖延。《改革方案》采纳了我们的建议，明确将磋商作为赔偿权利人提起诉讼的前置程序。据此，相关适格主体未经磋商而直接向人民法院提起生态环境损害赔偿诉讼的，人民法院应当告知其先行与赔偿义务人开展磋商。

四、关于磋商协议司法确认的性质

磋商协议司法确认这一方式的落地是借鉴了试点阶段贵州省清镇市人民法院审结的贵州省人民政府、息烽诚诚劳务有限公司、贵阳开磷化肥有限公司生态环境损害赔偿司法确认案的探索。该案司法确认书认为，磋商的本质是双方在平等自由、意思自治的基本前提下进行的协商，是平等主体之间的磋商，符合民事协商的性质。清镇市人民法院受理并对赔偿协议予以司法确认的做法，是一种在现有制度框架下的探索创新，最终被《改革方案》采纳并作为制度固定下来。但是，实践中对于司法确认的程序究竟如何设置尚在研究探索中。起草《若干规定》过程中，有的法院认为，生态环境损害赔偿协议司法确认应依照《最高人民法院关于人民调解协议司法确认程序的若干规定》（法释〔2011〕5号）的规定办理。有的法院认为，生态环境损害赔偿协议司法确认与人民调解协议司法确认有所不同，不能完全依照上述程序进行。我们认为两者还是有明显区别的：一是调解双方地位不同。生态损害赔偿案件是省市政府及其授权部门与赔偿义务人之间因生态环境损害而产生的争议，省市政府代表国家自然资源和生态环境保护者，具有一定行政管理职权属性；人民调解协议是经人民调解委员会调解平等主体之间达成的调解协议。二是调解机构不同。磋商可以在赔偿权利人和赔偿义务人之间进行，也可以委托与生态环境保护或者赔偿修复有关联的部门作为中间人参与磋商；人民调解是指人民调解委员会通过说服、疏导等方法，促使当事人在平等协商基础上自愿达成调解协议，解决民间纠纷的活动。因此，生态环境损害赔偿协议并不属于2017年《民事诉讼法》第一百九十四条规定的基层人民调解组织参与的调解协议。生态环境损害赔偿协议司法确认是生态环境损害赔偿制度改革中产生的一种新的创新做法，对其所具有的促使赔偿义务人及时履行修复义务和赔偿责任的积极意义应予充分肯定，对其性质和程序有待理论界与实务界进一步深入研究、积累经验。

五、司法确认案件的管辖

本条第一款依据《改革方案》规定，明确经过磋商达成的协议可以申请司法确认。关于地域管辖问题，鉴于生态环境损害赔偿诉讼案件应当由污染环境、破坏生态行为实施地、损害结果发生地或赔偿义务人所在地人民法院审理，因此，磋商协议司法确认案件一般应与上述管辖法院保持一致，以确保审查磋商协议的可行性及方便执行。关于级别管辖问题，本条第一款征求意见稿曾规定向中级人民法院申请司法确认，目的是与之后可能提起的诉讼有比较顺畅的衔接。在征求意见过程之中，立法机关有意见认为，《改革方案》已经规定了按照2017年《民事诉讼法》的规定来申请司法确认，而2017年《民事诉讼法》只有第一百九十四条规定了人民调解协议的司法确认，并且规定由调解委员会所在地基层人民法院管辖，为与2017年《民事诉讼法》的规定保持一致，建议本条不明确规定司法确认案件由中级人民法院管辖。鉴于此，本条第一款规定，当事人可以向人民法院申请司法确认，并未明确具体的管辖法院级别。实践中，可以根据具体案件的影响程度和便利于当事人参加诉讼、便于人民法院审理案件的"两便原则"，探索由中级人民法院或者基层人民法院审理。值得注意的是，2021 年 12 月 24 日《民事诉讼法》进行了修改，对司法确认程序进行了优化，将司法确认程序适用范围扩展至依法设立的调解组织调解达成的调解协议，允许中级人民法院受理符合其管辖标准的司法确认申请。因《若干规定》规定的司法确认与之还有一定区别，故仍不影响生态环境损害赔偿协议司法确认的运行。

六、司法确认的公告和审查程序

（一）关于受理和审查内容

省级、市地级人民政府及其指定的相关部门、机构，赔偿义务人申请司法确认应当提交司法确认申请书、磋商达成的损害赔偿协议原件、生态环境损害事件证明材料、协议内容公开情况及其他相关材料。申请材料齐全的，人民法院应当登记立案。当事人申请出具磋商协议司法确认裁定的，人民法院应当就以下内容予以审查：（1）当事人是否具有民事权利能力及行为能力；（2）省级、市地级人民政府及其指定的相关部门、机构是否具有开展生态环境损害赔偿磋商的主体资格；（3）协议的达成是否真实自愿；（4）协议内容是否明确，是否与生态环境损害司法鉴定或评估报告内容一致；（5）协议内容是否违反法律、行政法规强制性规定，是否侵害国家利益、社会公共利益；（6）协议内容是否侵害案外人合法权益；（7）协议内容是否损害社会公序良俗；（8）是否具有其他依法不能进行司法确认的情形。

（二）关于公告和审查程序

本条第二款规定了人民法院受理司法确认申请之后的公告和审查程序。第一，应当将协议的内容予以公告，公告期间不少于三十日，目的是更好地让公众对司法确认协议进行监督。在公告期届满后，人民法院仍要审查协议的内容，对于不违反法律法规的强制性规定，而且不损害国家和社会公共利益的协议，才能予以确认。第二，司法确认协议的裁定书应当写明案件的基本事实和协议的内容，并且裁定书应当按照最高人民法院关于裁判文书公开的要求在裁判文书网上公布。

（三）司法确认裁定的效力

人民法院依法作出确认协议效力的裁定后，一方当事人拒绝履行或者未全部履行的，对方当事人可以向人民法院申请强制执行，亦可以向生态环境损害赔偿诉讼案件管辖法院提起诉讼，要求继续履行磋商协议。

七、生态环境损害赔偿磋商与环境民事公益诉讼的衔接

根据磋商的时间不同，生态环境损害赔偿磋商与环境民事公益诉讼存在磋商在先、起诉在后，起诉在先、磋商在后以及公益诉讼裁判生效在先、磋商在后三种情况。

（一）磋商在先、起诉在后

磋商在先、起诉在后，即省级、市地级政府及其指定的部门、机构与赔偿义务人磋商过程中，适格主体提起环境民事公益诉讼的情况。在传统的环境监管体系下，环境资源行政监管部门应当充分发挥行政监管职能，处罚环境行政违法行为，保护生态环境。只有穷尽环境行政执法权仍无法救济生态环境损害时，才可以采取民事救济手段——提起损害赔偿诉讼。因此，环境资源行政监管部门应把生态环境损害索赔诉权作为履行监管职责的必要辅助和补充手段，救济环境权益。[①] 生态环境损害赔偿制度价值在于发挥环境资源行政监管部门的行政主导作用，履行保护生态环境的法律义务。在省级、市地级政府及其指定的部门、机构与赔偿义务人磋商的过程中，如果社会组织针对同一污染环境、破坏生态行为提起了环境民事公益诉讼，人民法院是否应予受理？受理后是两者并行不悖还是前后处

---

① 参见张宝：《生态环境损害政府索赔权与监管权的适用关系辨析》，载《法学论坛》2017年第3期。

理？我们认为，首先，两者是采取不同手段保护相同法益，应寻求最优方式，实现既节约资源、提高效率，又全面保护生态环境的制度目标。现行法律并未规定磋商可以发生阻却环境民事公益诉讼的效力，磋商活动不应影响环境民事公益诉讼案件的受理。法律规定的机关和社会组织依法提起环境民事公益诉讼，即使被告提出正在与生态环境损害赔偿权利人进行磋商并有相应证据证明的，法院也应当依法受理环境民事公益诉讼。[①] 其次，为了充分发挥磋商行为提升生态环境修复和损害赔偿效率的作用，受理后，人民法院可以参照《若干规定》第十七条关于生态环境损害赔偿诉讼与公益诉讼衔接规则的规定，中止环境民事公益诉讼案件的审理。最后，人民法院可以适度发挥职权作用，向社会组织行使释明权，可以由社会组织参与省级、市地级政府及其指定的部门、机构与赔偿义务人的磋商过程，充分发挥社会组织公众参与和监督作用，共同促进生态环境修复，保护社会公共利益，减少社会组织提起环境民事公益诉讼的成本。如果达成磋商协议，则可参照《若干规定》第十七条的规定，继续审理公益诉讼未被涵盖的诉讼请求并依法作出裁判。

当然，这种情形也包含了人民检察院经过公告，在没有社会组织提起诉讼的情况下，作为公益诉讼起诉人提起环境民事公益诉讼的情形。在此种情形下，人民检察院也可以作为监督和参与的一方具体参加到磋商过程中。实践中已经有很多地方的人民检察院参与磋商，与地方环境资源保护行政部门以及赔偿义务人一并签署了赔偿协议，发挥了检察公益诉讼督促环境资源行政监管部门依法履职，监督和保护国家利益和社会公共利益的价值功能。人民检察院不愿意参与到磋商过程中，继续要求审理环境民事公益诉讼案件的，人民法院应当告知省级、市地级政府及其指定的部门、机构可以通过支持起诉的方式参与环境民事公益诉讼，一揽子解决生态环境修复和赔偿问题。

---

① 部分学者认为，"在赔偿权利人和赔偿义务人就生态环境损害赔偿进行磋商的过程中，社会组织不得提起环境民事公益诉讼请求法院判决来干涉、取代当事人间磋商解决生态环境损害赔偿事宜。如果在赔偿权利人与赔偿义务人就生态环境损害赔偿事宜进行磋商的过程中，社会组织提起环境民事公益诉讼的，法院应不予受理"。参见罗丽、王浴勋：《生态环境损害赔偿磋商与诉讼衔接关键问题研究》，载《武汉理工大学学报（社会科学版）》2017年第3期。

（二）起诉在先、磋商在后

起诉在先、磋商在后，即环境民事公益诉讼审理过程中，省级、市地级政府及其指定的部门、机构与赔偿义务人针对同一污染环境、破坏生态行为开展磋商的情况。法律和司法解释对此未作规定，赋予了人民法院积极探索的空间。环境民事公益诉讼已受理的，可以继续进行审理。省级、市地级政府及其指定的部门、机构可以采取支持起诉的方式参与诉讼过程，发挥环境资源行政监管部门在调取证据、修复环境等技术方面的优势和资源，为环境民事公益诉讼的审理提供帮助。当然，人民法院也可以向原告释明是否参加磋商活动，鼓励社会组织发挥其公众参与和社会监督的功能。如果达成了磋商协议，社会组织可以作为见证或者监督的一方，继续发挥保护公共利益的作用。环境民事公益诉讼可以视情况审理并作出裁判。我们认为，只要有利于发挥磋商灵活便捷的优势，不违背民事诉讼基本原则，无论是在磋商中扩大参与主体，还是在环境民事公益诉讼中增添支持起诉人，都是为生态环境公共利益保护增添合力，既不影响正在进行的诉讼程序，又发挥了政府的监督履职作用，共同为后续生态环境的修复工作奠定基础。

（三）公益诉讼裁判生效在先、磋商在后

公益诉讼裁判生效在先、磋商在后，即已有生效环境民事公益诉讼裁判时，省级、市地级政府及其指定的部门、机构与赔偿义务人就同一污染环境、破坏生态行为开展磋商的情况。因磋商并不受民事诉讼"一事不再理"原则的约束，理论上省级、市地级政府及其指定的部门、机构如果认为公益诉讼裁判结果并未足以保护社会公共利益，不能及时有效修复生态环境，可以与赔偿义务人进一步磋商。如果磋商不成，再行诉讼的话，则须受到"一事不再理"原则的约束，此时需要依据《若干规定》第十八条考量生态环境损害赔偿诉讼针对的诉讼标的是否为环境民事公益诉讼审理时未发现的损害。如仅针对已审理过的损害再次提起生态环境损害赔偿诉讼，人民法院不予受理。

八、磋商与不履行磋商协议提起诉讼的衔接

如前所述，磋商达成的赔偿协议属于民事协议，按照意思自治原则，当事人磋商成功并签署赔偿协议后，可能会存在赔偿义务人完全履行赔偿协议、不完全履行赔偿协议和完全不履行赔偿协议三种情形。赔偿义务人积极主动履行赔偿协议的，赔偿权利人也应当按照赔偿协议约定的履行期间和履行方式，加强监督管理，进一步核实赔偿义务人的生态环境修复情况，确保修复到位。

关于赔偿义务人拒绝履行赔偿协议的，赔偿权利人是应依据《改革方案》《若干规定》提起生态环境损害赔偿诉讼，还是应依据磋商达成的赔偿协议提起合同之诉，要求赔偿义务人继续履行，并承担相应违约责任，[①]抑或享有选择权的问题，实践中存在不同认识。

主张依据合同法起诉继续履行的观点认为，当赔偿义务人不履行磋商协议时，赔偿权利人有权依据《合同法》第一百零七条[②]的规定，要求其承担相关违约责任。[③]根据《合同法》第六十条[④]关于"当事人应当按照约定全面履行自己的义务"的规定，当赔偿义务人部分履行磋商协议时，赔偿权利人有权依法要求赔偿义务人继续履行磋商协议。基于我国民事法律规定，我国有关侵权损害赔偿原则是以全面赔偿原则为基础，因此，为避免当事人为了达成磋商协议而置全面赔偿原则于不顾，磋商双方当事人须贯彻全面赔偿或完全修复原则，最终达成生态环境修复或赔偿的磋商协议。

主张应当提起生态环境损害赔偿诉讼的观点认为，磋商是生态环境损害赔偿诉讼的前置条件，无论是磋商无法达成赔偿协议抑或是不履行已经

---

① 原告山东省生态环境厅与被告山东利丰达生物科技有限公司合同纠纷案即属于赔偿义务人不履行赔偿协议，赔偿权利人诉至法院要求继续履行的诉讼案件。一审、二审法院认为，山东省生态环境厅与山东利丰达生物科技有限公司签订的《济南市章丘区双山街道马安村非法倾倒危险废物事件生态环境损害赔偿合同书》系当事人真实意思表示，不违反法律强制性规定，合法有效。山东利丰达生物科技有限公司应当按约支付赔偿款及违约金。

② 《民法典》第五百七十七条。

③ 参见罗丽、王浴勋：《生态环境损害赔偿磋商与诉讼衔接关键问题研究》，载《武汉理工大学学报（社会科学版）》2017年第3期。

④ 《民法典》第五百零九条。

达成的赔偿协议，赔偿义务人的意图是不愿意承担赔偿责任，从赔偿义务人的本意上看，两种情形的本质是相同的。不继续履行赔偿协议相当于不履行修复及赔偿义务，符合磋商不成提起诉讼的条件。因此，赔偿权利人在得知赔偿义务人不履行或者不愿意继续履行的情况下，保存相应证据材料，可以提起生态环境损害赔偿诉讼。

我们认为，两种观点都有一定的道理，在实践中可以最有利于生态环境修复为原则进一步探索。

九、检察建议与生态环境损害赔偿磋商的衔接

《行政诉讼法》第二十五条第四款规定人民检察院可以提起行政公益诉讼。① 《检察公益诉讼司法解释》第二十一条规定了起诉的具体程序。② 检察机关通过诉前程序既有利于及时解决问题，又节约了司法资源；诉讼程序是诉前程序发挥作用的必要保障、强化了公益保护的刚性。特别是在行政公益诉讼中，提起诉讼并不是制度设计的最终目的，根本目标还是通过督促环境资源行政监管部门依法履职，保护国家利益和社会公共利益。通过诉前程序，法律规定的机关或社会组织提起了环境民事公益诉讼，或者环境资源行政监管部门纠正了违法行为或依法履行了职责，国家和社会公益利益得到了有效保护，无须提起诉讼。③ 同样，在生态环境损害赔偿领域，因起诉主体是省级、市地级政府及其指定的部门、机构，如果其未履行提起生态环境损害索赔磋商的职责，人民检察院可以发出检察建议，督促环境资源行政监管部门积极履行生态环境损害赔偿索赔责任。人民检察院也可以在工作中将

---

① 《行政诉讼法》第二十五条第四款规定："人民检察院在履行职责中发现生态环境和资源保护、食品药品安全、国有财产保护、国有土地使用权出让等领域负有监督管理职责的行政机关违法行使职权或者不作为，致使国家利益或者社会公共利益受到侵害的，应当向行政机关提出检察建议，督促其依法履行职责。行政机关不依法履行职责的，人民检察院依法向人民法院提起诉讼。"

② 《检察公益诉讼司法解释》第二十一条规定："人民检察院在履行职责中发现生态环境和资源保护、食品药品安全、国有财产保护、国有土地使用权出让等领域负有监督管理职责的行政机关违法行使职权或者不作为，致使国家利益或者社会公共利益受到侵害的，应当向行政机关提出检察建议，督促其依法履行职责。行政机关应当在收到检察建议书之日起两个月内依法履行职责，并书面回复人民检察院。出现国家利益或者社会公共利益损害继续扩大等紧急情形的，行政机关应当在十五日内书面回复。行政机关不依法履行职责的，人民检察院依法向人民法院提起诉讼。"

③ 参见胡卫列在《检察公益诉讼司法解释》新闻发布会上答记者问实录。

发现的污染环境、破坏生态线索移交省级、市地级政府及其指定的部门、机构，以便由其开展索赔工作。审判实践中，很多省级、市地级政府及其指定的部门、机构根据人民检察院检察建议或者移交的线索，开展了赔偿磋商。比如，上海市人民检察院第一分院将办案过程中发现的线索移交上海市松江区生态环境局，由该局与两家涉案公司磋商并签署生态环境损害赔偿协议，两家涉案公司共同承担污染物处置费、鉴定费、应急费用、检测费用共计人民币 200 余万元。① 又如，浙江省龙游县人民检察院发出行政公益诉讼诉前检察建议，督促龙游县环保局等单位向相关责任人追偿应急处置费用，同时与县环保局共同推动生态环境损害赔偿磋商工作。② 通过实践探索，在生态环境损害赔偿领域形成了环境资源行政监管部门与检察机关良性协调联动的新机制。③ 检察机关充分利用了诉前程序的优势，较好地发挥了发现线索、督促环境资源行政监管部门依法履职的公益诉讼功能，提高了生态环境修复及赔偿效率，达到了保护公共利益的目的，减少了司法资源浪费，产生了很好的社会效果。

【审判实践中应注意的问题】

一、关于司法确认案件的级别管辖

本条规定了经磋商达成的赔偿协议可以向人民法院申请司法确认，我们认为，此处的司法确认与 2017 年《民事诉讼法》规定的司法确认不同。但考虑到各地实际情况，本条未规定申请司法确认的法院级别，在审判实践中，各地法院可以根据自身情况由中级或者基层人民法院受理。

---

① 《上海首例检察机关环境民事公益诉讼与生态环境损害赔偿制度衔接磋商案办结》，载 https://finance.sina.com.cn/test/2019-08-01/doc-ihytcitm6236519.shtml，访问时间：2019 年 10 月 9 日。

② 浙江省龙游县环保局与福建绿益新环保产业开发有限公司（以下简称绿益新公司）就绿益新公司将回收的桶装废液运至龙游县域非法倾倒导致生态环境损害达成赔偿协议，绿益新公司全额承担应急处置费用 555676.7 元，并赔偿生态环境损害费用 23 万元。载 http://www.xinhuanet.com/legal/2018-08/04/c_1123222763.htm，访问时间：2019 年 10 月 9 日。

③ 比如，《浙江省生态环境损害赔偿磋商管理办法（试行）》第十五条第一款规定："磋商双方达成共识的，签订《生态环境损害赔偿协议》，并告知同级检察机关。"第二十三条规定："检察机关积极支持赔偿权利人及其指定的部门或机构与赔偿义务人进行赔偿磋商，促成赔偿协议。未能磋商一致的，依法支持赔偿权利人及其指定的部门或机构向人民法院提起民事诉讼。"

二、关于诉讼费用

最高人民法院在《关于生态环境损害赔偿协议司法确认案件诉讼费用交纳问题请示的复函》（〔2020〕最高法民他145号）中已经明确，生态环境损害赔偿司法确认案件不交纳案件受理费。

三、关于不予确认的救济途径

省级、市地级人民政府及其指定的相关部门、机构，赔偿义务人不服人民法院裁定驳回司法确认申请的，可以在收到该裁定之日起十日内向人民法院提起诉讼。省级、市地级人民政府及其指定的相关部门、机构，赔偿义务人也可以重新磋商，达成赔偿协议的，可以再次申请人民法院确认。

四、关于与行政机关的衔接

2020年8月底，生态环境部等11部委发布《关于推进生态环境损害赔偿制度改革若干具体问题的意见》，就赔偿磋商予以规范。

（一）关于磋商

磋商期限原则上不超过九十日，自赔偿权利人及其指定的部门或机构向义务人送达生态环境损害赔偿磋商书面通知之日起算。磋商会议原则上不超过三次。磋商达成一致的，签署协议；磋商不成的，及时提起诉讼。有以下情形的，可以视为磋商不成：（1）赔偿义务人明确表示拒绝磋商或未在磋商函件规定时间内提交答复意见的；（2）赔偿义务人无故不参与磋商会议或退出磋商会议的；（3）已召开磋商会议三次，赔偿权利人及其指定的部门或机构认为磋商难以达成一致的；（4）超过磋商期限，仍未达成赔偿协议的；（5）赔偿权利人及其指定的部门或机构认为磋商不成的其他情形。依据上述规定，在人民法院立案时应当注意磋商不成提交的材料是否符合要求。

（二）关于司法确认

经磋商达成赔偿协议的，赔偿权利人及其指定的部门或机构与赔偿义务人可以向人民法院申请司法确认。申请司法确认时，应当提交司法确认申请书、赔偿协议、鉴定评估报告或专家意见等材料。人民法院应当审查其提交的材料是否完备，内容是否符合前述要求。

（三）关于其他衔接内容

《关于推进生态环境损害赔偿制度改革若干具体问题的意见》还规定，对积极参与生态环境损害赔偿磋商，并及时履行赔偿协议、开展生态环境修复的赔偿义务人，赔偿权利人指定的部门或机构可将其履行赔偿责任的情况提供给相关行政机关，在行政机关作出行政处罚裁量时予以考虑，或提交司法机关，供其在案件审理时参考。

【法条链接】

《民事诉讼法》

第二百零一条 经依法设立的调解组织调解达成调解协议，申请司法确认的，由双方当事人自调解协议生效之日起三十日内，共同向下列人民法院提出：

（一）人民法院邀请调解组织开展先行调解的，向作出邀请的人民法院提出；

（二）调解组织自行开展调解的，向当事人住所地、标的物所在地、调解组织所在地的基层人民法院提出；调解协议所涉纠纷应当由中级人民法院管辖的，向相应的中级人民法院提出。

《改革方案》

四、工作内容

（四）开展赔偿磋商。经调查发现生态环境损害需要修复或赔偿的，赔偿权利人根据生态环境损害鉴定评估报告，就损害事实和程度、修复启动时间和期限、赔偿的责任承担方式和期限等具体问题与赔偿义务人进行磋商，统筹考虑修复方案技术可行性、成本效益最优化、赔偿义务人赔偿能力、第三方治理可行性等情况，达成赔偿协议。对经磋商达成的赔偿协议，可以依照民事诉讼法向人民法院申请司法确认。经司法确认的赔偿协议，赔偿义务人不履行或不完全履行的，赔偿权利人及其指定的部门或机构可向人民法院申请强制执行。磋商未达成一致的，赔偿权利人及其指定的部门或机构应当及时提起生态环境损害赔偿民事诉讼。

第二十一条　一方当事人在期限内未履行或者未全部履行发生法律效力的生态环境损害赔偿诉讼案件裁判或者经司法确认的生态环境损害赔偿协议的，对方当事人可以向人民法院申请强制执行。需要修复生态环境的，依法由省级、市地级人民政府及其指定的相关部门、机构组织实施。

【条文主旨】

本条是关于生态环境损害赔偿诉讼案件裁判和经司法确认的赔偿协议强制执行的规定。

【条文理解】

本条明确了生态环境损害赔偿诉讼案件裁判和司法确认裁定书的强制执行效力，同时规定了执行中涉及的生态环境修复工作由赔偿权利人及其指定的相关部门、机构组织实施，构建了生效裁判的执行和生态环境修复实施工作的衔接机制。本条依据《改革方案》，规定一方当事人拒绝履行、未全部履行发生法律效力的生态环境损害赔偿诉讼案件裁判或者经司法确认的生态环境损害赔偿协议的，对方当事人可以向人民法院申请强制执行。同时，基于生态环境修复工作专业性强、修复周期长、修复情况复杂等因素，对受损生态环境具体修复工作的开展，依法由省级、市地级人民政府及其指定的相关部门、机构组织实施。这有利于发挥相关主管部门和机构的专业优势，及时推进生态环境修复工作有序开展，切实保障受损生态环境有效修复。

一、生态环境损害赔偿诉讼案件裁判及赔偿协议的强制执行力

《民事诉讼法》第二百四十三条规定："发生法律效力的民事判决、裁定，当事人必须履行。一方拒绝履行的，对方当事人可以向人民法院申请执行，也可以由审判员移送执行员执行。调解书和其他应当由人民法院执行的法律文书，当事人必须履行。一方拒绝履行的，对方当事人可以向人民法院申请执行。"《改革方案》第四条第四款规定，对经磋商达成的赔偿协议，可以依照《民事诉讼法》向人民法院申请司法确认。经司法确认的赔偿协议，赔偿义务人不履行或不完全履行的，赔偿权利人及其指定的部门或机构可向人民法院申请强制执行。据此，本条明确发生法律效力的生态环境损害赔偿诉讼案件裁判以及经司法确认的生态环境损害赔偿协议具有强制执行效力。

强制执行，是指在一方当事人不履行或者不完全履行生效的法律文书时，人民法院按照法定的程序，运用国家强制力，强制当事人完成法律文书中确定的义务。在古代社会，个人利益受到侵害或者发生争议时，多用自己的力量予以保护，称自力救济。统治阶级为了维护自身利益，稳定社会秩序，开始运用国家权力，保护受到侵犯或者发生争议的个人权益，这就是所谓的公力救济。公力救济以后逐渐发展成为强制执行。各国立法都有对于强制执行的相关规定。具有强制执行效力的法律文书包括：第一，民事判决书、裁定书和调解书；第二，行政判决书、裁定书和调解书；第三，具有财产执行内容的刑事判决书和裁定书；第四，法律规定由人民法院执行的仲裁文书；第五，经过司法确认的调解协议；第六，法律规定由人民法院执行的公证文书；第七，法律规定由人民法院执行的其他法律文书。本条规定的具有强制执行效力的法律文书具体有以下两种。

（一）生态环境损害赔偿诉讼案件的生效裁判文书

生态环境损害赔偿诉讼案件裁判文书，是指人民法院经过审理后，针对生态环境损害赔偿诉讼案件的实体性问题或者程序性问题作出的判决书、裁定书、调解书。裁判文书是诉讼活动结果的载体，也是确定和分配当事人实体权利义务的法律凭证。作为当事人申请执行依据的生态环境损

害赔偿诉讼案件裁判文书，必须是已经发生法律效力的裁判文书。生效裁判文书通常是指已经超过法定上诉期限而没有上诉的判决书、裁定书，以及终审法院作出的判决书、裁定书，此外还有经双方当事人签收的调解书。

根据本条的规定，发生法律效力的生态环境损害赔偿诉讼案件裁判包括判决书、裁定书、调解书。《若干规定》对于生态环境损害赔偿诉讼案件中的调解未进行专门规定。《环境民事公益诉讼司法解释》第二十五条规定："环境民事公益诉讼当事人达成调解协议或者自行达成和解协议后，人民法院应当将协议内容公告，公告期间不少于三十日。公告期满后，人民法院审查认为调解协议或者和解协议的内容不损害社会公共利益的，应当出具调解书。当事人以达成和解协议为由申请撤诉的，不予准许。调解书应当写明诉讼请求、案件的基本事实和协议内容，并应当公开。"生态环境损害赔偿诉讼案件中的调解，参照适用该规定。发生法律效力的生态环境损害赔偿诉讼案件调解书具有强制执行效力。

（二）经司法确认的生态环境损害赔偿协议

生态环境损害赔偿协议，是指赔偿权利人根据生态环境损害鉴定评估报告，就损害事实和程度、修复启动时间和期限、赔偿的责任承担方式和期限等具体问题与赔偿义务人进行磋商后，对生态环境损害的修复或赔偿问题协商一致达成的协议。磋商作为生态环境损害赔偿诉讼的前置程序，在生态环境损害赔偿工作中发挥了重要的作用。2017 年初，贵州省清镇市人民法院在贵州省人民政府、息烽诚诚劳务有限公司、贵阳开磷化肥有限公司生态环境损害赔偿协议司法确认案中，发出了全国首份生态环境损害赔偿司法确认书，确认赔偿权利义务双方签订的生态环境损害赔偿协议具有强制执行力，如果赔偿义务人逾期不履行赔偿义务，人民法院可强制执行。

本条明确了不履行司法确认协议的法律后果。《改革方案》第四条第四款规定，对经磋商达成的赔偿协议，可以依照《民事诉讼法》向人民法院申请司法确认。《若干规定》第二十条对经过磋商达成的协议的性质和具体进行司法确认的程序予以了进一步明确，该条规定："经磋商达成生态环境损害赔偿协议的，当事人可以向人民法院申请司法确认。人民法院受理申请后，应当公告协议内容，公告期间不少于三十日。公告期满后，人民法院经审查认为协议的内容不违反法律法规强制性规定且不损害国家利益、社会公共利益的，裁定确认协议有效。裁定书应当写明案件的基本事实和协议内容，并向社会公开。"据此，人民法院通过对生态环境损害赔偿协议的司法确认，赋予赔偿协议强制执行效力。对于一方当事人拒绝履行、未全部履行经司法确认的生态环境损害赔偿协议的，对方当事人可以向人民法院申请强制执行。这明确了双方当事人签署的司法确认协议的法律约束力，保障了生态环境损害赔偿协议的有效履行和生态环境修复工作的切实开展。

需要注意的是，赔偿权利人与赔偿义务人之间经磋商达成的生态环境损害赔偿协议并不当然具有强制执行的效力，只有经过人民法院的司法确认程序，由人民法院依法裁定确认协议有效的，才能作为强制执行的依据。在《改革方案》发布之前，对于生态环境损害赔偿协议怎样才能具有强制执行力，各个地方的规定并不一致，大致有三种做法：一是直接赋予赔偿协议强制执行的效力，如浙江省绍兴市人民政府办公室印发的《绍兴市生态环境损害赔偿磋商办法（试行）》（绍政办发〔2016〕49号）第二十条规定，达成生态环境损害赔偿协议的，可依法赋予该协议强制执行效力。二是通过公证机关赋予生态环境损害赔偿协议强制执行力，如全国首例通过公证机关赋予生态环境损害赔偿协议强制执行力的云南李好纸业生态环境损害案。三是通过司法确认程序赋予赔偿协议强制执行效力，如《贵州省生态环境损害赔偿磋商办法（试行）》第十九条规定，赔偿协议经有管辖权的人民法院进行司法登记确认后，若赔偿义务人违约，赔偿权利人可以直接向有管辖权的人民法院申请强制执行。在总结实践探索经验的基础上，《改革方案》肯定了第三种做法，即生态环境损害赔偿协议须经过司法确认才具有强制执行效力。

二、生态环境修复责任的强制执行

《改革方案》在工作原则部分规定："环境有价，损害担责。体现环境资源生态功能价值，促使赔偿义务人对受损的生态环境进行修复。"我国环境责任原则经历了从"谁污染谁治理"到"污染者治理",再到"污染者付费",最后到"损害担责"的历程,反映了对环境侵权者责任认识深化的过程。生态环境损害赔偿诉讼追求的最终目标是要恢复生态环境的状态和功能,这就决定了修复生态环境在生态环境损害责任承担方式中处于核心地位,确保其执行到位意义重大。

(一) 生态环境修复责任执行的特殊性

生态环境损害赔偿制度改革是国务院授权省级、市地级人民政府作为本区域生态环境损害赔偿的权利人,对违反法律法规,造成生态环境损害的单位或个人开展索赔的活动。生态环境修复责任的执行不同于一般司法案件的执行,具有专业性强、修复周期长、修复情况复杂的特点。

1. 专业性强

生态环境修复工作对技术和专业知识要求较高,修复程序涉及众多方面,其中修复方案的制定、实施和修复后的验收是尤为重要的环节。制定科学、详细、可行的修复方案,才能正确指导整个修复过程,保证修复活动有序开展。生态环境损害赔偿诉讼案件,大多数是案情重大复杂、专业程度要求高的案件,修复方案需由具有一定资质、专门从事生态环境保护工作的机构制定。

2. 修复周期长

生态环境修复工作不可能一蹴而就,需要较长时间才能完成。要在短期内把生态系统恢复到原有的功能状态是不现实的,并且生态环境修复后如何维持保护也是生态环境修复必须考虑的现实问题。① 生态环境修复案件的执行周期较长,通常持续多年。在此过程中,需要强有力的实施方,按照一定的标准和要求组织修复工作,确保生态环境修复方案得到贯彻落实和完全履行,根据修复中的具体情况调整修复方案,并在修复完成后组织验收。

3. 情况复杂

与一般侵权案件相比,生态环境损害赔偿诉讼案件中判定赔偿义务人

---

① 参见王莉:《环境侵权救济研究》,复旦大学出版社2015年版,第144页。

承担生态环境修复责任后如何执行通常是一个很复杂的问题。将生态环境功能恢复到受损前的状态并不是显而易见、一步到位的。一般需要相关领域的专家和机构根据相关的法律、环境标准、技术规范进行评估和分析，提出一个或多个具体的技术方案对生态环境进行修复。生态环境修复工作，需要统筹考虑修复方案技术可行性、成本效益最优化、赔偿义务人赔偿能力、第三方治理可行性等情况。根据受损的大气、水、土壤、森林、草地、野生动植物等生态环境要素的不同，修复方法和技术标准各不一样。修复中，还需要根据具体情况合理调整修复方案，以确保生态功能的及时恢复。

（二）生态环境修复义务的履行主体

《改革方案》第四条第八款规定："加强生态环境损害赔偿资金管理。经磋商或诉讼确定赔偿义务人的，赔偿义务人应当根据磋商或判决要求，组织开展生态环境损害的修复。赔偿义务人无能力开展修复工作的，可以委托具备修复能力的社会第三方机构进行修复。修复资金由赔偿义务人向委托的社会第三方机构支付。赔偿义务人自行修复或委托修复的，赔偿权利人前期开展生态环境损害调查、鉴定评估、修复效果后评估等费用由赔偿义务人承担。赔偿义务人造成的生态环境损害无法修复的，其赔偿资金作为政府非税收入，全额上缴同级国库，纳入预算管理。赔偿权利人及其指定的部门或机构根据磋商或判决要求，结合本区域生态环境损害情况开展替代修复。"据此，经诉讼判决或者磋商协议确定，赔偿义务人承担生态环境修复责任包括以下几种可能的形式：一是能够修复的，由赔偿义务人自行修复；二是能够修复的，委托第三方修复，由赔偿义务人支付修复费用；三是不能修复的，赔偿义务人支付赔偿金作为政府非税收入，由赔偿权利人组织开展其他项目的治理或修复。

1. 赔偿义务人自行修复

环境污染和生态破坏是由赔偿义务人造成的，由其进行生态环境修复工作具有正当性，这也是"谁污染谁治理"原则的体现。《环境侵权案件司法解释》第十四条第一款规定："被侵权人请求修复生态环境的，人民法院可以依法裁判侵权人承担环境修复责任，并同时确定其不履行环境修复义务时应当承担的环境修复费用。"《环境民事公益诉讼司法解释》第二十条第一款规定:"原告请求修复生态环境的,人民法院可以依法判决被告将生态环境修复到损害发生之前的状态和功能。无法完全修复的,可以准许采用替代性修复方式。"在环境污染和生态破坏引发的诉讼案件中,由环境污染者和生态破坏者承担生态环境修复义务是较为常见的履行方式,在实践中得到了广泛运用。

2. 委托第三方修复

生态环境修复工作是一个系统的工程,鉴于其复杂性、专业性,普通企业或个人可能无法完成,不具备修复环境的能力,所以各国环境法普遍规定了环境治理或者修复委托第三方履行的制度。①《国务院办公厅关于推行环境污染第三方治理的意见》(国办发〔2014〕69 号)规定,在全国范围内推行环境污染第三方治理模式,吸引和扩大社会资本投入,促进环境服务业发展。《环境侵权案件司法解释》及《环境民事公益诉讼司法解释》均对委托第三方修复的方式予以了肯定。赔偿义务人无能力开展修复工作的,可以委托具备修复能力的社会第三方机构进行修复,修复资金由赔偿义务人向委托的社会第三方机构支付。人民法院可以在判决赔偿义务人修复生态环境的同时,确定其不履行修复义务时应承担的生态环境修复费用;也可以直接判决赔偿义务人承担生态环境修复费用;对于经双方协商一致委托第三方修复的,还可以直接判决第三方修复并由赔偿义务人承担修复费用。

3. 行政机关修复

在生态环境损害赔偿诉讼案件中,通常采用赔偿义务人自行修复或者委托第三方修复的方式。但是,赔偿权利人作为政府及其相关职能部门,具有保护生态环境、防止出现重大环境污染、生态破坏事件的法定职责。在赔偿义务人没有能力履行、拒绝履行、怠于履行生态环境修复义务或者为防止生态环境损害扩大而需要进行应急处置时,由赔偿权利人进行修复并由赔偿义务人支付相关费用的方式,不失为一种明智的做法。由赔偿权

---

① 参见李挚萍:《环境修复的司法裁量》,载《中国地质大学学报(社会科学版)》2014 年第 4 期。

利人开展生态环境修复，是使生态环境得到及时有效修复，保护国家利益与环境公共利益的有效途径。生态环境修复涉及复杂的专业技术知识，赔偿权利人作为行政主体比较了解生态环境损害的相关专业问题，在修复技术方面具有更加专业的知识、措施及便利的条件。

如前所述，开展具体索赔工作的赔偿权利人在人民法院对赔偿义务人的财产进行强制执行后，组织开展生态环境修复。开展具体索赔工作的赔偿权利人应委托专业技术机构开展修复工作。接受赔偿权利人委托从事修复工作的机构应当具备独立实施修复措施的能力和经验，根据诉讼判决或磋商协议中载明的生态环境修复方案开展修复，并根据修复方案的目标选择科学合理的修复技术并开展工程管理和运行。赔偿权利人要根据判决确认的修复方案要求，制定更细化的环境修复工程实施方案，对修复机构采用的修复技术、工程实施和运行情况进行监督，必要时组织专家进行方案论证。在修复完成后，委托专业机构对修复效果开展评估，确认达到修复目标。

在《环境侵权案件司法解释》制定过程中，对于生效裁判确定的环境修复义务的履行，就有观点建议直接明确由环境保护主管部门指定机构代为修复。在山东省生态环境厅诉山东金诚重油化工有限公司、山东弘聚新能源有限公司生态环境损害赔偿诉讼案中，章丘市人民政府在发生环境污染后、提起诉讼前进行了应急处置，并开展了生态环境修复工作，及时阻止了损害的扩大。

（三）生态环境修复责任的组织实施主体

1. 生态环境修复工作组织实施主体的争议

在本条制定过程中，对于生态环境修复工作是由人民法院组织开展还是由人民政府组织实施的问题，存在争议。有观点认为，生态环境修复工作应由人民法院主导进行，理由在于生态环境损害赔偿诉讼案件判决是人民法院作出的，由其负责执行工作是民事诉讼法奉行的基本精神。另有观点认为，应由人民政府主导生态环境修复工作，理由在于政府及其相关职能部门有保护生态环境的法定职责，对生态环境损害情况更为了解，在修复生态环境方面更为专业。

经过多次讨论和征求意见，本条规定需要修复生态环境的，依法由省级、市地级人民政府及其指定的部门、机构组织实施。主要考虑在于生态环境损害赔偿案件涉及的多为重大环境污染或者生态破坏行为，生态环境损害巨大，相关修复工作专业性强、时间长、情况复杂，人民法院难以直接组织开展生态修复的工作。由政府主导生态环境修复工作是使生态环境得到及时有效修复，保护国家利益与环境公共利益的需要。就本条内容，我们征求了全国人大常委会法工委、司法部、生态环境部的意见，相关部门均无异议。

此外，有观点提出司法解释作为人民法院制定的文件，不宜对人民政府的行为作出规定，对人民政府课以义务。故此，本条在表述上增加了"依法"二字，将条文修改为"依法由省级、市地级人民政府及其指定的部门、机构组织实施"。还有观点提出，应规定需要修复生态环境的，将其纳入省级、市地级政府生态环境保护与修复项目计划。基于前述同样原因，对人民政府具体如何规划、如何实施修复工作，应当依据整体规划确定，人民法院不宜作出规定，故没有采纳该意见。

2. 政府部门组织实施生态环境修复的优越性

如前文所述，生态环境修复责任的执行具有专业性强、修复周期长、修复情况复杂的特点。由人民法院来组织实施修复工作，如何协调司法程序的时限性与生态环境修复的长期性之间的矛盾，如何解决技术与现实的不确定性和司法判决的确定性之间的矛盾，是其面临的难题。[1] 人民政府及其相关职能部门在组织实施生态环境修复方面有其优越性和科学性。

第一，有利于发挥行政主管部门的专业优势。生态环境修复涉及复杂专业技术知识，政府及其相关职能部门作为赔偿权利人和生态环境保护行政主管部门，相比人民法院更了解生态环境损害的相关专业问题，在修复技术方面具有更加专业的知识和措施，也有着更为丰富的实践经验。行政修复生态较之于司法修复生态，具有较强针对性，生态修复措施更为多元丰富，亦更及时、高效。[2] 此外，人民政府对生环境修复工作有整体上的

---

[1] 参见徐以祥：《多样化海洋生态环境修复的司法实现》，载《人民检察》2018年第10期。
[2] 参见卢维善、丁斌：《论生态环境审判的修复机制》，载《人民司法》2015年第23期。

考虑，如根据环境危害和风险大小确定修复的先后顺序，根据环境污染和破坏事件造成的各种损害设计修复方案，根据区域未来发展的定位和规划设定修复目标。① 由政府及其指定的相关部门、机构组织实施修复生态环境，有利于发挥相关主管部门和机构的专业优势，及时推进生态环境修复工作有序开展，切实保障受损生态环境有效修复。

第二，修复受损生态环境是相关政府部门的法定职责。人民政府及其相关职能部门负有对环境资源进行监督管理的法定职责，亦承担着对生态环境进行保护和修复的义务，在生态环境受到损害时，有权利也有责任提起诉讼，以达到修复受损生态环境的目的。我国许多法律规范都赋予了环境资源保护监督管理部门环境保护和修复的行政管理职责。如《海洋环境保护法》《水利部和农业部关于加强水土保持生态修复促进草原保护与建设的通知》《重庆市人民政府办公厅关于加强我市工业企业原址污染场地治理修复工作的通知》等都规定了由相关行政部门进行生态修复。由于企业与个人消极担责的现状，人民政府作为管理者，便成为所有生态破坏和环境污染行为最后的修复责任方。对环境资源的污染和破坏行为，行政机关可以适用责令相对人消除污染、修复环境等行政措施。由负有环境资源保护监督管理职责的机构来具体负责生态环境的修复工作，有利于生态环境功能及时有效修复，也属于上述机关的法定职责。

第三，由政府组织实施生态修复工作是实践经验的总结。在生态环境损害赔偿诉讼试点过程中，由政府及其相关职能部门、机构参与组织、监督生态环境修复工作，取得了良好的法律效果和社会效果。例如，绍兴市环境保护局、浙江上峰建材有限公司、诸暨市次坞镇人民政府生态环境损害赔偿协议司法确认案中达成的生态环境损害修复协议，以及贵阳市生态环境局诉贵州省六盘水双元铝业有限责任公司、阮正华、田锦芳生态环境损害赔偿诉讼案中达成的调解协议，都涉及了人民政府及其相关部门组织、监督修复工作。赔偿权利人的参与有力保障了赔偿义务人生态环境修复责任的落实以及受损生态环境功能的及时有效修复，进一步印证了由人

① 参见李挚萍：《环境修复的司法裁量》，载《中国地质大学学报（社会科学版）》2014年第4期。

民政府依法组织实施生态修复工作的科学性。在总结试点经验的基础上，《改革方案》第四条第六项规定，赔偿权利人及其指定的部门或机构对磋商或诉讼后的生态环境修复效果进行评估，确保生态环境得到及时有效修复；第八项规定，赔偿义务人造成的生态环境损害无法修复的，其赔偿资金作为政府非税收入，全额上缴同级国库，纳入预算管理，赔偿权利人及其指定的部门或机构根据磋商或判决要求，结合本区域生态环境损害情况开展替代修复。

第四，有利于形成司法与行政生态环境保护合力。《改革方案》要求，到2020年，力争在全国范围内初步构建责任明确、途径畅通、技术规范、保障有力、赔偿到位、修复有效的生态环境损害赔偿制度。为此，需要适应生态环境保护多元共治的新要求，充分发挥生态环境主管部门行政执法主力军作用，在人民法院环境资源审判的监督、支持下，推动形成生态环境保护合力，共同构建生态环境损害修复和赔偿制度的法治保障体系。在生态环境损害赔偿诉讼中，各级生态环境主管部门应当与人民法院做好证据收集、赔偿协议司法确认和生态环境修复等方面的衔接工作，共同推动这项改革深入开展。在组织实施生态修复工作时，对于不履行生态环境修复义务或者损害赔偿义务的当事人，依法申请人民法院强制执行，通过行政、司法各方合力及时修复生态环境。

3. 组织实施生态环境修复的政府职能部门

组织生态环境修复的主体可以是开展索赔工作的赔偿权利人，也可以是赔偿权利人指定的部门或者机构。根据《改革方案》规定，自然资源、生态环境、住房城乡建设、水利、农业农村、林业草原等相关部门负责各自职责范围内的生态环境损害的索赔工作。31个省份和新疆生产建设兵团的省级改革实施方案对相关职能部门负责的索赔领域进行了细化。鉴于大量案件发生在市地级，由市地级人民政府的相关职能部门作为赔偿权利人指定的相关部门或机构提起索赔，因此，主要由市地级政府的相关职能部门组织开展修复工作。在案件特别重大等特殊情形下，也可以委托省级、市地级政府组织开展修复工作。

【审判实践中应注意的问题】

一、生态环境损害赔偿诉讼案件执行程序的启动

根据《民事诉讼法》第二百四十三条规定，申请执行和移送执行是引起执行开始的两种途径。申请执行是指根据生效法律文书，享有权利的一方当事人在对方拒绝履行义务的情况下，向人民法院提出申请，请求人民法院强制执行。当事人可以申请执行的情形有两种：一是发生法律效力的民事判决、裁定，负有义务的一方拒绝履行的；二是调解书和其他应当由人民法院执行的法律文书确定的负有义务的当事人拒绝履行的。移送执行是指人民法院审判人员审结案件后，将生效的判决书、裁定书移交给执行员执行。审判实践中，执行程序一般由当事人提出申请开始，凡审判人员没有移送执行的案件，就意味着执行开始需要当事人申请。但在某些特殊情况下，如追索国家财产案件的判决，追索赡养费、扶养费、抚养费案件的判决，人民法院可以不经当事人申请而直接移送执行，移送执行是人民法院的职权行为。

根据本条规定，生态环境损害赔偿诉讼案件裁判或者经司法确认的生态环境损害赔偿协议，在一方当事人不履行时，另一方当事人可以申请执行。故生态环境损害赔偿诉讼案件执行程序是依当事人的申请而启动。这与《环境民事公益诉讼司法解释》及《环境侵权案件司法解释》的规定有所区别，适用中应当注意。在赔偿义务人拒绝采取修复措施或拒绝支付相应修复费用，导致赔偿责任全部或者部分不能履行的情况下，由具体开展索赔工作的赔偿权利人根据生效裁判文书或者经司法确认的赔偿协议申请人民法院强制执行。人民法院根据强制执行申请，责令拒绝履行全部或部分义务的赔偿义务人在指定的期间履行，逾期不履行的，由人民法院强制执行。人民法院的强制执行方式不能针对已经发生的生态环境损害进行修复，但可以针对赔偿义务人的财产采取查封、扣押、冻结、拍卖、变卖等强制措施。在人民法院强制执行获得相应修复费用后，即可通知赔偿权利人组织对受损生态环境进行修复。在修复费用较大、修复时间较长等特殊情形下，出于及时修复受损环境需要，人民法院也可以在部分执行款到位

后，通知省级、市地级人民政府及其指定的部门、机构组织实施修复工作。

二、生态环境修复与损害赔偿的执行监督

《改革方案》第四条第六项规定："加强生态环境修复与损害赔偿的执行和监督。赔偿权利人及其指定的部门或机构对磋商或诉讼后的生态环境修复效果进行评估，确保生态环境得到及时有效修复。生态环境损害赔偿款项使用情况、生态环境修复效果要向社会公开，接受公众监督。"为确保赔偿义务人依法应承担的生态环境损害责任执行到位，促进受损生态环境功能及时有效恢复，可综合采取下列方式加强执行监督。

（一）司法监督

虽然人民法院不组织生态环境的具体修复工作，但是其作为生态环境损害赔偿诉讼案件的裁判者，应当关注和追踪生效裁判及经司法确认的赔偿协议的执行情况。如根据生态修复方案组织对修复工作的定期检查，掌握修复工作的进度；实行执行回访制度，及时发现和纠正执行不力的情况。① 尤其是赔偿义务人自行组织修复工作时，加强司法监督有利于确保生态环境修复能够及时展开，防止被告怠于履行义务。执行中，如果出现新情况，如损害持续扩大或者赔偿义务人的执行措施不当导致新的损失，可以类比赡养费追踪中的新情况，追加执行，以确保修复工作得以圆满完成。

（二）行政监督

人民政府及其相关部门作为赔偿权利人，既是生态环境损害赔偿诉讼的原告，也是执行中生态环境修复工作的组织实施者。在赔偿义务人自行修复及委托第三方机构修复的情形下，行政主管部门应当持续关注生态环境修复的执行情况，确保生态环境得到切实有效的恢复。政府部门负有环

---

① 参见张辉：《论环境民事公益诉讼裁判的执行——"天价"环境公益诉讼案件的后续关注》，载《法学论坛》2016 年第 5 期。

境保护和生态修复的法定责任，执行监督对其来说既是权力也是义务。在生态环境修复责任的执行方面，生态环境保护主管部门所具有的环境监管经验、人员、技术和设备等有着不可或缺的作用，可以为修复工作提供帮助和指导，及时纠正和改进修复工作中的错误和不足。①

（三）第三方监督

司法实践中，为促进生态环境损害赔偿诉讼案件的有效执行，一些法院引入了第三方监督机制。如在中华环保联合会诉贵州好一多乳业股份有限公司案中，双方达成调解协议，由贵州好一多乳业股份有限公司对环境进行修复。为了对环境修复工作进行全方位的监督，双方与贵阳公众环境教育中心签订了《第三方监督协议》。② 第三方监督机构利用其环境治理和生态修复方面的专业技术优势，在承担修复工作的一方存在消极履行义务或者对生态环境造成新的破坏时，具有报告的职责。确定第三方监督机构，应当由原告、被告、第三方机构签订协议，通过协商的方式自主决定。人民法院应当在决定第三方机构的过程中起到指引作用，并在原告与被告双方迟迟不能确定第三方机构时督促双方尽快达成协议。在选择监督机构时，应确保第三方机构与诉讼各方之间没有利益纠葛，不依附于任何企业，以保持监督的中立性。

（四）群众监督

良好生态环境是最普惠的民生福祉，生态环境修复关涉人民群众的切身利益。《改革方案》第五条第五项规定："鼓励公众参与。不断创新公众参与方式，邀请专家和利益相关的公民、法人、其他组织参加生态环境修复或赔偿磋商工作。依法公开生态环境损害调查、鉴定评估、赔偿、诉讼裁判文书、生态环境修复效果报告等信息，保障公众知情权。"在生态环境损害赔偿诉讼案件的执行过程中，应当重视群众监督的作用，鼓励群众切实参与到执行监督工作中来。群众监督可以有效弥补生态环境行政保护

---

① 参见林文学：《〈关于审理环境民事公益诉讼案件适用法律若干问题的解释〉的理解和适用》，载《人民司法》2015 年第 5 期。

② 参见李想：《环境公益诉讼裁决的执行问题研究》，上海师范大学 2018 年硕士学位论文。

的失灵以及生态环境损害司法救济的空白，促进生态环境损害赔偿诉讼案件生效裁判以及经司法确认的生态环境损害赔偿协议得到及时履行和完全履行。

(五) 媒体舆论监督

媒体舆论监督指的是通过新闻传播工具对生态环境修复与损害赔偿的执行进行监督。生态环境损害赔偿诉讼案件的执行仅依赖国家机关的力量是不够的，需要调动社会各界人士共同参与。通过社会舆论的力量，迫使赔偿义务人认真落实生态环境修复义务，促进生态环境的及时有效恢复。同时，借助社会舆论还可以充分发挥环境资源审判执行工作在政策形成和行为指引方面的引领作用，让社会公众和生产企业看到"环境有价，损害担责"原则的落实，有利于鼓励形成低能低耗、高效循环的绿色生产方式，倡导简约适度、健康低碳的绿色生活方式，推动人人尽责、人人享有的全民绿色行动。

三、生态环境修复责任的执行标准

(一) 生态环境修复标准的设定

生态恢复是指生态环境损害发生后，为将生态环境的物理、化学或生物特性及其提供的生态系统服务恢复至基线状态，同时补偿期间损害而采取的各项必要的、合理的措施。[1] 生态损害修复最根本的目的是使受损的生态系统或环境的服务功能恢复到损害发生前的"基线水平"。[2] 生态环境修复工作分为几个阶段，包括修复工作计划阶段、修复工作实施阶段、修复效果评估阶段等。在修复工作计划阶段，必须首先确定生态环境修复的标准，以此为指导，制定修复方案。制定生态环境修复标准应当统筹考虑修复方案技术可行性、成本效益最优化，同时因地制宜，根据不同地区自身情况设立相应标准。行政机关作为赔偿权利人，具备生态环境方面的专

---

[1] 《环境损害鉴定评估推荐方法 (第Ⅱ版)》第 4.11 条。
[2] 参见竺效:《生态损害综合预防和救济法律机制研究》，法律出版社 2016 年版，第 109 页。

业技术和人员，对于生态环境损害之前的状态和功能较为了解，对损害情况也更为清楚，由其制定修复标准最为合适。在赔偿义务人自行修复或者委托第三方修复的场合，不能任由其自行制定修复标准，而需要由行政机关先行设定修复标准或者对赔偿义务人、第三方拟定的修复标准进行审查，以确保生态环境修复目标的实现。

（二）生态环境修复方案的确定

从司法实践来看，修复方案的确定往往需要相关领域的专家和机构根据相关的法律、环境标准以及技术规范进行评估和分析，提出一个或多个具体的技术方案。修复方案的制定需要当地政府或有关部门、组织及社区居民的共同参与，对于其中涉及公共利益的重大事项还应当向社会公开。人民法院在审理或者赔偿权利人在磋商过程中，应当委托环境损害鉴定评估机构根据相关证据材料，在确认生态环境损害事实的基础上制定生态环境损害备选修复方案或方案建议，对多个备选修复方案组织专家进行论证，综合考虑经济、社会、环境效益选择最佳修复方案。对能够在诉讼判决或磋商协议中载明的，应尽可能对修复方案予以明确，从而为赔偿权利人组织开展生态环境修复提供依据。具体修复工作开展时，赔偿权利人应当根据生态环境修复方案开展修复，并根据修复方案的目标选择科学合理的修复技术并开展工程管理和运行，根据修复方案的要求制定更细化的环境修复工程实施方案，对修复机构采用的修复技术、工程实施和运行情况进行监督，必要时组织专家进行方案论证。

（三）修复标准履行程度与金钱赔偿的转化

《若干规定》在确定承担责任的方式时，区分生态环境可以修复时和不可修复时应承担的责任。生态环境不可修复时，法院可以根据具体案情判令被告赔偿生态环境功能永久性损害造成的损失；生态环境可以修复时，依法判决被告承担修复责任。尽管生态环境修复最理想的效果是实现受损生态环境恢复原状，但生态环境损害一旦发生就具有不可逆转性，不良环境影响不仅难以完全消除，而且具体治理也受生态环境修复目标和经济技术条件的限制。故此，修复行为只能是尽可能修复到生态环境原有的状态或者对原有生态功能和价值的重现。修复过程中，如果赔偿义务人拒不履行、怠于履行其生态修复义务，无法达到生态环境修复验收要求，或者因其修复方法失误，导致生态环境损害的扩大或引发新的损害，赔偿权利人可以委托具备修复能力的社会第三方机构进行修复，修复资金由赔偿义务人向委托的社会第三方机构支付。

（四）生态环境修复效果的评估

生态环境修复工作完成后，应当对生态环境损害修复效果进行检查评估。针对修复工作专业性强的特点，《最高人民法院、民政部、环境保护部关于贯彻实施环境民事公益诉讼制度的通知》明确，对生态环境损害修复结果可以委托具有环境损害评估等相关资质的鉴定机构进行鉴定，必要时可以商请负有监督管理职责的环境保护主管部门协助审查。该规定对生态环境损害赔偿诉讼中的修复工作具有借鉴意义。修复完成后，组织实施修复工作的赔偿权利人应当委托专业机构对修复效果开展评估，确认达到修复效果目标。鉴于生态环境损害鉴定评估机构了解修复目标和修复方案的制定过程，同时开展修复效果评估有利于保障项目的实施，根据《改革方案》第四条第八项规定，赔偿义务人自行修复或委托修复的，赔偿权利人前期开展鉴定评估、修复效果后评估等费用由赔偿义务人承担。

【法条链接】

《民事诉讼法》

第二百四十三条 发生法律效力的民事判决、裁定，当事人必须履行，一方拒绝履行的，对方当事人可以向人民法院申请执行，也可以由审判员移送执行员执行。

调解书和其他应当由人民法院执行的法律文书，当事人必须履行。一方拒绝履行的，对方当事人可以向人民法院申请执行。

《改革方案》

四、工作内容

（六）加强生态环境修复与损害赔偿的执行和监督。赔偿权利人及其指定的部门或机构对磋商或诉讼后的生态环境修复效果进行评估，确保生态环境得到及时有效修复。生态环境损害赔偿款项使用情况、生态环境修复效果要向社会公开，接受公众监督。

（八）加强生态环境损害赔偿资金管理。经磋商或诉讼确定赔偿义务人的，赔偿义务人应当根据磋商或判决要求，组织开展生态环境损害的修复。赔偿义务人无能力开展修复工作的，可以委托具备修复能力的社会第三方机构进行修复。修复资金由赔偿义务人向委托的社会第三方机构支付。赔偿义务人自行修复或委托修复的，赔偿权利人前期开展生态环境损害调查、鉴定评估、修复效果后评估等费用由赔偿义务人承担。赔偿义务人造成的生态环境损害无法修复的，其赔偿资金作为政府非税收入，全额上缴同级国库，纳入预算管理。赔偿权利人及其指定的部门或机构根据磋商或判决要求，结合本区域生态环境损害情况开展替代修复。

第二十二条　人民法院审理生态环境损害赔偿案件，本规定没有规定的，参照适用《最高人民法院关于审理环境民事公益诉讼案件适用法律若干问题的解释》《最高人民法院关于审理环境侵权责任纠纷案件适用法律若干问题的解释》等相关司法解释的规定。

【条文主旨】

本条是关于生态环境损害赔偿案件的审理参照相关司法解释的规定。

【条文理解】

一、关于"参照"而非"依照"的主要考虑

生态环境损害赔偿制度是生态文明制度体系的重要组成部分。《改革方案》提出，要在 2020 年，初步构建责任明确、途径畅通、技术规范、保障有力、赔偿到位、修复有效的生态环境损害赔偿制度。根据《改革方案》分工，最高人民法院负责指导有关生态环境损害赔偿的审判工作，并对人民法院探索完善赔偿诉讼规则提出具体要求。因此，完善生态环境损害赔偿诉讼规则是最高人民法院落实中央生态文明体制改革的专项举措和

新的任务。

从目前的制度设计上，生态环境损害赔偿诉讼制度有别于环境公益诉讼制度。主要体现在：一是受理条件不同。开展磋商是提起生态环境损害赔偿诉讼的前置程序。《若干规定》明确原告与损害生态环境的责任者经磋商未达成一致或者无法进行磋商的，可以提起生态环境损害赔偿诉讼，将磋商确定为提起诉讼的前置程序，为充分发挥磋商在生态环境损害索赔工作中的积极作用提供了制度依据。而环境公益诉讼则无开展磋商的特殊要求。二是原告的主体范围不同。依据《改革方案》关于赔偿权利人以及起诉主体的规定，《若干规定》明确省级、市地级人民政府及其指定的相关部门、机构或者受国务院委托行使全民所有自然资源资产所有权的部门可以作为原告提起诉讼。同时，明确"市地级人民政府"包括设区的市，自治州、盟、地区，不设区的地级市，直辖市的区、县人民政府。而环境公益诉讼的原告是符合《民事诉讼法》第五十八条、《环境保护法》第五十八条法律规定的机关和有关组织。三是执行依据不同。生态环境损害赔偿诉讼案件的裁判和经司法确认的赔偿协议兼具有强制执行效力。环境公益诉讼的裁判具有强制执行效力。环境公益诉讼中当事人达成调解协议或者自行达成和解协议的，人民法院需要将协议内容在相关的媒体上公告。只有在公告期间届满未提出异议，或者经受案法院审查异议不成立的，受案法院才会出具调解书，该调解书具有强制执行效力。四是行政机关在执行程序中所享有的权利和承担的义务不同。《若干规定》明确，生态环境损害赔偿案件执行中涉及的生态环境修复工作依法由省级、市地级人民政府及其指定的相关部门、机构组织实施，确保受损生态环境得到及时有效修复。而环境公益诉讼案件裁判的生态环境修复义务履行主体较为多元，实践中，环境公益诉讼案件的受案法院可以通过招标等方式委托第三方治理机构修复生态环境，由被告承担修复费用；也可以商请负有相关环境资源保护监督管理职责的部门或机构与上述修复主体一道共同组织修复生态环境。五是修复费用、生态环境损害赔偿金的受领主体不同。《若干规定》明确，人民法院判决被告承担的生态环境服务功能损失、生态环境功能永久性损害造成的损失，以及被告不履行生态环境修复义务时所应承担的修复费用，应当依照法律、法规、规章予以缴纳、管理和使用。由于尚未建立统一的环境公益诉讼基金，环境公益诉讼中被告支付的生态环境修复费用、赔偿金由谁受领尚无统一、明确的规定，实践中也存在多种做法。

基于上述特点，人民法院审理生态环境损害赔偿案件，除了依照《民法典》《环境保护法》《民事诉讼法》等法律以外，对于上述法律的具体适用在《若干规定》没有针对性法律规范条文的情形下，《若干规定》明确可以参照适用《环境民事公益诉讼司法解释》的相关规定进行理解和适用。

同时，生态环境损害赔偿诉讼在原告主体资格、损害赔偿范围、归责原则、民事责任承担方式等方面也不同于普通环境侵权责任诉讼。但依照《环境侵权案件司法解释》第十五条关于"被侵权人起诉请求侵权人赔偿因污染环境、破坏生态造成的财产损失、人身损害以及为防止损害发生和扩大、清除污染、修复生态环境而采取必要措施所支出的合理费用的，人民法院应予支持"，以及第十七条关于"本解释适用于审理因污染环境、破坏生态造成损害的民事案件"的规定，《环境侵权案件司法解释》的调整范围并不仅限于人身、财产损害，也包括生态环境损害，可以成为生态环境损害赔偿诉讼的法律适用依据之一。

二、"参照"适用的具体条文

在《若干规定》的起草过程中，经起草小组讨论梳理，《若干规定》解释没有具体规定但认为可以参照适用《环境民事公益诉讼司法解释》的内容主要包括：该解释第九条关于受案法院应当向原告释明增加有关保护社会公共利益诉讼请求的规定；第十一条关于环境公益诉讼中的支持起诉制度；第十三条关于被告拒不提供环境信息法律后果的规定；第十四条关于环境民事公益诉讼中人民法院可以依职权调取证据和依职权委托鉴定的规定；第十五条关于有专门知识的人出庭，就专门性问题提出意见的规定；第二十三条关于生态环境修复费用难以确定或者确定具体数额所需鉴定费用明显过高情形下人民法院依职权酌定的规定；第二十五条关于环境民事公益诉讼中对调解、和解以及撤诉的审查和处理的规定；第二十八条关于环境民事公益诉讼案件的裁判生效后对同一污染环境、破坏生态行为另行起诉是否受理的规定；第二十九条关于环境民事公益诉讼和私益诉讼的程序如何衔接的规定；第三十条关于环境民事公益诉讼生效裁判对于私益诉讼的影响的规定；等等。

对于《若干规定》在《环境侵权案件司法解释》基础上已经作出更为详尽的特别规定的，在审理生态环境损害赔偿案件时，可直接引用《若干规定》的条文，而不再引用《环境侵权案件司法解释》的相关规定。例如，《环境侵权案件司法解释》第十条、第十三条、第十四条分别对应的《若干规定》第九条、第十一条、第十二条规定。对于《若干规定》并未作出规定的，可以引用《环境侵权案件司法解释》的相关条文作为法律依据。例如，《环境侵权案件司法解释》第二条、第三条、第四条关于环境共同侵权责任、分别实施环境侵权行为的按份责任的规定，第七条关于环境侵权行为与损害之间不存在因果关系的判断标准的规定，第八条关于环境损害鉴定的规定，第九条关于有专门知识的人出庭，就专门性问题提出意见的规定，第十一条关于生态环境侵权案件中的证据保全的规定，第十二条关于生态环境侵权案件中的行为保全的规定，第十六条关于环境影响评价机构的责任的规定，等等。

【审判实践中应注意的问题】

正确审理生态环境损害赔偿诉讼、环境民事公益诉讼和普通环境侵权损害赔偿诉讼三种类型案件，不仅要准确区分《若干规定》《环境民事公益诉讼司法解释》《环境侵权案件司法解释》三个司法解释的适用范围，也要对三者之间的联系给予必要的关注。上述三个司法解释与《民法典》《环境保护法》《民事诉讼法》等相关法律法规共同构成生态环境损害赔偿诉讼案件适用的法律体系。

【法条链接】

《环境民事公益诉讼司法解释》

第九条 人民法院认为原告提出的诉讼请求不足以保护社会公共利益的，可以向其释明变更或者增加停止侵害、恢复原状等诉讼请求。

第十一条 检察机关、负有环境资源保护监督管理职责的部门及其他机关、社会组织、企业事业单位依据民事诉讼法第十五条的规定，可以通过提供法律咨询、提交书面意见、协助调查取证等方式支持社会组织依法提起环境民事公益诉讼。

第十三条　原告请求被告提供其排放的主要污染物名称、排放方式、排放浓度和总量、超标排放情况以及防治污染设施的建设和运行情况等环境信息，法律、法规、规章规定被告应当持有或者有证据证明被告持有而拒不提供，如果原告主张相关事实不利于被告的，人民法院可以推定该主张成立。

第十四条　对于审理环境民事公益诉讼案件需要的证据，人民法院认为必要的，应当调查收集。

对于应当由原告承担举证责任且为维护社会公共利益所必要的专门性问题，人民法院可以委托具备资格的鉴定人进行鉴定。

第十五条　当事人申请通知有专门知识的人出庭，就鉴定人作出的鉴定意见或者就因果关系、生态环境修复方式、生态环境修复费用以及生态环境受到损害至恢复原状期间服务功能的损失等专门性问题提出意见的，人民法院可以准许。

前款规定的专家意见经质证，可以作为认定事实的根据。

第二十三条　生态环境修复费用难以确定或者确定具体数额所需鉴定费用明显过高的，人民法院可以结合污染环境、破坏生态的范围和程度、生态环境的稀缺性、生态环境恢复的难易程度、防治污染设备的运行成本、被告因侵害行为所获得的利益以及过错程度等因素，并可以参考负有环境保护监督管理职责的部门的意见、专家意见等，予以合理确定。

第二十五条　环境民事公益诉讼当事人达成调解协议或者自行达成和解协议后，人民法院应当将协议内容公告，公告期间不少于三十日。

公告期满后，人民法院审查认为调解协议或者和解协议的内容不损害社会公共利益的，应当出具调解书。当事人以达成和解协议为由申请撤诉的，不予准许。

调解书应当写明诉讼请求、案件的基本事实和协议内容，并应当公开。

第二十八条　环境民事公益诉讼案件的裁判生效后，有权提起诉讼的其他机关和社会组织就同一污染环境、破坏生态行为另行起诉，有下列情形之一的，人民法院应予受理：

（一）前案原告的起诉被裁定驳回的；

（二）前案原告申请撤诉被裁定准许的，但本解释第二十六条规定的情形除外。

环境民事公益诉讼案件的裁判生效后，有证据证明存在前案审理时未发现的损害，有权提起诉讼的机关和社会组织另行起诉的，人民法院应予受理。

第二十九条 法律规定的机关和社会组织提起环境民事公益诉讼的，不影响因同一污染环境、破坏生态行为受到人身、财产损害的公民、法人和其他组织依据民事诉讼法第一百一十九条①的规定提起诉讼。

第三十条 已为环境民事公益诉讼生效裁判认定的事实，因同一污染环境、破坏生态行为依据民事诉讼法第一百一十九条②规定提起诉讼的原告、被告均无需举证证明，但原告对该事实有异议并有相反证据足以推翻的除外。

对于环境民事公益诉讼生效裁判就被告是否存在法律规定的不承担责任或者减轻责任的情形、行为与损害之间是否存在因果关系、被告承担责任的大小等所作的认定，因同一污染环境、破坏生态行为依据民事诉讼法第一百一十九条③规定提起诉讼的原告主张适用的，人民法院应予支持，但被告有相反证据足以推翻的除外。被告主张直接适用对其有利的认定的，人民法院不予支持，被告仍应举证证明。

《环境侵权案件司法解释》

第二条 两个以上侵权人共同实施污染环境、破坏生态行为造成损害，被侵权人根据民法典第一千一百六十八条规定请求侵权人承担连带责任的，人民法院应予支持。

第三条 两个以上侵权人分别实施污染环境、破坏生态行为造成同一损害，每一个侵权人的污染环境、破坏生态行为都足以造成全部损害，被侵权人根据民法典第一千一百七十一条规定请求侵权人承担连带责任的，人民法院应予支持。

---

① 2021 年修正后的《民事诉讼法》第一百二十二条。
② 2021 年修正后的《民事诉讼法》第一百二十二条。
③ 2021 年修正后的《民事诉讼法》第一百二十二条。

　　两个以上侵权人分别实施污染环境、破坏生态行为造成同一损害，每一个侵权人的污染环境、破坏生态行为都不足以造成全部损害，被侵权人根据民法典第一千一百七十二条规定请求侵权人承担责任的，人民法院应予支持。

　　两个以上侵权人分别实施污染环境、破坏生态行为造成同一损害，部分侵权人的污染环境、破坏生态行为足以造成全部损害，部分侵权人的污染环境、破坏生态行为只造成部分损害，被侵权人根据民法典第一千一百七十一条规定请求足以造成全部损害的侵权人与其他侵权人就共同造成的损害部分承担连带责任，并对全部损害承担责任的，人民法院应予支持。

　　第四条　两个以上侵权人污染环境、破坏生态，对侵权人承担责任的大小，人民法院应当根据污染物的种类、浓度、排放量、危害性，有无排污许可证、是否超过污染物排放标准、是否超过重点污染物排放总量控制指标，破坏生态的方式、范围、程度，以及行为对损害后果所起的作用等因素确定。

　　第五条　被侵权人根据民法典第一千二百三十三条规定分别或者同时起诉侵权人、第三人的，人民法院应予受理。

　　被侵权人请求第三人承担赔偿责任的，人民法院应当根据第三人的过错程度确定其相应赔偿责任。

　　侵权人以第三人的过错污染环境、破坏生态造成损害为由主张不承担责任或者减轻责任的，人民法院不予支持。

　　第七条　侵权人举证证明下列情形之一的，人民法院应当认定其污染环境、破坏生态行为与损害之间不存在因果关系：

　　（一）排放污染物、破坏生态的行为没有造成该损害可能的；

　　（二）排放的可造成该损害的污染物未到达该损害发生地的；

　　（三）该损害于排放污染物、破坏生态行为实施之前已发生的；

　　（四）其他可以认定污染环境、破坏生态行为与损害之间不存在因果关系的情形。

　　第八条　对查明环境污染、生态破坏案件事实的专门性问题，可以委托具备相关资格的司法鉴定机构出具鉴定意见或者由负有环境资源保护监督管理职责的部门推荐的机构出具检验报告、检测报告、评估报告或者监测数据。

第九条 当事人申请通知一至两名具有专门知识的人出庭，就鉴定意见或者污染物认定、损害结果、因果关系、修复措施等专业问题提出意见的，人民法院可以准许。当事人未申请，人民法院认为有必要的，可以进行释明。

具有专门知识的人在法庭上提出的意见，经当事人质证，可以作为认定案件事实的根据。

第十条 负有环境资源保护监督管理职责的部门或者其委托的机构出具的环境污染、生态破坏事件调查报告、检验报告、检测报告、评估报告或者监测数据等，经当事人质证，可以作为认定案件事实的根据。

第十一条 对于突发性或者持续时间较短的环境污染、生态破坏行为，在证据可能灭失或者以后难以取得的情况下，当事人或者利害关系人根据民事诉讼法第八十一条①规定申请证据保全的，人民法院应当准许。

第十二条 被申请人具有环境保护法第六十三条规定情形之一，当事人或者利害关系人根据民事诉讼法第一百条②或者第一百零一条③规定申请保全的，人民法院可以裁定责令被申请人立即停止侵害行为或者采取防治措施。

第十三条 人民法院应当根据被侵权人的诉讼请求以及具体案情，合理判定侵权人承担停止侵害、排除妨碍、消除危险、修复生态环境、赔礼道歉、赔偿损失等民事责任。

第十四条 被侵权人请求修复生态环境的，人民法院可以依法裁判侵权人承担环境修复责任，并同时确定其不履行环境修复义务时应当承担的环境修复费用。

侵权人在生效裁判确定的期限内未履行环境修复义务的，人民法院可以委托其他人进行环境修复，所需费用由侵权人承担。

第十五条 被侵权人起诉请求侵权人赔偿因污染环境、破坏生态造成的财产损失、人身损害以及为防止损害发生和扩大、清除污染、修复生态

---

① 2021年修正后的《民事诉讼法》第八十四条。
② 2021年修正后的《民事诉讼法》第一百零三条。
③ 2021年修正后的《民事诉讼法》第一百零四条。

环境而采取必要措施所支出的合理费用的，人民法院应予支持。

第十六条 下列情形之一，应当认定为环境保护法第六十五条规定的弄虚作假：

（一）环境影响评价机构明知委托人提供的材料虚假而出具严重失实的评价文件的；

（二）环境监测机构或者从事环境监测设备维护、运营的机构故意隐瞒委托人超过污染物排放标准或者超过重点污染物排放总量控制指标的事实的；

（三）从事防治污染设施维护、运营的机构故意不运行或者不正常运行环境监测设备或者防治污染设施的；

（四）有关机构在环境服务活动中其他弄虚作假的情形。

第二十三条 本规定自 2019 年 6 月 5 日起施行。

【条文主旨】

本条是关于《若干规定》时间效力的规定。

【条文理解】

解释性法律是对法律作进一步明确解释的法律文件，其时间效力一般与被解释的法律一致，而不是只适用于其颁布实施后发生的行为，各种民法施行类法律和民事司法解释都属于这种类型。如法国最高法院第三民事庭在其 1984 年的审判意见中指出："立法者在宣告某项法律属于解释性法律时，也就必然赋予该项规定以追溯性。"[①] 在理论界，很多学者支持解释性的民事法律特别是民事司法解释具有溯及力，但是这种溯及力应当受到一定的限制。因为解释性法律对其颁布前的法律行为产生法律效力，必然会对行为人的合理预期造成一定的影响。有的学者认为，司法解释具有立法性并不能成为其不溯及既往的充分理由。基于司法解释的本质、司法机

---

① 《法国民法典》（上册），罗结珍译，法律出版社 2005 年版。

关的职责及溯及力所具有的维护法的安定性的积极功能，司法解释应当溯及既往，但其溯及力应受被解释法的时间效力范围、裁判的既判力和旧司法解释的限制。有的学者则认为，法律的扩大性或限制性解释如果是减少了法律主体权利或增加了其义务，不允许溯及，如果是增加了法律主体的权利或减少了其义务，则允许溯及。如果仅仅对法律作字面解释，则法律解释也应具有溯及力。概括起来，对民法中解释性法律溯及力的限制主要有以下三种情形：（1）既决案件。对于在解释性法律实施前已作出司法判决的案件，为了维护司法判决的权威性和减少司法资源的浪费，在法律实践中一般不允许其效力溯及既决案件。（2）法律解释创制了新的义务。对法律的解释分为字面解释、限制性解释和扩充性解释。字面解释一般不会创制新的权利和义务，而限制性解释和扩充性解释则可能在一定程度上创制新的权利义务。作为法律解释重要组成部分之一的司法解释更是如此。如果司法解释取消了民事主体的权利或增加了义务，在这种情况下溯及既往地适用，必然会损害当事人的合理预期和信赖利益，对当事人而言是非常不公正的，因此这种情况下原则上不应使其具有溯及力。（3）对同一问题已有旧的司法解释。在民事法律实践中，也经常会出现对同一部民事法律的同一问题先后出现两个内容不同的法律解释的情况。在新的司法解释颁布前民事主体如果依据旧的司法解释作出了相应的法律行为，在这种情况下，一般也不允许法律解释具有溯及力。一方面，是为了保护当事人的合理预期；另一方面，也是为了维护旧有司法解释在法律上的权威性，有利于法律秩序和社会秩序的稳定。

一、对《若干规定》生效时间的理解

任何法律和司法解释都有生效日期，法律和司法解释的施行时间即法律的生效日期，正确地理解法律和司法解释关于施行时间的规定，是适用法律和司法解释的前提条件。根据最高人民法院关于司法解释施行日期问题的相关规定，本条明确规定了《若干规定》开始施行的时间。

（一）关于法律的时间效力

法律的时间效力是指法律何时生效、何时终止效力，以及法律对其公布以前的事件和行为是否具有溯及力的问题。只要有法律的存在，就有法律施行日期的规定。否则，一部法律就不完整，法律也难以执行。关于法律的时间效力，《立法法》第五十七条明确规定："法律应当明确规定施行日期。"第五十八条规定："签署公布法律的主席令载明该法律的制定机关、通过和施行日期。法律签署公布后，及时在全国人民代表大会常务委员会公报和中国人大网以及在全国范围内发行的报纸上刊载。在常务委员会公报上刊登的法律文本为标准文本。"我国法律生效时间的规定，通常采用以下三种方式：一是法律规定自公布之日起施行。如"本法自公布之日起施行"的规定。采取这种一经公布立即生效的做法多适用于急需要尽快出台且施行时机比较成熟的情况，以便使法律能够立刻发挥规范相关法律关系的准绳作用。例如，1991 年 4 月 9 日通过的《民事诉讼法》第二百七十条规定："本法自公布之日起施行，《中华人民共和国民事诉讼法（试行）》同时废止。"二是在法律公布后，法律并不立即生效施行，而是经过一定时期后才开始施行。例如，《民法典》于 2020 年 5 月 28 日通过，第一千二百六十条规定："本法自 2021 年 1 月 1 日起施行……"三是特别规定，例如，1986 年《企业破产法（试行）》第四十三条规定："本法自全民所有制工业企业法实施三个月之日起试行，试行的具体部署和步骤由国务院规定。"近年来，上述第三种方式很少被采用，1986 年《企业破产法（试行）》被《企业破产法》取代，法律生效日期的规定也采取了前述第二种方式。

（二）关于司法解释的时间效力

司法解释的时间效力是指司法解释何时生效、何时失效，以及对其公布以前的事件和行为是否具有溯及力的问题。最高人民法院制定司法解释是依据 1955 年《全国人大常委会关于解释法律问题的决议》①和 1981 年《全国人大常委会关于加强法律解释工作的决议》的规定，但是关于司法解释何时生效的具体规定，上述立法授权决议中并未涉及。

---

① 该决议已经被《全国人民代表大会常务委员会关于批准法制工作委员会关于对 1978 年底以前颁布的法律进行清理情况和意见报告的决定》宣布失效。

最高人民法院1997年6月23日印发的《关于司法解释工作的若干规定》（法发〔1997〕15号）第十一条规定："司法解释以在《人民法院报》上公开发布的日期为生效时间，但司法解释另有规定的除外。"2007年3月9日印发的《最高人民法院关于司法解释工作的规定》第二十五条规定："司法解释以最高人民法院公告形式发布。司法解释应当在《最高人民法院公报》和《人民法院报》刊登。司法解释自公告发布之日起施行，但司法解释另有规定的除外。"2007年8月23日最高人民法院办公厅发布的《关于规范司法解释施行日期有关问题的通知》（法发〔2007〕396号）规定："一、今后各部门起草的司法解释对施行日期没有特别要求的，司法解释条文中不再规定'本解释（规定）自公布之日起施行'的条款，施行时间一律以发布司法解释的最高人民法院公告中明确的日期为准。二、司法解释对施行日期有特别要求的，应当在司法解释条文中规定相应条款，明确具体施行时间，我院公告的施行日期应当与司法解释的规定相一致。"2019年，《最高人民法院办公厅关于司法解释施行日期问题的通知》（法办发〔2019〕2号）第一条规定，司法解释应当在主文作出施行日期的明确规定。最高人民法院通过上述相关文件规定，对司法解释的生效时间予以规范。根据司法解释的生效时间采取两种方式：一种是司法解释明确规定施行的具体日期，一种是司法解释不明确规定，而是以发布司法解释的最高人民法院公告中明确的日期为准。2021年修正的《最高人民法院关于司法解释工作的规定》第二十五条第三款规定："司法解释自公告发布之日起施行，但司法解释另有规定的除外。"

《若干规定》的生效时间采用的是在本条中明确规定施行日期的方式，即本规定自2019年6月5日起施行。《若干规定》的公布和及时施行，为解决司法实践中的突出问题，公正高效地审理生态环境损害赔偿案件提供制度保障。

二、《若干规定》的溯及力

（一）关于法律的溯及力

法律溯及力与法律生效时间相关。法的溯及力，又称法的溯及既往的效力，是指新的法律颁布后，对其生效以前发生的事件和行为是否适用新法的问题。① 如果适用，新的法律就具有溯及力；如果不适用，则新的法律就不具有溯及力。法律一般没有溯及力，这种法不溯及既往的原则已成为各国立法所共同遵循的通例。如《美国联邦宪法》第 1 条第 9 款第 3 项规定，各州"不得制定追溯既往的法律"；第 1 条第 10 款第 1 项规定，各州"不得通过剥夺公权法案，不得制定溯及既往的法律，不得制定损害合同义务大法律"。《法国民法典》第 2 条规定："法律仅适用于将来，没有追溯力。"②

对于我国法律的溯及力问题，《立法法》第九十三条规定："法律、行政法规、地方性法规、自治条例和单行条例、规章不溯及既往，但为了更好地保护公民、法人和其他组织的权利和利益而作的特别规定除外。"该规定明确了我国法律原则上不溯及既往。但如果新的法律是"为了更好地保护公民、法人和其他组织的权利和利益"目的，则具有溯及力，且新的法律要溯及既往，必须在新的法律中明确规定适用原则。如我国《刑法》（由第八届全国人民代表大会第五次会议于 1997 年 3 月 14 日公布，自 1997 年 10 月 1 日起施行）第十二条规定："中华人民共和国成立以后本法施行以前的行为，如果当时的法律不认为是犯罪的，适用当时的法律；如果当时的法律认为是犯罪的，依照本法总则第四章第八节的规定应当追诉的，按照当时的法律追究刑事责任，但是如果本法不认为是犯罪或者处刑较轻的，适用本法。本法施行以前，依照当时的法律已经作出的生效判决，继续有效。"该条是关于《刑法》溯及力的规定，且采用的是从旧兼从轻的溯及原则。因此，法不溯及既往原则作为源于信赖利益保护原则的制度，只限制"不利溯及"，不限制"有利溯及"。③《立法法》第九十三条后半部分的但书"但为了更好地保护公民、法人和其他组织的权利和利益而作的特别规定除外"就是该精神的体现。

---

① 参见刘金国、舒国滢主编：《法理学教科书》，中国政法大学出版社 1999 年版，第 87 页。

② 参见房绍坤、张洪波：《民事法律的正当溯及既往问题》，载《中国社会科学》2015 年第 5 期。

③ 参见胡建淼、杨登峰：《有利法律溯及原则及其适用中的若干问题》，载《北京大学学报（哲学社会科学版）》2006 年第 6 期。

在民事法律领域，由于法律调整的是平等主体之间财产或人身关系，主体均为私权利主体，例外追溯应表现为"对当事人都有利或至少对无过错方及弱势一方有利"。① 此外，还有观点提出"补缺溯及"规则，即"如果对某法律事实，旧法没有规定而新法有规定的，可以适用新法的规定对该法律事实进行规范"。

（二）关于司法解释的溯及力

对于司法解释的溯及力问题，目前除 2001 年 12 月 17 日起施行的《最高人民法院、最高人民检察院关于适用刑事司法解释时间效力问题的规定》对溯及力问题有规定外，对于民事司法解释的溯及力问题，因缺乏统一的规范，导致不同的司法解释有不同做法。

有学者就民事司法解释的适用问题总结了以下原则：第一，有明确解释对象的，效力及于被解释法律生效之时。第二，没有明确的解释对象的，应区分两种情形：一是旧法（包括司法解释）没有规定的，适用补缺例外规则，或称"空白追溯"规则；二是旧法（包括司法解释）有规定的，采取从旧兼有利规则。第三，对于连续性事实或持续性法律关系，采用即行适用原则。需注意的是，如果涉及合同关系，应与从旧兼有利规则相协调。第四，如果对明确的法律规定作出直接修改，则不得具有溯及力。第五，已经生效的判决当然不宜依据新的司法解释而被推翻，这是既判力优于溯及力的体现。第六，如果司法解释一时不能做到分别情况规定溯及力，也应统一规定适用于一、二审案件，而不应区分新受理的一审案件与审理中的案件或只规定一个实施日期。② 对于民事司法解释的溯及力问题，主要模式有以下三种：一是适用于所解释法律实施后的民事行为产生的纠纷。例如，2022 年《最高人民法院关于审理人身损害赔偿案件适用法律若干问题的解释》第二十四条第一款规定："……施行后发生的侵权行为引起的人身损害赔偿案件适用本解释……"二是适用于司法解释公布

---

① 朱力宇、孙晓红：《论法的溯及力的若干问题》，载《河南省政法管理干部学院学报》2008 年第 1 期。

② 参见张新宝、王伟国：《最高人民法院民商事司法解释溯及力问题探讨》，载《法律科学（西北政法大学学报）》2010 年第 6 期。

后新受理的一审案件。例如，2020 年修正的《最高人民法院关于审理消费民事公益诉讼案件适用法律若干问题的解释》第十九条第一款、第二款规定："本解释自 2016 年 5 月 1 日起施行。本解释施行后人民法院新受理的一审案件，适用本解释。"三是适用于解释施行后尚未终审案件。例如，2020 年修正的《最高人民法院关于审理融资租赁合同纠纷案件适用法律若干问题的解释》第十五条第二款规定："本解释施行后尚未终审的融资租赁合同纠纷案件，适用本解释；本解释施行前已经终审，当事人申请再审或者按照审判监督程序决定再审的，不适用本解释。"

（三）本解释未规定溯及力的原因

鉴于生态环境损害赔偿诉讼案件属于新类型诉讼，之前没有相关司法解释规定，故未规定与之前司法解释的适用关系。

【法条链接】

《立法法》

第五十七条 法律应当明确规定施行日期。

第五十八条 签署公布法律的主席令载明该法律的制定机关、通过和施行日期。

法律签署公布后，及时在全国人民代表大会常务委员会公报和中国人大网以及在全国范围内发行的报纸上刊载。

在常务委员会公报上刊登的法律文本为标准文本。

第九十二条 同一机关制定的法律、行政法规、地方性法规、自治条例和单行条例、规章，特别规定与一般规定不一致的，适用特别规定；新的规定与旧的规定不一致的，适用新的规定。

第九十三条 法律、行政法规、地方性法规、自治条例和单行条例、规章不溯及既往，但为了更好地保护公民、法人和其他组织的权利和利益而作的特别规定除外。

第一百零四条 最高人民法院、最高人民检察院作出的属于审判、检察工作中具体应用法律的解释，应当主要针对具体的法律条文，并符合立法的目的、原则和原意。遇有本法第四十五条第二款规定情况的，应当向全国人民代表大会常务委员会提出法律解释的要求或者提出制定、修改有关法律的议案。

最高人民法院、最高人民检察院作出的属于审判、检察工作中具体应用法律的解释，应当自公布之日起三十日内报全国人民代表大会常务委员会备案。

最高人民法院、最高人民检察院以外的审判机关和检察机关，不得作出具体应用法律的解释。

《最高人民法院关于司法解释工作的规定》

第二条　人民法院在审判工作中具体应用法律的问题，由最高人民法院作出司法解释。

第三条　司法解释应当根据法律和有关立法精神，结合审判工作实际需要制定。

第四条　最高人民法院发布的司法解释，应当经审判委员会讨论通过。

第五条　最高人民法院发布的司法解释，具有法律效力。

第七条　最高人民法院与最高人民检察院共同制定司法解释的工作，应当按照法律规定和双方协商一致的意见办理。

第二十五条　司法解释以最高人民法院公告形式发布。

司法解释应当在《最高人民法院公报》和《人民法院报》刊登。

司法解释自公告发布之日起施行，但司法解释另有规定的除外。

《海洋自然资源与生态环境损害赔偿规定》

第十三条　本规定自 2018 年 1 月 15 日起施行，人民法院尚未审结的一审、二审案件适用本规定；本规定施行前已经作出生效裁判的案件，本规定施行后依法再审的，不适用本规定。

本规定施行后，最高人民法院以前颁布的司法解释与本规定不一致的，以本规定为准。

第三部分　典型案例

（一）2019 年 3 月 2 日最高人民法院召开新闻发布会发布生态环境保护典型案例

<h2 style="text-align:center">江苏省人民政府诉安徽海德化工科技
有限公司生态环境损害赔偿案</h2>

【基本案情】

2014 年 4 月至 5 月，安徽海德化工科技有限公司（以下简称海德公司）营销部经理杨峰分三次将海德公司生产过程中产生的 102.44 吨废碱液，以每吨 1300 元的价格交给没有危险废物处置资质的李宏生等人处置，李宏生等人又以每吨 500 元、600 元不等的价格转交给无资质的孙志才、丁卫东等人。上述废碱液未经处置，排入长江水系，严重污染环境。其中，排入长江的 20 吨废碱液，导致江苏省靖江市城区集中式饮水源中断取水 40 多个小时；排入新通扬运河的 53.34 吨废碱液，导致江苏省兴化市城区集中式饮水源中断取水超过 14 个小时。靖江市、兴化市有关部门分别采取了应急处置措施。杨峰、李宏生等人均构成污染环境罪，被依法追究刑事责任。经评估，三次水污染事件共造成环境损害金额 1731.26 万元。

【裁判结果】

江苏省泰州市中级人民法院一审认为，海德公司作为化工企业，对其生产经营中产生的危险废物负有法定防治责任，其营销部负责人杨峰违法处置危险废物的行为系职务行为，应由海德公司对此造成的损害承担赔偿责任。案涉长江靖江段生态环境损害修复费用，系经江苏省环境科学学会依法评估得出；新通扬运河生态环境损害修复费用，系经类比得出，亦经出庭专家辅助人认可。海德公司污染行为必然对两地及下游生态环境服务功能造成巨大损失，江苏省人民政府主张以生态环境损害修复费用的 50%

计算，具有合理性。江苏省人民政府原诉讼请求所主张数额明显偏低，经释明后予以增加，应予支持。水体自净作用只是水体中污染物向下游的流动中浓度自然降低，不能因此否认污染物对水体已经造成的损害，不足以构成无须再行修复的抗辩。一审法院判决海德公司赔偿环境修复费用3637.90万元、生态环境服务功能损失1818.95万元、评估鉴定费26万元，上述费用合计5482.85万元，支付至泰州市环境公益诉讼资金账户。江苏省高级人民法院二审在维持一审判决的基础上，判决海德公司可在提供有效担保后分期履行赔偿款支付义务。

【典型意义】

本案是《生态环境损害赔偿制度改革试点方案》探索确立生态环境损害赔偿制度后，人民法院最早受理的省级人民政府诉企业生态环境损害赔偿案件之一。长江是中华民族的母亲河。目前，沿江化工企业分布密集，违规排放问题较为突出，已经成为威胁流域生态系统安全的重大隐患。加强长江经济带生态环境司法保障，要着重做好水污染防治案件的审理，充分运用司法手段修复受损生态环境，推动长江流域生态环境质量不断改善，助力长江经济带高质量发展。本案判决明确宣示，不能仅以水体具备自净能力为由主张污染物尚未对水体造成损害以及无须再行修复，水的环境容量是有限的，污染物的排放必然会损害水体、水生物、河床甚至是河岸土壤等生态环境，根据损害担责原则，污染者应当赔偿环境修复费用和生态环境服务功能损失。本案还是《人民陪审员法》施行后，由七人制合议庭审理的案件，四位人民陪审员在案件审理中依法对事实认定和法律适用问题充分发表了意见，强化了长江流域生态环境保护的公众参与和社会监督，进一步提升了生态环境损害赔偿诉讼裁判结果的公信力。

（二）2019 年 6 月 5 日最高人民法院召开新闻发布会发布人民法院保障生态环境损害赔偿制度改革典型案例

1. 山东省生态环境厅诉山东金诚重油化工有限公司、山东弘聚新能源有限公司生态环境损害赔偿诉讼案

【基本案情】

2015 年 8 月，山东弘聚新能源有限公司（以下简称弘聚公司）委托无危险废物处理资质的人员将其生产的 640 吨废酸液倾倒至山东省济南市章丘区普集街道办上皋村的一个废弃煤井内。2015 年 10 月 20 日，山东金诚重油化工有限公司（以下简称金诚公司）采取相同手段将其生产的 23.7 吨废碱液倾倒至同一煤井内，因废酸、废碱发生剧烈化学反应，四名涉嫌非法排放危险废物人员当场中毒身亡。经监测，废液对井壁、井底土壤及地下水造成污染。事件发生后，原章丘市人民政府进行了应急处置，并开展生态环境修复工作。山东省人民政府指定山东省生态环境厅为具体工作部门，开展生态环境损害赔偿索赔工作。山东省生态环境厅与金诚公司、弘聚公司磋商未能达成一致，遂根据山东省环境保护科学研究设计院出具的《环境损害评估报告》向济南市中级人民法院提起诉讼，请求判令被告承担应急处置费用、生态环境服务功能损失、生态环境损害赔偿费用等共计 2.3 亿余元，二被告对上述各项费用承担连带责任，并请求判令二被告在省级以上媒体公开赔礼道歉。

【裁判结果】

济南市中级人民法院经审理认为，弘聚公司生产过程中产生的废酸液和金诚公司生产过程中产生的废碱液导致案涉场地生态环境损害，应依法

承担生态环境损害赔偿责任。就山东省生态环境厅请求的赔偿金额，山东省生态环境厅提交了《环境损害评估报告》，参与制作的相关评估及审核人员出庭接受了当事人的质询，生态环境部环境规划院的专家也出庭对此作出说明，金诚公司、弘聚公司未提供充分证据推翻该《环境损害评估报告》，故对鉴定评估意见依法予以采信。山东省生态环境厅主张的生态环境服务功能损失和帷幕注浆范围内受污染的土壤、地下水修复费及鉴定费和律师代理费，均是因弘聚公司的废酸液和金诚公司的废碱液造成生态环境损害引起的，故应由该两公司承担。因废酸液和废碱液属不同种类危险废液，二者在案涉场地的排放量不同，对两种危险废液的污染范围、污染程度、损害后果及其与损害后果之间的因果关系、污染修复成本等，山东省生态环境厅、弘聚公司、金诚公司、专家辅助人、咨询专家之间意见不一，《环境损害评估报告》对此也未明确区分。综合专家辅助人和咨询专家的意见，酌定弘聚公司承担80%的赔偿责任，金诚公司承担20%的赔偿责任，并据此确定二被告应予赔偿的各项费用。弘聚公司、金诚公司生产过程中产生的危险废液造成环境污染，严重损害了国家利益和社会公共利益，为警示和教育环境污染者，增强公众环境保护意识，依法支持山东省生态环境厅要求弘聚公司、金诚公司在省级以上媒体公开赔礼道歉的诉讼请求。

【典型意义】

本案系因重大突发环境事件导致的生态环境损害赔偿案件。污染事件发生后，受到社会广泛关注。因二被告排放污染物的时间、种类、数量不同，认定二被告各自行为所造成的污染范围、损害后果及相应的治理费用存在较大困难。人民法院充分借助专家专业技术优势，在查明专业技术相关事实，确定生态环境损害赔偿数额，划分污染者责任等方面进行了积极探索。一是由原告、被告分别申请专家辅助人出庭从专业技术角度对案件事实涉及的专业问题充分发表意见；二是由参与《环境损害评估报告》的专业人员出庭说明并接受质询；三是由人民法院另行聘请三位咨询专家参加庭审，并在庭审后出具《损害赔偿责任分担的专家咨询意见》；四是在评估报告基础上，综合专家辅助人和咨询专家的意见，根据主观过错、经营状况等因素，合理分配二被告各自应承担的赔偿责任。人民法院还针对金诚公司应支付的赔偿款项，确定金诚公司可申请分期赔付，教育引导企业依法开展生产经营，在保障生态环境得到及时修复的同时，维护了企业的正常经营，妥善处理了经济社会发展和生态环境保护的辩证关系。同时，人民法院在受理就同一污染环境行为提起的生态环境损害赔偿诉讼和环境民事公益诉讼后，先行中止环境民事公益诉讼案件审理，待生态环境损害赔偿诉讼案件审理完毕后，就环境民事公益诉讼中未被前案涵盖的诉讼请求依法作出裁判，对妥善协调两类案件的审理进行了有益探索。

2. 重庆市人民政府、重庆两江志愿服务发展中心诉重庆藏金阁物业管理有限公司、重庆首旭环保科技有限公司生态环境损害赔偿诉讼案

【基本案情】

重庆藏金阁物业管理有限公司（以下简称藏金阁公司）的废水处理设施负责处理重庆藏金阁电镀工业园园区入驻企业产生的废水。2013 年 12 月，藏金阁公司与重庆首旭环保科技有限公司（以下简称首旭公司）签订为期四年的《委托运行协议》，由首旭公司承接废水处理项目，使用藏金阁公司的废水处理设备处理废水。2014 年 8 月，藏金阁公司将原废酸收集池改造为废水调节池，改造时未封闭池壁 120 毫米口径管网，该未封闭管网系埋于地下的暗管。首旭公司自 2014 年 9 月起，在明知池中有管网可以连通外环境的情况下，利用该管网将未经处理的含重金属废水直接排放至外部环境。2016 年 4 月、5 月，执法人员在两次现场检查藏金阁公司的废水处理站时发现，重金属超标的生产废水未经处理便排入外部环境。经测算 2014 年 9 月 1 日至 2016 年 5 月 5 日，违法排放废水量共计 145624 吨。受重庆市人民政府委托，重庆市环境科学研究院以虚拟治理成本法对生态

环境损害进行量化评估，二被告造成的生态环境污染损害量化金额为1441.6776 万元。

2016 年 6 月 30 日，重庆市环境监察总队以藏金阁公司从 2014 年 9 月 1 日至 2016 年 5 月 5 日将含重金属废水直接排入港城园区市政废水管网进入长江为由，对其作出行政处罚决定。2016 年 12 月 29 日，重庆市渝北区人民法院作出刑事判决，认定首旭公司及其法定代表人、相关责任人员构成污染环境罪。

重庆两江志愿服务发展中心对二被告提起环境民事公益诉讼并被重庆市第一中级人民法院受理后，重庆市人民政府针对同一污染事实提起生态环境损害赔偿诉讼，人民法院将两案分别立案，在经各方当事人同意后，对两案合并审理。

【裁判结果】

重庆市第一中级人民法院审理认为，重庆市人民政府有权提起生态环境损害赔偿诉讼，重庆两江志愿服务发展中心具备合法的环境公益诉讼主体资格，二原告基于不同的规定而享有各自的诉权，对两案分别立案受理并无不当。二被告违法排污的事实已被生效刑事判决、行政判决所确认，本案在性质上属于环境侵权民事案件，其与刑事犯罪、行政违法案件所要求的证明标准和责任标准存在差异，故最终认定的案件事实在不存在矛盾的前提条件下，可以不同于刑事案件和行政案件认定的事实。鉴于藏金阁公司与首旭公司构成环境污染共同侵权的证据已达到高度盖然性的民事证明标准，应当认定藏金阁公司和首旭公司对于违法排污存在主观上的共同故意和客观上的共同行为，二被告构成共同侵权，应当承担连带责任。遂判决二被告连带赔偿生态环境修复费用 1441.6776 万元，由二原告结合本区域生态环境损害情况用于开展替代修复等。

【典型意义】

本案系第三方治理模式下出现的生态环境损害赔偿案件。藏金阁公司是承担其所在的藏金阁电镀工业园区废水处置责任的法人，亦是排污许可证的申领主体。首旭公司通过与藏金阁公司签订《委托运行协议》，成为负责前述废水处理站日常运行维护工作的主体。人民法院依据排污主体的法定责任、行为的违法性、客观上的相互配合等因素进行综合判断，判定藏金阁公司与首旭公司之间具有共同故意，应当对造成的生态环境损害承担连带赔偿责任，有利于教育和规范企业切实遵守环境保护法律法规，履行生态环境保护的义务。同时，本案还明确了生态环境损害赔偿诉讼与行政诉讼、刑事诉讼应适用不同的证明标准和责任构成要件，不承担刑事责任或者行政责任并不当然免除生态环境损害赔偿责任，对人民法院贯彻落实习近平总书记提出的"用最严格制度最严密法治保护生态环境"的严密法治观，依法处理三类案件诉讼衔接具有重要指导意义。

3. 贵州省人民政府、息烽诚诚劳务有限公司、贵阳开磷化肥有限公司生态环境损害赔偿协议司法确认案

【基本案情】

2012年6月，贵阳开磷化肥有限公司（以下简称开磷化肥公司）委托息烽诚诚劳务有限公司（以下简称息烽劳务公司）承担废石膏渣的清运工作。按要求，污泥渣应被运送至正规磷石膏渣场集中处置。但从2012年底开始息烽劳务公司便将污泥渣运往大鹰田地块内非法倾倒，形成长360米，宽100米，堆填厚度最大50米，占地约100亩，堆存量约8万立方米的堆场。环境保护主管部门在检查时发现上述情况。贵州省环境保护厅委托相关机构进行评估并出具的《环境污染损害评估报告》显示，此次事件前期产生应急处置费用134.2万元，后期废渣开挖转运及生态环境修复费用约为757.42万元。2017年1月，贵州省人民政府指定贵州省环境保护厅作为代表人，在贵州省律师协会指定律师的主持下，就大鹰田废渣倾倒造成生态环境损害事宜，与息烽劳务公司、开磷化肥公司进行磋商并达成《生

态环境损害赔偿协议》。2017 年 1 月 22 日，上述各方向贵州省清镇市人民法院申请对该协议进行司法确认。

【裁判结果】

贵州省清镇市人民法院依法受理后，在贵州省法院门户网站将各方达成的《生态环境损害赔偿协议》、修复方案等内容进行了公告。公告期满后，清镇市人民法院对协议内容进行了审查并依法裁定确认贵州省环境保护厅、息烽劳务公司、开磷化肥公司于 2017 年 1 月 13 日在贵州省律师协会主持下达成的《生态环境损害赔偿协议》有效。一方当事人拒绝履行或未全部履行的，对方当事人可以向人民法院申请强制执行。

【典型意义】

本案是生态环境损害赔偿制度改革试点开展后，全国首例由省级人民政府提出申请的生态环境损害赔偿协议司法确认案件。该案对磋商协议司法确认的程序、规则等进行了积极探索，提供了可借鉴的有益经验。人民法院在受理磋商协议司法确认申请后，及时将《生态环境损害赔偿协议》、修复方案等内容通过互联网向社会公开，接受公众监督，保障了公众的知情权和参与权。人民法院对生态环境损害赔偿协议进行司法确认，赋予了赔偿协议强制执行效力。一旦发生一方当事人拒绝履行或未全部履行赔偿协议情形的，对方当事人可以向人民法院申请强制执行，有力保障了赔偿协议的有效履行和生态环境修复工作的切实开展。本案的实践探索已为《生态环境损害赔偿制度改革方案》所认可和采纳，《最高人民法院关于审理生态环境损害赔偿案件的若干规定（试行）》也对生态环境损害赔偿协议的司法确认作出明确规定。

4. 绍兴市环境保护局、浙江上峰建材有限公司、诸暨市次坞镇人民政府生态环境损害赔偿协议司法确认案

【基本案情】

2017年4月11日，浙江省诸暨市环境保护局会同诸暨市公安局对浙江上峰建材有限公司（以下简称上峰建材公司）联合突击检查时发现，该企业存在采用在大气污染物在线监控设施监测取样管上套装管子并喷吹石灰中和后的气体等方式，达到干扰自动监测数据目的的情况。上峰建材公司超标排放氮氧化物、二氧化硫等大气污染物，对周边大气生态环境造成损害。经绍兴市环保科技服务中心鉴定评估，造成生态环境损害数额110.4143万元，鉴定评估费用12万元，合计122.4143万元。上峰建材公司违法排放的大气污染物已通过周边次坞镇大气生态环境稀释自净，无须实施现场修复。

绍兴市环境保护局经与上峰建材公司、次坞镇人民政府进行磋商，达成了《生态环境损害修复协议》，主要内容为：（1）各方同意上峰建材公司以替代修复的方式承担生态环境损害赔偿责任。上峰建材公司在承担生态环境损害数额110.4143万元的基础上，自愿追加资金投入175.5857万元，合计总额286万元用于生态工程修复，并于2018年10月31日之前完成修复工程。（2）次坞镇人民政府对修复工程进行组织、监督管理、资金决算审计，修复后移交大院里村。（3）修复工程完成后，由绍兴市环境保护局委托第三方评估机构验收评估，提交验收评估意见。（4）生态环境损害鉴定评估费、验收鉴定评估费由上峰建材公司承担，并于工程验收通过后七日内支付给鉴定评估单位。（5）如上峰建材公司中止修复工程，或者不按约定时间、约定内容完成修复，绍兴市环境保护局有权向上峰建材公

司追缴全部生态环境损害赔偿金。

【裁判结果】

绍兴市中级人民法院受理司法确认申请后，对《生态环境损害修复协议》内容进行了公告。公告期内，未收到异议或意见。绍兴市中级人民法院对协议内容审查后认为，申请人达成的协议符合司法确认的条件，遂裁定确认协议有效。一方当事人拒绝履行或者未全部履行的，对方当事人可以向人民法院申请强制执行。

【典型意义】

本案是涉大气污染的生态环境损害赔偿案件。大气污染是人民群众感受最为直接、反映最为强烈的环境问题，打赢蓝天保卫战是打好污染防治攻坚战的重中之重。2019 年，世界环境日主题聚焦空气污染防治，提出"蓝天保卫战，我是行动者"的口号，显示了中国政府推动打好污染防治攻坚战的决心。本案中，上峰建材公司以在大气污染物在线监控设施监测取样管上套装管子并喷吹石灰中和后的气体等方式，干扰自动监测数据，超标排放氮氧化物、二氧化硫等大气污染物。虽然污染物已通过周边大气生态环境稀释自净，无须实施现场修复，但是大气经过扩散等途径仍会污染其他地区的生态环境，不能因此免除污染者应承担的生态环境损害赔偿责任。人民法院对案涉赔偿协议予以司法确认，明确由上峰建材公司以替代方式承担生态环境损害赔偿责任，是对多样化责任承担方式的积极探索。本案体现了环境司法对大气污染的"零容忍"，有利于引导企业积极履行生态环境保护的主体责任，自觉遵守环境保护法律法规，推动企业形成绿色生产方式。此外，经磋商，上峰建材公司在依法承担 110.4143 万元生态环境损害赔偿的基础上，自愿追加资金投入 175.5857 万元用于生态环境替代修复，体现了生态环境损害赔偿制度在推动企业主动承担社会责任方面起到了积极作用。

5. 贵阳市生态环境局诉贵州省六盘水双元铝业有限责任公司、阮正华、田锦芳生态环境损害赔偿诉讼案

【基本案情】

贵阳市生态环境局诉称：2017年以来，贵州省六盘水双元铝业有限责任公司（以下简称双元铝业公司）、田锦芳、阮正华将生产过程中产生的电解铝固体废物运输至贵阳市花溪区溪董家堰村塘边寨旁进行倾倒，现场未采取防雨防渗措施。2018年4月10日，又发现花溪区查获的疑似危险废物被被告转移至修文县龙场镇营关村一废弃洗煤厂进行非法填埋。事发后环保部门及时对该批固体废物及堆场周边水体进行采样送检，检测结果表明，送检样品中含有大量的水溶性氟化物，极易对土壤、地下水造成严重污染，该批固体废物为疑似危险废物。环境损害鉴定评估显示，该生态环境损害行为所产生的危险废物处置费用、场地生态修复费用、送检化验费用、环境损害评估费用、后期跟踪检测费用、综合整治及生态修复工程监督修复评估费合计413.78万元。贵阳市生态环境局与三赔偿义务人多次磋商未果，遂向贵阳市中级人民法院提起生态环境损害赔偿诉讼。

【裁判结果】

案件审理过程中，贵阳市中级人民法院多次主持调解，当事人自愿达成调解协议。主要内容包括：（1）涉及边寨违法倾倒场地的危险废物处置费用、送检化验费用、鉴定费用、场地生态修复费用及后期跟踪监测费用由三被告承担。（2）涉及修文县龙场镇营关村废弃洗煤厂的危险废物处置费用、送检化验费用、鉴定费用、场地生态修复费用、后期跟踪监测费用由三被告承担。（3）由赔偿权利人的代表贵阳市生态环境局于2019年6

月 1 日前牵头组织启动案涉两宗被污染地块后期修复及监测等工作。三被告按协议约定支付相应款项后，应于支付之日起十日内将相关单据提供给法院。贵阳市中级人民法院对调解协议进行公告，公告期内未收到异议。贵阳市中级人民法院经审查后依法制作民事调解书并送达各方当事人。现双元铝业公司、阮正华、田锦芳已按调解书内容履行了支付义务。

【典型意义】

本案是由生态环境保护主管部门直接提起的生态环境损害赔偿诉讼案件。人民法院在审理过程中严格遵循以生态环境修复为中心的损害救济制度，多次主持调解，力促各方当事人在充分考虑受损生态环境修复的基础上达成调解，并在调解书中明确了被污染地块修复的牵头单位、启动时限等，确保生态环境修复工作得以有效开展。同时，人民法院考虑到生态环境修复的长期性，在调解书中明确将后期修复工作的实际情况纳入法院的监管范围，要求三被告及时向法院报送相关履行单据，最大限度保障生态修复目标的实现。

（三）2020 年 1 月 9 日最高人民法院召开新闻发布会发布长江经济带生态环境保护典型案例

九江市人民政府诉江西正鹏环保科技有限公司、杭州连新建材有限公司、李德等 7 人生态环境损害赔偿诉讼案

【基本案情】

2017 年至 2018 年间，江西正鹏环保科技有限公司（以下简称正鹏公

司）与杭州塘栖热电有限公司等签署合同，运输、处置多家公司生产过程中产生的污泥，收取相应的污泥处理费用。正鹏公司实际负责人李德将从多处收购来的污泥直接倾倒、与丰城市志合新材料有限公司（以下简称志合公司）合作倾倒或者交由不具有处置资质的张永良、舒正峰等人倾倒至九江市区多处地块，杭州连新建材有限公司（以下简称连新公司）明知张永良从事非法转运污泥，仍放任其持有加盖公司公章的空白合同处置污泥。经鉴定，上述被倾倒的污泥共计 1.48 万吨，造成土壤、水及空气污染，所需修复费用 1446.29 万元。案发后，江西省九江市浔阳区人民检察院依法对被告人舒正峰等 6 人提起刑事诉讼，江西省九江市中级人民法院二审判处被告人舒正峰等 6 人犯污染环境罪，有期徒刑二年二个月至有期徒刑十个月不等，并处罚金 10 万元至 5 万元不等。九江市人民政府依据相关规定开展磋商，并与杭州塘栖热电有限公司达成赔偿协议。因未与正鹏公司、连新公司、李德等 7 人达成赔偿协议，九江市人民政府提起本案诉讼，要求各被告履行修复生态环境义务，支付生态环境修复费用、公开赔礼道歉并承担律师费和诉讼费用。

【裁判结果】

江西省九江市中级人民法院一审认为，正鹏公司及其实际负责人李德直接倾倒污泥或者将污泥交付张永良、舒正峰等人转运或者倾倒，造成环境严重污染，应承担相应生态环境损害赔偿责任。张永良持有连新公司交付的加盖公司公章的空白合同处理案涉污泥，连新公司未履行监管义务，放任张永良非法倾倒污泥，应当承担连带责任。夏吉萍作为志合公司实际负责人，因该公司与正鹏公司合作从事污泥倾倒工作，且其个人取得利润分成，应当承担连带责任。案涉污染地块中污泥已混同，无法分开进行修复，判决各被告共同承担倾倒污泥地块的修复责任以及不履行修复义务时应当支付的修复费用，在省级或以上媒体向社会公开赔礼道歉，共同支付环境评估报告编制费、风险评估费以及律师代理费。

【典型意义】

本案系在长江经济带区域内跨省倾倒工业污泥导致生态环境严重污染

引发的生态环境损害赔偿案件。在依法追究被告公司及各被告人刑事责任的基础上，九江市人民政府充分发挥磋商作用，促使部分赔偿义务人达成协议并积极履行修复和赔偿义务；对于磋商不成的，则依法提起生态环境损害赔偿诉讼，实现了诉前磋商与提起诉讼的有效衔接。本案判决不仅明确了经营者虽没有直接实施倾倒行为，但放任他人非法处置的，应由经营者与非法处置人共同承担责任的规则；还明确了数人以分工合作的方式非法转运、倾倒污泥，在无法区分各侵权人倾倒污泥数量的情况下，应当共同承担责任的规则，有效落实最严格的生态环境保护法律制度。

（四）2020 年 6 月 5 日最高人民法院召开新闻发布会发布黄河流域生态环境司法保护典型案例

郑州市生态环境局与河南鑫洲建筑工程有限公司生态环境损害赔偿司法确认案

【基本案情】

2018 年 5 月，河南鑫洲建筑工程有限公司（以下简称鑫洲公司）在新郑市龙湖镇非法倾倒有毒土壤。经鉴定，土壤中含有"六六六"与"滴滴涕"等农药因子，受污染土壤共计 14.885 万立方米。在有关部门采取紧急控制措施、查清污染事实、鉴定损害后果后，根据河南省郑州市人民政府授权，郑州市生态环境局与鑫洲公司进行磋商，达成了《新郑市龙湖镇李木咀村与刘口村土壤污染案件生态环境损害赔偿协议》。主要内容为，（1）由鑫洲公司赔偿应急处理及调查评估，土壤修复效果评估、监理与验收，恢复性补偿等费用共 929.82 万元。（2）由鑫洲公司承担土壤修复责任，委托第三方进行受污染土壤无害化处置，直至评估达标；否则须按司法鉴定土壤修复估算费用的130%计算违约金，计1.94亿元，同时还应就损害扩大部分承担全部法律责任。（3）若鑫洲公司不履行或不完全履行协议，郑州市生态环境局有向郑州市中级人民法院申请强制执行的权利。协议达成后，双方共同向人民法院申请要求确认协议有效。

【裁判结果】

河南省郑州市中级人民法院受理司法确认申请后，依法对《新郑市龙湖镇李木咀村与刘口村土壤污染案件生态环境损害赔偿协议》内容进行了公告。公告期内，未收到异议或意见。河南省郑州市中级人民法院对协议内容的真实性、合法性审查后认为，申请人达成的协议符合司法确认的条件，遂裁定确认协议有效；拒绝履行或者未全部履行协议时，可以向人民法院申请强制执行。

【典型意义】

本案系土壤污染引发的生态环境损害赔偿司法确认案件。涉案磋商协议对赔偿权利人和赔偿义务人的身份，生态环境损害的事实、程度和有关证据，双方对生态损害鉴定报告的意见，生态环境损害修复模式及费用支付方式，修复工程持续期间，修复效果评估以及不履行或不完全履行协议的责任等内容作了全面约定，不仅确保生态环境损害修复工作落到实处，也便于接受公众监督，充分保障公众的知情权和参与权。受案法院对生态环境损害赔偿磋商协议司法确认的程序、规则等进行了积极探索，提供了有益的经验。人民法院通过司法确认，赋予磋商协议强制执行效力，促进磋商在生态环境损害赔偿工作中的积极作用，引导企业积极履行生态环境保护主体责任，强化土壤污染管控和修复，促进流域生态环境修复。

（五）2020 年 9 月 25 日最高人民法院召开新闻发布会发布长江流域生态环境司法保护典型案例

"王家坝河"生态环境损害赔偿协议司法确认案

【基本案情】

2019 年 6 月 6 日夜，姚某在禁渔期间至重庆市酉阳县酉酬镇溪口村一组小地名"王家坝河"的天然河流，操作禁止使用的捕捞工具电鱼机非法捕捞野生鱼，被当场查获。经清点，姚某非法捕捞野生渔获物共计 330 尾，总净重 10.2 斤。后当地农业农村委员会与姚某就其非法捕捞水产品造成的生态环境损害进行磋商，并达成赔偿协议，并向人民法院申请司法确认。

【裁判结果】

重庆市黔江区人民法院受理申请后依法进行了审查，并对生态环境损害赔偿协议进行公告。公告期内，未收到异议。重庆市黔江区人民法院认为，申请人自行协商一致达成的生态环境损害赔偿协议，符合司法确认赔偿协议的法定条件，依法确认协议有效。当事人应当按照赔偿协议约定自觉履行赔偿涉案生态环境损害 7242 元的义务，一方当事人拒绝履行或未全部履行的，对方当事人可以向人民法院申请强制执行。

【典型意义】

本案系在长江流域天然河流非法捕捞水产品引发的生态环境损害赔偿协议司法确认案件。本案中，赔偿义务人因其非法捕捞水产品行为造成生态环境损害，省级人民政府授权的机关与其进行磋商，达成生态环境损害赔偿协议，人民法院依法予以确认。赔偿义务人依据专家评估意见通过实施增殖放流的方式对破坏的生态环境进行修复，履行情况作为后续刑事案件酌定从轻的量刑情节。本案拓展了非法捕捞水产品行为人承担生态环境损害赔偿责任的司法路径，体现了生态优先、注重修复的环境司法理念。

（六）2021 年 6 月 4 日最高人民法院召开新闻发布会发布 2020 年度人民法院环境资源典型案例

河南省濮阳市人民政府诉聊城德丰化工有限公司生态环境损害赔偿诉讼案

【基本案情】

聊城德丰化工有限公司（以下简称德丰公司）是生产三氯乙酰氯的化工企业，副产酸为盐酸。2017 年 12 月至 2018 年 3 月，德丰公司采取补贴销售的手段将副产酸交给不具有处置资质的徐章华、徐文超等人，再由不具有处置资质的吴茂勋、翟瑞花等人从德丰公司运输酸液共 27 车，每车装载约 13 吨，其中 21 车废酸液直接排放到濮阳县回木沟，致使回木沟及金堤河岳辛庄段严重污染。濮阳县环境保护局委托濮阳天地人环保科技股份有限公司进行应急处置，应急处置费用 138.90 万元。经评估，确定回木沟和金堤河环境损害价值量化金额为 404.74 万元，评估费 8 万元。河南省濮阳市人民政府先后两次召开会议，与德丰公司就生态环境损害赔偿进行磋商，未达成一致意见。遂提起诉讼，请求德丰公司赔偿应急处置费用、环境损害价值和评估费用共计 551.64 万元。

【裁判结果】

河南省濮阳市中级人民法院一审认为，德丰公司将副产酸交由不具备处置资质的主体处置，造成生态环境受到严重损害，应当承担赔偿责任。同时，为促进市场主体积极投身生态环境保护事业，酌定德丰公司参与生态环境治理、技术改造、购买环境责任保险等事项的投入费用，可在本案环境损害赔偿费一定额度内按比例折抵。一审判决德丰公司赔偿濮阳市政府应急处置费 138.90 万元、评估费 8 万元、环境损害赔偿费 404.74 万元，其中环境损害赔偿费可由德丰公司以参与相关水域生态环境治理工程支出的费用、技术改造、购买环境污染责任险等方式在一定额度内予以抵扣。河南省高级人民法院二审维持原判。

【典型意义】

本案系市级人民政府提起的生态环境损害赔偿诉讼。本案中，德丰公司将其副产酸交由没有处置资质的主体非法处置，其行为与生态环境损害后果之间具有因果关系。人民法院认定涉事企业构成环境侵权、应承担生态环境损害赔偿责任的同时，判令其参与生态环境治理、技术改造、购买环境责任保险的费用在一定额度内折抵赔偿费用的裁判方式，充分体现生态环境损害赔偿诉讼以修复为主的审判理念，彰显人民法院助力企业复工复产的积极作为。本案的审理对同类化工行业规范危险副产品无害化处置具有重要的教育示范意义，对潜在违法者具有重大的警示效果，能够引领社会公众自觉参与到生态环境保护中来，在全社会形成保护环境、爱护生态的良好氛围。

第四部分　附录

附录一 新闻发布稿

《最高人民法院关于审理生态环境损害赔偿案件的若干规定（试行）》新闻发布稿

（2019 年 6 月 5 日）

各位记者朋友，同志们：

《最高人民法院关于审理生态环境损害赔偿案件的若干规定（试行）》（以下简称《若干规定》）已于 2019 年 5 月 20 日由最高人民法院审判委员会第 1769 次会议讨论通过，并于今天正式发布施行。下面，我就这部司法解释的起草情况、主要内容作一简要的介绍和说明。

一、《若干规定》出台的背景和意义

习近平总书记指出："只有实行最严格的制度、最严密的法治，才能为生态文明建设提供可靠保障。"生态环境损害赔偿制度是生态文明制度体系的重要组成部分。党中央、国务院高度重视生态环境损害赔偿工作，党的十八届三中全会明确提出，对造成生态环境损害的责任者严格实行赔偿制度。2015 年中央先后通过《关于加快推进生态文明建设的意见》《生态文明体制改革总体方案》，明确提出要严格实行生态环境损害赔偿制度。2015 年 12 月，中共中央办公厅、国务院办公厅发布《生态环境损害赔偿制度改革试点方案》，以探索建立生态环境损害的修复和赔偿制度为目标，在吉林等 7 个省市部署开展改革试点。2017 年 12 月，中共中央办公厅、国务院办公厅印发《生态环境损害赔偿制度改革方案》（以下简称《改革方案》），明确自 2018 年 1 月 1 日起，在全国试行生态环境损害赔偿制度。到 2020 年，力争在全国范围内初步构建责任明确、途径畅通、技术规范、保障有力、赔偿到位、修复有效的生态环境损害赔偿制度。《改革方案》要求最高人民法院负责指导有关生态环境损害赔偿的审判工作，并对

人民法院探索完善赔偿诉讼规则提出具体要求。

最高人民法院高度重视《改革方案》任务分工的贯彻落实，指导各级人民法院紧紧围绕党中央决策部署，积极开展生态环境损害赔偿审判工作，创新赔偿协议司法确认程序，依法受理生态环境损害赔偿各类案件，探索完善审判执行规则，为生态环境损害赔偿制度改革提供有力的司法服务和保障。各级人民法院坚持"环境有价，损害担责"工作原则，由环境资源审判庭或者专门法庭受理、审理生态环境损害赔偿案件，严肃追究损害生态环境责任者的修复和赔偿责任，确保受损生态环境得到及时有效修复。各地还认真总结审判经验，山东、贵州、云南、江苏等9省市出台了审理生态环境损害赔偿案件的司法规则，为健全完善生态环境损害赔偿审判规则积累了有益经验。截至2019年5月，各级人民法院共受理省级、市地级人民政府提起的生态环境损害赔偿案件30件，其中，受理生态环境损害赔偿诉讼案件14件、审结9件，受理生态环境损害赔偿协议司法确认案件16件、审结16件，为生态环境损害赔偿制度的全面试行提供了有力司法保障和实践支持。

根据《改革方案》部署，最高人民法院将研究制定生态环境损害赔偿司法解释纳入重要工作日程，在认真总结各地法院尤其是试点法院实践经验的基础上，经过反复调研论证和广泛征求立法机关、相关部门、专家学者、人大代表、政协委员意见，制定出台《若干规定》，从司法解释层面确保党中央关于建立生态环境损害赔偿制度的决策部署落地生根见效。《若干规定》是最高人民法院在习近平新时代中国特色社会主义思想和党的十九大精神引领下，认真贯彻落实习近平生态文明思想和新时代生态文明建设要求，探索完善生态环境损害赔偿制度的一部重要司法解释，将对推动我国建立生态环境损害赔偿法律制度，进一步健全完善涵盖环境民事公益诉讼、生态环境损害赔偿诉讼和普通环境侵权责任诉讼在内的生态环境保护法律体系，全面加强国家利益、社会公共利益和人民群众环境权益的司法保障，产生积极而深远的影响。

二、《若干规定》的主要内容

《若干规定》以指导人民法院正确审理生态环境损害赔偿案件，严格保护生态环境，依法追究损害生态环境责任者的修复和赔偿责任为目标，认真贯彻《改革方案》确定的"依法推进，鼓励创新""环境有价，损害担责""主动磋商，司法保障""信息共享，公众监督"的工作原则，在总结改革试点及全面试行经验基础上，适应生态环境损害赔偿相关法律制度有待完善、审判实践经验尚不够丰富的实际情况，以"试行"的方式，对于司法实践中亟待明确的生态环境损害赔偿诉讼受理条件、证据规则、责任范围、诉讼衔接、赔偿协议司法确认、强制执行等问题予以规定。《若干规定》对一些争议较大的问题暂未作出规定，为实践探索留有余地，保持一定的开放性和前瞻性。

《若干规定》共二十三条，主要就以下六个方面作出了规定。

（一）明确了生态环境损害赔偿诉讼案件的受理条件

生态环境损害赔偿诉讼是不同于环境民事公益诉讼和普通环境侵权责任诉讼的一类新的诉讼类型。《若干规定》第一条就人民法院受理生态环境损害赔偿诉讼案件的条件作出明确规定。

一是明确了可以提起生态环境损害赔偿诉讼的原告范围。依据《改革方案》关于赔偿权利人以及起诉主体的规定，《若干规定》明确省级、市地级人民政府及其指定的相关部门、机构或者受国务院委托行使全民所有自然资源资产所有权的部门可以作为原告提起诉讼。同时，明确"市地级人民政府"包括设区的市，自治州、盟、地区，不设区的地级市，直辖市的区、县人民政府。

二是明确了可以提起生态环境损害赔偿诉讼的具体情形。依据《改革方案》关于生态环境损害赔偿适用范围的规定，《若干规定》明确了可以提起诉讼的三种具体情形，包括发生较大、重大、特别重大突发环境事件的，在国家和省级主体功能区规划中划定的重点生态功能区、禁止开发区发生环境污染、生态破坏事件的，以及发生其他严重影响生态环境后果的情形。需要说明的是，上述第三种情形包括各地依据《改革方案》授权制定的实施方案中的具体规定。

三是明确了开展磋商是提起诉讼的前置程序。《若干规定》明确原告与损害生态环境的责任者经磋商未达成一致或者无法进行磋商的，可以提起生态环境损害赔偿诉讼，将磋商确定为提起诉讼的前置程序，为充分发挥磋商在生态环境损害索赔工作中的积极作用提供了制度依据。

《若干规定》第二条规定了不适用本解释的两类情形，并明确了相应的救济渠道。具体包括两类案件：一是因污染环境、破坏生态造成人身损害、个人和集体财产损失要求赔偿的，适用《侵权责任法》等法律规定；二是因海洋生态环境损害要求赔偿的，适用《海洋环境保护法》等法律及相关规定。

（二）明确了生态环境损害赔偿诉讼案件的审理规则

基于生态环境损害赔偿案件的特殊性，《若干规定》就相关审理程序和证据规则作出专门规定。

一是明确了管辖法院和审理机构。由于生态环境损害赔偿诉讼案件系新类型案件，事关国家利益和人民群众环境权益，社会影响较为重大，《若干规定》第三条规定，第一审生态环境损害赔偿诉讼案件由生态环境损害行为实施地、损害结果发生地或者被告住所地的中级以上人民法院管辖，并根据生态环境损害跨地域、跨流域特点，就跨行政区划集中管辖作出明确规定。同时，根据《改革方案》要求，为统一审判理念和裁判尺度，提高审判专业化水平，《若干规定》明确生态环境损害赔偿案件由人民法院环境资源审判庭或者指定的专门法庭审理。

二是明确了审判组织。生态环境损害赔偿诉讼的目的是保护国家利益和人民群众环境权益。为推进司法民主，保证司法公开公正，主动接受人民监督，《若干规定》明确人民法院审理第一审生态环境损害赔偿诉讼案件，应当由法官和人民陪审员组成合议庭进行。

三是明确了原告的举证责任。《若干规定》依据《侵权责任法》和相关司法解释规定，结合生态环境损害赔偿诉讼原告掌握行政执法阶段证据、举证能力较强的特点，明确原告应当就被告实施了污染环境、破坏生态行为或者具有其他应当依法承担责任的情形，生态环境受到损害以及所需修复费用、损害赔偿等具体数额，以及被告污染环境、破坏生态行为与生态环境损害之间具有关联性，承担相应举证责任。

四是明确了证据审查判断规则。《若干规定》根据生态环境损害赔偿诉讼案件中各类证据的特点，分别就生效刑事裁判涉及的相关事实、行政执法过程中形成的事故调查报告等证据、当事人诉前委托作出的鉴定评估报告等证据的审查判断规则作出明确规定，为准确查明损害生态环境相关事实提供了规范依据。

（三）创新了生态环境损害赔偿责任体系

一是创新责任承担方式，突出了修复生态环境的诉讼目的，首次将"修复生态环境"作为生态环境损害赔偿责任方式；二是创新责任方式的顺位，突出修复生态环境和赔偿生态环境服务功能损失在损害赔偿责任体系中的重要意义；三是明确了责任范围，根据生态环境是否能够修复对损害赔偿责任范围予以分类规定，明确生态环境能够修复时应当承担修复责任并赔偿生态环境服务功能损失，生态环境不能修复时应当赔偿生态环境功能永久性损害造成的损失，并明确将"修复效果后评估费用"纳入修复费用范围；四是明确了赔偿资金的管理使用依据，与《土壤污染防治法》关于建立土壤污染防治基金等规定相衔接，规定赔偿资金应当按照法律法规、规章予以缴纳、管理和使用。

（四）明确了生态环境损害赔偿诉讼与环境民事公益诉讼的衔接规则

《改革方案》要求最高人民法院商有关部门根据实际情况，就生态环境损害赔偿制度与环境民事公益诉讼之间衔接等问题提出意见。《若干规定》在总结实践经验基础上，就两类诉讼的衔接作出了相应规范。

一是明确受理阶段两类案件分别立案后由同一审判组织审理。为保障环境民事公益诉讼原告诉权，节约审判资源，避免裁判矛盾，《若干规定》第十六条规定，在生态环境损害赔偿诉讼案件审理过程中，同一损害生态环境行为又被提起民事公益诉讼，符合起诉条件的，应当由受理生态环境损害赔偿诉讼案件的人民法院受理并由同一审判组织审理。

二是明确审理阶段两类案件的审理顺序。鉴于生态环境损害赔偿诉讼案件的原告具有较强专业性和组织修复生态环境的能力，为促进受损生态环境的及时有效修复，《若干规定》第十七条明确，人民法院受理因同一损害生态环境行为提起的生态环境损害赔偿诉讼案件和民事公益诉讼案件，应先中止民事公益诉讼案件的审理，待生态环境损害赔偿诉讼案件审理完毕后，就民事公益诉讼案件未被涵盖的诉讼请求依法作出裁判。

三是明确裁判生效后两类案件的衔接规则。为避免相关民事主体因同一损害生态环境行为被重复追责，妥善协调发展经济与保护生态环境的关系，《若干规定》第十八条明确，生态环境损害赔偿诉讼案件的裁判生效后，有权提起民事公益诉讼的机关或者社会组织，就同一损害生态环境行为有证据证明存在前案审理时未发现的损害，并提起民事公益诉讼的，人民法院应予受理。明确对于同一损害生态环境行为，除非有证据证明存在前案审理时未发现的损害，原则上只能提起一次生态环境损害赔偿诉讼或者环境民事公益诉讼。

四是明确实际支出应急处置费用的机关提起的追偿诉讼和生态环境损害赔偿诉讼的关系。为全面保护国家利益，《若干规定》第十九条明确，在生态环境损害赔偿诉讼原告未主张应急处置费用时，实际支出该费用的行政机关提起诉讼予以主张的，人民法院应予受理并由同一审判组织审理。

（五）规定了生态环境损害赔偿协议的司法确认规则

《若干规定》第二十条就经磋商达成的赔偿协议申请人民法院司法确认作出规定，明确经磋商达成生态环境损害赔偿协议的，当事人可以向人民法院申请司法确认。同时，规定了赔偿协议的公告、审查以及裁定内容和公开要求，为生态环境损害赔偿协议的司法确认提供了规范依据。

（六）明确了生态环境损害赔偿案件裁判的强制执行

根据生态环境损害赔偿案件所涉生态环境损害巨大，修复工作专业性强、时间长、情况复杂的特点，《若干规定》第二十一条在明确生态环境损害赔偿诉讼案件裁判和经司法确认的赔偿协议具有强制执行效力的同时，明确执行中涉及的生态环境修复工作依法由省级、市地级人民政府及其指定的相关部门、机构组织实施，确保受损生态环境得到及时有效修复。

三、认真贯彻执行《若干规定》，全面加强生态环境损害赔偿制度改革司法保障

各级人民法院在贯彻执行《若干规定》过程中要处理好以下三方面的关系。

一是坚持人民为中心，处理好生态环境损害赔偿诉讼和环境民事公益诉讼、环境侵权责任纠纷案件的关系，保障受损生态环境得到有效修复，全面维护国家利益、社会公共利益和人民群众环境权益。

二是遵循司法规律，处理好生态环境司法保护与行政保护的关系。既要充分发挥司法审判的职能作用，在坚持平等原则基础上依法审理案件，促进生态环境有效修复，又要充分尊重环境资源行政主管部门的执法主体地位，防止审判权"越界"进入行政监管领域，还要注意与行政机关做好诉前磋商、证据调查收集、生态环境修复等环节的衔接协调，形成生态环境保护的强大合力。

三是立足服务大局，处理好尊重现实和改革创新的关系。既要遵循现有法律制度的基本原则和规则，又要主动服务党中央重大改革部署，解放思想、开拓创新，为探索完善生态环境损害赔偿制度贡献司法智慧。各级人民法院既要关注行政机关作为原告的特殊性，又要准确适用《民事诉讼法》及相关司法解释，处理好生态环境损害赔偿诉讼中一般规则和特殊规则的关系，有效排除外部阻力和干扰，强化对违法行为人的追责力度，不断完善生态环境司法保护机制。

各位记者，今天是世界环境日，我国今年环境日的主题是"蓝天保卫战，我是行动者"。最高人民法院将以《若干规定》的出台为契机，指导各级人民法院深入学习贯彻习近平生态文明思想，切实增强责任感和使命感，依法履职、开拓创新，全面加强国家利益、社会公共利益和人民群众环境权益的司法保障，为加强新时代生态环境保护、建设天蓝地绿水净的美好家园提供更加有力的司法服务和保障！

附录二 相关法律规定

中共中央办公厅 国务院办公厅
生态环境损害赔偿制度改革方案

2017 年 12 月 17 日   中办发〔2017〕68 号

生态环境损害赔偿制度是生态文明制度体系的重要组成部分。党中央、国务院高度重视生态环境损害赔偿工作，党的十八届三中全会明确提出对造成生态环境损害的责任者严格实行赔偿制度。2015 年，中央办公厅、国务院办公厅印发《生态环境损害赔偿制度改革试点方案》（中办发〔2015〕57 号），在吉林等 7 个省市部署开展改革试点，取得明显成效。为进一步在全国范围内加快构建生态环境损害赔偿制度，在总结各地区改革试点实践经验基础上，制定本方案。

一、总体要求和目标

通过在全国范围内试行生态环境损害赔偿制度，进一步明确生态环境损害赔偿范围、责任主体、索赔主体、损害赔偿解决途径等，形成相应的鉴定评估管理和技术体系、资金保障和运行机制，逐步建立生态环境损害的修复和赔偿制度，加快推进生态文明建设。

自 2018 年 1 月 1 日起，在全国试行生态环境损害赔偿制度。到 2020 年，力争在全国范围内初步构建责任明确、途径畅通、技术规范、保障有力、赔偿到位、修复有效的生态环境损害赔偿制度。

二、工作原则

——依法推进，鼓励创新。按照相关法律法规规定，立足国情和地方实际，由易到难、稳妥有序开展生态环境损害赔偿制度改革工作。对法律未作规定的具体问题，根据需要提出政策和立法建议。

——环境有价，损害担责。体现环境资源生态功能价值，促使赔偿义务人对受损的生态环境进行修复。生态环境损害无法修复的，实施货币赔偿，用于替代修复。赔偿义务人因同一生态环境损害行为需承担行政责任或刑事责任的，不影响其依法承担生态环境损害赔偿责任。

——主动磋商，司法保障。生态环境损害发生后，赔偿权利人组织开展生态环境损害调查、鉴定评估、修复方案编制等工作，主动与赔偿义务人磋商。磋商未达成一致，赔偿权利人可依法提起诉讼。

——信息共享，公众监督。实施信息公开，推进政府及其职能部门共享生态环境损害赔偿信息。生态环境损害调查、鉴定评估、修复方案编制等工作中涉及公共利益的重大事项应当向社会公开，并邀请专家和利益相关的公民、法人、其他组织参与。

三、适用范围

本方案所称生态环境损害，是指因污染环境、破坏生态造成大气、地表水、地下水、土壤、森林等环境要素和植物、动物、微生物等生物要素的不利改变，以及上述要素构成的生态系统功能退化。

（一）有下列情形之一的，按本方案要求依法追究生态环境损害赔偿责任：

1. 发生较大及以上突发环境事件的；

2. 在国家和省级主体功能区规划中划定的重点生态功能区、禁止开发区发生环境污染、生态破坏事件的；

3. 发生其他严重影响生态环境后果的。各地区应根据实际情况，综合考虑造成的环境污染、生态破坏程度以及社会影响等因素，明确具体情形。

（二）以下情形不适用本方案：

1. 涉及人身伤害、个人和集体财产损失要求赔偿的，适用侵权责任法等法律规定；

2. 涉及海洋生态环境损害赔偿的，适用海洋环境保护法等法律及相关规定。

四、工作内容

（一）明确赔偿范围。生态环境损害赔偿范围包括清除污染费用、生态环境修复费用、生态环境修复期间服务功能的损失、生态环境功能永久性损害造成的损失以及生态环境损害赔偿调查、鉴定评估等合理费用。各地区可根据生态环境损害赔偿工作进展情况和需要，提出细化赔偿范围的建议。鼓励各地区开展环境健康损害赔偿探索性研究与实践。

（二）确定赔偿义务人。违反法律法规，造成生态环境损害的单位或个人，应当承担生态环境损害赔偿责任，做到应赔尽赔。现行民事法律和资源环境保护法律有相关免除或减轻生态环境损害赔偿责任规定的，按相应规定执行。各地区可根据需要扩大生态环境损害赔偿义务人范围，提出相关立法建议。

（三）明确赔偿权利人。国务院授权省级、市地级政府（包括直辖市所辖的区县级政府，下同）作为本行政区域内生态环境损害赔偿权利人。省域内跨市地的生态环境损害，由省级政府管辖；其他工作范围划分由省级政府根据本地区实际情况确定。省级、市地级政府可指定相关部门或机构负责生态环境损害赔偿具体工作。省级、市地级政府及其指定的部门或机构均有权提起诉讼。跨省域的生态环境损害，由生态环境损害地的相关省级政府协商开展生态环境损害赔偿工作。

在健全国家自然资源资产管理体制试点区，受委托的省级政府可指定统一行使全民所有自然资源资产所有者职责的部门负责生态环境损害赔偿具体工作；国务院直接行使全民所有自然资源资产所有权的，由受委托代行该所有权的部门作为赔偿权利人开展生态环境损害赔偿工作。

各省（自治区、直辖市）政府应当制定生态环境损害索赔启动条件、鉴定评估机构选定程序、信息公开等工作规定，明确国土资源、环境保护、住房城乡建设、水利、农业、林业等相关部门开展索赔工作的职责分工。建立对生态环境损害索赔行为的监督机制，赔偿权利人及其指定的相关部门或机构的负责人、工作人员在索赔工作中存在滥用职权、玩忽职守、徇私舞弊的，依纪依法追究责任；涉嫌犯罪的，移送司法机关。

对公民、法人和其他组织举报要求提起生态环境损害赔偿的，赔偿权利人及其指定的部门或机构应当及时研究处理和答复。

（四）开展赔偿磋商。经调查发现生态环境损害需要修复或赔偿的，赔偿权利人根据生态环境损害鉴定评估报告，就损害事实和程度、修复启动时间和期限、赔偿的责任承担方式和期限等具体问题与赔偿义务人进行磋商，统筹考虑修复方案技术可行性、成本效益最优化、赔偿义务人赔偿能力、第三方治理可行性等情况，达成赔偿协议。对经磋商达成的赔偿协议，可以依照民事诉讼法向人民法院申请司法确认。经司法确认的赔偿协议，赔偿义务人不履行或不完全履行的，赔偿权利人及其指定的部门或机构可向人民法院申请强制执行。磋商未达成一致的，赔偿权利人及其指定的部门或机构应当及时提起生态环境损害赔偿民事诉讼。

（五）完善赔偿诉讼规则。各地人民法院要按照有关法律规定、依托现有资源，由环境资源审判庭或指定专门法庭审理生态环境损害赔偿民事案件；根据赔偿义务人主观过错、经营状况等因素试行分期赔付，探索多样化责任承担方式。

各地人民法院要研究符合生态环境损害赔偿需要的诉前证据保全、先予执行、执行监督等制度；可根据试行情况，提出有关生态环境损害赔偿诉讼的立法和制定司法解释建议。鼓励法定的机关和符合条件的社会组织依法开展生态环境损害赔偿诉讼。

生态环境损害赔偿制度与环境公益诉讼之间衔接等问题，由最高人民法院商有关部门根据实际情况制定指导意见予以明确。

（六）加强生态环境修复与损害赔偿的执行和监督。赔偿权利人及其指定的部门或机构对磋商或诉讼后的生态环境修复效果进行评估，确保生态环境得到及时有效修复。生态环境损害赔偿款项使用情况、生态环境修复效果要向社会公开，接受公众监督。

（七）规范生态环境损害鉴定评估。各地区要加快推进生态环境损害鉴定评估专业力量建设，推动组建符合条件的专业评估队伍，尽快形成评估能力。研究制定鉴定评估管理制度和工作程序，保障独立开展生态环境损害鉴定评估，并做好与司法程序的衔接。为磋商提供鉴定意见的鉴定评估机构应当符合国家有关要求；为诉讼提供鉴定意见的鉴定评估机构应当遵守司法行政机关等的相关规定规范。

（八）加强生态环境损害赔偿资金管理。经磋商或诉讼确定赔偿义务人的，赔偿义务人应当根据磋商或判决要求，组织开展生态环境损害的修复。赔偿义务人无能力开展修复工作的，可以委托具备修复能力的社会第三方机构进行修复。修复资金由赔偿义务人向委托的社会第三方机构支付。赔偿义务人自行修复或委托修复的，赔偿权利人前期开展生态环境损害调查、鉴定评估、修复效果后评估等费用由赔偿义务人承担。

赔偿义务人造成的生态环境损害无法修复的，其赔偿资金作为政府非税收入，全额上缴同级国库，纳入预算管理。赔偿权利人及其指定的部门或机构根据磋商或判决要求，结合本区域生态环境损害情况开展替代修复。

五、保障措施

（一）落实改革责任。各省（自治区、直辖市）、市（地、州、盟）党委和政府要加强对生态环境损害赔偿制度改革的统一领导，及时制定本地区实施方案，明确改革任务和时限要求，大胆探索，扎实推进，确保各项改革措施落到实处。省（自治区、直辖市）政府成立生态环境损害赔偿制度改革工作领导小组。省级、市地级政府指定的部门或机构，要明确有关人员专门负责生态环境损害赔偿工作。国家自然资源资产管理体制试点部门要明确任务、细化责任。

吉林、江苏、山东、湖南、重庆、贵州、云南7个试点省市试点期间的实施方案可以结合试点情况和本方案要求进行调整完善。

各省（自治区、直辖市）在改革试行过程中，要及时总结经验，完善相关制度。自2019年起，每年3月底前将上年度本行政区域生态环境损害赔偿制度改革工作情况送环境保护部汇总后报告党中央、国务院。

（二）加强业务指导。环境保护部会同相关部门负责指导有关生态环境损害调查、鉴定评估、修复方案编制、修复效果后评估等业务工作。最高人民法院负责指导有关生态环境损害赔偿的审判工作。最高人民检察院负责指导有关生态环境损害赔偿的检察工作。司法部负责指导有关生态环境损害司法鉴定管理工作。财政部负责指导有关生态环境损害赔偿资金管理工作。国家卫生计生委、环境保护部对各地区环境健康问题开展调查研究或指导地方开展调查研究，加强环境与健康综合监测与风险评估。

（三）加快技术体系建设。国家建立健全统一的生态环境损害鉴定评估技术标准体系。环境保护部负责制定完善生态环境损害鉴定评估技术标准体系框架和技术总纲；会同相关部门出台或修订生态环境损害鉴定评估的专项技术规范；会同相关部门建立服务于生态环境损害鉴定评估的数据平台。相关部门针对基线确定、因果关系判定、损害数额量化等损害鉴定关键环节，组织加强关键技术与标准研究。

（四）做好经费保障。生态环境损害赔偿制度改革工作所需经费由同级财政予以安排。

（五）鼓励公众参与。不断创新公众参与方式，邀请专家和利益相关的公民、法人、其他组织参加生态环境修复或赔偿磋商工作。依法公开生态环境损害调查、鉴定评估、赔偿、诉讼裁判文书、生态环境修复效果报告等信息，保障公众知情权。

六、其他事项

2015 年印发的《生态环境损害赔偿制度改革试点方案》自 2018 年 1 月 1 日起废止。

中华人民共和国民法典（节录）

(2020 年 5 月 28 日第十三届全国人民代表大会第三次会议通过
2020 年 5 月 28 日中华人民共和国主席令第四十五号公布
自 2021 年 1 月 1 日起施行)

第七编 侵权责任

第七章 环境污染和生态破坏责任

第一千二百二十九条 因污染环境、破坏生态造成他人损害的，侵权人应当承担侵权责任。

第一千二百三十条 因污染环境、破坏生态发生纠纷，行为人应当就法律规定的不承担责任或者减轻责任的情形及其行为与损害之间不存在因果关系承担举证责任。

第一千二百三十一条 两个以上侵权人污染环境、破坏生态的，承担责任的大小，根据污染物的种类、浓度、排放量，破坏生态的方式、范围、程度，以及行为对损害后果所起的作用等因素确定。

第一千二百三十二条 侵权人违反法律规定故意污染环境、破坏生态造成严重后果的，被侵权人有权请求相应的惩罚性赔偿。

第一千二百三十三条 因第三人的过错污染环境、破坏生态的，被侵权人可以向侵权人请求赔偿，也可以向第三人请求赔偿。侵权人赔偿后，有权向第三人追偿。

第一千二百三十四条 违反国家规定造成生态环境损害，生态环境能够修复的，国家规定的机关或者法律规定的组织有权请求侵权人在合理期限内承担修复责任。侵权人在期限内未修复的，国家规定的机关或者法律规定的组织可以自行或者委托他人进行修复，所需费用由侵权人负担。

第一千二百三十五条 违反国家规定造成生态环境损害的，国家规定的机关或者法律规定的组织有权请求侵权人赔偿下列损失和费用：

（一）生态环境受到损害至修复完成期间服务功能丧失导致的损失；

（二）生态环境功能永久性损害造成的损失；

（三）生态环境损害调查、鉴定评估等费用；

（四）清除污染、修复生态环境费用；

（五）防止损害的发生和扩大所支出的合理费用。

最高人民法院
关于适用《中华人民共和国
民事诉讼法》的解释（节录）

（2014 年 12 月 18 日最高人民法院审判委员会第 1636 次会议通过 根据 2020 年 12 月 23 日最高人民法院审判委员会第 1823 次会议通过的《最高人民法院关于修改〈最高人民法院关于人民法院民事调解工作若干问题的规定〉等十九件民事诉讼类司法解释的决定》第一次修正 根据 2022 年 3 月 22 日最高人民法院审判委员会第 1866 次会议通过的《最高人民法院关于修改〈最高人民法院关于适用《中华人民共和国民事诉讼法》的解释〉的决定》第二次修正 该修正自 2022 年 4 月 10 日起施行）

十三、公益诉讼

第二百八十二条 环境保护法、消费者权益保护法等法律规定的机关和有关组织对污染环境、侵害众多消费者合法权益等损害社会公共利益的行为，根据民事诉讼法第五十八条规定提起公益诉讼，符合下列条件的，人民法院应当受理：

（一）有明确的被告；

（二）有具体的诉讼请求；

（三）有社会公共利益受到损害的初步证据；

（四）属于人民法院受理民事诉讼的范围和受诉人民法院管辖。

第二百八十三条 公益诉讼案件由侵权行为地或者被告住所地中级人民法院管辖，但法律、司法解释另有规定的除外。

因污染海洋环境提起的公益诉讼，由污染发生地、损害结果地或者采取预防污染措施地海事法院管辖。

对同一侵权行为分别向两个以上人民法院提起公益诉讼的，由最先立案的人民法院管辖，必要时由它们的共同上级人民法院指定管辖。

第二百八十四条 人民法院受理公益诉讼案件后，应当在十日内书面告知相关行政主管部门。

第二百八十五条 人民法院受理公益诉讼案件后，依法可以提起诉讼的其他机关和有关组织，可以在开庭前向人民法院申请参加诉讼。人民法院准许参加诉讼的，列为共同原告。

第二百八十六条 人民法院受理公益诉讼案件，不影响同一侵权行为的受害人根据民事诉讼法第一百二十二条规定提起诉讼。

第二百八十七条 对公益诉讼案件，当事人可以和解，人民法院可以调解。

当事人达成和解或者调解协议后，人民法院应当将和解或者调解协议进行公告。公告期间不得少于三十日。

公告期满后，人民法院经审查，和解或者调解协议不违反社会公共利益的，应当出具调解书；和解或者调解协议违反社会公共利益的，不予出具调解书，继续对案件进行审理并依法作出裁判。

第二百八十八条 公益诉讼案件的原告在法庭辩论终结后申请撤诉的，人民法院不予准许。

第二百八十九条 公益诉讼案件的裁判发生法律效力后，其他依法具有原告资格的机关和有关组织就同一侵权行为另行提起公益诉讼的，人民法院裁定不予受理，但法律、司法解释另有规定的除外。

最高人民法院
关于审理环境民事公益诉讼案件
适用法律若干问题的解释

(2014 年 12 月 8 日最高人民法院审判委员会第 1631 次会议通过 根据 2020 年 12 月 23 日最高人民法院审判委员会第 1823 次会议通过的《最高人民法院关于修改〈最高人民法院关于人民法院民事调解工作若干问题的规定〉等十九件民事诉讼类司法解释的决定》修正)

为正确审理环境民事公益诉讼案件,根据《中华人民共和国民法典》《中华人民共和国环境保护法》《中华人民共和国民事诉讼法》等法律的规定,结合审判实践,制定本解释。

第一条 法律规定的机关和有关组织依据民事诉讼法第五十五条、环境保护法第五十八条等法律的规定,对已经损害社会公共利益或者具有损害社会公共利益重大风险的污染环境、破坏生态的行为提起诉讼,符合民事诉讼法第一百一十九条第二项、第三项、第四项规定的,人民法院应予受理。

第二条 依照法律、法规的规定,在设区的市级以上人民政府民政部门登记的社会团体、基金会以及社会服务机构等,可以认定为环境保护法第五十八条规定的社会组织。

第三条 设区的市,自治州、盟、地区,不设区的地级市,直辖市的区以上人民政府民政部门,可以认定为环境保护法第五十八条规定的"设区的市级以上人民政府民政部门"。

第四条 社会组织章程确定的宗旨和主要业务范围是维护社会公共利益,且从事环境保护公益活动的,可以认定为环境保护法第五十八条规定的"专门从事环境保护公益活动"。

社会组织提起的诉讼所涉及的社会公共利益，应与其宗旨和业务范围具有关联性。

第五条 社会组织在提起诉讼前五年内未因从事业务活动违反法律、法规的规定受过行政、刑事处罚的，可以认定为环境保护法第五十八条规定的"无违法记录"。

第六条 第一审环境民事公益诉讼案件由污染环境、破坏生态行为发生地、损害结果地或者被告住所地的中级以上人民法院管辖。

中级人民法院认为确有必要的，可以在报请高级人民法院批准后，裁定将本院管辖的第一审环境民事公益诉讼案件交由基层人民法院审理。

同一原告或者不同原告对同一污染环境、破坏生态行为分别向两个以上有管辖权的人民法院提起环境民事公益诉讼的，由最先立案的人民法院管辖，必要时由共同上级人民法院指定管辖。

第七条 经最高人民法院批准，高级人民法院可以根据本辖区环境和生态保护的实际情况，在辖区内确定部分中级人民法院受理第一审环境民事公益诉讼案件。

中级人民法院管辖环境民事公益诉讼案件的区域由高级人民法院确定。

第八条 提起环境民事公益诉讼应当提交下列材料：

（一）符合民事诉讼法第一百二十一条规定的起诉状，并按照被告人数提出副本；

（二）被告的行为已经损害社会公共利益或者具有损害社会公共利益重大风险的初步证明材料；

（三）社会组织提起诉讼的，应当提交社会组织登记证书、章程、起诉前连续五年的年度工作报告书或者年检报告书，以及由其法定代表人或者负责人签字并加盖公章的无违法记录的声明。

第九条 人民法院认为原告提出的诉讼请求不足以保护社会公共利益的，可以向其释明变更或者增加停止侵害、修复生态环境等诉讼请求。

第十条 人民法院受理环境民事公益诉讼后，应当在立案之日起五日内将起诉状副本发送被告，并公告案件受理情况。

有权提起诉讼的其他机关和社会组织在公告之日起三十日内申请参加诉讼，经审查符合法定条件的，人民法院应当将其列为共同原告；逾期申请的，不予准许。

公民、法人和其他组织以人身、财产受到损害为由申请参加诉讼的，告知其另行起诉。

第十一条　检察机关、负有环境资源保护监督管理职责的部门及其他机关、社会组织、企业事业单位依据民事诉讼法第十五条的规定，可以通过提供法律咨询、提交书面意见、协助调查取证等方式支持社会组织依法提起环境民事公益诉讼。

第十二条　人民法院受理环境民事公益诉讼后，应当在十日内告知对被告行为负有环境资源保护监督管理职责的部门。

第十三条　原告请求被告提供其排放的主要污染物名称、排放方式、排放浓度和总量、超标排放情况以及防治污染设施的建设和运行情况等环境信息，法律、法规、规章规定被告应当持有或者有证据证明被告持有而拒不提供，如果原告主张相关事实不利于被告的，人民法院可以推定该主张成立。

第十四条　对于审理环境民事公益诉讼案件需要的证据，人民法院认为必要的，应当调查收集。

对于应当由原告承担举证责任且为维护社会公共利益所必要的专门性问题，人民法院可以委托具备资格的鉴定人进行鉴定。

第十五条　当事人申请通知有专门知识的人出庭，就鉴定人作出的鉴定意见或者就因果关系、生态环境修复方式、生态环境修复费用以及生态环境受到损害至修复完成期间服务功能丧失导致的损失等专门性问题提出意见的，人民法院可以准许。

前款规定的专家意见经质证，可以作为认定事实的根据。

第十六条　原告在诉讼过程中承认的对己方不利的事实和认可的证据，人民法院认为损害社会公共利益的，应当不予确认。

第十七条　环境民事公益诉讼案件审理过程中，被告以反诉方式提出诉讼请求的，人民法院不予受理。

第十八条　对污染环境、破坏生态，已经损害社会公共利益或者具有损害社会公共利益重大风险的行为，原告可以请求被告承担停止侵害、排除妨碍、消除危险、修复生态环境、赔偿损失、赔礼道歉等民事责任。

第十九条 原告为防止生态环境损害的发生和扩大，请求被告停止侵害、排除妨碍、消除危险的，人民法院可以依法予以支持。

原告为停止侵害、排除妨碍、消除危险采取合理预防、处置措施而发生的费用，请求被告承担的，人民法院可以依法予以支持。

第二十条 原告请求修复生态环境的，人民法院可以依法判决被告将生态环境修复到损害发生之前的状态和功能。无法完全修复的，可以准许采用替代性修复方式。

人民法院可以在判决被告修复生态环境的同时，确定被告不履行修复义务时应承担的生态环境修复费用；也可以直接判决被告承担生态环境修复费用。

生态环境修复费用包括制定、实施修复方案的费用，修复期间的监测、监管费用，以及修复完成后的验收费用、修复效果后评估费用等。

第二十一条 原告请求被告赔偿生态环境受到损害至修复完成期间服务功能丧失导致的损失、生态环境功能永久性损害造成的损失的，人民法院可以依法予以支持。

第二十二条 原告请求被告承担以下费用的，人民法院可以依法予以支持：

（一）生态环境损害调查、鉴定评估等费用；

（二）清除污染以及防止损害的发生和扩大所支出的合理费用；

（三）合理的律师费以及为诉讼支出的其他合理费用。

第二十三条 生态环境修复费用难以确定或者确定具体数额所需鉴定费用明显过高的，人民法院可以结合污染环境、破坏生态的范围和程度，生态环境的稀缺性，生态环境恢复的难易程度，防治污染设备的运行成本，被告因侵害行为所获得的利益以及过错程度等因素，并可以参考负有环境资源保护监督管理职责的部门的意见、专家意见等，予以合理确定。

第二十四条 人民法院判决被告承担的生态环境修复费用、生态环境受到损害至修复完成期间服务功能丧失导致的损失、生态环境功能永久性损害造成的损失等款项，应当用于修复被损害的生态环境。

其他环境民事公益诉讼中败诉原告所需承担的调查取证、专家咨询、检验、鉴定等必要费用，可以酌情从上述款项中支付。

第二十五条 环境民事公益诉讼当事人达成调解协议或者自行达成和解协议后，人民法院应当将协议内容公告，公告期间不少于三十日。

公告期满后，人民法院审查认为调解协议或者和解协议的内容不损害社会公共利益的，应当出具调解书。当事人以达成和解协议为由申请撤诉的，不予准许。

调解书应当写明诉讼请求、案件的基本事实和协议内容，并应当公开。

第二十六条 负有环境资源保护监督管理职责的部门依法履行监管职责而使原告诉讼请求全部实现，原告申请撤诉的，人民法院应予准许。

第二十七条 法庭辩论终结后，原告申请撤诉的，人民法院不予准许，但本解释第二十六条规定的情形除外。

第二十八条 环境民事公益诉讼案件的裁判生效后，有权提起诉讼的其他机关和社会组织就同一污染环境、破坏生态行为另行起诉，有下列情形之一的，人民法院应予受理：

（一）前案原告的起诉被裁定驳回的；

（二）前案原告申请撤诉被裁定准许的，但本解释第二十六条规定的情形除外。

环境民事公益诉讼案件的裁判生效后，有证据证明存在前案审理时未发现的损害，有权提起诉讼的机关和社会组织另行起诉的，人民法院应予受理。

第二十九条 法律规定的机关和社会组织提起环境民事公益诉讼的，不影响因同一污染环境、破坏生态行为受到人身、财产损害的公民、法人和其他组织依据民事诉讼法第一百一十九条的规定提起诉讼。

第三十条 已为环境民事公益诉讼生效裁判认定的事实，因同一污染环境、破坏生态行为依据民事诉讼法第一百一十九条规定提起诉讼的原告、被告均无需举证证明，但原告对该事实有异议并有相反证据足以推翻的除外。

对于环境民事公益诉讼生效裁判就被告是否存在法律规定的不承担责

任或者减轻责任的情形、行为与损害之间是否存在因果关系、被告承担责任的大小等所作的认定，因同一污染环境、破坏生态行为依据民事诉讼法第一百一十九条规定提起诉讼的原告主张适用的，人民法院应予支持，但被告有相反证据足以推翻的除外。被告主张直接适用对其有利的认定的，人民法院不予支持，被告仍应举证证明。

第三十一条 被告因污染环境、破坏生态在环境民事公益诉讼和其他民事诉讼中均承担责任，其财产不足以履行全部义务的，应当先履行其他民事诉讼生效裁判所确定的义务，但法律另有规定的除外。

第三十二条 发生法律效力的环境民事公益诉讼案件的裁判，需要采取强制执行措施的，应当移送执行。

第三十三条 原告交纳诉讼费用确有困难，依法申请缓交的，人民法院应予准许。

败诉或者部分败诉的原告申请减交或者免交诉讼费用的，人民法院应当依照《诉讼费用交纳办法》的规定，视原告的经济状况和案件的审理情况决定是否准许。

第三十四条 社会组织有通过诉讼违法收受财物等牟取经济利益行为的，人民法院可以根据情节轻重依法收缴其非法所得、予以罚款；涉嫌犯罪的，依法移送有关机关处理。

社会组织通过诉讼牟取经济利益的，人民法院应当向登记管理机关或者有关机关发送司法建议，由其依法处理。

第三十五条 本解释施行前最高人民法院发布的司法解释和规范性文件，与本解释不一致的，以本解释为准。

最高人民法院

关于审理环境侵权责任纠纷案件适用法律
若干问题的解释

（2015 年 2 月 9 日最高人民法院审判委员会第 1644 次会议通过 根据 2020 年 12 月 23 日最高人民法院审判委员会第 1823 次会议通过的《最高人民法院关于修改〈最高人民法院关于在民事审判工作中适用《中华人民共和国工会法》若干问题的解释〉等二十七件民事类司法解释的决定》修正)

为正确审理环境侵权责任纠纷案件，根据《中华人民共和国民法典》《中华人民共和国环境保护法》《中华人民共和国民事诉讼法》等法律的规定，结合审判实践，制定本解释。

第一条 因污染环境、破坏生态造成他人损害，不论侵权人有无过错，侵权人应当承担侵权责任。

侵权人以排污符合国家或者地方污染物排放标准为由主张不承担责任的，人民法院不予支持。

侵权人不承担责任或者减轻责任的情形，适用海洋环境保护法、水污染防治法、大气污染防治法等环境保护单行法的规定；相关环境保护单行法没有规定的，适用民法典的规定。

第二条 两个以上侵权人共同实施污染环境、破坏生态行为造成损害，被侵权人根据民法典第一千一百六十八条规定请求侵权人承担连带责任的，人民法院应予支持。

第三条 两个以上侵权人分别实施污染环境、破坏生态行为造成同一损害，每一个侵权人的污染环境、破坏生态行为都足以造成全部损害，被侵权人根据民法典第一千一百七十一条规定请求侵权人承担连带责任的，人民法院应予支持。

两个以上侵权人分别实施污染环境、破坏生态行为造成同一损害，每一个侵权人的污染环境、破坏生态行为都不足以造成全部损害，被侵权人根据民法典第一千一百七十二条规定请求侵权人承担责任的，人民法院应予支持。

两个以上侵权人分别实施污染环境、破坏生态行为造成同一损害，部分侵权人的污染环境、破坏生态行为足以造成全部损害，部分侵权人的污染环境、破坏生态行为只造成部分损害，被侵权人根据民法典第一千一百七十一条规定请求足以造成全部损害的侵权人与其他侵权人就共同造成的损害部分承担连带责任，并对全部损害承担责任的，人民法院应予支持。

第四条 两个以上侵权人污染环境、破坏生态，对侵权人承担责任的大小，人民法院应当根据污染物的种类、浓度、排放量、危害性，有无排污许可证、是否超过污染物排放标准、是否超过重点污染物排放总量控制指标，破坏生态的方式、范围、程度，以及行为对损害后果所起的作用等因素确定。

第五条 被侵权人根据民法典第一千二百三十三条规定分别或者同时起诉侵权人、第三人的，人民法院应予受理。

被侵权人请求第三人承担赔偿责任的，人民法院应当根据第三人的过错程度确定其相应赔偿责任。

侵权人以第三人的过错污染环境、破坏生态造成损害为由主张不承担责任或者减轻责任的，人民法院不予支持。

第六条 被侵权人根据民法典第七编第七章的规定请求赔偿的，应当提供证明以下事实的证据材料：

（一）侵权人排放了污染物或者破坏了生态；

（二）被侵权人的损害；

（三）侵权人排放的污染物或者其次生污染物、破坏生态行为与损害之间具有关联性。

第七条 侵权人举证证明下列情形之一的，人民法院应当认定其污染环境、破坏生态行为与损害之间不存在因果关系：

（一）排放污染物、破坏生态的行为没有造成该损害可能的；

（二）排放的可造成该损害的污染物未到达该损害发生地的；

（三）该损害于排放污染物、破坏生态行为实施之前已发生的；

（四）其他可以认定污染环境、破坏生态行为与损害之间不存在因果关系的情形。

第八条　对查明环境污染、生态破坏案件事实的专门性问题，可以委托具备相关资格的司法鉴定机构出具鉴定意见或者由负有环境资源保护监督管理职责的部门推荐的机构出具检验报告、检测报告、评估报告或者监测数据。

第九条　当事人申请通知一至两名具有专门知识的人出庭，就鉴定意见或者污染物认定、损害结果、因果关系、修复措施等专业问题提出意见的，人民法院可以准许。当事人未申请，人民法院认为有必要的，可以进行释明。

具有专门知识的人在法庭上提出的意见，经当事人质证，可以作为认定案件事实的根据。

第十条　负有环境资源保护监督管理职责的部门或者其委托的机构出具的环境污染、生态破坏事件调查报告、检验报告、检测报告、评估报告或者监测数据等，经当事人质证，可以作为认定案件事实的根据。

第十一条　对于突发性或者持续时间较短的环境污染、生态破坏行为，在证据可能灭失或者以后难以取得的情况下，当事人或者利害关系人根据民事诉讼法第八十一条规定申请证据保全的，人民法院应当准许。

第十二条　被申请人具有环境保护法第六十三条规定情形之一，当事人或者利害关系人根据民事诉讼法第一百条或者第一百零一条规定申请保全的，人民法院可以裁定责令被申请人立即停止侵害行为或者采取防治措施。

第十三条　人民法院应当根据被侵权人的诉讼请求以及具体案情，合理判定侵权人承担停止侵害、排除妨碍、消除危险、修复生态环境、赔礼道歉、赔偿损失等民事责任。

第十四条　被侵权人请求修复生态环境的，人民法院可以依法裁判侵权人承担环境修复责任，并同时确定其不履行环境修复义务时应当承担的环境修复费用。

侵权人在生效裁判确定的期限内未履行环境修复义务的，人民法院可以委托其他人进行环境修复，所需费用由侵权人承担。

第十五条　被侵权人起诉请求侵权人赔偿因污染环境、破坏生态造成的财产损失、人身损害以及为防止损害发生和扩大、清除污染、修复生态环境而采取必要措施所支出的合理费用的，人民法院应予支持。

第十六条　下列情形之一，应当认定为环境保护法第六十五条规定的弄虚作假：

（一）环境影响评价机构明知委托人提供的材料虚假而出具严重失实的评价文件的；

（二）环境监测机构或者从事环境监测设备维护、运营的机构故意隐瞒委托人超过污染物排放标准或者超过重点污染物排放总量控制指标的事实的；

（三）从事防治污染设施维护、运营的机构故意不运行或者不正常运行环境监测设备或者防治污染设施的；

（四）有关机构在环境服务活动中其他弄虚作假的情形。

第十七条　本解释适用于审理因污染环境、破坏生态造成损害的民事案件，但法律和司法解释对环境民事公益诉讼案件另有规定的除外。

相邻污染侵害纠纷、劳动者在职业活动中因受污染损害发生的纠纷，不适用本解释。

第十八条　本解释施行后，人民法院尚未审结的一审、二审案件适用本解释规定。本解释施行前已经作出生效裁判的案件，本解释施行后依法再审的，不适用本解释。

本解释施行后，最高人民法院以前颁布的司法解释与本解释不一致的，不再适用。

最高人民法院 最高人民检察院

关于检察公益诉讼案件适用法律若干问题的解释

（2018 年 2 月 23 日最高人民法院审判委员会第 1734 次会议、2018 年 2 月 11 日最高人民检察院第十二届检察委员会第 73 次会议通过 根据 2020 年 12 月 23 日最高人民法院审判委员会第 1823 次会议 2020 年 12 月 28 日最高人民检察院第十三届检察委员会第 58 次会议修正）

一、一般规定

第一条 为正确适用《中华人民共和国民法典》《中华人民共和国民事诉讼法》《中华人民共和国行政诉讼法》关于人民检察院提起公益诉讼制度的规定，结合审判、检察工作实际，制定本解释。

第二条 人民法院、人民检察院办理公益诉讼案件主要任务是充分发挥司法审判、法律监督职能作用，维护宪法法律权威，维护社会公平正义，维护国家利益和社会公共利益，督促适格主体依法行使公益诉权，促进依法行政、严格执法。

第三条 人民法院、人民检察院办理公益诉讼案件，应当遵守宪法法律规定，遵循诉讼制度的原则，遵循审判权、检察权运行规律。

第四条 人民检察院以公益诉讼起诉人身份提起公益诉讼，依照民事诉讼法、行政诉讼法享有相应的诉讼权利，履行相应的诉讼义务，但法律、司法解释另有规定的除外。

第五条 市（分、州）人民检察院提起的第一审民事公益诉讼案件，由侵权行为地或者被告住所地中级人民法院管辖。

基层人民检察院提起的第一审行政公益诉讼案件，由被诉行政机关所在地基层人民法院管辖。

第六条　人民检察院办理公益诉讼案件，可以向有关行政机关以及其他组织、公民调查收集证据材料；有关行政机关以及其他组织、公民应当配合；需要采取证据保全措施的，依照民事诉讼法、行政诉讼法相关规定办理。

第七条　人民法院审理人民检察院提起的第一审公益诉讼案件，适用人民陪审制。

第八条　人民法院开庭审理人民检察院提起的公益诉讼案件，应当在开庭三日前向人民检察院送达出庭通知书。

人民检察院应当派员出庭，并应当自收到人民法院出庭通知书之日起三日内向人民法院提交派员出庭通知书。派员出庭通知书应当写明出庭人员的姓名、法律职务以及出庭履行的具体职责。

第九条　出庭检察人员履行以下职责：（一）宣读公益诉讼起诉书；（二）对人民检察院调查收集的证据予以出示和说明，对相关证据进行质证；（三）参加法庭调查，进行辩论并发表意见；（四）依法从事其他诉讼活动。

第十条　人民检察院不服人民法院第一审判决、裁定的，可以向上一级人民法院提起上诉。

第十一条　人民法院审理第二审案件，由提起公益诉讼的人民检察院派员出庭，上一级人民检察院也可以派员参加。

第十二条　人民检察院提起公益诉讼案件判决、裁定发生法律效力，被告不履行的，人民法院应当移送执行。

二、民事公益诉讼

第十三条　人民检察院在履行职责中发现破坏生态环境和资源保护、食品药品安全领域侵害众多消费者合法权益，侵害英雄烈士等的姓名、肖像、名誉、荣誉等损害社会公共利益的行为，拟提起公益诉讼的，应当依法公告，公告期间为三十日。

公告期满，法律规定的机关和有关组织、英雄烈士等的近亲属不提起诉讼的，人民检察院可以向人民法院提起诉讼。

人民检察院办理侵害英雄烈士等的姓名、肖像、名誉、荣誉的民事公益诉讼案件，也可以直接征询英雄烈士等的近亲属的意见。

第十四条　人民检察院提起民事公益诉讼应当提交下列材料：

（一）民事公益诉讼起诉书，并按照被告人数提出副本；

（二）被告的行为已经损害社会公共利益的初步证明材料；

（三）已经履行公告程序、征询英雄烈士等的近亲属意见的证明材料。

第十五条　人民检察院依据民事诉讼法第五十五条第二款的规定提起民事公益诉讼，符合民事诉讼法第一百一十九条第二项、第三项、第四项及本解释规定的起诉条件的，人民法院应当登记立案。

第十六条　人民检察院提起的民事公益诉讼案件中，被告以反诉方式提出诉讼请求的，人民法院不予受理。

第十七条　人民法院受理人民检察院提起的民事公益诉讼案件后，应当在立案之日起五日内将起诉书副本送达被告。

人民检察院已履行诉前公告程序的，人民法院立案后不再进行公告。

第十八条　人民法院认为人民检察院提出的诉讼请求不足以保护社会公共利益的，可以向其释明变更或者增加停止侵害、恢复原状等诉讼请求。

第十九条　民事公益诉讼案件审理过程中，人民检察院诉讼请求全部实现而撤回起诉的，人民法院应予准许。

第二十条　人民检察院对破坏生态环境和资源保护，食品药品安全领域侵害众多消费者合法权益，侵害英雄烈士等的姓名、肖像、名誉、荣誉等损害社会公共利益的犯罪行为提起刑事公诉时，可以向人民法院一并提起附带民事公益诉讼，由人民法院同一审判组织审理。

人民检察院提起的刑事附带民事公益诉讼案件由审理刑事案件的人民法院管辖。

三、行政公益诉讼

第二十一条　人民检察院在履行职责中发现生态环境和资源保护、食品药品安全、国有财产保护、国有土地使用权出让等领域负有监督管理职责的行政机关违法行使职权或者不作为，致使国家利益或者社会公共利益受到侵害的，应当向行政机关提出检察建议，督促其依法履行职责。

行政机关应当在收到检察建议书之日起两个月内依法履行职责，并书面回复人民检察院。出现国家利益或者社会公共利益损害继续扩大等紧急情形的，行政机关应当在十五日内书面回复。

行政机关不依法履行职责的，人民检察院依法向人民法院提起诉讼。

第二十二条 人民检察院提起行政公益诉讼应当提交下列材料：

（一）行政公益诉讼起诉书，并按照被告人数提出副本；

（二）被告违法行使职权或者不作为，致使国家利益或者社会公共利益受到侵害的证明材料；

（三）已经履行诉前程序，行政机关仍不依法履行职责或者纠正违法行为的证明材料。

第二十三条 人民检察院依据行政诉讼法第二十五条第四款的规定提起行政公益诉讼，符合行政诉讼法第四十九条第二项、第三项、第四项及本解释规定的起诉条件的，人民法院应当登记立案。

第二十四条 在行政公益诉讼案件审理过程中，被告纠正违法行为或者依法履行职责而使人民检察院的诉讼请求全部实现，人民检察院撤回起诉的，人民法院应当裁定准许；人民检察院变更诉讼请求，请求确认原行政行为违法的，人民法院应当判决确认违法。

第二十五条 人民法院区分下列情形作出行政公益诉讼判决：

（一）被诉行政行为具有行政诉讼法第七十四条、第七十五条规定情形之一的，判决确认违法或者确认无效，并可以同时判决责令行政机关采取补救措施；

（二）被诉行政行为具有行政诉讼法第七十条规定情形之一的，判决撤销或者部分撤销，并可以判决被诉行政机关重新作出行政行为；

（三）被诉行政机关不履行法定职责的，判决在一定期限内履行；

（四）被诉行政机关作出的行政处罚明显不当，或者其他行政行为涉及对款额的确定、认定确有错误的，可以判决予以变更；

（五）被诉行政行为证据确凿，适用法律、法规正确，符合法定程序，未超越职权，未滥用职权，无明显不当，或者人民检察院诉请被诉行政机关履行法定职责理由不成立的，判决驳回诉讼请求。

人民法院可以将判决结果告知被诉行政机关所属的人民政府或者其他相关的职能部门。

四、附则

第二十六条　本解释未规定的其他事项，适用民事诉讼法、行政诉讼法以及相关司法解释的规定。

第二十七条　本解释自 2018 年 3 月 2 日起施行。

最高人民法院、最高人民检察院之前发布的司法解释和规范性文件与本解释不一致的，以本解释为准。

突发环境事件应急管理办法

（2015 年 3 月 19 日环境保护部部务会议通过
2015 年 4 月 16 日环境保护令第 34 号公布
自 2015 年 6 月 5 日起施行）

第一章　总　　则

第一条　为预防和减少突发环境事件的发生，控制、减轻和消除突发环境事件引起的危害，规范突发环境事件应急管理工作，保障公众生命安全、环境安全和财产安全，根据《中华人民共和国环境保护法》、《中华人民共和国突发事件应对法》、《国家突发环境事件应急预案》及相关法律法规，制定本办法。

第二条　各级环境保护主管部门和企业事业单位组织开展的突发环境事件风险控制、应急准备、应急处置、事后恢复等工作，适用本办法。

本办法所称突发环境事件，是指由于污染物排放或者自然灾害、生产安全事故等因素，导致污染物或者放射性物质等有毒有害物质进入大气、水体、土壤等环境介质，突然造成或者可能造成环境质量下降，危及公众身体健康和财产安全，或者造成生态环境破坏，或者造成重大社会影响，需要采取紧急措施予以应对的事件。

突发环境事件按照事件严重程度，分为特别重大、重大、较大和一般四级。

核设施及有关核活动发生的核与辐射事故造成的辐射污染事件按照核与辐射相关规定执行。重污染天气应对工作按照《大气污染防治行动计划》等有关规定执行。

造成国际环境影响的突发环境事件的涉外应急通报和处置工作，按照国家有关国际合作的相关规定执行。

第三条 突发环境事件应急管理工作坚持预防为主、预防与应急相结合的原则。

第四条 突发环境事件应对，应当在县级以上地方人民政府的统一领导下，建立分类管理、分级负责、属地管理为主的应急管理体制。

县级以上环境保护主管部门应当在本级人民政府的统一领导下，对突发环境事件应急管理日常工作实施监督管理，指导、协助、督促下级人民政府及其有关部门做好突发环境事件应对工作。

第五条 县级以上地方环境保护主管部门应当按照本级人民政府的要求，会同有关部门建立健全突发环境事件应急联动机制，加强突发环境事件应急管理。

相邻区域地方环境保护主管部门应当开展跨行政区域的突发环境事件应急合作，共同防范、互通信息，协力应对突发环境事件。

第六条 企业事业单位应当按照相关法律法规和标准规范的要求，履行下列义务：

（一）开展突发环境事件风险评估；

（二）完善突发环境事件风险防控措施；

（三）排查治理环境安全隐患；

（四）制定突发环境事件应急预案并备案、演练；

（五）加强环境应急能力保障建设。

发生或者可能发生突发环境事件时，企业事业单位应当依法进行处理，并对所造成的损害承担责任。

第七条 环境保护主管部门和企业事业单位应当加强突发环境事件应急管理的宣传和教育，鼓励公众参与，增强防范和应对突发环境事件的知识和意识。

第二章 风险控制

第八条 企业事业单位应当按照国务院环境保护主管部门的有关规定开展突发环境事件风险评估，确定环境风险防范和环境安全隐患排查治理措施。

第九条 企业事业单位应当按照环境保护主管部门的有关要求和技术规范，完善突发环境事件风险防控措施。

前款所指的突发环境事件风险防控措施，应当包括有效防止泄漏物质、消防水、污染雨水等扩散至外环境的收集、导流、拦截、降污等措施。

第十条 企业事业单位应当按照有关规定建立健全环境安全隐患排查治理制度，建立隐患排查治理档案，及时发现并消除环境安全隐患。

对于发现后能够立即治理的环境安全隐患，企业事业单位应当立即采取措施，消除环境安全隐患。对于情况复杂、短期内难以完成治理，可能产生较大环境危害的环境安全隐患，应当制定隐患治理方案，落实整改措施、责任、资金、时限和现场应急预案，及时消除隐患。

第十一条 县级以上地方环境保护主管部门应当按照本级人民政府的统一要求，开展本行政区域突发环境事件风险评估工作，分析可能发生的突发环境事件，提高区域环境风险防范能力。

第十二条 县级以上地方环境保护主管部门应当对企业事业单位环境风险防范和环境安全隐患排查治理工作进行抽查或者突击检查，将存在重大环境安全隐患且整治不力的企业信息纳入社会诚信档案，并可以通报行业主管部门、投资主管部门、证券监督管理机构以及有关金融机构。

第三章 应急准备

第十三条 企业事业单位应当按照国务院环境保护主管部门的规定，在开展突发环境事件风险评估和应急资源调查的基础上制定突发环境事件应急预案，并按照分类分级管理的原则，报县级以上环境保护主管部门备案。

第十四条 县级以上地方环境保护主管部门应当根据本级人民政府突发环境事件专项应急预案，制定本部门的应急预案，报本级人民政府和上级环境保护主管部门备案。

第十五条 突发环境事件应急预案制定单位应当定期开展应急演练，撰写演练评估报告，分析存在问题，并根据演练情况及时修改完善应急预案。

第十六条 环境污染可能影响公众健康和环境安全时，县级以上地方环境保护主管部门可以建议本级人民政府依法及时公布环境污染公共监测预警信息，启动应急措施。

第十七条 县级以上地方环境保护主管部门应当建立本行政区域突发环境事件信息收集系统，通过"12369"环保举报热线、新闻媒体等多种途径收集突发环境事件信息，并加强跨区域、跨部门突发环境事件信息交流与合作。

第十八条 县级以上地方环境保护主管部门应当建立健全环境应急值守制度，确定应急值守负责人和应急联络员并报上级环境保护主管部门。

第十九条 企业事业单位应当将突发环境事件应急培训纳入单位工作计划，对从业人员定期进行突发环境事件应急知识和技能培训，并建立培训档案，如实记录培训的时间、内容、参加人员等信息。

第二十条 县级以上环境保护主管部门应当定期对从事突发环境事件应急管理工作的人员进行培训。

省级环境保护主管部门以及具备条件的市、县级环境保护主管部门应当设立环境应急专家库。

县级以上地方环境保护主管部门和企业事业单位应当加强环境应急处置救援能力建设。

第二十一条 县级以上地方环境保护主管部门应当加强环境应急能力标准化建设，配备应急监测仪器设备和装备，提高重点流域区域水、大气突发环境事件预警能力。

第二十二条 县级以上地方环境保护主管部门可以根据本行政区域的

实际情况，建立环境应急物资储备信息库，有条件的地区可以设立环境应急物资储备库。

企业事业单位应当储备必要的环境应急装备和物资，并建立完善相关管理制度。

第四章 应急处置

第二十三条 企业事业单位造成或者可能造成突发环境事件时，应当立即启动突发环境事件应急预案，采取切断或者控制污染源以及其他防止危害扩大的必要措施，及时通报可能受到危害的单位和居民，并向事发地县级以上环境保护主管部门报告，接受调查处理。

应急处置期间，企业事业单位应当服从统一指挥，全面、准确地提供本单位与应急处置相关的技术资料，协助维护应急现场秩序，保护与突发环境事件相关的各项证据。

第二十四条 获知突发环境事件信息后，事件发生地县级以上地方环境保护主管部门应当按照《突发环境事件信息报告办法》规定的时限、程序和要求，向同级人民政府和上级环境保护主管部门报告。

第二十五条 突发环境事件已经或者可能涉及相邻行政区域的，事件发生地环境保护主管部门应当及时通报相邻区域同级环境保护主管部门，并向本级人民政府提出向相邻区域人民政府通报的建议。

第二十六条 获知突发环境事件信息后，县级以上地方环境保护主管部门应当立即组织排查污染源，初步查明事件发生的时间、地点、原因、污染物质及数量、周边环境敏感区等情况。

第二十七条 获知突发环境事件信息后，县级以上地方环境保护主管部门应当按照《突发环境事件应急监测技术规范》开展应急监测，及时向本级人民政府和上级环境保护主管部门报告监测结果。

第二十八条 应急处置期间，事发地县级以上地方环境保护主管部门应当组织开展事件信息的分析、评估，提出应急处置方案和建议报本级人民政府。

第二十九条 突发环境事件的威胁和危害得到控制或者消除后，事发地县级以上地方环境保护主管部门应当根据本级人民政府的统一部署，停止应急处置措施。

第五章　事后恢复

第三十条　应急处置工作结束后，县级以上地方环境保护主管部门应当及时总结、评估应急处置工作情况，提出改进措施，并向上级环境保护主管部门报告。

第三十一条　县级以上地方环境保护主管部门应当在本级人民政府的统一部署下，组织开展突发环境事件环境影响和损失等评估工作，并依法向有关人民政府报告。

第三十二条　县级以上环境保护主管部门应当按照有关规定开展事件调查，查清突发环境事件原因，确认事件性质，认定事件责任，提出整改措施和处理意见。

第三十三条　县级以上地方环境保护主管部门应当在本级人民政府的统一领导下，参与制定环境恢复工作方案，推动环境恢复工作。

第六章　信息公开

第三十四条　企业事业单位应当按照有关规定，采取便于公众知晓和查询的方式公开本单位环境风险防范工作开展情况、突发环境事件应急预案及演练情况、突发环境事件发生及处置情况，以及落实整改要求情况等环境信息。

第三十五条　突发环境事件发生后，县级以上地方环境保护主管部门应当认真研判事件影响和等级，及时向本级人民政府提出信息发布建议。履行统一领导职责或者组织处置突发事件的人民政府，应当按照有关规定统一、准确、及时发布有关突发事件事态发展和应急处置工作的信息。

第三十六条　县级以上环境保护主管部门应当在职责范围内向社会公开有关突发环境事件应急管理的规定和要求，以及突发环境事件应急预案及演练情况等环境信息。

县级以上地方环境保护主管部门应当对本行政区域内突发环境事件进行汇总分析，定期向社会公开突发环境事件的数量、级别，以及事件发生的时间、地点、应急处置概况等信息。

第七章 罚 则

第三十七条 企业事业单位违反本办法规定，导致发生突发环境事件，《中华人民共和国突发事件应对法》、《中华人民共和国水污染防治法》、《中华人民共和国大气污染防治法》、《中华人民共和国固体废物污染环境防治法》等法律法规已有相关处罚规定的，依照有关法律法规执行。

较大、重大和特别重大突发环境事件发生后，企业事业单位未按要求执行停产、停排措施，继续违反法律法规规定排放污染物的，环境保护主管部门应当依法对造成污染物排放的设施、设备实施查封、扣押。

第三十八条 企业事业单位有下列情形之一的，由县级以上环境保护主管部门责令改正，可以处一万元以上三万元以下罚款：

（一）未按规定开展突发环境事件风险评估工作，确定风险等级的；

（二）未按规定开展环境安全隐患排查治理工作，建立隐患排查治理档案的；

（三）未按规定将突发环境事件应急预案备案的；

（四）未按规定开展突发环境事件应急培训，如实记录培训情况的；

（五）未按规定储备必要的环境应急装备和物资；

（六）未按规定公开突发环境事件相关信息的。

第八章 附 则

第三十九条 本办法由国务院环境保护主管部门负责解释。

第四十条 本办法自 2015 年 6 月 5 日起施行。

财政部

关于印发《生态环境损害赔偿资金
管理办法（试行）》的通知

2020 年 3 月 11 日   财资环〔2020〕6 号

各省、自治区、直辖市、计划单列市财政厅（局）、自然资源厅（局）、生态环境厅（局）、住房城乡建设厅（委）、水利厅（水务局）、农业农村厅（局、委）、林业和草原局、高级人民法院、人民检察院，新疆生产建设兵团财政局、自然资源局、生态环境局、住房城乡建设局、水利局、农业农村局、林业和草原局、人民法院、人民检察院：

为加快推进生态文明建设，规范生态环境损害赔偿资金管理，根据《中华人民共和国预算法》《中华人民共和国环境保护法》《生态环境损害赔偿制度改革方案》，我们制定了《生态环境损害赔偿资金管理办法（试行）》。现予印发，请遵照执行。

2020 年生态环境损害赔偿收入列政府收支分类科目"1039999 其他收入"，以后年度根据政府收支分类科目修订情况列入相应科目。

附件：

生态环境损害赔偿资金管理办法（试行）

第一条 为加快推进生态文明建设，规范生态环境损害赔偿资金管理，根据《中华人民共和国预算法》《中华人民共和国环境保护法》《生态环境损害赔偿制度改革方案》等，制定本办法。

第二条 本办法所称生态环境损害赔偿资金，是指生态环境损害事件发生后，在生态环境损害无法修复或者无法完全修复以及赔偿义务人不履行义务或者不完全履行义务的情况下，由造成损害的赔偿义务人主动缴纳或者按照磋商达成的赔偿协议、法院生效判决缴纳的资金。

经生态环境损害赔偿磋商协议确定或者人民法院生效法律文书确定，由赔偿义务人修复或者由其委托具备修复能力的社会第三方机构进行修复的，发生的生态环境损害修复费用不纳入本办法管理。

第三条 本办法所称赔偿义务人，是指违反法律、法规和国家有关规定，造成生态环境损害的单位和个人。

赔偿义务人应当承担生态环境损害赔偿责任，及时缴纳生态环境损害赔偿资金。

第四条 按照国务院授权，省级人民政府、市地级人民政府为本行政区域内生态环境损害赔偿权利人。省域内跨市地的生态环境损害，由省级人民政府管辖；其他工作范围划分由省级人民政府根据本地区实际情况确定。跨省域的生态环境损害，由生态环境损害地的相关省级人民政府协商开展生态环境损害赔偿工作。

国务院直接行使全民所有自然资源资产所有权的，由受委托代行该所有权的部门作为赔偿权利人。

第五条 赔偿权利人及其指定的相关部门、机构应当积极与赔偿义务人进行生态环境损害赔偿磋商。磋商未达成一致的，赔偿权利人及其指定的相关部门、机构应当依法及时提起诉讼。赔偿义务人不履行或者不完全履行生态环境损害赔偿资金支付义务的，赔偿权利人及其指定的相关部门、机构应当及时向人民法院申请强制执行。

赔偿权利人可以根据部门职责指定自然资源、生态环境、住房和城乡建设、水利、农业农村、林业和草原等相关部门、机构负责生态环境损害赔偿具体工作。

第六条 赔偿权利人负责生态环境损害赔偿资金使用和管理。赔偿权利人指定的相关部门、机构负责执收生态环境损害赔偿协议确定的生态环境损害赔偿资金；人民法院负责执收由人民法院生效判决确定的生态环境损害赔偿资金。

生态环境损害赔偿资金作为政府非税收入，实行国库集中收缴，全额上缴赔偿权利人指定部门、机构的本级国库，纳入一般公共预算管理。

第七条 损害结果发生地涉及多个地区的，由损害结果第一发生地赔偿权利人牵头组织地区间政府协商确定赔偿资金分配，无法达成一致的，报共同的上级人民政府决定。

第八条 生态环境损害赔偿资金统筹用于在损害结果发生地开展的生态环境修复相关工作。

第九条 生态环境修复相关支出纳入本级一般公共预算，按照预算管理有关规定执行。赔偿权利人指定的相关部门、机构负责编制生态修复及工作经费支出预算草案、绩效目标，提出使用申请，并对提供材料的真实性负责，经本级财政部门审核后按照规定支出。

第十条 生态环境修复相关资金支付按照国库集中支付制度有关规定执行。涉及政府采购的，按照政府采购有关法律、法规和规定执行。结转结余资金按照有关财政拨款结转和结余资金规定进行处理。

第十一条 生态环境修复相关资金实施全过程预算绩效管理。赔偿权利人指定的部门、机构应当加强事前绩效评估和绩效监控，在预算年度结束及时开展绩效自评并将结果报送本级财政部门。

第十二条 财政部门应当督促赔偿权利人指定的部门、机构以及人民法院及时将生态环境损害赔偿资金上缴本级国库，审核批复资金支出预算，对生态环境损害赔偿资金使用情况实施财政监督管理和定期绩效评价，并参考绩效评价结果作出预算安排。

第十三条 相关单位和个人存在虚报冒领、骗取套取、挤占挪用生态环境损害赔偿资金等违法行为的，按照《中华人民共和国预算法》《财政违法行为处罚处分条例》等国家有关规定追究相应责任；涉嫌犯罪的，依法追究刑事责任。

第十四条 相关单位和个人在生态环境损害赔偿资金分配、审核等工作中，存在违规分配、使用、管理资金，以及其他滥用职权、玩忽职守、徇私舞弊等违法违纪行为的，按照《中华人民共和国预算法》《中华人民共和国公务员法》《中华人民共和国监察法》《财政违法行为处罚处分条例》等国家有关规定追究相应责任；涉嫌犯罪的，依法追究刑事责任。

第十五条 环境民事公益诉讼中，经人民法院生效法律文书确定的生态环境无法修复或者无法完全修复的损害赔偿资金，以及赔偿义务人未履行义务或者未完全履行义务时应当支付的生态环境修复费用，可参照本办法规定管理；需要修复生态环境的，人民法院应当及时移送省级、市地级人民政府及其指定的相关部门、机构组织实施。

第十六条　生态环境损害赔偿资金使用情况应当由赔偿权利人或者其指定的部门、机构以适当的形式及时向社会公开。

第十七条　各地区可结合本办法及实际情况制定本地区管理办法细则。

第十八条　本办法由财政部会同有关部门负责解释。

第十九条　本办法自印发之日起实施。

生态环境部　司法部　财政部　自然资源部
住房和城乡建设部　水利部　农业农村部
国家卫生健康委员会　国家林业和草原局
最高人民法院　最高人民检察院

关于印发《关于推进生态环境损害赔偿制度改革若干具体问题的意见》的通知

2020 年 8 月 31 日　　　　　　　环法规〔2020〕44 号

各省、自治区、直辖市生态环境厅（局）、司法厅（局）、财政厅（局）、自然资源厅（局）、住房城乡建设厅（委）、水利厅（水务局）、农业农村（农牧）厅（局、委）、卫生健康委、林业和草原局、高级人民法院、人民检察院，新疆生产建设兵团生态环境局、司法局、财政局、自然资源局、住房城乡建设局、水利局、农业农村局、卫生健康委、林业和草原局、人民法院、人民检察院：

为贯彻落实《生态环境损害赔偿制度改革方案》，加强对改革工作的业务指导，推动解决地方在试行工作中发现的问题，制定了《关于推进生态环境损害赔偿制度改革若干具体问题的意见》。现予印发，请认真贯彻执行。

关于推进生态环境损害赔偿制度改革若干具体问题的意见

为推动生态环境损害赔偿制度改革工作深入开展，根据中共中央办公厅、国务院办公厅印发的《生态环境损害赔偿制度改革方案》（以下简称《改革方案》）的相关规定，在总结地方实践经验基础上，提出以下意见。

一、关于具体负责工作的部门或机构

《改革方案》中明确的赔偿权利人可以根据相关部门职能指定生态环境、自然资源、住房城乡建设、水利、农业农村、林业和草原等相关部门或机构（以下简称指定的部门或机构）负责生态环境损害赔偿的具体工作。

生态环境损害赔偿案件涉及多个部门或机构的，可以指定由生态环境损害赔偿制度改革工作牵头部门（以下简称牵头部门）负责具体工作。

二、关于案件线索

赔偿权利人及其指定的部门或机构，根据本地区实施方案规定的职责分工，可以重点通过以下渠道发现案件线索：

（一）中央和省级生态环境保护督察发现需要开展生态环境损害赔偿工作的；

（二）突发生态环境事件；

（三）发生生态环境损害的资源与环境行政处罚案件；

（四）涉嫌构成破坏环境资源保护犯罪的案件；

（五）在国土空间规划中确定的重点生态功能区、禁止开发区发生的环境污染、生态破坏事件；

（六）各项资源与环境专项行动、执法巡查发现的案件线索；

（七）信访投诉、举报和媒体曝光涉及的案件线索。

赔偿权利人及其指定的部门或机构应当定期组织筛查生态环境损害赔偿案件线索，形成案例数据库，并建立案件办理台账，实行跟踪管理，积极推进生态环境损害索赔工作。

三、关于索赔的启动

赔偿权利人指定的部门或机构，对拟提起索赔的案件线索及时开展调查。

经过调查发现符合索赔启动情形的，报本部门或机构负责人同意后，开展索赔。索赔工作情况应当向赔偿权利人报告。对未及时启动索赔的，赔偿权利人应当要求具体开展索赔工作的部门或机构及时启动索赔。

四、关于生态环境损害调查

调查可以通过收集现有资料、现场踏勘、座谈走访等方式，围绕生态环境损害是否存在、受损范围、受损程度、是否有相对明确的赔偿义务人等问题开展。

调查应当及时，期限设定应当合理。在调查过程中，需要开展生态环境损害鉴定评估的，鉴定评估时间不计入调查期限。

负有相关环境资源保护监督管理职责的部门或者其委托的机构在行政执法过程中形成的勘验笔录或询问笔录、调查报告、行政处理决定、检测或监测报告、鉴定评估报告、生效法律文书等资料可以作为索赔的证明材料。

调查结束，应当形成调查结论，提出启动索赔或者终止案件的意见。

生态环境损害赔偿案件涉及多个部门或机构的，可以由牵头部门组建联合调查组，开展生态环境损害调查。

五、关于鉴定评估

为查清生态环境损害事实，赔偿权利人及其指定的部门或机构可以根据相关规定委托符合条件的机构出具鉴定评估报告，也可以和赔偿义务人协商共同委托上述机构出具鉴定评估报告。鉴定评估报告应明确生态环境损害是否可以修复；对于可以部分修复的，应明确可以修复的区域范围和要求。

对损害事实简单、责任认定无争议、损害较小的案件，可以采用委托专家评估的方式，出具专家意见。也可以根据与案件相关的法律文书、监测报告等资料综合作出认定。

专家可以从国家和地方成立的相关领域专家库或专家委员会中选取。鉴定机构和专家应当对其出具的报告和意见负责。

六、关于赔偿磋商

需要启动生态环境修复或损害赔偿的，赔偿权利人指定的部门或机构根据生态环境损害鉴定评估报告或参考专家意见，按照"谁损害、谁承担修复责任"的原则，就修复启动时间和期限、赔偿的责任承担方式和期限等具体问题与赔偿义务人进行磋商。案情比较复杂的，在首次磋商前，可以组织沟通交流。

磋商期限原则上不超过 90 日，自赔偿权利人及其指定的部门或机构向义务人送达生态环境损害赔偿磋商书面通知之日起算。磋商会议原则上不超过 3 次。

磋商达成一致的，签署协议；磋商不成的，及时提起诉讼。有以下情形的，可以视为磋商不成：

（一）赔偿义务人明确表示拒绝磋商或未在磋商函件规定时间内提交答复意见的；

（二）赔偿义务人无故不参与磋商会议或退出磋商会议的；

（三）已召开磋商会议 3 次，赔偿权利人及其指定的部门或机构认为磋商难以达成一致的；

（四）超过磋商期限，仍未达成赔偿协议的；

（五）赔偿权利人及其指定的部门或机构认为磋商不成的其他情形。

七、关于司法确认

经磋商达成赔偿协议的，赔偿权利人及其指定的部门或机构与赔偿义务人可以向人民法院申请司法确认。

申请司法确认时，应当提交司法确认申请书、赔偿协议、鉴定评估报告或专家意见等材料。

八、关于鼓励赔偿义务人积极担责

对积极参与生态环境损害赔偿磋商，并及时履行赔偿协议、开展生态环境修复的赔偿义务人，赔偿权利人指定的部门或机构可将其履行赔偿责任的情况提供给相关行政机关，在作出行政处罚裁量时予以考虑，或提交司法机关，供其在案件审理时参考。

九、关于与公益诉讼的衔接

赔偿权利人指定的部门或机构，在启动生态环境损害赔偿调查后可以同时告知相关人民法院和检察机关。

检察机关可以对生态环境损害赔偿磋商和诉讼提供法律支持，生态环境、自然资源、住房城乡建设、农业农村、水利、林业和草原等部门可以对检察机关提起环境民事公益诉讼提供证据材料和技术方面的支持。

人民法院受理环境民事公益诉讼案件后，应当在 10 日内告知对被告行为负有环境资源监督管理职责的部门，有关部门接到告知后，应当及时与人民法院沟通对接相关工作。

十、关于生态环境修复

对生态环境损害可以修复的案件，要体现环境资源生态功能价值，促使赔偿义务人对受损的生态环境进行修复。磋商一致的，赔偿义务人可以自行修复或委托具备修复能力的社会第三方机构修复受损生态环境，赔偿权利人及其指定的部门或机构做好监督等工作；磋商不成的，赔偿权利人及其指定的部门或机构应当及时提起诉讼，要求赔偿义务人承担修复责任。

对生态环境损害无法修复的案件，赔偿义务人缴纳赔偿金后，可由赔偿权利人及其指定的部门或机构根据国家和本地区相关规定，统筹组织开展生态环境替代修复。

磋商未达成一致前，赔偿义务人主动要求开展生态环境修复的，在双方当事人书面确认损害事实后，赔偿权利人及其指定的部门或机构可以同意，并做好过程监管。

赔偿义务人不履行或不完全履行生效的诉讼案件裁判、经司法确认的赔偿协议的，赔偿权利人及其指定的部门或机构可以向人民法院申请强制执行。对于赔偿义务人不履行或不完全履行义务的情况，应当纳入社会信用体系，在一定期限内实施市场和行业禁入、限制等措施。

十一、关于资金管理

对生态环境损害可以修复的案件，赔偿义务人或受委托开展生态环境修复的第三方机构，要加强修复资金的管理，根据赔偿协议或判决要求，开展生态环境损害的修复。

对生态环境损害无法修复的案件，赔偿资金作为政府非税收入纳入一般公共预算管理，缴入同级国库。赔偿资金的管理，按照财政部联合相关部门印发的《生态环境损害赔偿资金管理办法（试行）》的规定执行。

十二、关于修复效果评估

赔偿权利人及其指定的部门或机构在收到赔偿义务人、第三方机构关于生态环境损害修复完成的通报后，组织对受损生态环境修复的效果进行评估，确保生态环境得到及时有效修复。

修复效果未达到修复方案确定的修复目标的，赔偿义务人应当根据赔偿协议或法院判决要求继续开展修复。

修复效果评估相关的工作内容可以在赔偿协议中予以规定，费用根据规定由赔偿义务人承担。

十三、关于公众参与

赔偿权利人及其指定的部门或机构可以积极创新公众参与方式，可以邀请专家和利益相关的公民、法人、其他组织参加生态环境修复或者赔偿磋商工作，接受公众监督。

十四、关于落实改革责任

按照《改革方案》要求，各省（区、市）、市（地、州、盟）党委和政府应当加强对生态环境损害赔偿制度改革的统一领导，根据该地区实施方案明确的改革任务和时限要求，鼓励履职担当，确保各项改革措施落到实处。

各地生态环境损害赔偿制度改革工作领导小组，要主动作为，强化统筹调度，整体推进本地区改革进一步深入开展；要建立部门间信息共享、案件通报和定期会商机制，定期交流生态环境损害赔偿工作进展、存在的困难和问题。要对专门负责生态环境损害赔偿的工作人员定期组织培训，提高业务能力。相关部门或机构，要按照本地区实施方案确定的职责分工和时限要求，密切配合，形成合力，扎实推进，要对内设部门的职责分工、案件线索通报、索赔工作程序、工作衔接等作出规定，保障改革落地见效。

十五、关于人员和经费保障

赔偿权利人指定的部门或机构应当根据实际情况确定专门的生态环境损害赔偿工作人员。

按照《改革方案》要求，同级财政积极落实改革工作所需的经费。

十六、关于信息共享

赔偿权利人指定的部门或机构和司法机关，要加强沟通联系，鼓励建立信息共享和线索移送机制。

十七、关于奖惩规定

对在生态环境损害赔偿工作中，有显著成绩的单位或个人，各级赔偿权利人及其指定的部门或机构给予奖励。

赔偿权利人及其指定的部门或机构的负责人、工作人员在生态环境损害赔偿工作中存在滥用职权、玩忽职守、徇私舞弊的，依纪依法追究责任；涉嫌犯罪的，移送监察机关、司法机关。

十八、关于加强业务指导

最高人民法院、最高人民检察院、司法部、财政部、自然资源部、生态环境部、住房城乡建设部、水利部、农业农村部、卫生健康委、林草局将根据《改革方案》规定，在各自职责范围内加强对生态环境损害赔偿工作的业务指导。

省级政府指定的部门或机构要根据本地区实施方案的分工安排，加强对市地级政府指定的部门或机构的工作指导。